Martina Eleonora Kollroß
**Kartograph der Dispositive**

Martina Eleonora Kollroß

# Kartograph der Dispositive

—

Zur Ethik und Ästhetik des Lebendigen
im Werk Italo Calvinos

düsseldorf university press

D 61 Düsseldorf

Originaltitel der Dissertation: „Literatur, Ästhetik, Leben: eine bio-poetische Lektüre des Werkes Italo Calvinos. *La giornata d'uno scrutatore* als Schwellentext"

Die bi-national betreute Promotion wurde durch ein einjähriges Promotionsstipendium des Deutschen Akademischen Austauschdienstes (DAAD) gefördert.

ISBN 978-3-11-079240-9
e-ISBN (PDF) 978-3-11-079290-4
e-ISBN (EPUB) 978-3-11-079296-6
DOI https://doi.org/10.1515/9783110792904

Dieses Werk ist lizenziert unter der Creative Commons Namensnennung - Nicht-kommerziell - Keine Bearbeitung 4.0 International Lizenz. Weitere Informationen finden Sie unter https://creativecommons.org/licenses/by-nc-nd/4.0/.

Library of Congress Control Number: 2022943007

**Bibliografische Information der Deutschen Nationalbibliothek**
Die Deutsche Nationalbibliothek verzeichnet diese Publikation in der Deutschen Nationalbibliografie; detaillierte bibliografische Daten sind im Internet über http://dnb.dnb.de abrufbar.

© 2023 bei den Autorinnen und Autoren, publiziert von Walter de Gruyter GmbH, Berlin/Boston
d|u|p düsseldorf university press ist ein Imprint der Walter de Gruyter GmbH
Dieses Buch ist als Open-Access-Publikation verfügbar über www.degruyter.com.

Einbandabbildung: Portraitaufnahme von Italo Calvino 1984 auf dem Dach seines Apartments in Rom, Fotograf: Gianni Giansanti. Aus dem Nachlass des Fotografen.
Satz: Integra Software Services Pvt. Ltd.
Druck und Bindung: CPI books GmbH, Leck

dup.degruyter.com

# Inhaltsverzeichnis

1     Zwischen Bio-Macht und Biopolitik: Calvinos literarisches Modell des Lebens —— 1

2     *La giornata d'uno scrutatore* – eine biopolitische Lektüre —— 11
2.1     Rezeption, Entstehungsgeschichte, Kontext —— 14
2.2     Sprache: Mythos, Geschichte, Realismus —— 24
2.3     Die Mensch-Maschine: Person, Recht, Tier —— 46
2.4     Topologie: Stadt, Macht, Schwelle —— 71
2.4.1     Inkludierende Exklusion: eine Stadt in der Stadt —— 75
2.4.2     Der neue Raum – das Wahllokal —— 91

3     Ästhetik/Ethik – Störungen —— 101
3.1     Blickstörung —— 101
3.2     Monströse Körper —— 112
3.2.1     Der teratologische Diskurs —— 115
3.2.2     Gesetzesbruch und Differenz —— 122
3.3     Potentialität und Relationalität in den *Cosmicomiche* —— 140

4     Leben als bio-poetisches Wissen —— 157
4.1     Literatur und Leben: Bio-Poetik —— 161
4.2     Weisheit der Literatur: *Sapore Sapere* —— 176

5     Fazit —— 187

Siglenverzeichnis —— 195

Literaturverzeichnis —— 197

Danksagung —— 215

Register —— 217

# 1 Zwischen Bio-Macht und Biopolitik: Calvinos literarisches Modell des Lebens

Obwohl ein ganzes Jahrhundert vergangen ist, seit er auf die Welt kam und sein Tod mehr als 35 Jahre her ist, gibt es wohl keinen anderen italienischen Autor, dessen Werk eine derart lebendige Präsenz ausstrahlt wie das Italo Calvinos. Statt in verstaubten Bücherschränken zu vertrocknen, gleicht das Œuvre des Botaniker-Sohns einer stark verzweigt wachsenden Pflanze, die zwar im Literarischen verwurzelt ist, aber in alle möglichen Richtungen austreibt und kommuniziert. Mit so unterschiedlichen zeitgenössischen Diskursen wie dem der Architektur (vgl. Baldi 2015), des Posthumanismus (vgl. Iovino 2014a) oder der *Digital humanities* (vgl. Université de Genève 2017–2020) stehen die Texte Calvinos in einem vitalen Dialog. Um die Autorfigur ‚Calvino' dabei nicht zur leeren Signatur verkommen zu lassen, ist es wichtig, auch im interdisziplinären Dialog das Spannungsverhältnis zu achten, das sein Werk durchzieht. Der Bereich des Lebendigen im Œuvre Calvinos, den diese Arbeit untersucht, trägt maßgeblich zu diesem Spannungsverhältnis bei.

Die These lautet, dass Calvinos Figurationen des Lebendigen eine Spannung aufweisen, die zwischen der biopolitischen Einhegung einerseits besteht, in der eine Macht über das Leben herrscht, und der Potentialität und Dynamik andrerseits, die sich dem als widerständige Bio-Macht entgegensetzt. Die Frage nach dem Leben im Œuvre Calvinos ist bislang unbearbeitet geblieben, was auch daran liegt, dass die Calvino-Forschung erst an der Schwelle der 1990er Jahre damit begonnen hat, bestimmte Themen und Motive des poetischen und essayistischen Werks Calvinos in den Fokus zu rücken, die zuvor zu Gunsten einer Betonung von binären Oppositionen verdeckt waren (vgl. Baldi 2020). Es ist dieser Ansatz, Calvino in einem biopolitischen Paradigma zu lesen, den mehr als ein halbes Jahrhundert Calvino-Forschung bislang außer Acht gelassen hat,[1] weil sich in ihr immer wieder Debatten entfachen, die zu Dichotomisierung und ‚Lagerbildung' führen, wie sich paradigmatisch an der Polemik

---

**1** Die Forschungsliteratur zu diesem modernen Klassiker, der im europäischen Raum, in Amerika, aber auch beispielsweise in Japan rezipiert wird, ist aus diesem Grund in ihrer Gesamtheit auch nicht mehr zu überblicken (vgl. Barenghi 2007: 7). Einen bündigen Überblick der Rezeptionsgeschichte bis zu den ersten Konferenzen, die kurz nach Calvinos Tod stattfanden, bietet Baroni (vgl. 1990: 111–124). In einem Aufsatz zur Rezeptionsästhetik macht Marighetti (1987: 203–212, hier 203) vier Hauptfelder der Calvino-Forschung jener Zeit aus: „letture politiche, stilistiche, neo-avanguardiste e strutturaliste". Hier wird sich auf die Themenfelder konzentriert, die aktuelle Publikationen für Calvinos Œuvre erschließen.

zeigen lässt, die von Benedettis Publikation *Pasolini contro Calvino* (1998) befeuert wurde. Die Gegenüberstellung der beiden kanonisierten Autoren führt dazu, sie auf konträre Konzepte in Hinsicht auf Literatur und Leben zu reduzieren, ihre Namen werden zu Emblemen, so dass mögliche Forschungsfragen nur auf einen der beiden anwendbar scheinen (vgl. Re 2014; Baldi 2020: 94–96). Das weit verbreitete Klischee ist das von Calvino als körperloses ‚Auge' und Pasolini als mit dem ganzen Körper involvierter Autor (vgl. Belpoliti 2006; Baldi 2020: 96). Es ist also nicht verwunderlich, dass auch Esposito, Theoretiker einer in Italien ausgeprägten Variante ‚affirmativer Biopolitik',[2] Pasolinis biopolitische Erfahrung in einem Interview von Calvino abgrenzt: „Non c'è dubbio che, contrariamente ad altri scrittori contemporanei – per esempio Calvino – Pasolini vivesse fin dall'inizio un'esperienza che si può definire biopolitica."[3]

Diese Arbeit verfolgt daher ein doppeltes Ziel: Zum einen das gängige Klischee des sich zunehmend in postmodernen Labyrinthen einrichtenden Autors, dessen Sprache abstrakt, rationalistisch und körperlos sei, durch *Close readings* zurecht zu rücken, zum anderen die dadurch gewonnene Einsicht in die Bio-Poetik Calvinos als Vorschlag für ein literarisches Modell zu verstehen, in dem das Leben nicht in der Ordnung des Wissens gefangen bleibt, sondern seine Autonomie und Vitalität im Sinne Canguilhems bewahrt (vgl. Borsò 2013a: 10). Dies erklärt auch die Konzentration auf die Ästhetik, welche „ein anderes Wissen verfügbar [macht], nämlich ein Erfahrungswissen, in dem sich die Vitalität des Lebens in unterschiedlichen Facetten entbergen kann" (Borsò 2013a: 10).

Baldi fasst die Auge/Körper-Differenz, die durch akademische Trends, die von postkolonialen, Queer- und Gender Studies herrühren,[4] noch betont wurde, so zusammen: „The body of subjective truth generally questions the unattainable

---

[2] Espositos Konzeption affirmativer Biopolitik wurzelt in seiner Politik des Impersonellen (vgl. 2007), welche „den Akzent auf die Autonomie des Lebens" (Borsò 2012a: 33), eines Sich-Ereignen des *bíos* als Lebenskraft setze. Es ist die Suche nach einer dem Leben immanenten Politik, bei der er mit Canguilhem auf eine Macht trifft, die sich nicht organisieren lässt (vgl. Borsò 2014c).
[3] Das Interview, das von Alberto Ghidini und Marco Dotti geführt wurde, wurde zunächst in der Pier Paolo Pasolini gewidmeten Sonderausgabe der Zeitschrift *Communitas* (Nr. 49, 2011) veröffentlicht (vgl. Ghidini & Dotti 2013).
[4] Einige feministische Lektüren fokussieren das Problem des angenommenen Primats des männlichen Blicks bei Calvino und kritisieren die Darstellung von Frauen als das Andere der männlichen Protagonisten (vgl. u. a. Frasson-Marin 1986: 343; Tompkins 2015). Über die Rolle von Frauenfiguren bei Calvino finde laut Baldi (2020: 198) jedoch keine lineare Debatte statt, sondern nur „an assembly of sparse voices that hardly ever enter in (direct) dialogue with each other". Wie für andere Aspekte seines Werkes gebe es auch in feministischer Hinsicht stark voneinander abweichende und oft auch gegensätzliche Einschätzungen (vgl. Baldi 2020: 198).

objective truth, the rational lucidity of the eye." (Baldi 2020: 96). Seit einigen Jahren ist der Körper in den Fokus literatur- und kulturwissenschaftlicher Arbeiten gerückt, was sich auch an der aktuellen Calvino-Forschung ablesen lässt (vgl. u. a. Bazzocchi 2005; Scrivano 2008; Piana 2014), wobei posthumanistische und wahrnehmungstheoretische Perspektiven inzwischen einen Horizont eröffnet haben, in dem die dualistische Teilung von Körper-Auge bzw. Körper-Geist überwunden ist (vgl. u. a. Musarra-Schrøder 2010; Kroker 2012; Braidotti 2018; Haraway 2018). Serenella Iovinos Arbeiten (vgl. 2011; 2014a; 2014b), die eine ökokritische und posthumanistische Perspektive auf Calvino eröffnen, sind in dieser Hinsicht besonders hervorzuheben. Dabei geht sie von Calvinos *La giornata d'uno scrutatore* (1963, in Folge: GS) als einer Erzählung aus, in der die Verflechtungen mit einer Alterität „dall'interno della mente, del corpo, e delle loro categorizzazioni sociali" (Iovino 2014a: 123) aufscheinen.

Obwohl der *Scrutatore* vielfach als wichtiger ‚Schwellentext' (vgl. u. a. Antonello 2005: 181) gelesen wird, der vom frühen zum späten Calvino überleitet, gehört er doch zu den Texten, die sich „somewhat under the radar of criticism" (Baldi 2020: 244) befinden, was vor allem daran zu liegen scheint, dass er bewährte Rezeptionslinien durchkreuzt (vgl. De Federicis 1989: 53–55). Der Teil von Calvinos Œuvre, der von den frühesten Texten an um eine gewisse Kontingenz kreist, welche durch Motive wie Anthropomorphismus, Animalität und Körperlichkeit angedeutet wurde, blieb dabei lange Zeit bis auf wenige Ausnahmen von der Kritik unbeachtet.[5] Erst als Ferretti (vgl. 1989) in seiner berühmten Studie Calvinos journalistisches und essayistisches Werk in den Blick nahm und darin einen ‚anderen Calvino' zum Vorschein brachte als den, dessen Bild die Calvino-Kritik gemeinsam mit Calvino als *Autor*ität über Jahrzehnte gezeichnet hatte (vgl. Baldi 2020: 13–73), wurden Stimmen jenseits des bekannten Calvino-Klischees des ‚rational-logischen', kohärenten Autors hörbar (vgl. Calcaterra 2014: 16). Das Bild des *Scrutatore* als „libro fallito" (De Federicis 1989: 55) hat sich De Federicis nach, die die bislang einzige monographische Arbeit zum *Scrutatore* vorgelegt hat, inzwischen zwar grundlegend gewandelt, sie konstatiert jedoch rund zwanzig Jahre Perplexität und Schweigen, was die Rezeption des *Scrutatore* betrifft. In den einschlägigen Calvino-Monographien wird primär auf die Abwendung vom Politi-

---

[5] Als Ausnahmen werden in aktuellen Arbeiten zur ‚Alterität' meistens die 1952 erschienenen Rezensionen zu *Il visconte dimezzato* von Banti und Cecchi sowie zu *Ultimo viene il corvo* von Falqui (1961) genannt (vgl. u. a. Piana 2014). Diese Analysen wurden lange von den angesprochenen Polarisierungen verdeckt, beispielsweise die um den Begriff des *impegno* wie er als Basis eines kulturpolitisch engagierten Verständnisses von Kritik in den 1950er bis etwa Mitte 1960er Jahre vorherrschte, aber auch von streng strukturalistischen und postmodernen Lektüreweisen in den 1970er und 1980er Jahren (vgl. Borsò 2009; Baldi 2020: insb. 101–102).

schen hin zum Anthropologischen verwiesen (vgl. u. a. Calligaris 1973: 83–89; Benussi 1989: 87–93; Barenghi 2009: 57–62), ohne dass die epistemologische Dimension dieser Neuausrichtung erfasst wird. Denn auch die Seite der Kritik, die die Prekarität der Kategorie des menschlichen Subjekts im *Scrutatore* erkennt, hat bislang die genuin biopolitischen Implikationen der Infragestellung der Grenzlinien zwischen Mensch/Tier, Gesunde/Kranke, Innen/Außen im sich wandelnden Italien der Nachkriegszeit übersehen. Dies liegt vor allem an der, von Calvino selbst im Text thematisierten, Orientierung am humanistischen Menschenbild, welches in Frontstellung zu einer christlichen Konzeption des Menschen gebracht wird (vgl. De Federicis 1989: 54).

Die Wurzel der Definitions- und Begründungsprobleme, auf die diese Ansätze mit der Kategorie des Menschen treffen, wird indessen ausgeklammert, was dazu führt, dass es oftmals scheint, als würde die Kritik hinter dem Text zurückbleiben.[6] Die Fragen, die der Text aufwirft, gehen m. E. in ihrer politischen, historischen und kulturellen Dimension weit über die Antworten hinaus, die die Calvino-Kritik bislang geliefert hat. Denn der *Scrutatore* bezeugt eine epistemologische Schwelle, die aus der Begegnung mit dem Anderen des rational-aufgeklärten Bewusstseins entspringt und einen neuen Lebensbegriff zur Folge hat. Dabei in methodenpluralistischer Perspektive die Frage nach dem Leben an den Text zu stellen, hat verschiedene Vorteile. Zum einen erscheint es thematisch sinnvoll, da sich in ihm grundsätzliche Fragen widerspiegeln, die das Verhältnis von Produktivität und Wertigkeit betreffen und die angenommene Gleichheit in einer modernen Demokratie einer kritischen Revision unterziehen lassen. Das biopolitische Machtwissen, das im *Scrutatore* das Leben durch Wissensdispositive zu überformen droht, lässt sich durch die Folie von Michel Foucaults Machtanalysen entziffern. Zum anderen lassen sich die Schwierigkeiten des Protagonisten im Umgang mit dem ausgeschlossenen Anderen unter formalästhetischen Gesichtspunkten betrachten, unter denen auf die Leerstellen, Wiederholungen und Einschübe, die den Text charakterisieren, aufmerksam gemacht wird und sie als Hinweis auf eine dem Leben inhärente Macht gelesen werden können.

Die Orientierung an Foucaults Paradigma der Biopolitik kann diesen Zusammenhang beleuchten, indem es auf der Herausbildung des modernen Lebensbegriffs und dessen epistemischer Bedeutung beruht. Mit dem folgenden „Eintritt des Lebens in die Geschichte" (Foucault 1995: 169) bricht für Foucault die Ära

---

**6** Ein Problem, das in der Calvino-Forschung häufig vorkommt, da sich die Kritik stark an Calvinos eigenen paratextuellen Äußerungen orientiert. Baldi (vgl. 2020: insb. 37–50) weist an mehreren Stellen seiner metakritischen Studie auf diesen problematischen Umstand hin, räumt aber auch ein, dass es beinahe nicht möglich sei, bei der Diskussion bestimmter Aspekte von Calvinos Werk den Autor nicht selbst zu zitieren (vgl. Baldi 2020: 29).

der ‚Bio-Macht' an (vgl. Foucault 1995: 167), der auf regulierender Ebene die ‚Biopolitik' antwortet, welche das Leben, das einzelne menschliche und das der Gattung, zum Objekt von Diskursen und Praktiken der Politik macht. Die Biopolitik spannt einen doppelten Referenzrahmen auf, der sich in einer Macht *über* das Leben zeigt, aber auch einen Widerstand hervorruft, der in der unvorhersehbaren, kontingenten, affirmativen Macht *des* Lebens besteht.[7] An Foucaults Paradigma haben u. a. Agamben (2005), der die Biopolitik vor allem in der Produktion von ‚nacktem Leben' am Werk sieht, und Esposito (2004; 2007) angeknüpft und eigene Bestimmungen entworfen.[8] Auch in den Kulturwissenschaften wird seit einigen Jahren mit dem von der Philosophie entliehenen Begriff gearbeitet. Bachmann-Medick (vgl. 2016: 280) verweist in diesem Zusammenhang auf einen möglichen *biopolitical turn*, der einen interdisziplinären Dialog zwischen den Literatur- und Kulturwissenschaften, den Sozialwissenschaften und den *life sciences* voranbringen könnte.[9]

Wie passt die Literatur als ein „in erster Linie ästhetisches, qualitatives und auf Singularität gerichtetes Phänomen" (Kaiser 2011: 119) zur biopolitischen Regierungsform? Tatsächlich lässt sich bei Foucault mit Beginn seiner produktiven Machtanalysen eine Abkehr von der Auseinandersetzung mit literarischen Fällen feststellen, die er in der Analyse der Disziplinarmacht noch parallel

---

[7] Für Esposito (vgl. 2004; 2010a), der sich in Tradition von Nietzsches Lebensbegriff bewegt, ist Bio-Macht „zuallererst die Macht *des* Lebens, die erst nachträglich zu einer der Macht der Politik unterstellten Lebensform wird" (Borsò 2014c: 151, Herv. im Orig.). Diese Verschiebung erreichte er durch Übernahme der Lebensphilosophie in die Immanenz nach Deleuze und der Bearbeitung der Leerstelle, die Foucault hinsichtlich des epistemologischen Status des Lebens hinterlassen hat (vgl. Borsò 2014c: 145–151). In biologisch-rechtlichen Immunitätsdispositiven wird das Leben biopolitisch gefangen gehalten, wobei sich dieser Schutz auf gesetzlicher Ebene verortet, während Esposito mit Bezug auf Canguilhem und Haraway die biologische Norm vom Gesetz absetzt. Die Norm des Lebendigen liegt in der Fähigkeit zur Transformation: „Die Norm lebendiger Organismen ist die Tendenz zur permanenten Selbstdekonstruktion, oder anders gesagt, der normalste Organismus ist derjenige, der am häufigsten seine Normen übertreten und transformieren kann." (Borsò 2014c: 150).
[8] In der Realpolitik und im Feuilleton hingegen werden vielfach die rechtlichen Rahmenbedingungen der Biotechnologien und Biowissenschaften als Biopolitik bezeichnet, dabei ist jedoch ein rein gegenständlicher Bezug auf das Leben inbegriffen (vgl. Muhle 2013: 17–18).
[9] Einen Dialog, den Ette durch seine Frage nach dem spezifischen ‚Lebenswissen' der Literatur in seiner anlässlich des Jahres der Geisteswissenschaften in der Zeitschrift *Lendemains* 2007 erschienenen Programmschrift *Literaturwissenschaft als Lebenswissenschaft* angestoßen hat und sich über zahlreiche Diskussionsbeiträge in drei weiteren Dossiers der Zeitschrift erstreckt (vgl. Asholt & Ette 2010a).

las.[10] Daraus folgt bei einigen Autoren eine Einteilung in einen frühen Foucault, bei dem die Literatur als Ort eines möglichen Gegendiskurses eine hervorgehobene Rolle spielt, und einen späteren Foucault, der dem literarischen Wort nur noch eine begrenzte Wirkung zugesteht.[11] In seinen Machtanalysen in den 1970er Jahren verschob sich Foucaults Fokus, auch was die Literatur betraf, von der Sprache auf die Praxis. Er schlug eine historische Diskursanalyse der Literatur vor, die ihre Funktionen bestimmen sollte. Kaiser (vgl. Kaiser 2011: 125) betont, dass sich Foucaults Interesse an literarischem Schreiben damit nicht erschöpft habe, sondern vielmehr als Technik des Selbst wiederkehre und somit als Praktik, die auch auf den komplexeren Machtbegriff der Biopolitik antworten könne. Statt von der Möglichkeit eines Außen der Sprache auszugehen,[12] stelle die Schreibpraxis vielmehr eine Beugung der Macht dar (vgl. Kaiser 2011: 125).

Wenn die Literatur als Dispositiv im Sinne Deleuzes verstanden wird (vgl. Deleuze 1991),[13] ist ihr Lebensbegriff auch ein doppelter: Er wird von Linien durchkreuzt, die der Macht entsprechen, und anderen, die ihr gegenüberstehen und von lebendiger Dynamik bewegt werden. Treffend hält Deleuze fest:

> Das Leben wird zum Widerstand gegen die Macht, wenn die Macht das Leben zu ihrem Objekt macht. [...] Wenn die Macht zur Bio-Macht wird, so wird der Widerstand zur Macht des Lebens, zur lebendigen Macht, die sich nicht in Arten einsperren läßt in Milieus oder in die Bahnen dieses oder jenes Diagramms. (Deleuze 1992: 129)

Das dynamische Lebenswissen, das das literarische Schreiben als Praxis hervorbringt, steht quer zu einem auf Vergegenständlichung angewiesenen Macht-

---

**10** Klawitter (vgl. 2012: 216–218) weist darauf hin, dass sich Anfang der 1960er Jahre der ‚literarische Zyklus' im Werk Foucaults formiert habe, der sich unter dem Begriff der Sprach- bzw. Literaturontologie zusammenfassen lasse.

**11** Kaiser (vgl. 2011: 119–140) bietet hierfür eine knappe Übersicht und schlägt eine eigene, an Revels Unterscheidung *puissance de la vie* vs. *pouvoirs sur la vie* angelehnte Interpretation der Rolle der Literatur bei Foucault vor, indem sie zwischen ‚Literatur' und ‚l'écriture de soi' unterscheidet. Klawitter (2012: 216–223, hier 216) widerspricht der strengen Unterteilung in einen frühen und einen späten Foucault, in dem sein eigentliches Denken entwickelt worden sei, gerade was seine literaturkritischen Schriften betreffe, geht dabei allerdings nicht auf das spezifische Verhältnis von Biopolitik und Literatur ein.

**12** In *La pensee du dehors* (erstmals veröffentlicht in *Critique*, Nr. 229, 1966; vgl. Foucault & Blanchot 1987) verweist Foucault Blanchot folgend noch auf die Möglichkeit des literarischen Wortes, an das ‚Außen' der Ordnung zu rühren.

**13** Auf den Begriff des Dispositivs wird im folgenden Kapitel eingegangen.

wissen.[14] Diese Verschränkung erklärt auch die paradoxe Stellung, die die Literatur im Denken Foucaults einnimmt, die „mal als mögliche Subversion herrschender Macht/Wissens-Komplexe, mal innerhalb dieser als *ein* Diskurs unter anderen erscheint." (Kaiser 2011: 119, Herv. im Orig.). Da Foucault selbst keine explizite Theorie zur Literaturanalyse entwickelt hat, wurde diese Leerstelle von anderer Stelle zu schließen versucht. In der vorliegenden Arbeit wird sich auch am Vorschlag einer „Literaturanalyse als Interdiskursanalyse" (Link & Link-Heer 1990: 91, im Orig. kursiv) orientiert, wie sie von Link und Link-Heer (vgl. 1990) in Anschluss an den späten Foucault erarbeitet wurde. Auf Basis des Foucaultschen Diskurs-Begriffs geht die Interdiskurstheorie davon aus, dass bestimmte Elemente, Relationen und Verfahren gleichzeitig mehrere Spezialdiskurse charakterisieren und somit als interdiskursiv bezeichnet werden können (vgl. Link & Link-Heer 1990: 92). Ein Spezialdiskurs wiederum ist eine historisch-spezifische diskursive Formation, die sich als „begrenztes, ‚positives' Feld von Aussagen-Häufungen beschreiben läßt" (Link & Link-Heer 1990: 90), wie beispielsweise die Naturgeschichte des 18. Jahrhunderts. Als komplexe Beispiele von Interdiskursivität seien die vom späteren Foucault untersuchten Dispositive genannt, in denen mehrere Spezialdiskurse mit mehreren nicht-diskursiven Praktiken vernetzt seien (vgl. Link & Link-Heer 1990: 92). Der Vorteil, Literatur als Interdiskurs zu fassen, liegt darin, dass zum einen nach dem „je historisch-spezifischen diskursintegrativen Spiel" (Link & Link-Heer 1990: 95) gefragt werden kann, aus dem der literarische Text hervorgeht, und zum anderen kann untersucht werden, wie der literarische Diskurs, das „Integral-Wissen" (Link & Link-Heer 1990: 95) in spezifischer Weise subjektiviert und somit erfahrbar macht. Leben wird im vorliegenden Fall als Schnittpunkt verschiedener Spezialdiskurse gefasst, die ein spezielles Lebenswissen generieren, wobei die Funktion des literarischen Interdiskurs darin besteht, das sektoriell zerstreute Wissen kulturell zu re-integrieren (vgl. Link & Link-Heer 1990: 93), aber auch zu problematisieren. Da Foucault (vgl. 1974: 365) feststellt, dass die moderne Literatur und die Biopolitik zeitgleich erscheinen und beide einen prägnanten Bezug auf das Leben artikulieren, fokussieren literaturwissenschaftliche Analysen bislang primär auf die Zeit der Foucaultschen Modernitätsschwelle (vgl. Brückner, Preiß & Schnyder 2016; Thüring 2012; Muhle & Thiele 2011).

Für die Ästhetik bedeutet der Bezug auf das Lebendige eine doppelte Strategie: Zum einen die der Repräsentation, in der Leben als „figurierte Existenzen

---

**14** Zu einem ähnlichen Schluss kommt auch Kaiser (2011: 119–140, hier 139), die in der Lektüre von Coleridges Rationalisierung des Lebens das „Beharren auf der Darstellungsproblematik eines dynamischen Prozesses" erkennt.

oder existierende Figuren" (Thüring 2012: 14) gedacht und dargestellt wird, zum anderen eine essenzialistische, vitalistische Ästhetik, die in letzter Konsequenz undarstellbar ist.[15] An dieser Stelle treffen sich das Leben und das Reale, wie es Bazzicalupo (vgl. 2014) in ihrem Aufsatz diskutiert, in dem sie die Verbindung zwischen Biopolitik und realistischen Schreibweisen unter ästhetischen Gesichtspunkten untersucht. Dabei stellt sie fest, dass der pädagogische und biopolitische Realismus in seiner neorealistischen Ausprägung im 20. Jahrhundert von zwei Modalitäten von Ästhetik abgelöst wird, die einen geheimen Widerstand gegenüber der Beherrschbarkeit des Lebens bezeugen. Auch Borsò (vgl. 2014b) attestiert dem Neorealismus eine *Offenheit zum Leben*, die sich über die Arbeit am Medium artikuliere, wobei sie ausdrücklich auf Calvinos Texte Bezug nimmt, in denen bereits der Sinnentzug im Widerstand gegen „biopolitische Verletzung von Körpern" (vgl. 2014b: 280) erprobt worden sei. Die entscheidende Rolle, die der Ästhetik dabei zukommt, erweisen die zwei von ihr mitherausgegebenen Bände, die im Anschluss an die Tagung „Biopolitik, Bioökonomie, Biopoetik im Zeichen der *Krisis*" (20–23.01.2010) erschienen sind (vgl. Borsò & Cometa 2013; Borsò 2014a). Zum einen wird darin die „zunehmende Durchdringung des Lebens durch die finanzwirtschaftliche Ökonomie und durch die Medien" (Borsò & Cometa 2013: 10) aus verschiedenen Blickwinkeln betrachtet, zum anderen wird die These diskutiert, dass das Leben des Menschen (*bíos*) in den Ordnungen des Wissens gefangen ist und es wird nach Modellen gesucht, die das Leben in seiner Autonomie und Vitalität im Sinne Canguilhems und Espositos respektieren (vgl. Borsò 2014a).[16]

Zu dieser Suche soll die vorliegende Arbeit beitragen, indem sie die spezifischen Antworten analysiert, die Calvino in seinem Œuvre im Hinblick auf die Frage des Lebens gefunden hat. Mit Foucault gesprochen geht es um die Bestimmung des Lebensbegriffs an den Kreuz- und Verbindungslinien von Wissen/Macht. Zu untersuchen ist, ob die biopolitische Lektüre Calvinos Hinweise auf eine Konzeption des Lebens als janusköpfige Bio-Macht liefern kann, die sich auf inhaltlicher Ebene und formalästhetischer Ebene in Auseinandersetzung mit den biopolitisch verfassten Formen des Lebens widerspiegelt, wobei sowohl Foucaults Überlegungen als auch die Agambens und Espositos als Referenzpunkte dienen sollen. Anders als bei Borsò (vgl. 2014b) wird dabei nicht schon am Anfang des schriftstellerischen Werdegangs Calvinos angesetzt, son-

---

**15** Und Deleuze hinsichtlich des Schreibens mit dem Begriff des Werdens verknüpft hat (vgl. Deleuze 2000: 11–17).
**16** Referenzen zu Calvinos Texten in Verbindung mit der Frage des Lebens finden sich ebenfalls in Borsò (2020; 2012a).

dern an der epistemologischen Schwelle, die der *Scrutatore*-Text darstellt, in dem die ‚Fehleranfälligkeit', die Kontingenz des Lebens, explizit thematisch wird.

Nach einer kurzen Bestimmung der Begrifflichkeiten, der kritischen Einordnung der Erzählung in ihren historisch-kulturellen Kontext und dem Nachzeichnen der wichtigsten Rezeptionslinien (Kapitel 2.1) wird im nächsten Schritt die stark problematisierte realistische Schreibweise diskutiert, die auf diese Schwelle hindeutet. Den Beginn der Erzählung prägt der Versuch des Protagonisten, verbreitete Mythen zum Cottolengo aufzudecken und sie mit Barthes zu re-politisieren, wodurch der Zusammenhang von Biopolitik und dem Dispositiv beschreibender Sprache deutlich wird (Kapitel 2.2). Mit der Rekonstruktion der Genealogie der Person nach Esposito wird gezeigt, wie der Personenbegriff, der an der Basis demokratischer Grundordnungen steht, auf biopolitischen Ausschlussmechanismen basiert und dabei die Aporien in sich trägt, die am Wahltag im Cottolengo sichtbar werden. Die Genese des Lebensbegriffs und der Kategorie des Menschen setzt Spaltungen voraus, die Kriterien gesellschaftlicher Wertigkeit hervorbringen. Die Funktionsweise der ‚anthropologischen Maschine' (Agamben) wird jedoch von den Insassen des Cottolengo in Frage gestellt, für die die angestammten Unterscheidungen nicht mehr zu gelten scheinen (Kapitel 2.3). Das Außerkraftsetzen herkömmlicher Geltungen weist auf die besondere topologische Verfassung des Cottolengos als heterotopischer ‚Schwellenort' hin (Kapitel 2.4).

Der Widerstand gegen den Zugriff der biopolitischen Macht über das Leben, der bereits in den vorhergehenden Abschnitten aufschien, wird besonders deutlich, wenn mit dem Blick des Protagonisten die Wahrnehmung in den Fokus rückt. Im zweiten Teil der Arbeit geht es daher um diejenigen Störungen, die die Voraussetzungen der Wahrnehmung zur Disposition stellen (Kapitel 3.1). In der Auseinandersetzung mit der Kategorie des Monströsen wird die Instabilität der organischen Formen diskutiert (Kapitel 3.2). Die Entdeckung des potenziell Monströsen im Leben führt über den *Scrutatore* hinaus zu den *Cosmicomiche* und zu Fragen der Norm im Sinne Canguilhems. Die Frage nach der Erkenntnis stellt sich nun nicht mehr in Relation zur Wahrheit und dem erkennenden Subjekt, sondern zeigt sich als in den ‚Fehlern' des Lebenden selbst verwurzelt, was sich in den Bestimmungen der historischen Bedingtheit des Wissens ausdrückt (Kapitel 3.3). Im letzten Teil wird das spezifische, partikuläre und situierte Lebenswissen der Literatur im Rahmen des bio-poetischen Modells analysiert, das auf der affirmativen Macht des Lebens aufbaut (Kapitel 4.1). In der Erzählung *Sapore Sapere (Sotto il sole giaguaro)* wird Calvinos Poetik schließlich noch einmal explizit als ‚Bio-Poetik' ausgewiesen (Kapitel 4.2).

## 2 *La giornata d'uno scrutatore* – eine biopolitische Lektüre

Eine biopolitische Lektüre für *La giornata d'uno scrutatore* vorzuschlagen, bedeutet der Frage nachzugehen, wie sich eine spezifische „Bio-Macht" (Foucault 1995: 167) im Text bemerkbar macht bzw. wie sie die Macht *über* das Leben und die Macht *des* Lebens disponiert. Dabei wird sich an Foucaults ab Mitte der 1970er Jahre unternommenen Machtanalysen orientiert (vgl. Foucault 1995; Muhle 2013; Folkers & Lemke 2014), es wird aber auch auf die Anschlüsse an Foucault durch Agambens (vgl. 2005) und Espositos (vgl. 2004) Konzeption von Biopolitik zurückgegriffen, da sie sich für die von Calvino aufgeworfenen Fragestellungen besonders eignen.

Foucault (vgl. 1995: 161–173) bestimmt die biopolitische Macht zunächst in Abgrenzung zur souveränen Macht, die sich über die Formel ‚sterben machen und leben lassen' fassen lässt. Zum Unterschied zwischen alter Macht und neuer Bio-Macht schreibt er: „Man könnte sagen, das alte Recht, sterben zu *machen* oder leben zu *lassen* wurde abgelöst von einer Macht, leben zu *machen* oder in den Tod zu *stoßen*." (Foucault 1995: 165, Herv. im Orig.). Hierin zeigt sich bereits die Verschiebung, die seit dem 17. Jahrhundert in Bezug auf das Leben stattfand: Von einer Macht, die sich vor allem als „Zugriffsrecht" (Foucault 1995: 162) artikulierte, hin zu einer „positiven ‚Lebensmacht' [...], die das Leben in ihre Hand nimmt, um es zu steigern und zu vervielfältigen, um es im einzelnen zu kontrollieren und im gesamten zu regulieren" (Foucault 1995: 163). Die Kontrolle ‚im einzelnen' zielte dabei auf die Unterwerfung der Körper durch ihre Disziplinierung zum Zweck der Steigerung der Produktivität (vgl. Foucault 1995: 166–167), die Regulierung ‚im gesamten' auf Maßnahmen der Kontrolle des Gattungskörpers der Bevölkerung (vgl. Foucault 1995: 166–167). Bio-Politik lässt sich somit als „die sorgfältige Verwaltung von Körper und die rechnerische Planung des Lebens" definieren (vgl. Foucault 1995: 167). Die Verschränkung der beiden Pole der Disziplinierung und der Bevölkerungsregulierung führt dazu, dass oftmals keine scharfe begriffliche Trennung von Bio-Macht und Bio-Politik (oder Biopolitik) vorgenommen wird und die Begriffe fast synonym verwendet werden. Gehring (vgl. 2008) weist jedoch darauf hin, dass Bio-Politik für Foucault die Ebene der konkret zu beschreibenden Machttechniken umfasse, während Bio-Macht eine Machtform darstelle.[1] Entscheidend ist, dass sich die Biopolitik auf einen Lebens-

---

[1] Im Unterschied dazu siehe Muhle (2013: 9), die die auch hier verwendete Schreibweise ‚Biopolitik' nutzt.

begriff bezieht, der sich an der „biologischen Modernitätsschwelle" (*seuil de modernité biologique,* Foucault 1995: 170) ausgeprägt hat und das Leben fortan als biologische Substanz und Kraft bestimmbar machte.

Die Macht wirkt durch spezifische Dispositive auf das Lebendige ein und ordnet es auf konkrete Weise an. Entsprechend der im Französischen üblichen alltagssprachlichen Verwendung von *dispositif* kann damit sowohl die „Art und Weise, wie die Bauteile bzw. Organe eines Apparats angeordnet" (Link 2008: 238) sind, bedeutet werden, als auch „der Mechanismus selbst" (Link 2008: 238). Außerdem umfasst es die Bedeutung einer strategischen „‚Verfügungs-Macht'" (Link 2008: 238). Foucault hat den Begriff primär in seiner medizinisch-rechtlichen Ausformung in den philosophischen Diskurs eingeführt, und bezeichnet damit eine

> entschieden heterogene Gesamtheit, bestehend aus Diskursen, Institutionen, architektonischen Einrichtungen, reglementierenden Entscheidungen, Gesetzen, administrativen Maßnahmen, wissenschaftlichen Aussagen, philosophischen, moralischen und philanthropischen Lehrsätzen, kurz: Gesagtes ebenso wie Ungesagtes (...) (Foucault 2003: 392)

Wie in einem Netz beschreibe das Dispositiv die Relationen zwischen heterogenen Elementen (vgl. Foucault 2003: 392). Indem das Dispositiv diskursiv und nicht diskursiv zugleich sei, gehe es über den Status von Epistemen hinaus, da letztere Aussageformationen behandeln. Anders als die Episteme greife es in den Diskurs nicht dahingehend ein, das Wahre vom Falschen abzusondern, sondern trenne das wissenschaftlich Nicht-Qualifizierbare vom Qualifizierbaren ab (vgl. Foucault 2003: 395–396).

Agamben (2006: 21–22) nahm eine entschiedene Erweiterung in Foucaults Konzeption vor: Ein Dispositiv ist bei ihm alles, durch das die Macht auf das Leben der Menschen und ihre Körper zugreifen kann,

> qualunque cosa abbia in qualche modo le capacità di catturare, orientare, determinare, intercettare, modellare, controllare e assicurare i gesti, le condotte, le opinioni e i discorsi degli esseri viventi. Non soltanto, quindi, le prigioni, i manicomi, il Panopticon, le scuole, la confessione, le fabbriche, le discipline, le misure giuridiche ecc., la cui connessione col potere è in un certo senso evidente, ma anche la penna, la scrittura, la letteratura, la filosofia, l'agricoltura, la sigaretta, la navigazione, i computers, i telefoni cellulari e – perché no – il linguaggio stesso, che è forse il piú antico dei dispositivi, in cui migliaia e migliaia di anni fa un primate [...] ebbe l'incoscienza di farsi catturare. (Agamben 2006: 21–22)

In der genealogischen Rekonstruktion von Foucaults Begriff bindet Agamben ihn zunächst an den Begriff der „Positivität" zurück, der nach Hyppolite das geschichtliche Element bei Hegel bezeichne (vgl. Agamben 2006: 8–12). Foucault habe sich Agamben zufolge dieses Begriffes bedient, um die konkrete Art und Weise zu ergründen, auf welche die Dispositive in die Beziehungen,

Mechanismen und Spiele der Macht hineinwirkten (vgl. Agamben 2006: 12). In einer weitergehenden Analyse sei Agamben (vgl. Agamben 2006: 15–19) auf den Zusammenhang zwischen dem griechischen Begriff der *oikonomia* gestoßen und dessen Übersetzung in der christlichen Theologie als *dispositio*. Einen weiteren Baustein für seine eigene, erweiterte Konzeption des Dispositivs findet er im Heideggerschen ‚Gestell', das weniger die Bedeutung von ‚Apparat' besitze, sondern vielmehr die dynamische Komponente einer Maschinerie betone, durch die die Lebewesen angeordnet, verwaltet und kontrolliert würden (Agamben 2006: 19–20).

Deleuze liest das Dispositiv bei Foucault als „multilineares Ensemble" (Deleuze 1991: 153), das in ständiger Bewegung begriffen ist: „Will man die Linien eines Dispositivs entwirren, so muß man in jedem Fall eine Karte anfertigen" (Deleuze 1991: 153). Eine Karte, das ist auch, was Calvino in seinem programmatischen Aufsatz von 1962 für den Umgang mit der labyrinthischen Wirklichkeit im Zeitalter der Industrialisierung fordert (vgl. *Labirinto*, 105–123). Calvino beschreibt diese als eine Zeit, in der die Beziehungen, die der Mensch über Jahrhunderte hinweg zu sich selbst und seiner Umwelt entwickelt hatte, radikal ihre Richtung wechselten:

> Dopo secoli passati a stabilire le relazioni dell'uomo con se stesso, le cose, i luoghi, il tempo, ecco che tutte le relazioni cambiano: non più cose ma merci, prodotti in serie, le macchine prendono il posto degli animali, la città è un dormitorio annesso all'officina, il tempo è orario, l'uomo un ingranaggio, solo le classi hanno una storia, una zona della vita non figura come vita davvero perché anonima e coatta e alla fine ci s'accorge che comprende il novantacinque per cento della vita. (*Labirinto*, 105)

Das Leben, von dem Calvino hier spricht, wird beinahe vollständig durch Dispositive der Macht regiert, die es in einer bestimmten Weise anordnen und im Sinne des Industriekapitalismus produktiv machen. Im Bild des Labyrinths, das das Leben gefangen hält, klingt Deleuzes' multilineares Dispositiv an, wobei Calvino Deleuze entsprechend auch die Literatur als Labyrinth beschreibt (vgl. *Labirinto*, 122). Die Aufgabe, die er dabei bekanntermaßen der Literatur zuschreibt, ist jene, eine möglichst detaillierte Karte der labyrinthischen Wirklichkeit zu entwerfen (vgl. *Labirinto*, 122), um die Herausforderung, die *sfida*, anzunehmen, die ein solches Leben an die Menschen stelle. In Deleuzes' Worten (vgl. 1991: 153): um die Linien des Dispositivs zu entwirren. Der Schriftsteller wird dabei in gewisser Weise zu einem Kartographen der Dispositive.

Wenn Deleuze (vgl. 1991: 153) schreibt, dass die großen Denker irgendwie seismisch seien und daher nur durch Krisen, durch Erschütterungen vorankämen, dann trifft das in besonderem Maße auch auf den italienischen Autor zu, der seine tiefste persönliche, poetische, politische Krise während der Entstehungszeit des *Scrutatore* durchlebt (vgl. Ferretti 1989: 94). Sie ereignet sich an der Schwelle der 1960er Jahre, als Calvino seine Bemühungen verstärkt, „die Landkarte des labyrinthischen Gefängnisses zu umreißen, in dem sich der Mensch des 20. Jahrhunderts bewegt" (Calvino 2013: 193). Deleuzes' Lektüre von Foucault lässt Parallelen im Denken des französischen und des italienischen Intellektuellen durchscheinen. Als „Kartographen-Forscher" (Calvino 2013: 196) zeichnete der eine immerzu neue Karten, die nie ihren Abschluss fanden, und der andere überschritt fröhlich verschiedene Territorien des Wissens, ohne sich je in einem einzurichten. Ihr Schreiben ähnelt einander, weil es sich in ständiger Bewegung befindet, sich selbst widerspricht und neu ansetzt. Es weist Verbindungen zwischen Dingen auf, die scheinbar nichts miteinander gemeinsam haben.[2] Weitere Übereinstimmungen lassen sich in der Zeitgenossenschaft beider sowie ihrer „gemeinsamen postmarxistischen Basis" (Borsò 2020: 234) und der Nähe zur Tel-Quel-Gruppe finden.

Im Folgenden werden in Calvinos *Scrutatore*-Text einige der Dispositive in den Fokus gerückt, durch die die Macht das Leben in einer bestimmten Weise anordnet, verwaltet und kontrolliert. Dabei scheint an einigen Stellen bereits ein Widerstand auf, der im zweiten Teil der Arbeit näher beleuchtet wird. Zunächst geht es aber um den kulturellen und historischen Kontext, in dem Calvinos Text entstand, wobei auch auf Momente seiner Rezeptionsgeschichte eingegangen wird.

## 2.1 Rezeption, Entstehungsgeschichte, Kontext

Während der *Scrutatore* in den die Veröffentlichung begleitenden Rezensionen oftmals als Endpunkt einer persönlichen und historischen Phase Calvinos gelesen (vgl. Reichel 2006: 334; De Federicis 1989: 53) und von Seiten der engagierten und neo-avangardistischen Kritik zum Teil heftig kritisiert wird (vgl. Barilli 1980: insb. 290–303; Calvino 2007w; Guglielmi 2012; Milano 2012), gerät er in der Folge für rund zwei Jahrzehnte aus dem Blick der Kritik und stellt somit ein „libro quasi messo ai margini nell'insieme dell'opera" (De Federicis 1989: 54) dar.[3] Erst als Ferretti, der den *Scrutatore* „una delle opere maggiori di Calvino, forse il suo capolavoro" (Ferretti 1989: 94) nennt, in seiner Mitte der 1980er Jahre erschienenen Studie die journalistischen und poetologischen Essays Calvinos in den Blick

---

[2] Vgl. vor allem die Aussagen Didi-Hubermans in der Dokumentation *Foucault gegen Foucault* (2013) von François Caillat und die Beschreibung Calvinos in *Album Calvino* (2013: insb. 193–196), herausgegebenvon Luca Baranelli und Ernesto Ferrero.
[3] Der Grund für die stiefmütterliche Behandlung wird in klassifikatorischen Schwierigkeiten vermutet, so u. a. von Bencivenga (vgl. 2002: 206).

nimmt, wird er auf eine „*zona oscura* dell'*alterità*" (Ferretti 1989: 90, Herv. im Orig.) am Höhepunkt von Calvinos engagiertem Schreiben in der zweiten Hälfte der 1940er Jahre aufmerksam. Ferrettis überzeugende Rekonstruktion einer ‚*vena oscura*' (Ferretti 1989: 94), die Calvinos Schreiben seine gesamte Schaffensphase hindurch auf mysteriöse Weise mit lebensspendender Lymphe zu versorgen scheint, führt dazu, dass sich die Calvino-Forschung nach und nach für bislang von der Kritik vernachlässigte Fragen öffnet, die in dieselbe Richtung des Lebendigen zielen, wie sie die vorliegende Arbeit vorschlägt (vgl. u. a. Piana 2014: 53; Iovino 2014a; Iovino 2014b; Dini 2002).[4]

Bevor die Entstehung des *Scrutatore* unter Zuhilfenahme von Ferrettis Studie kontextualisiert wird, geht es zunächst um Fragen der kritischen Einordnung des Textes. Dabei markiert die Entstehungszeit des *Scrutatore* einem Allgemeinplatz der Calvino-Forschung zufolge einen ‚Schlussstein' (vgl. Barenghi 2007: 8), einen Bruch (vgl. Milanini 1991: XLI) oder ein Übergangsmoment (vgl. Calcaterra 2014: 25) in Calvinos Œuvre, was sich aus den tiefgreifenden historisch-kulturellen Veränderungen erklären lässt, in denen sich die italienische Gesellschaft zu jener Zeit befand (vgl. Calcaterra 2014: 19–20). Umstritten ist dabei allenfalls die Frage, inwieweit es sich tatsächlich um einen poetologischen Bruch handelte oder ob der *Scrutatore* nicht vielmehr das darstellt, was er für Antonello ist: „il punto di flesso, un libro cerniera, dove converge tutta la prima produzione artistica e tutta la riflessione intellettuale di Calvino di quel periodo, e da dove parte il programma futuro" (Antonello 2005: 181). Reichels Versuch (vgl. 2006: 10–17) für Calvinos Schaffen in erster Linie Kontinuität nachzuweisen, indem sie von einer bis Ende der 1950er Jahre entwickelten Poetik ausgeht, in der die thematische Trias Individuum, Natur, Geschichte sich mit einer Technik dialektischer Verknüpfung von Ideen und Bildern vereint, zielt in eine ähnliche Richtung. Ihre Annahme, dass sich diese Poetik auf das Gesamtwerk übertragen lasse, zeugt allerdings von einer eklatanten Missachtung dessen, was Barenghi (vgl. 2007) prominent *i margini* in Calvinos Œuvre genannt hat: jene Texte, die unvollständig oder unveröffentlicht geblieben sind bzw. das journalistisch-essayistische Werk, in dem Ferretti (1989: 94) Calvinos „vena oscura" identifizieren konnte. Trotz einer eruierten Analyse muss Reichels Monographie zu jenen Werken der Sekundärliteratur über Calvino gezählt werden, die dem Herausgeber der Meridiani-Ausgabe der *Saggi* „un certo disagio" (Barenghi 2007: 7) bereiten, da sie den Autor in einem zu monumentalen Bild versteinern würden.

---

4 Themen, für die es nach Piana (vgl. 2014: 53) vor dem Aufkommen des Postmodernen und Posthumanismus keine angemessenen Analyseinstrumente gegeben habe, sind etwa Anthropomorphismus, Animalität und Körperlichkeit. Diese sind zugleich mit dem biopolitischen Paradigma verbunden.

Fruchtbarer scheinen hingegen die Ansätze, die Calvinos naturwissenschaftliches Interesse für das Erkenntnisprojekt ernst nehmen, das sich in seinem variablen, lebendigen Schreiben ausdrückt (vgl. u. a. Porro 2009; Bucciantini 2007; Pilz 2005). Antonello (2005: 181) verweist auf die Schreibpause zwischen dem *Cavaliere* und dem *Scrutatore*, in der die von der Ford Foundation finanzierte sechsmonatige USA-Reise sowie zahlreiche Lektüren liegen, die die Literatur nicht direkt betreffen, sondern dem naturwissenschaftlichen Bereich zuzurechnen sind. Wie Scarpa (1999: 113–117) darlegt, geht mit dem Anbruch der 1960er Jahre auch eine Abkehr von Calvinos dialektischer Grundhaltung und dem Vertrauen in die Geschichte einher.[5] Die epistemologische Schwelle, die der *Scrutatore* darstellt, ist auch an diesem „doppio rito di passaggio" (Scarpa 1999: 115) abzulesen. Natur und Geschichte stehen sich darin nicht mehr klar getrennt gegenüber, sondern werden als wechselseitige Bedingung für die Entfaltung ihres jeweiligen Potenzials sichtbar.[6] Diese Verschiebung im Denken, das der Poetik zugrunde liegt, weg von einem systematisch-linearen hin zu einem pluralen und fragmentierten, zieht auch einen Wandel in der Schreibweise (*écriture*) nach sich, was sich in dem im gleichen Jahr erscheinenden *Marcovaldo* niederschlägt: „Con *Marcovaldo ovvero Le stagioni in città* Calvino apre la stagione dei libri modulari" (Milanini 1991: XL–XLI).[7]

Was die problematische Einordnung des Textes betrifft (vgl. Bencivenga 2002: 206), wird er von den einen in eine Reihe mit den philosophisch-existentiellen Texten gestellt, wobei sie einen thematischen Bogen vom *Cavaliere* über den *Scrutatore* zu *Palomar* spannen (vgl. De Federicis 1989; Pampaloni 1987; Asor

---

**5** Vgl. Scarpa (1999: 115): „Si direbbe che alla svolta degli anni sessanta Calvino sia giunto al culmine della sua fede dialettica, e invece è proprio in questo periodo che la perde per sempre: pochi mesi dopo il ritorno dall'America entra per la seconda volta all'Istituto Cottolengo come scrutatore, e si ritrova in un mondo dove la storia non significa nulla, dove ogni divenire è congelato, dove la razionalità è insufficiente e irrisoria e la metafisica sembra essere l'unica risposta adeguata alla situazione." Bolongaro (vgl. 2016: 161–190, hier 174) versteht das dialektische Denken im *Scrutatore* als Karikatur des typischen linken Intellektuellen jener Zeit, der nur dem Anschein nach marxistisch denkt, in Wirklichkeit aber seine bourgeoise Haltung bewahrt, „the kind of thinking that a certain type of left-wing intellectual will pass off as dialectical, when it is just a lazy stringing of oxymorons".
**6** Diesen Zusammenhang charakterisieren auch die Geschichten von *Marcovaldo*. Während es in ihnen noch um die Frage der Entfremdung und die spannungsreiche Beziehung Mensch-Natur gehe, würde sich diese Spannung nach Rignani (vgl. 2012: 24–25) in den späteren Texten in eine anspruchsvolle Wechselbeziehung zwischen Mensch und Natur bzw. Mensch und Nicht-Mensch übersetzen.
**7** Ähnlich äußert sich Bencivenga , wenn er in denjenigen Prosatexten Calvinos, die vor dem *Scrutatore* erschienen sind, eine „more standard structure" (Bencivenga 2002: 205) erkennt, während sie danach in eine experimentellere Richtung zielen würden.

Rosa 1985).⁸ Andere Stimmen rechnen ihn zum realistisch-spekulativen bzw. realistisch-existentiellen Tryptichon *La speculazione edilizia – La nuvola di smog – La giornata d'uno scrutatore* (vgl. Milanini 1989). Sie folgen damit einem Hinweis, den Calvino 1985 in einem Interview mit Maria Corti gab, als er erklärte:

> *La speculazione edilizia, La giornata d'uno scrutatore*, e un terzo racconto di cui ho scritto solo poche pagine, *Che spavento l'estate*, sono stati concepiti insieme verso il 1955 come un trittico *Cronache degli anni Cinquanta*, basato sulla reazione dell'intellettuale alla negatività della realtà. Ma quando sono riuscito a portare a termine *La giornata d'uno scrutatore* era passato troppo tempo, eravamo entrati negli anni Sessanta, sentivo il bisogno di cercare delle forme nuove, e così quella serie restò imcompiuta./ Nel frattempo avevo anche scritto *La nuvola di smog*, racconto che a quel tempo consideravo molto diverso perché scritto secondo un'altra chiave di trasfigurazione dell'esperienza, mentre avrebbe pur potuto benissimo figurare al posto del terzo racconto nel trittico progettato (*Note* RR I, 1339)

Schon 1963 stellte er in Korrespondenzen und Interviews, die mit dem Erscheinen der Erstausgabe in Verbindung standen, den Zusammenhang her zwischen den moralischen Reflexionen des Intellektuellen und einem Klima der Behaglichkeit und der Annehmlichkeiten gegenüber jener „strana *belle époque*', che stiamo vivendo" (*Note* RR II, 1312; Calvino 2007v: 2764; erstmals in „Il Giorno", 6. Mai 1963). Auf die Rolle der Kultur angesprochen, die es in der *belle époque* der Jahrhundertwende noch vermochte „a prevedere, inglobare, esorcizzare tutto il negativo che bolliva in pentola" (Calvino 2007v: 2766), antwortet Calvino mit der gleichen Irritation, die er in seinen poetologischen Essays (vgl. bspw. *Mare*, 52–60) äußert: „c'è un potenziale irrazionale distruttivo, barbarico, che è come una forza biologica" (Calvino 2007v: 2766). 1961 hatte er im Vortrag *Dialogo di due scrittori in crisi* (vgl. 2007g) davon gesprochen, dass ‚Detroit und Kalkutta'⁹

---

**8** Bolongaro liest den *Scrutatore* ebenfalls im Rahmen der *antenati* mit besonderem Bezug zu *Il cavaliere inesistente* als „a sort of coda to the trilogy" (Bolongaro 2016: 161). Die phantastischen Elemente der *antenati* stellen für ihn keinen Gegensatz zu den realistischen Texten dar, sondern sind in seiner Perspektive Teil einer kontinuierlichen und kohärenten künstlerischen Entwicklung, die von dem gescheiterten realistischen Roman *I giovani del Po* (vgl. Calvino 2010d: 1011–1126) über die *antenati* zum *Scrutatore* führe. Dabei hebt er den ethischen und politischen Impuls heraus, der für ihn gerade auch die phantastischen Texte kennzeichne (vgl. Bolongaro 2016: 3–11).

**9** Detroit steht symbolisch für die moderne Industriestadt, während das indische Kalkutta auch durch das prominente Wirken von ‚Mutter Teresa' als Armenhaus galt. Im Vortrag heißt es in der Beschreibung des heutigen Italiens wörtlich: „Abbiamo insieme a portata di mano Detroit e Calcutta, tutto è ormai mescolato assieme, Nord e Sud, tecnica avanzata e aree depresse, e le ideologie più diverse convivono, si contaminano, s'abbarbicano le une alle altre." (Calvino 2007e: 86). Die angesprochene Verschränkung des industrialisierten Norim Italien jener Zeit untrennbar miteinander verschränkt seien, was sowohl als Hinweis auf die biopolitische Situation, in der sich Grenzen zwischen Innen und Außen, Zentrum und Peripherie aufgehoben haben, gelesen werden kann, als auch als Berechtigung für einen literarischen ‚Bericht' aus dem Cottolengo, „cioè in una condizione-limite per eccellenza" (Milanini 1989: 246). „Rappresentare la vita del nostro tempo vuol dire portare alle estreme conseguenze quello che in essa è implicito", heißt es dort (Calvino 2007e: 84) weiter. Das Cottolengo trägt zum einen die Kennzeichen einer modernen Industriestadt mit seinem funktionalen Aufbau, der Arbeitsteilung und dem architektonischen Ensemble (vgl. GS, 8), zum anderen jene eines ‚chaotischen, indischen Slums', wobei die Konnotation der dominanten kolonialistischen Sichtweise jener Zeit entspricht. ‚Indien' wird im *Scrutatore* als das radikal Andere von Politik, Geschichte und Fortschritt aufgerufen: „siamo in India" (GS, 40), denkt Protagonist Ormea während seiner Zigarettenpause,

> ogni sforzo umano per modificare ciò che è dato, ogni tentativo di non accettare la sorte che tocca nascendo, erano assurdi. (È l'India, è l'India, pensava, con la soddisfazione d'aver trovato la chiave, ma anche il sospetto di star rimuginando dei luoghi comuni). (GS, 40–41)

In dieser Perspektive des Cottolengo als Slum scheint die einzige Hoffnung in der religiösen Erlösung zu liegen, was auch der gesellschaftlich vorherrschenden Überzeugung hinsichtlich des Cottolengos entspricht. Die Idee verwirft Calvinos Hauptfigur allerdings bald darauf wieder.

Calvinos Ideal bleibt ein in gewisser Weise engagiertes, erkenntnisförderndes Schreiben, das eine „Arbeit an der Visualität" (Borsò 2014b: 265) darstellt:

> Lo scrittore aquista un potere effettivo quando scava dentro, quando cambia qualcosa nel fondo della sensibilità della sua società, nel modo di vedere le cose: lavoro lento che non si può fare coi riflettori puntati addosso; lavoro di ricerca, che deve dar fastidio prima di venire accettato. (Calvino 2007v: 2761)

Doch das Abtragen der Schichten, um der Wirklichkeit näher zu kommen, das der *Scrutatore* im Bild der Artischocke evoziert (GS, 9), die langsam entblättert wird, ist ebenso eine Illusion wie die Karte des Labyrinths: Beide Bilder weisen eine leere Mitte auf, aus der die „dunkle Zone der Alterität" (Ferretti 1989: 90) emporzusteigen scheint. „Wenn jede realistische Darstellung eine unterstellte Kenntnis der Realität, mit dem Ziel, die Macht in die Knie zu zwingen, ist, gibt

---

dens und des agrarisch geprägten Südens lässt sich am Turin jener Jahre paradigmatisch ablesen, wo sich zahlreiche Arbeitssuchende aus dem Süden Italiens niedergelassen hatten (vgl. Kapitel 2.2).

es dann etwas, was ihr entgeht?", fragt Bazzicalupo (2014: 296) zu Recht und spielt damit auf Lacans Trennung von Realität und Realem an. Auch Ferretti (vgl. 1989: 90) stellt eine Diskrepanz zwischen Calvinos poetologischen Essays, in denen sich dieser vordergründig um ein kohärentes, streng rationales Bild seines eigenes Schaffens bemühte, um eine „intelligenza del negativo" (*Midollo*, 23), „sfida al labirinto" (*Labirinto*, 105–123), Poetik der Suche nach dem „midollo del leone" (*Midollo*, 9–27) inmitten einer problematischen Wirklichkeit, und seinen narrativen Texten fest, in denen Spuren von etwas vorhanden seien, „qualcosa di intimo e tormentoso e assillante che nessuno schermo difensivo riesce a mascherare" (Ferretti 1989: 90), die es beinahe gegen den Widerstand Calvinos selbst aufzudecken gelte. Die Wirklichkeit ist negativ, weil sie sich dem, der in ihr symbolisch gräbt, immer schon entzogen hat. Dennoch gibt es für Calvino keine Alternative zur epistemologischen Arbeit an der Sprache, auch und gerade dann, wenn es sich um das (menschliche) Leben handelt: „Tutto il terreno della persona umana è diventato da noi una specie di *no man's land*, territorio ‚non culturale', e così viene lasciato in mano ai negromanti ..." (Calvino 2007v: 2767, Herv. im Orig.).

Calvino plädiert für die „rationale Linie" (*Labirinto*, 117) und eine entsprechend klare Sprache, die jedoch gerade im *Scrutatore*-Text den Eindruck von Realität zu verstellen droht. Der *Scrutatore* erfüllt somit weder die Erwartungen an einen engagiert-realistischen Text noch scheint sich Calvino den Angriffen der Neoavantgarde auf das literarisch-kulturelle Establishment anzuschließen, weswegen De Federicis (1989: 26) urteilt: „*La giornata d'uno scrutatore* risultava un libro fuori contesto". Ihr ist zweifellos darin zuzustimmen, dass der Text jahrzehntelang aufgrund seiner „singolare natura" (De Federicis 1989: 53) als „romanzo-saggio" (De Federicis 1989: 53) verkannt wurde, da der Blick der Kritik durch die Konzentration auf formale Fragen versperrt war. Erst durch neue epistemologische Perspektiven sei das Interesse für Texte geweckt worden, deren Zuordnung zuvor unklar gewesen sei, da sie eine Verquickung von Faktizität und Fiktionalität aufweisen würden und damit überlieferte literaturwissenschaftliche Kategorien aufbrächen (vgl. De Federicis 1989: 53–54).[10]

Der Kontinuitätsthese, wie sie beispielsweise Reichel (vgl. 2006: insb. 11–16) vertritt, ist im Hinblick auf den *Scrutatore* zuzustimmen, da er keinen poetologi-

---

**10** Reichel (2006: 334–335, FN 942) glaubt De Federicis einen Widerspruch darin nachweisen zu können, dass sie den *Scrutatore* einerseits als einen für die Calvino-Forschung problematischen Text versteht, der nicht in gängige Beschreibungsmuster passt, aber andererseits eine ‚psychologische' Kontinuität hinsichtlich der Figur des *Palomar* behauptet. Dabei übergeht sie jedoch die von De Federicis (1989: 53–54) herausgestellte veränderte Forschungsorientierung ab den 1980er Jahren, die zu einer Relektüre des *Scrutatore* unter anderen Vorzeichen geführt hat (vgl. auch Piana 2014).

schen bzw. thematisch-ideologischen Bruch in Calvinos Œuvre darstellt, was vor allem an der Präsenz jener Motive liegt, die sich durch Calvinos Schreiben ziehen und durch Ferretti (vgl. 1989) umfassend aufgedeckt wurden. Aufgrund seines singulären Charakters in der formellen Gestaltung, der Problematisierung der realistischen Darstellungsweise und der nachfolgenden Neuausrichtung seiner Poetik ist er dennoch als Schwellentext zu verstehen (vgl. Antonello 2005: 181). Die Schwierigkeiten, die sich in den bisherigen Besprechungen des *Scrutatore* zeigten, sind zu großen Teilen dem Umstand geschuldet, dass die Frage des Lebens von der Kritik gar nicht oder nur marginal diskutiert bzw. in überholte Schemata eingeordnet wurde. Dabei führt die offene Thematisierung der „infelicità di natura" (Calvino 2012b: 94) im *Scrutatore* dazu, eine Potentialität des Lebendigen ans Licht zu bringen, die in der späteren Schaffensphase ausschlaggebend wird. Neben Ferrettis Studie (vgl. 1989) stellt Borsò (vgl. 2014b) in dieser Hinsicht eine Ausnahme dar, indem sie bei Calvino eine *Offenheit zum Leben* identifiziert, die sich bereits im neorealistisch anmutenden Debütroman zeige.[11]

Den Ausgangspunkt für Ferrettis Untersuchung stellen die am 17.11.1946 in *l'Unità* erschienen Kolumnentexte dar, die sich alle um das Verhältnis Mensch-Tier drehen (*Le capre ci guardano, Soggezione di un cane, Il marxismo spiegato ai gatti, Da Esopo a Disney*, erschienen am 17.11.1946 in *l'Unità*, vgl. S II, 2131–2136). Ferretti leitet von den *capre di bikini* das Motiv einer stillschweigend leidenden Alterität als stumme Opfer von Krieg und Zerstörung her.[12]

> Nella sua rubrica perciò Calvino imposta nei suoi termini essenziali un rapporto-distacco tra insensatezza colpevole dell'uomo (la bomba) e inesplicabilità innocente della natura (le capre), disumanità del mondo civilizzato e animalità-umanità elementare, che mette in discussione la contrapposizione razionalità umana-irrazionalità animale, e reca i primissimi segni di una sottintesa sfiducia nella ragione dell'uomo moderno e nella sua tensione conoscitiva, progettuale e progressiva. (Ferretti 1989: 13)

Ferretti wählt an dieser Stelle die treffende Bezeichnung der ‚Abkopplung-Verbindung' („rapporto-distacco"), um die doppelte Richtung anzuzeigen, in die die ‚anthropologische Maschine' (vgl. Agamben 2002) wirkt. Anstatt von der dialektischen Gegenüberstellung menschlicher Rationalität vs. animalischer Irrationalität auszugehen, meint Ferretti zu diesem frühen Zeitpunkt der Schaffenszeit Calvinos bereits, erste Anzeichen eines latenten Misstrauens gegenüber der modernen Ratio zu erkennen. Paradigmatisch ist hierfür die oft zitierte Stelle aus *Il marxismo spiegato ai gatti*, in der Calvino in der Diskussion mit

---
11 Beispielhaft sei hierfür der nicht biopolitisch differenzierende Blick der Hauptfigur Pin, durch dessen Kinderaugen der Partisanenkrieg geschildert werde (vgl. Borsò 2014b: 280).
12 Zum Begriff ‚Alterität', frz. *altérité*, engl. *otherness* siehe Waldenfels (2015: insb. 61–72).

einem Parteigenossen die evolutionäre Sonderstellung des Menschen relativiert und ihn als Tier unter anderen Tieren darstellt:

> Al compagno filosofo interessava dimostrare che c'è un momento nella catena d'evoluzione in cui, a un tratto, d'animale si passa all'uomo, anzi all'Uomo. Io invece propendo per una concezione dell'uomo come non staccato dal resto della natura, di animale più evoluto in mezzo agli altri animali, e mi sembra che una tale concezione non abbassi l'uomo, ma gli dia una responsabilità maggiore, lo impegni a una moralità meno arbitraria, impedisca tante storture. (Calvino 2007s: 2133–2134)

Quasi im Vorbeigehen, typographisch in Klammern gesetzt, erläutert Calvino anschließend sein Naturverständnis:

> (Non che io creda a una natura buona e saggia alla Rousseau: so che la natura non è buona né cattiva, ma qualcosa d'impassibile e di ambiguo come la balena bianca di Melville.) (Calvino 2007s: 2133–2134)

Die Natur stellt eben aus dem Grund die dunkle Zone der Alterität dar, in der die Fremdheitserfahrung des modernen Menschen wurzelt, weil sie sich dem menschlichen Schicksal als unbeteiligt und ambivalent gegenüber präsentiert, als ein wesentlich ‚Anderes' gegenüber der ‚erleuchteten' modernen Vernunft.[13] Die sinnlose Schuld der einen Instanz (des vernünftigen Menschen) bedingt die unerklärliche Unschuld (die Ziegen) der anderen.

Der Sinnlosigkeit als Zeichen der Krise der bürgerlichen Vernunft stellt Calvino in zahlreichen Artikeln in den ersten Nachkriegsjahren die auf dem Klassengegensatz beruhende Rationalität des Marxismus entgegen, während das Motiv einer natürlichen Alterität außen vor bleibt (vgl. Ferretti 1989: 13–20). Auch genuin poetologische Äußerungen fehlen bis etwa Mitte der 1950er Jahre, was vor allem daran lag, dass die Kulturarbeit der PCI in der Folge der Publikation von Gramscis *Quaderni del Carcere* (1947–1951, Einaudi) neu ausgerichtet wurde und vom Unterfangen einzelner Intellektueller zu einer allgemeinen Strategie gesellschaftlichen Umsturzes erhoben wurde, deren politische Direktiven die Parteiführung vorgab (vgl. Asor Rosa 2013: 264–266).[14] Wie schwierig die Positionierung im kulturellen Klima jener Zeit für einen antifaschistischen Intellektuellen sein konnte, verdeutlicht die Polemik, die Calvinos Mentor Vitto-

---

**13** Vgl. hierzu den Einfluss Joseph Conrads auf Calvinos Œuvre, der auch Thema von Calvinos universitärer Abschlussarbeit (1947) war (McLaughlin & Scicutella 2002; Ferretti 1989: 31). Außerdem die skeptische Position Giacomo Leopardis, wie er sie beispielsweise in *La ginestra, o il fiore del deserto* artikuliert (Leopardi 2007: 200–208).
**14** Eine breite Rezeption erfuhren in den 1950er Jahren die Thesen des marxistischen Literaturkritikers Georg Lukács, der die Identität von sozialistischer Position und Realismus in der Kunst propagierte. Mit dem 1955 erschienenen Roman *Metello* von Vasco Pratolini erhoffte

rini mit seiner post-ideologisch ausgerichteten Zeitschrift „Il Politecnico" lostrat (vgl. Reichel 2006: 38–41; 46–50). Calvinos Engagement Ende der 1940er Jahre galt der Suche nach einem ‚neuen Intellektuellen' für eine ‚neue Literatur' (vgl. Ferretti 1989: 14; Reichel 2006: 19–21), wobei er sich eher am Rande in die politisch-kulturellen Debatten jener Zeit einmischte und eine eigenständige Position bewahrte, die sich nach der Krise von 1956 vollständig entfaltete.[15] Seine poetologische Haltung macht er vielfach in seinen Schriften und Vorträgen deutlich: Es gehe in der zeitgenössischen Literatur darum, Antworten auf die Fragen zu finden, die die Industriegesellschaft an die Menschen stelle, weswegen er das Ideal verfolge einer „letteratura saldata con la civiltà produttiva, che portasse una forte carica fantastica e morale, mitica, direttamente nelle cose, nelle parole, nei gesti della vita moderna" (Calvino 2007d: 65).

Ferretti (1989: 54) weist jedoch auf eine Duplizität in Calvinos politischer Haltung hin: Zum einen äußere er sich weiterhin öffentlich zu politischen Ereignissen und beziehe zu ihnen Stellung, zum anderen lasse er eine gewisse Desillusionierung durchscheinen, was das Vertrauen in die rationale Entwicklung betrifft, wie das beispielsweise die Besprechung von Pasternaks *Doktor Schiwago* verdeutliche (erstmals veröffentlicht in *Passato e presente*, Mai-Juni 1958, vgl. Calvino 2007p).[16] Bis in die Mitte der 1960er Jahre hinein veröffentlicht Calvino Artikel, die Ferretti (1989: 55) unter dem Etikett „critico-autocritico-letterari" fasst und für die er eine Ambivalenz feststellt:

> La lettura cioè della produzione giornalistica e saggistica maggiore e minore, delle dichiarazioni e interviste, rivela per lungo tempo in Calvino un processo contrastato, cangiante e contraddittorio, che resta e resterà lontano comunque da quella immagine di consequenzialità, linearità, armonia, programmazione, controllo, che Calvino stesso tende a dare di sé in certe prefazioni alle sue edizioni in volume o in note e saggi autodefinitori o esplicite dichiarazione di poetica. (Ferretti 1989: 55)

---

sich die marxistische Literaturkritik den Übergang von Neorealismus zum sozialistischen Realismus, was jedoch selbst in der parteinahen Kulturkritik zu disparaten Reaktionen führte (vgl. Asor Rosa 2013: 289–290).

**15** In der Folge der Niederschlagung des ungarischen Volksaufstands 1956 durch das sowjetische Militär verlässt Calvino 1957 die PCI, wendet sich aber nie vollständig von ihr ab und wählt nach eigenen Angaben sein ganzes Leben lang ‚kommunistisch' (vgl. *Lettera di dimissioni*, Calvino 2007t).

**16** „Forse l'importanza di Pasternak è nell'avvertirci di questo: la storia – nel mondo capitalista come in quello socialista – non è ancora abbastanza storia, non è ancora costruzione cosciente della ragione umana, è ancora troppo uno svolgersi di fenomeni biologici, stato di natura bruta, non regno delle libertà." (Calvino 2007p: 1381).

Darunter fallen die Artikel des „Menabò" auf der einen Seite und das narrative Werk auf der anderen, während Sinnlosigkeit und Alterität in diesen Schriften nicht theoretisch entwickelt würden (vgl. Ferretti 1989: 55). Der Kontrast, der sich bis zur Publikation des *Scrutatore* (1963) zuspitzt, zwischen der ostentativen Geste der Nachzeichnung des eigenen intellektuellen und literarischen Werdegangs als in sich schlüssig und die reale Widersprüchlichkeit, in der seine narrative Produktion dazu steht, hebt Ferretti als Charakteristikum Calvinos hervor (vgl. Ferretti 1989: 55).

Während Calvinos Erstlingswerk *Il sentiero dei nidi di ragno* (1947) noch vor Lebendigkeit strotzte und der Auseinandersetzung mit dem Anderen darin viel Platz eingeräumt wurde, was sich unter anderem aus seinen literarischen Vorbildern und der tatsächlich erlebten Resistenza erklären lässt, drohte diese vitale Ader Ende der 1940er Jahre zu vertrocknen, paradigmatisch dafür steht das gescheiterte realistische Romanprojekt *I giovani del Po* (1950–51, vgl. Calvino 2010d), das Calvino in einem Brief an Dario Puccini 1954 mit den Worten verwirft: „È tutto una cosa ,di testa', fredda, costruita in simboli inadeguati." (*Note* RR III, 1341). Zwischen den Jahren 1959 und 1962 bringt Calvino kein weiteres erzählerisches Werk zum Abschluss, was als Konsequenz der sich bereits innerhalb der beiden Erzählstrategien, der märchenhaft-phantastischen der *antenati* und der engagiert-realistischen, abzeichnenden Krise interpretiert wird (vgl. Ferretti 1989: 89). Während Calvino selbst den *Cavaliere* als Endpunkt des märchenhaft-phantastischen Erzählstrangs sieht, beschreibt er den *Scrutatore* hingegen nicht so sehr als Vollendung des realistischen denn als „svolta" innerhalb desselben bzw. als „Fortsetzung des Schweigens" der vorangehenden Jahre (vgl. Barbato 2012).

Im Interview mit Alberto Arbasino (vgl. Calvino 2007v) beschreibt Calvino das Schweigen als Gegenreaktion zum Geschwätz. Denn die Themen, die im Mittelpunkt des *Scrutatore* stehen, „quello della infelicità di natura, del dolore, la responsabilità della procreazione" (Ferretti 1989: 90), würden keine Antworten liefern und kein Wissen mit sich bringen, über das Auskunft gegeben werden könne. *Scrutatore* Ormea stößt auf eine unbestimmbare Grenze, die zwischen Gesunden und Kranken, Menschen und Nicht-Menschen unterscheidet, über deren Verlauf er jedoch keine klare Aussage treffen kann. Die entscheidende Grenze scheint nicht mehr zwischen den Vertretern zweier konkurrierender Parteien und Weltanschauungen zu liegen, sondern zwischen dem Abgeordneten der Democrazia Cristiana und dem kommunistischen Wahlhelfer auf der einen Seite und dem kleinwüchsigen Menschen auf der anderen Seite zu verlaufen, der zu kommunizieren versucht, aber nicht gehört wird.

> Fino a chiedersi se in realtà il confine vero non passi piuttosto tra una disumanità e violenza mascherata di umanitarismo, e un mondo „doloroso, gemente" di vittime disarmate e innocenti, piú oscuramente ma autenticamente umane. (Ferretti 1989: 92)

In Ferrettis Lektüre stellt Protagonist Ormea den Versuch dar, den Hauptwiderspruch der Aufklärung zu überwinden, der darin besteht, dass die Vernunft jegliche Form von Alterität abspaltet, ausgrenzt und einsperrt. Der *Scrutatore* bringe also das ans Licht, was bereits in *Le capre ci guardano* angedeutet wurde:

> L'innocente mondo del Cottolengo diventa la prova oggettiva e definitiva dell'esistenza di una realtà naturale impenetrabile e inconoscibile da parte della ragione, di un problema rimosso o esorcizzato dalle pretese progettuali e progressive; e la prova oggettiva e definitiva altresì di una violenza e insensatezza umana universale, spogliata di ogni caratterizzazione ideologica e classista. (Ferretti 1989: 92)

Die Eindrücke sinnlosen Leidens, dem einige der Cottolengo-Insassen unterworfen sind, auf die der Protagonist trifft, verweisen auf einen Bereich, der der Vernunft ebenso fremd ist wie die Liebe. Die Erfahrung der Fremdheit, die den gesamten Text charakterisiert, ist eine Fremdheit gegenüber dem anderen Leben als Leben des Anderen, aber auch des eigenen. Die Radikalisierung dieser Poetik der Alterität, die im *Scrutatore* ihren Höhepunkt erreicht, enthält jedoch ihr eigenes Gegenmittel: Von den *Cosmicomiche* an bestimmt das Provisorische, Partikulare, Unproduktive, Unpersönliche Calvinos Poetik. Sie wird zum lebendigen Wechselspiel zwischen Aufbau und Zerstörung, Identität und Alterität, zu allen Seiten hin offen, nie abgeschlossen, in ständiger Bewegung und gerade deswegen voller Lebendigkeit.

## 2.2 Sprache: Mythos, Geschichte, Realismus

Bazzicalupo (vgl. 2014) hat gezeigt, dass realistische Schreibweisen das biopolitische Projekt auf ambivalente Weise stützen. So stelle die ontologische/beschreibende Darstellung ein Gerüst für jegliches biopolitisches Dispositiv bereit und halte damit bereits ein normatives Urteil vor, indem es das bestimmt, was ‚wahr' sei, qualifizierbar und sichtbar (vgl. Bazzicalupo 2014: 292).[17] Aber wie verhält sich diese Auffassung zu den realistischen Schreibweisen Calvinos, die zunächst dem Neorealismus zugerechnet werden können und in den Erzählun-

---

[17] Thoma (2015b: 65) gibt in seinem Vergleich des *Scrutatore* mit Louis Aragons *Le mentir-vrai* einen knappen Überblick über die Entstehung einer neuen bürgerlichen Erzählweise „im Namen von Wahrheit und Moral" in Abgrenzung zum höfisch-galanten Roman des 17. Jahrhunderts mit „seinen unzähligen und unwahrscheinlichen Handlungsführungen".

gen *La speculazione edilizia* und *La giornata d'uno scrutatore*, geplant als *Cronache degli anni Cinquanta*, ausgebaut und weiterentwickelt wurden?[18]

Obwohl der Begriff *neorealismo* bereits kurz nach Ende des Ersten Weltkriegs in Zusammenhang mit dem Roman *Rubè* von Giuseppe Antonio Borgese auftauchte, entwickelte er sich erst durch das ethische und politische Engagement des italienischen antifaschistischen Widerstands zur Zeit der Resistenza zu einer Bewegung (vgl. Conrad von Heydendorff 2018: 56–63, hier 56). Als Antwort auf die faschistische Propaganda der Kriegsjahre wurde in der direkten Nachkriegszeit die ‚Wahrheit' durch Kunst-, Literatur- und Filmschaffende in der schonungslosen Darstellung der gesellschaftlichen Realität gesucht. Historische Referenz wurde damit zu einem Hauptanliegen fiktionaler Narration, die als „unmittelbares menschliches Erleben" (Nelting 2016: 110) dargestellt wurde. Um dem hohen moralischen Anspruch Ausdruck zu verleihen, der sich aus den Ungeheuerlichkeiten des Krieges und den klassenübergreifenden Erfahrungen in der Resistenza speist, griff man dabei auf zum Teil ästhetisch bereits überholte Positionen des Realismus des 19. Jahrhunderts zurück.

In einem erstmals am 16.12.1959 an der New Yorker Columbia Universität gehaltenen Vortrag zu den *Tre correnti del romanzo italiano d'oggi* (vgl. Calvino 2007d) definiert Calvino den Neorealismus als Versuch einer „letteratura del mondo istintivo ed elementare" (Calvino 2007d: 62). Er sei weniger eine literarische Strömung als vielmehr eine Epoche, ein Klima gewesen, in dem vielfach Rechenschaft über die Geschehnisse abgelegt wurden, wobei wenig davon genuin literarisch zu nennen sei (vgl. Calvino 2007d: 67, ähnlich äußert er sich im neuen Vorwort zu seinem Debütroman *Il sentiero dei nidi di ragno* fünf Jahre später, vgl. Pref. 1964). Für das Thema der vorliegenden Arbeit bedeutend ist vor allem seine mehrfache Betonung der ‚vitalità' jener Zeit im Gegensatz zu der jetzigen: „La Resistenza fece credere possibile una lettaratura come epica, carica d'un energia che fosse insieme razionale e vitale, sociale ed esistenziale, collettiva e autobiografica." (Calvino 2007d: 66). Er nennt die Zeit der Resistenza „un'epoca piena di vita" (Calvino 2007d: 67) und verweist auf „questa ondata di vitalità popolare" (Calvino 2007d).

Calvinos schriftstellerisches Romandebüt *Il sentiero dei nidi di ragno* (1947) entstand in dieser Zeit neorealistischen Klimas, nachdem der junge Calvino nach der Befreiung mit den Intellektuellen Cesare Pavese und Elio Vittorini sowie dem Verleger Einaudi in Kontakt gekommen war, erste Erzählungen ver-

---

**18** So schreibt es Calvino, der gerade *La speculazione edilizia* abgefasst hatte, zumindest am Tag seines Partei-Austritts am 1. August 1957 an Paolo Spriano (vgl. 1986): „Comunque ora sono entrato, finalmente, in un periodo di letteratura ‚realistica' e il racconto che ho finito ora è forse la cosa piú comunista che io abbia mai scritto." (Ajello 1979: 438).

öffentlicht und kleinere Aufträge für den Verlag übernommen hatte (vgl. Calvino 2013: 78–84). Seine frühe Poetik war geprägt von einer praktischen Moral, die er in Lektüren englischer und nordamerikanischer Schriftsteller, aber auch im, wie er aus Ligurien stammenden, Montale fand. Vor allem jedoch nährte sie sich von seinen eigenen Erlebnissen im Partisanenkampf, die als kollektive Erfahrungen verarbeitet wurden.[19] Entsprechend definiert Nelting (2016: 110) das neorealistische Projekt, in dem „das konkrete Erlebnis- und Erfahrungssubstrat ganz besondere referentielle Qualität [gewinnt]":

> Neorealistische Narration stellt sich mithin als möglichst unmittelbare Darstellung geschichtlicher Faktizität dar, als zeugenschaftlich wahrhaftige Erzählung, deren referentielle Tragfähigkeit auf einem individuellen *und* kollektiven Erlebnis- und Erfahrungshorizont beruht. (Nelting 2016: 110, Herv. im Orig.)

An Maria Cortis Neorealismus-Konzeption anschließend, identifiziert er ein „politisches, antifaschistisches Wirklichkeitskonzept" (Nelting 2016: 110), in dem neorealistisches Erzählen wurzelt.[20] In Bezug auf eine möglichst unmittelbare Darstellung geschichtlicher Faktizität weist Warning (1999: 8) jedoch darauf hin, dass historisches Wissen auch im realistischen Roman nicht schlicht abgebildet wird, sondern immer schon als imaginative Reaktion gelesen werden muss.[21] Damit sei die Wissensinszenierung, anders als in der „Interdiskurstheorie" (Link & Link-Heer 1990: 92), bereits Transgression ihrer diskursiven Verfasstheit: „Mit dieser Transgressionsphantasie aber ist zugleich auch bedeutet,

---

**19** „L'esplosione letteraria di quegli anni in Italia fu, prima che un fatto d'arte, un fatto fisiologico, esistenziale, collettivo. Avevamo vissuto la guerra, e noi più giovani – che avevamo fatto in tempo a fare il partigiano – non ce ne sentivamo schiacciati, vinti, ‚bruciati', ma vincitori, spinti dalla carica propulsiva della battaglia appena conclusa, depositari esclusivi d'una sua eredità. Non era facile ottimismo, però, o gratuita euforia; tutt'altro: quello di cui ci sentivamo depositari era un senso della vita come qualcosa che può ricominciare da zero, un rovello problematico generale, anche una nostra capacità di vivere lo strazio e lo sbaraglio; ma l'accento che vi mettevamo era quello di una spavalda allegria. Molte cose nacquero da quel clima, e anche il piglio dei miei primi racconti e del mio primo romanzo." (*Pref.* 1964, 1185).
**20** Damit grenzt er sich von Konzeptionen ab, die den Zusammenhang zwischen politischem und neorealistischem Engagement als eher kontingent betrachten und den Werken einen gemeinsamen ‚Zeitgeist' zu Grunde legen (vgl. Thoma & Wetzel 2007: 349–363, hier 352). Die Problematik, die der Bestimmung des Neorealismus zu Grunde liegt, kommentiert Falaschi (1988b: 114) mit den Worten, es sei die wohl unklarste und widersprüchlichste Kategorie, die ihm bekannt sei.
**21** „Mit dem Realismus des 19. Jahrhunderts, so will es ein noch immer verbreitetes Klischee, öffnet sich der Roman auf eine unverfälschte, mit wissenschaftlicher Objektivität rivalisierende Darstellung der zeitgenössischen Wirklichkeit [...] Über Jahrzehnte hinweg wurde eine Realismus-Diskussion geführt, die unvermerkt einen historischen Wirklichkeitsbegriff normativ setzte und die einzelnen Autoren daran bemaß." (Warning 1999: 7).

daß sie sich aus jenen Wissensdiskursen, in die sie sich einerseits einbetten, zugleich auch wieder ausbetten." (vgl. Link & Link-Heer 1990: 92). Für Warning könne nur diese Dialektik von Einbettung und Ausbettung eine Antwort auf die Frage geben, in welchem Maß „sich Literatur affirmativ einfügt in diskursive Kontexte, wo sie sich von ihnen distanziert oder sie negiert" (Warning 1999: 318). In seiner Analyse ist der poetische Diskurs durch das ihm eigene Imaginäre in der Lage einen Konterdiskurs zu den Wissensdiskursen zu liefern, denen er sich bedient, was Warning (vgl. 1999: 325–327) paradigmatisch an einer Beispielinterpretation der Odysseus-Erzählung aus Dantes *Commedia* zeigt.

Für Christiane Conrad von Heydendorff (2018: 45–68, hier 58) oszilliert der Realismus grundsätzlich zwischen einem „Anspruch auf wirklichkeitsnahe Darstellung und subjektivem Künstlertum", weshalb sie die Metapher vom Janusgesicht vorschlägt. Insgesamt sei die Literatur der Nachkriegszeit durch eine Heterogenität gekennzeichnet, „die den Fächer von ‚expressionistisch-romantischem' Realismus zu subjektiver Autobiographie im Zeugenmodus aufspannt" (Conrad von Heydendorff 2018: 60), wobei sie für letzteren Primo Levis *Se questo è un uomo* anführt.[22] Nelting (vgl. 2016) sieht den Erfahrungsbegriff als zentral dafür an, Calvinos neorealistischem Projekt beizukommen. In seinem Vorwort für die Neuauflage von *Il sentiero dei nidi di ragno* (vgl. *Pref.* 1964) habe dieser sein Erfahrungskonzept vom einlinigen Bezug auf das Erleben historischer Faktizität gelöst und mit der fiktionalen Rede sowohl als Vermittlungsdispositiv von Erfahrung als auch als Ermöglichungsstruktur der Erfahrung verschränkt (vgl. Nelting 2016: 113):

> Und hier liegt ein entscheidendes Merkmal neorealistischen Wirklichkeits- und Geschichtsbezugs: die vermeintliche Unmittelbarkeit der Erzählung gewinnt ihr spezifisches Profil daraus, dass bereits auf der Ebene der Erfahrung selbst eine fiktionale Medialisierung eingeschaltet wird und die erwartbare faktuale Referenz durchkreuzt. (Nelting 2016: 113–114)

Nicht nur auf Ebene der erzählerischen Rekonstruktion liefere die Erfahrung also kein historisch-politisch verbindliches, kognitives Wissen. Problematisch sei in dieser Hinsicht bereits die Ebene ihres Entstehens (vgl. Nelting 2016: 125). Den „Kompromiss mit der Wirklichkeit" (Borsò 2014b: 261) konnte der Neorealismus daher nur über die „Arbeit am Medium" (Borsò 2014b: 265) erreichen. Nelting (vgl. 2016: 125–126) hebt hier besonders die semantische Opazität der historischen Erfahrung bei Calvino und Fenoglio hervor, „tutto è lontano e neb-

---

[22] Neben dem allgemeinen Problem der Darstellung von Wirklichkeit dürfe auch für die autobiographische Form der *testimonianza* das Problem der Erinnerung nicht ausgeklammert werden, da das Erlebte unwiederholbar vergangen sei und daher nicht mimetisch abzubilden oder faktengetreu wiederzugeben (vgl. Conrad von Heydendorff 2018: 59–60).

bioso" (*Pref.* 1964, 1204) heißt es im Vorwort von 1964. In einer Analyse von Calvinos Realitätsbegriff bis in die 1950er Jahre schreibt Falaschi (1988b: 131), dieser habe sich zwar an den Begrifflichkeiten der Dialektik des 19. Jahrhunderts orientiert, wie es im politisch-ästhetischen Diskurs seiner Zeit auch üblich gewesen sei, in der schriftstellerischen Praxis sei Calvino jedoch über den dialektischen Diskurs hinausgegangen. Der Realitätsbegriff umfasse in dieser Perspektive sowohl eine negative als auch eine positive Seite:

> la realtà è ciò che esiste come opposto all'attività umana ma anche, conseguentemente, ciò che l'attività umana crea per superare quanto le si oppone. Realtà è termine negativo e positivo insieme perché esprime un *dato*, l'esistente di per sé, ma anche ciò che è creato dall'uomo. (Falaschi 1988b: 131, Herv. im Orig.)

Sowohl der subjektive Schleier, der zwangsweise über einer noch so realistisch anmutenden Darstellung liege,[23] als auch der mediale Charakter, der ihr durch die Sprache verliehen werde, verstellt die darzustellende Welt. Wobei andererseits auch die völlige Loslösung einer wie auch immer gearteten Wirklichkeit als literarisch nicht umsetzbar gilt, da die Literatur immer von Lebenswirklichkeit handele (vgl. Conrad von Heydendorff 2018: 63–68). Aus diesem Grund erscheint es hilfreich, auf die gegenseitige Verschränktheit von Realismus und Antirealismus hinzuweisen, die sich in ihrer Reinheit nie verwirklichen, sondern diese gerade als Extrempole eines Kontinuums zu begreifen, auf dem sich auch die literarischen Texte des Neorealismus verorten lassen. Um den Grad des Realismus ‚zu messen', sind bestimmte textuelle Elemente zu gewichten, die mit Roland Barthes ‚Wirklichkeitseffekte' (*effet de réel*) genannt werden.[24] Conrad von Heydendorff erweitert Barthes' Konzeption, indem sie zu den *effet de réel* (bzw. *anti-réel*) nicht mehr nur die „überflüssigen Details" (Barthes 2005: 164) zählt,

---

[23] Nelting nennt es den „Bereich eines je individuell spezifischen emotionalen Wissens, das nicht diskursiv ist und das sich von daher transindividuell nicht darstellen und explizieren lässt." (Nelting 2016: 126).

[24] Im Artikel „L'Effet de Réel", erschienen 1968 in der Zeitschrift *Communications*, diskutiert er die referenzillusionistische Geste, mit der das Reale im 19. Jahrhundert in erzählerische Texte aufgenommen wurde (vgl. Barthes 2005: 164–172). Dazu nimmt er die Elemente von Erzählungen in den Blick, die als „überflüssige Details" (Barthes 2005: 164) gelten und fragt nach der „Bedeutung dieser Bedeutungslosigkeit" (Barthes 2005: 166), die er semiotisch dadurch erklärt, dass Referent und Signifikant semiotisch gesehen miteinander kurzgeschlossen werden und das Signifikat aus dem Zeichen vertreiben. Dies ist es, was Barthes mit der referentiellen Illusion meint: „das als Signifikat der Denotation aus der realistischen Äußerung vertriebene ‚Wirkliche' hält als Signifikat der Konnotation wieder in ihr Einzug; denn in dem Augenblick, in dem diese Details angeblich direkt das Wirkliche denotieren, tun sie stillschweigend nichts anderes, als dieses Wirkliche zu bedeuten [...]; anders ausgedrückt, wird

sondern jedes Element der Erzählung, jede Darstellungsweise, die Wahl des Genres oder die Führung des Blickwinkels, die die Erzählung in die eine oder andere Richtung bewegt, das heißt, jede Erzählstrategie, die der Authentifizierung oder dem Illusionsbruch in irgendeiner Form dienlich ist, sei es auf Makro- oder Mikroebene des Textes, sei es bezüglich Form oder Inhalt. [...] Dabei ist davon auszugehen, dass die *effet de réel* oder *anti-réel* sich im Laufe der Zeit, je nach historischer, politischer, sozialer und technischer Entwicklung, verändert haben und weiter verändert werden. Das bedeutet, dass es eine zusätzliche Zeitachse geben muss, auf der jeweils für einen entsprechende Zeitspanne ein Paradigma der Effekte zu verzeichnen ist. (Conrad von Heydendorff 2018: 67, Herv. im Orig.)

Die knappe Übersicht der Positionen zur Frage nach der Wirklichkeitsdarstellung im Neorealismus hat zum einen die Verwurzelung der Texte in einem spezifisch politischen und daher tendenziell normativen Wirklichkeitskonzept aufgezeigt, zum anderen wird in aktuellen Studien die Rolle der subjektiven Wahrnehmung und der Imagination unterstrichen. Der Wahrheitsanspruch, den (neo-)realistische Texte transportieren, wird durch den Anschein auf einen direkten Zugriff auf das Gegebene artikuliert. Im Folgenden werden die Erzählstrategien in *La giornata d'uno scrutatore* in den Blick genommen, die „der Authentifizierung oder dem Illusionsbruch in irgendeiner Form dienlich [sind]" (Conrad von Heydendorff 2018: 67) und in einen Zusammenhang mit der Frage des biopolitischen Zugriffs gestellt.

Für die Darstellung eines Tages im Leben eines Wahlhelfers hat Italo Calvino den klassisch-literarischen Topos der Einheit von Ort, Zeit und Handlung gewählt. Wie im klassischen griechischen Drama spannt sich die erzählte Zeit vom Morgengrauen bis zum Sonnenuntergang.[25] Die Handlung von *La giornata d'uno scrutatore* setzt um halb sechs Uhr morgens ein, als der Protagonist sein Haus verlässt und erstreckt sich bis zum zeitlich nicht weiter spezifizierten Sonnenuntergang. Dieser Einheit der Zeit, auf die bereits der Titel hinweist, entspricht eine beinahe ebenso strenge Einheit des Ortes, die nur in den beiden Anfangskapiteln (der Weg zum Cottolengo) und dem Kapitel XI aufgebrochen wird: Während alle übrigen innerhalb der Mauern der karitativen Einrichtung

---

das Fehlen des Signifikats zugunsten des Referenten zum Signifikat des Realismus: Es kommt zu einem *Wirklichkeitseffekt*, zur Grundlage dieses uneingestandenen Wahrscheinlichen, das die Ästhetik aller gängigen Werke der Moderne bildet." (Barthes 2005: 171, Herv. im Orig.).

25 Auf die klassische Tragödie hat Calvino selbst im Artikel *Pasternak e la rivoluzione* (Calvino 2007p: hier 1364, Herv. von mir) hingewiesen: „[O]ggi una narrativa veramente moderna non può che portare la sua carica poetica sul momento (quel qualsiasi momento) in cui si vive, valorizzandolo come decisivo e infinitamente significante; deve perciò essere ‚al presente', darci un'azione che si svolga tutta sotto i nostri occhi, *unitaria di tempo e d'azione come la tragedia greca*."

„Cottolengo" angesiedelt sind, enthält Kapitel XI eine Szene im Wohnhaus des Protagonisten.[26]

Die Narration ist durch ein sehr sporadisches szenisches Erzählen gekennzeichnet, zumeist erfahren die erzählten Ereignisse durch die Reflexionen des Protagonisten eine enorme Dehnung. Generell wirken die narrativen Fakten den Reflexionen untergeordnet, erstere scheinen nur als Auslöser langer Gedankenketten zu dienen, die sich in hypotaktischen Satzkonstruktionen präsentieren. Besonders auffällig sind hierbei die häufigen, in Klammern gesetzten Einschübe, die Milanini (vgl. 1989: 250) zufolge die essayistische Dimension des Textes begründen, wobei er sie in Übernahme einer Formulierung aus einem Gespräch Calvinos mit Alberto Arbasino (vgl. Calvino 2007v)[27] als Zeichen einer schwierigen Annäherung an eine komplexe Realität definiert:

> Nella *Giornata d'uno scrutatore* le digressioni dubitative e i nessi intellettuali divengono materia consustanziale alla *fabula*; „storia" e „discorso", descrizione e commento agiscono e valgono l'uno nell'altro, l'uno per l'altro. (Milanini 1989: 250)

Der Essayismus, der im *Scrutatore* zur Verschränkung der Textebenen führe, sei eine wesentliche Zutat in Calvinos realistischen Werken (vgl. Milanini 1989: 250). Zudem identifiziert Milanini gewisse „elementi lirico-simbolici" (Milanini 1989: 251), wie sie in *La nuovola di smog* vorherrschten, in der der Protagonist mehr in Bildern als in Konzepten denke. Im *Scrutatore* drückt vor allem das Bild der Artischocke, das Calvino von Gadda übernommen hat (vgl. *Note* RR II 1312–1313), eine grundsätzliche, wissenschaftliche Lesbarkeit einer auch komplexen Wirklichkeit aus, während die unbestimmte „pasta collosa" (GS, 9) dieser entgegenstehe: „Ad Amerigo la complessità delle cose alle volte pareva un sovrapporsi di strati nettamente separabili, come le foglie di un carciofo, alle volte invece un agglutinamento di significati, una pasta collosa." (GS, 9). Wenn

---

**26** Neumann (2015: 97) weist darauf hin, dass die explizite Referenz auf einen real existierenden Ort, wie das beim Turiner Cottolengo der Fall ist, bekanntes Weltwissen aufruft (was im Text verdeutlicht wird, wenn der *Scrutatore* in Kapitel II die Bedeutungen aufzählt, die um das Wort ‚Cottolengo' kreisen). Dies trage wiederum zur „Produktion von Welthaftigkeit" bei und rufe so eine referentielle Illusion hervor, wie von Barthes beschrieben (vgl. Barthes 2005: 171). Dabei dürfe aber nicht vergessen werden, dass es sich auch in realistischen Texten um fiktive Schauplätze handle.

**27** Am Anfang des Interviews mit Alberto Arbasino heißt es: „[La] più singolare caratteristica esterna-interna della *Giornata d'uno scrutatore* sembra il predominio di quella inquietante cifra stilistico-tipografico-psicologica che sono le parentesi: già definite ‚element ritardanti' dopo un famoso saggio di Spitzer (e segno di complicazione, cautela, difficoltà nei rapporti con la vita), e impiegate qui invece a connettere la testimonianza con la riflessione ..." (Calvino 2007v: 2760, im Original kursiv).

Milanini (vgl. 1989: 252) die Wolke in *La nuvola di smog* leitmotivisch als Vernebelung des Bewusstseins liest, lassen sich Artischocke (klar definierte, erkennbare Form) und klebrige Masse (indefinite, fehlende Form) parallel dazu zu Leitmotiven des *Scrutatore* erheben. Das Bild der Artischocke verweist auf die Möglichkeit, durch das Entblättern zum Herzen als konzeptionellen Kern vordringen zu können, während die klebrige Masse diese Möglichkeit ausschließt und sich somit der Kategorisierung entzieht.

Der Text handelt von der Durchführung der Parlamentswahl 1953 in der karitativen Einrichtung ‚Piccolo Casa della Divina Provvidenza' in Turin, nach ihrem Gründer als ‚Cottolengo' bekannt. Wie aus der *Nota dell'autore* (vgl. GS, 4) zu erfahren ist, habe sich Calvino in der Schilderung an das gehalten, was er bei zwei Gelegenheiten mit eigenen Augen im Cottolengo gesehen habe. Denn Anlass für den Text war Calvinos eigenes Engagement als Wahlhelfer im Cottolengo 1961, in das er nach einem kurzen Aufenthalt 1953 zurückkehrte (vgl. Barbato 2012). Calvinos öffentliche Kommentierungen und die Hinweise in den Paratexten führten vielfach dazu, dass die Erzählung stark autobiographisch gelesen wurde und dabei keine klare Scheidung von Autor und Erzählinstanz erfolgte. Dabei handelt es sich bei *La giornata d'uno scrutatore* eindeutig um einen fiktionalen Text, bei dem a priori zwischen Autor und Erzähler unterschieden werden muss (vgl. Hempfer 2018: 73–82). Hempfer (2018: 83) fasst Fiktionalität über die Formel „glauben, dass p und wissen, dass nicht-p", womit er eine *„split awareness"* (Hempfer 2018: 85, Herv. im Orig.) beschreibt, „in der das Glauben an die Wahrheit der Fiktion immer schon im Wissen um deren Erfundenheit aufgehoben ist" (Hempfer 2018: 5). Calvino spielt mit diesem Spannungsverhältnis, indem er in der *Nota dell'autore* (vgl. GS, 4) darauf hinweist, dass der Kern des Erzählten wahr sei, die Figuren jedoch ausgedacht. Dieses Verfahren zur Authentifizierung des Geschehens stellt in der erweiterten Auffassung von Wirklichkeitseffekten nach Conrad von Heydendorff (vgl. 2018: 67) nicht nur eindeutig einen solchen dar, sondern führt auch dazu, die Grenze zwischen einer prototypisch fiktionalen und einer prototypisch faktualen Rezeption weiter zu verwischen (vgl. Hempfer 2018: 91). Nach Hempfer (vgl. 2018: 48) sind Paratexte häufig als Teil des Fiktionsspiels zu sehen. Generell orientiere „die Interdependenz von Gebrauchssituationen, Paratexten, Typographie und syntaktisch-semantisch-pragmatische Struktur des Textes selbst" (Hempfer 2018: 55) die Lektüre eines Textes in Richtung fiktional oder nichtfiktional, wobei oft dort, „wo diese Frage nicht entscheidbar ist, die Problematik der Differenzierung zwischen Fiktion und Nicht-Fiktion selbst Gegenstand des Textes wird oder doch zumindest werden kann" (Hempfer 2018: 55). Während Calvino mit seiner Aussage die Fiktivität der Figuren deutlich macht, stellt er den Fiktionalitätsgrad der Geschichte und damit den

„epistemischen Status des dargestellten Sachverhalts" (Hempfer 2018: 56) zur Disposition.

Die Erzählung des Wahltages erstreckt sich über fünfzehn Kapitel. Somit wird exakt das widerspiegelt, was ihr Titel vermuten lässt, nämlich die narrative Darstellung des Tagesablaufs eines Wahlhelfers mit der grundsätzlichen Einheit von Zeit, Ort und Handlung.[28] Für Tortora (2014: 13, Herv. im Orig.) ist die aristotelische Einheit ein gemeinsames Merkmal des *racconto italiano* der Jahre 1945 bis 1963, „all'interno di quel ‚nuovo realismo' avviato già da *Gli indifferenti*, e proseguito con progressive evoluzioni (passando dunque anche attraverso la stagione del neorealismo) fino a *La giornata di uno scrutatore* di Calvino". Die klassischen Erzählmechanismen wie der lineare Zeitverlauf verstärken den referenzillusorischen Effekt der Erzählung, indem sie, anders als die literarischen Avantgarden, den narrativen Filter weitestgehend ausblenden. Sie vermitteln somit eine glaubhafte Abbildung der Welt und machen die Erzählung realistisch (vgl. Tortora 2014: 14–17).

Schien der Rückgriff auf den klassischen Erzähltopos der aristotelischen Einheit noch für eine problemlose Möglichkeit der Zuordnung des *Scrutatore* zur (neo-)realistischen Literatur zu sorgen, so weist die Abwesenheit eines anderen, für die Werke der Moderne konstitutivem Element, bereits über jenen neuen Realismus hinaus (vgl. Tortora 2014: 30–33): Den Erzählungen post-1963 fehlt das „unerhörte Ereignis"[29] als hierarchisierendes Merkmal und Wendepunkt, auf den die Handlung zuläuft. Auch Milanini (vgl. 1989: 243) verwirft die These, Calvino habe in den Erzählungen, die am komplexesten die veränderte Situation der Menschen in der zweiten industriellen Revolution verhandeln würden, einfach auf Modelle des 19. Jahrhunderts zurückgegriffen. Pugliese (vgl. 2010: 510) zufolge spiegele sich in der offenen, fragmentierten, mehrperspektivischen Romanschreibweise des 20. Jahrhunderts, in der es kein einheitliches Subjekt mehr gebe, eine entsprechend offene, hochgradig problematische Konzeption von Leben. Unter dem „concetto di ‚margine'" (Pugliese 2010: 511) schlägt sie eine neue Perspektive auf das Werk Calvinos vor, wobei sie die „‚scrittura del margine' calviniana" (Pugliese 2010: 511) zum einen in Calvinos Kommentaren und Vorworten zu den Neuauflagen seiner Bücher findet, zum anderen in einer existentiellen Schreibpraxis, die sie als „scrittura *dal* margine" (Pugliese 2010: 511, Herv. im Orig.) spezifiziert. Schwerpunkt ihres Aufsatzes ist die Analyse des *Scrutatore*, in dem sie eine Dialektik von „marginalità e alterità" (Pugliese 2010: 511: 519) am

---

**28** Wer die 15 Kapitel als Zeiteinheiten lesen möchte, kann von einem Tag ausgehen, der sich von morgens halb sechs bis abends halb neun erstreckt, was den rund fünfzehn Stunden Tageslicht im Juni in Turin tatsächlich entspricht.
**29** Der Ausdruck stammt von Goethe (vgl. Tortora 2014: 10–12).

Werk sieht, die das neue Verhältnis von Totalität und Partikularität im 20. Jahrhundert illustriere: „si guarda dal tutto a partire dal dettaglio, dal particolare, dall'incompiuto, poiché la totalità ben delineata non è più una possibilità della conoscenza, né della narrazione né dell'arte in generale." (Pugliese 2010: 519).

Auch hinsichtlich der Idee eines kommunistischen Realismus seien weniger das Ziel als vielmehr die Details auf dem Weg dorthin entscheidend, so die ethische Position, die Calvino 1959 in seiner Trotzki-Rezension vertritt:

> I valori morali, la libertà, la bellezza, non saranno quelli di un domani assoluto, sono quelli che faticosamente si esprimono (si spremono) dall'oggi, nelle costrizioni durissimi dell'oggi che forse non cesseranno ma solo cambieranno di forma domani. (*Etica ed estetica di Trotzkij*, erschienen in *Passato e presente*, Januar-Februar 1959, Nr. 7, 970–974, zit. nach Milanini 1989: 244–245).[30]

Statt einer teleologisch orientierten Handlung prägt den *Scrutatore* eine dialektische Grundhaltung,[31] die sich in Stil, Struktur und Charakter des Protagonisten niederschlägt (vgl. Asor Rosa 2001b: 31–35; De Federicis 1989: 68–69). Wobei Asor Rosa über die Jahre zu dem Schluss gelangt ist, dass Calvinos konzeptueller Motor weniger eine scheinbar originäre Dialektik sei, („non chiude", Asor Rosa 1988: 267), sondern sich mit der Zeit mehr und mehr in eine Mechanik der Kräfte von Biologie und Vernunft verwandle. Ohnehin sei die Gegenüberstellung von Natur und Geschichte, die als These und Gegenthese gelesen werden könnte, im *Scrutatore* nicht ohne die Vermittlung eines dritten Elements möglich, das jedoch nicht zur dialektischen Synthese führe, dem Zufall. Der ist, wie weiter unten gezeigt wird, aufs engste mit dem Leben verknüpft.

Der Einsatz dialektischer Elemente lässt sich nicht innerhalb einer Totalität neutralisieren, sondern hebt die materialistische Seite der Schrift und die Komplexität und Undurchdringlichkeit des Realen jenseits einer Widerspiegelungsästhetik gerade erst hervor. Auch das Fehlen eines die Handlung strukturierenden Ereignisses untergräbt eine bestimmte Art von Kohärenz, die sich auf eine transzendierende Totalität richtet. Aus (ideen-)geschichtlicher Sicht wird eine Absage an die *grands récits*, die Metanarrationen, erteilt, die sich auf das hegelsche Ge-

---

30 Implizit widerspricht Calvino hier schon den Thesen des einflussreichen marxistischen Theoretikers Georg Lukács, für den die sozialistisch-realistische Literatur die Gestaltung gesellschaftlicher Weiterentwicklung latent forcieren sollte. In seiner Pasternak-Rezension formuliert er eine explizite Kritik an dieser Position (vgl. Calvino 2007p).
31 Zur Bedeutung der Dialektik für die politische und literarische Entwicklung Calvinos siehe Scarpa (1999: 113–117). Der *Scrutatore* sei zwar „[i]l libro più aggrovigliato e introverso e dialettico di Calvino" (Scarpa 1999: 29), markiere aber dennoch einen Endpunkt. Von Mitte der 1960er Jahre an seien Mikrogeschichte und Archäologie bei Calvino an die Stelle von Geschichte und Dialektik getreten (vgl. Scarpa 1999: 115).

schichtsbild des zielgerichteten Entwicklungsprozesses stützten (vgl. Milanini 1989: 243–244). Für Milanini stehen die knappen Erzählformen, die auf das ‚Hier und Jetzt' ausgerichtet sind, jedoch nicht im Widerspruch zu einer möglichen marxistisch-revolutionären Literatur, sondern bilden eine notwendige Anpassung an veränderte Gegebenheiten ab:

> Solo a patto di riconoscere, in via preliminare, quanto siano limitati gli orizzonti di chi vive nel labirintico mondo contemporaneo, il realismo letterario poteva rimanere fedele all'istanza rivoluzionaria della marxiana critica delle ideologie. (Milanini 1989: 246)

Was den ‚mondo contemporaneo' angeht, herrscht in der kulturellen Elite Italiens in den späten 1950er Jahren zunehmend Orientierungslosigkeit, nachdem die Euphorie der Resistenza-Generation abgeklungen ist, die Entwicklung der Sowjetunion mit Sorge betrachtet wird und sich der gesellschaftliche und technologische Wandel zur Massenkultur vollzieht. Das Ereignis der Wahl, das in der repräsentativen Demokratie ja gerade als solches in seiner Möglichkeit inszeniert wird, das Regierungshandeln grundlegend zu verändern, wird im *Scrutatore* als rein bürokratischer Ablauf dargestellt, in dem auch der oppositionelle Versuch, eine Praxis des Wahlbetrugs anzuprangern und zu einem Ereignis zu stilisieren, größtenteils scheitert. Die textlichen Verfahren der Einheit von Ort, Zeit und Handlung, die Calvino anwendet, die Dominanz essayistischer Elemente und das Bemühen um die faktische Referenz lassen sich alle hinsichtlich der Erzeugung einer Illusion von Wirklichkeit in einer komplexer gewordenen Welt lesen. Doch Calvino hat sich nicht nur Elemente bedient, die sich auf die tatsächliche Darstellung von Wirklichkeit beziehen, sondern auch ironischer Elemente,[32] die genau dieses Verfahren als literarische Mythenbildung im Sinne Barthes (vgl. 2010) ausweisen. Dieser definiert den Mythos als „System der Kommunikation, eine Botschaft. Man ersieht daraus, daß der Mythos kein Objekt, kein Begriff und keine

---

[32] Eversmann (vgl. 1979) hat als erste den eigenständigen, hohen Stellenwert erkannt, den die Ironie in Calvinos Œuvre einnimmt, welche von der Calvino-Forschung lange Zeit in Gleichsetzung mit anderen erzählerischen Komponenten unter das *favola*-Klischee subsumiert wurde. Dabei definiert sie Ironie primär als „intentionales Verfahren [...], wobei die Intention dieser Darstellungsform im allgemeinen in einer Distanzierung vom ironisierten Gegenstand und im Suggerieren einer bestimmten (anderen) Sehweise liegt" (Eversmann 1979: 37). Millán-Zaibert (vgl. 2002: 143–144) liest die Leichtigkeit der Ironie bei Calvino als Brückenglied zwischen Philosophie und Literatur. Der ironische Darstellungsmodus weise auf den literarischen Referenzrahmen hin, ohne dabei den Bezug zur Wirklichkeit aufzugeben. Auch Bencivenga identifiziert die komplementäre Rolle von Literatur und Philosophie darin, einen befreienden Abstand zum Alltäglichen zu ermöglichen, wobei „a delicate balance must be struck between cutting loose and not cutting loose too much" (Bencivenga 2002: 216).

Idee sein kann; er ist eine Weise des Bedeutens, eine Form." (Barthes 2010: 251). Paradigmatisch dafür steht der erste Satz der Erzählung.

„Amerigo Ormea uscì di casa alle cinque e mezzo del mattino." (GS, 5). Mit diesem klaren und eindeutigem Satz, der sich perfekt in den vom Titel der Erzählung aufgespannten Erwartungshorizont einzufügen scheint, beginnt *La giornata d'uno scrutatore*. Als erstes wird der Name der Hauptfigur Amerigo Ormea genannt, der zu einer bestimmten Zeit, nämlich um halb sechs Uhr morgens, aus dem Haus geht. Als Erzähltempus fungiert das *passato remoto*. Der Satz verweist in seiner Präzision auf den naturalistischen Roman und bietet so einen Erzählauftakt, der als provokante Geste gegenüber den Avantgarden jener Zeit aufgefasst werden kann, die dem poetischen Diskurs des Naturalismus die Möglichkeit absprachen, die sozialen Konflikte jener Zeit abzubilden (vgl. Bonura 1995: 75–78).[33] Reichel liest darin ein erstes parodierendes, metanarratives Element (vgl. Reichel 2006: 340–349). Denn der unschuldig daherkommende Satz im „Stil der bloßen Information" (Breton 1968) ist eine berühmt gewordene und viel zitierte Aussage von Paul Valéry.[34] Roland Barthes (1982: 39) nutzt Valérys „Die Marquise verließ um fünf Uhr früh das Haus" (*La marquise sortit à cinq heures*) in *Am Nullpunkt der Literatur* als Beispiel für eine Aussage, deren Vergangenheit substanzlos ist und als vergangene Zeitform einzig dazu eingesetzt wird, „so rasch wie möglich eine Ursache und einen Zweck miteinander zu verbinden".[35]

---

**33** Bonura schreibt: „Si rilegga l'attacco del romanzo. Il naturalismo è presente sia nella puntigliosa annotazione dell'ora (le cinque e mezzo del mattino), sia nell'inciso dell'elemente atmosferico: 'La giornata si annunciava piovosa'. Erano proprio questi elementi che caratterizzavano, esteriormente, i personaggi ottocenteschi." (Bonura 1995: 76) Zuvor hat er auf die antinaturalistische Poetik der Neoavantgarde hingewiesen. Hinsichtlich Calvinos Haltung gegenüber dem Roman des 19. Jahrhunderts (vgl. die gesammelten Interviews und Artikel in calvino 2007a: 1505–1538).
**34** Die entsprechende Textstelle im Surrealismus-Manifest, in der Breton auch die „realistische Haltung" verurteilt, lautet: „Einem Bedürfnis nach Reinigung nachgebend, schlug Monsieur Paul Valéry kürzlich vor, eine möglichst große Anzahl von Romananfängen in einer Anthologie zusammenzustellen, da er sich von ihrer Unsinnigkeit einige Wirkung versprach. Die berühmtesten Autoren sollten dazu herangezogen werden. Ein solcher Einfall macht Paul Valéry immerhin Ehre, ihm, der mir einmal in bezug auf den Roman versicherte, er selbst würde sich immer weigern, zu schreiben: *Die Marquise ging um fünf Uhr aus.*" (vgl. Breton [1924] 1968; Herv. im Orig.). 1961 wurde unter dem gleichen Titel bei Editions Albin Michel ein Roman des dem Nouveau Roman zugehörigen Autors Claude Mauriac veröffentlicht, dessen erzählte Zeit eine Stunde umfasst. Mauriac prägte 1958 den Begriff der *alittérature* zur Beschreibung der Tendenzen der französischen Prosaliteratur seiner Zeit (vgl. „Mauriac", Merriam-Webster 1995: 740).
**35** „Hinter dem historischen Perfekt verbirgt sich immer ein Demiurg, Gott oder Rezitator. Die Welt bleibt nicht unerklärt, wenn man sie rezitiert, jedes ihrer Geschehnisse ist nur umstandsbe-

Die Erzählvergangenheit, der im Italienischen das *passato remoto* entspricht, errichte eine Hierarchie unter den Geschehnissen sowie eine autarke Welt „und innerhalb derer ihre eigene Zeit, ihren Raum, ihre Bevölkerung, ihre Sammlung von Objekten, ihre Mythen" (Barthes 1982: 37). Dank des Narrativs, das sich über die Vergangenheitsform konstituiert, ist die Realität weder geheimnisvoll noch absurd, sondern von einem ursächlichen Logos durchzogen, der den Ereignissen eine nachvollziehbare Ursache verleiht. Sie ist nicht opak, sondern durchsichtig, nicht fremd, sondern einem fast schon vertraut. Es ist eine „Gesamtheit kohärenter Beziehungen" (Barthes 1982: 39), die die Wahl dieser Zeitform erwarten lässt, ein „Akt, durch den die Gesellschaft von ihrer Vergangenheit und ihrer Möglichkeit Besitz ergreift" (Barthes 1982: 41).

Barthes' Analyse der Schreibweise des Romans illustriert erstaunlich passend die ironische Erzählhaltung, die *La giornata d'uno scrutatore* prägt.[36] Schon der erste Satz weist durch den Einsatz eines naturalistischen Zitats auf die mythische Funktion der Literatur und somit auf einen besonderen Zusammenhang von Wahrheit und Lüge hin.[37] Parallel zur Erzählvergangenheit wird für Barthes „durch die dritte Person das Faktum Roman verwirklicht und signalisiert [...] [i]m ‚Er' manifestiert sich formal der Mythos" (Barthes 1982: 43). Im *Scrutatore* schildert ein homodiegetischer Erzähler, der sich in eine erzählende und eine erlebende Instanz aufgespalten hat, die Geschehnisse durch die Augen des Protagonisten Amerigo Ormea.[38] Milanini (1989: 255) spricht von einer Doppelstrategie, einem „rapporto di complicità" bzw. einer „duplice rifrazione" (Milanini 1992: XVII) der Erzählstimme. „Tra il punto di vista di chi racconta in terza persona e il punto di vista dei personaggi s'avverte sí, talora, una distanza ironica, ma quest'ultima esclude interventi correttivi drastici e smentite radicali" (Milanini 1989: 255).

---

dingt, und das historische Perfekt ist genau das Operationszeichen, mit Hilfe dessen der Erzähler das Zerspringen des Wirklichen zurückführt auf ein winziges reines Wort ohne Dichte, ohne Volumen und ohne Entfaltung, ein Wort dessen einzige Aufgabe es ist, so rasch wie möglich eine Ursache und einen Zweck miteinander zu verbinden." (Barthes 1982: 38–39).

**36** „Das Gesagte muß mit einer bestimmten Mythologie des Universalen in Verbindung gebracht werden, die der bürgerlichen Gesellschaft eigen ist, einer Gesellschaft, für die der Roman ein charakteristisches Produkt ist: dem Imaginären die formale Bürgschaft des Realen zu geben, gleichzeitig aber diesem Zeichen die Zweideutigkeit eines doppelten Objekt zu lassen, das wahrscheinlich und falsch zugleich ist [...] Das entspricht genau dem Mechanismus eines Mythos, und der Roman – sowie innerhalb des Romans die Erzählvergangenheit ist ein mythologisches Objekt [...]" (Barthes 1982: 41–42).

**37** Auf das Problem der Mimesis von Wirklichkeit in Verbindung mit dem Thema der Lüge in *La giornata d'uno scrutatore* geht Thoma (vgl. 2015b) ein.

**38** Thoma spricht von einer „Er-Erzählung mit stark personaler, verhalten kommentierter und korrigierender Erzählführung" (Thoma 2015b: 67).

Die Stimme des Erzählers wirke dabei wie eine nur geringfügig erfahrenere Version des Protagonisten (vgl. Milanini 1989: 255). Die Zuverlässigkeit des homodiegetischen Erzählers entspricht dem, was Tortora (2014: 20; Herv. im Orig.) für den *racconto italiano* der zweiten Hälfte des 20. Jahrhunderts festgestellt hat:

> Chi racconta le vicende [...] non sabota mai il patto di fiducia siglato con chi legge, manifestando al contrario un costante dominio e un incessante controllo della vicenda. E anche il narratore omodiegetico, ipoteticamente più esposto all'errore, all'ignoranza e dunque all'inattendibilità, cerca invece di recuperare prestigio, presentandosi non tanto come soggetto coinvolto emotivamente e praticamente nella vicenda narrata – e perciò meno oggettivo – quanto come *testimone*, e dunque come persona più di altri informata sui fatti (esemplari sono i Racconti romani, ma anche Pranzo con pastore di Calvino, la Zia d'America di Sciascia, e certamente è narratore interno anche quello di Una notte del '43 di Bassani).

Während Milaninis Aussage auf die innertextliche Ebene beschränkt war, nimmt Tortora den Pakt des Vertrauens mit Leserin oder Leser in den Blick, der sich auf Beherrschung und Kontrolle der Vorkommnisse durch die Erzählstimme stützt. Dieses Vertrauen versucht der homodiegetische Erzähler dadurch zu erlangen, dass er sich nicht als Subjekt darstellt, das an der Handlung emotional Anteil nimmt, sondern als neutraler Zeuge.[39] Für dieses Vorgehen lassen sich im *Scrutatore* eine Vielzahl an Beispielen anführen: Während emotionale Fragen ausgeklammert oder rationalisiert werden, lässt sich die homodiegetische Erzählstimme vorbehaltlos über Historisches oder Politisches aus, was der Erzählung einen essayistischen bzw. einen Bericht-Charakter verleiht und einen weiteren Wirklichkeitseffekt darstellt.[40]

Der Text beginnt mit der Beschreibung der Handlungen des Protagonisten: er geht aus dem Haus, sein Weg führt ihn durch enge, gepflasterte Straßen, an ärmlichen Häusern vorbei. Außerdem erfahren wir, dass es regnet. Sogleich

---

**39** Zum Konzept der *testimonianza diretta* im Neorealismo siehe FN 22, 27; außerdem Bertoni (2014) und Bonura (1995: 32).
**40** Milanini erklärt die vergleichbare Strategie der Erzählstimme für *La speculazione edilizia* und *La giornata d'uno scrutatore*: „tace, o si mostra reticente, sul significato delle vicende private dei protagonisti; diventa eloquente quando ha occasione di soffermarsi sul quadro storico, di accennare allo sfondo politico su cui si stagliano le relazioni vicendevoli fra i singoli." (Milanini 1989: 255). Später führt er dies für den *Scrutatore* noch genauer aus: „in più luoghi della *Giornata d'uno scrutatore*, la voce narrante esce dal suo riserbo per sottolineare l'involuzione del movimento comunista internazionale, per lamentare il riprodursi dell'antica separazione fra governanti e governati; da un lato viene esaltato lo slancio delle democrazie nascenti, dall'altro viene denunciata la necrosi burocratica di cui soffrono partiti e Stati che pure di quello slancio si erano fatti interpreti." (Milanini 1989: 256).

tritt die doppelte Erzählerstimme hervor: „Amerigo, non pratico del quartiere, decifrava i nomi delle vie su piastre annerite – nomi forse di dimenticati benefattori – inclinando di lato l'ombrello e alzando il viso allo sgrondare della pioggia." (GS, 5). Der Einschub wird von den scheinbar objektiven Fakten des Erzählens separiert und als subjektive Interpretation markiert. Die gesplittete Erzählerstimme dient dabei dazu, Authentizität und Wahrheitsgehalt des realistischen Erzählens zu unterstreichen (vgl. Tortora 2014: 17–20). Der große Anteil an Reflexionen des Protagonisten und die autonome direkte Rede als reine Gegebenheit lässt den Erzähler vollständig in den Hintergrund treten, „per fare in modo che il reale si manifesti senza mediazioni, imponendosi agli occhi del lettore nella sua pura datità" (Tortora 2014: 20). Es ist dieses „absolute Zurücktreten der Erzählinstanz" (Conrad von Heydendorff 2018: 54), das nach Conrad von Heydendorff neben detailreichen Beschreibungen in erster Linie für eine Illusion von Wirklichkeit sorge.

Die bislang analysierten Elemente der klassischen Einheit von Ort, Zeit und Handlung, der erste Satz im Stil des naturalistischen Romans und das Zurücktreten der Erzählstimme, lassen sich allesamt in einem erweiterten Sinne als Wirklichkeitseffekte lesen, die den Text als vorwiegend realistisch ausweisen und in gewisser Weise zum Mythos ‚Realismus' zurechenbar sind bzw. diesen konstituieren. Gleichzeitig wird die mythische Sprache, der er sich bedient, durch Mechanismen wie den Einsatz von Ironie, aber auch durch, wie es Reichel (2006: 344) ausdrückt, „Amerigos scheinbar angeborenes Talent zur historischen Barthesschen Mythenkritik" aufgedeckt.[41] Um den Mythos zu demaskieren, müsse der Mythologe den Mythos als semiologisches statt als Faktensystem lesen (vgl. Barthes 2010: 259; 280), denn das Prinzip des Mythos sei es, Geschichte in Natur zu verwandeln (vgl. Barthes 2010: 278). Der Mythenkritiker könne also entweder von ihm erzählen und damit seinen mythischen Wert aufdecken oder einen künstlichen Mythos schaffen, indem er ihn zum Ausgangspunkt einer dritten semiologischen Kette mache (vgl. Barthes 2010: 285–286). Auf Letzteres weisen die ironischen Inszenierungen der realistischen Schreibweise hin, für die paradigmatisch der Anfangssatz der Erzählung steht. Doch auch für Amerigos „scheinbar angeborenes Talent zu historischen Mythenkritik" (Reichel 2006: 344) lassen sich im Text Beispiele finden, nämlich immer dann, wenn er scheinbar natürliche Gegebenheiten hinterfragt und geschichtlich einordnet, wie das beispielsweise

---

[41] In Barthes Brechtkritik, in der dieser die Unterscheidung zwischen einer ideologischen und semiologischen Ebene entwickelt habe, findet sie Parallelen zur Struktur literarischer Texte Calvinos, in denen Bild und Idee ausschlaggebend seien (vgl. Reichel 2006: 310–311).

mit dem ‚Cottolengo' selbst und dem Bild der ‚Fabrik' geschieht, die im Folgenden diskutiert werden.

Barthes (2010: 252) definiert den Mythos als „eine von der Geschichte gewählte Rede", in der jene den Effekt habe, das Reale in den Zustand der Rede übergehen zu lassen. Dies lässt einen Zustand oder einen Zusammenhang als ‚natürlich' erscheinen, welcher eigentlich aus geschichtlichen Prozessen hervorgegangen ist (vgl. Barthes 2010: insb. 294–295).[42] Das Cottolengo ist insofern ein Turiner Mythos, indem darin die Gleichsetzung des Namens seines Gründers mit der Institution stattgefunden hat.[43] Barthes (vgl. 2010: 301) illustriert am Beispiel des Stalinschen Mythos den semiologischen Mechanismus der Bedeutungsverschiebung anhand eines Eigennamens und erklärt die konstitutiven Merkmale der mythischen Rede. Zunächst identifiziert er mit dem realen, historischen Stalin einen Sinn, zu der ein Signifikant, „nämlich die rituelle Berufung auf Stalin" (Barthes 2010: 301), und ein Signifikat, „nämlich die Intention, Orthodoxie, Disziplin, Einheit zu wahren" (Barthes 2010: 301) hinzutritt. Dazu kommt die Bedeutung des „sakralisierten Stalin, dessen geschichtliche Bestimmungen in der Natur begründet und unter der Bezeichnung Genie, das heißt eines Irrationalen und Unausdrückbaren, zu etwas Erhabenem wurden" (Barthes 2010: 301). In der Mythologisierung des Cottolengo lässt sich ein ähnliches Vorgehen feststellen, wobei es 1934 auch zur tatsächlichen Heiligsprechung durch die katholische Kirche kam. Die historische Person des Giuseppe Benedetto Cottolengo lieferte den Sinn, zu der die metonymische Verwendung des Nachnamens hinzukam, wobei das Signifikat die karitative Institution darstellt, welche sich schließlich zum Fächer an Bedeutungen verbinden, wie sie in Calvinos Text artikuliert werden:

> la funzione di quell'enorme ospizio di dare asilo, tra i tanti infelici, ai minorati, ai deficienti, ai deformi, giù giù fino alle creature nascoste che non si permette a nessuno di ve-

---

**42** Barthes unterscheidet zwischen der Objekt- und der Metasprache (vgl. Barthes 2010: 296–297). Während er erstere als politische definiert, welche von der Natur nur spricht, insoweit sie durch subjektive Arbeit verändert wird, das Politische also in einem weiten Sinn als Ensemble menschlicher Verhältnisse, welche die Welt hervorbringen, versteht, ist letztere „der Ort, an dem sich der Mythos festsetzt" (Barthes 2010: 299) und somit entpolitisierte Rede (vgl. Barthes 2010: 294–299). Wenn der Holzfäller durch seine Arbeit *den Baum* zu sprechen im Stande ist, wird in der Metasprache der Baum lediglich zum Instrument der Sprache: „Gegenüber der realen Sprache des Holzfällers schaffe ich eine zweite Sprache, eine Metasprache, in der ich nicht die Dinge, sondern ihre Namen behandle und die sich zu der ersten Sprache verhält wie die Gebärde zur Tat." (Barthes 2010: 299).
**43** Daneben wurde auch die Straße, die zur Piccola Casa della Divina Provvidenza führt (*Via S. Giuseppe Benedetto Cottolengo*) und das dortige Krankenhaus nach dem einfachen Priester aus Bra, Giuseppe Benedetto Cottolengo, benannt.

> dere [...] il suo posto nella pietà dei cittadini, il rispetto che incuteva anche nei più distanti da ogni idea religiosa, e nello stesso tempo il posto tutt'affatto diverso che aveva assunto nelle polemiche in tempo d'elezioni, quasi un sinonimo di truffa, di broglio, di prevaricazione (GS, 7)

Hauptsächlich weist der Text in diesem Fall auf die doppelte Bedeutung des Cottolongo im Sinne von *carità* aber auch von *truffa* hin, eine Verschiebung, die „nelle polemiche in tempo d'elezioni" (GS, 7) stattgefunden habe. Calvino zeigt sich hier grundsätzlich mit Barthes' Theorien vertraut.[44] Auch die Bewegung von Objekt- zu Metasprache sowie der Mechanismus der Entleerung klingen im Text an, wenn es über die Institutsgründung durch den Cottolengo zur Zeit der anbrechenden industriellen Revolution heißt: „e anche per lui il suo nome – quel mite cognome campagnolo – aveva perso ogni connotazione individuale per designare una istituzione famosa nel mondo." (GS, 9).

Verbunden mit dem Mythos des Institutsgründers ist der der Insassen. Für diese weist der Text auf Ebene des Signifikanten ebenfalls eine Veränderung nach, indem der Name Cottolengo auch Unglück und Groteske unter sich vereine:

> ... Nel crudele gergo popolare, poi, quel nome era divenuto, per traslato, epiteto derisorio per dire deficiente, idiota, anche abbreviato, secondo l'uso torinese, alle sue prime sillabe: *cutu*. Sommava dunque, il nome „Cottolengo", un'immagine di sventura a un'immagine ridicola (come spesso avviene nella risonanza popolare anche ai nomi dei manicomi, delle prigioni), e insieme di provvidenza benefica, e insieme di potenza organizzativa, e adesso poi, con lo sfruttamento elettorale, d'oscurantismo, medioevo, malafede... (GS, 9)

Im Volksmund, der in dieser Perspektive das Sprachrohr der Bourgeoisie ist (vgl. Barthes 2010: 303), würden Bilder des Unglücks zu lächerlichen Karikaturen verzerrt, wie es oft mit den Namen von Irrenanstalten und Gefängnissen geschehe. Was dabei aufscheint, ist der Mechanismus von Einschluss und Ausschluss, der das biopolitische Dispositiv charakterisiert und in der Folge eingehend besprochen wird. Hervorzuheben ist an dieser Stelle die Betonung der wuchernden Organisationsmacht des Mythos, welche dessen Verbindung zum Biopolitischen offenlegt. Wie Barthes (vgl. Barthes 2010: 302–303) schreibt, kennzeichne den bürgerlichen Mythos seine Geschwätzigkeit sowie die Möglichkeit, zu wuchern, da er mit dem Privileg der Metasprache verbunden sei, wohingegen der linke Mythos immer die Rede des Unterdrückten sei und nur auf die Emanzipation ziele.

---

**44** Reichel (vgl. 2006: 155) geht von einem literarischen Einfluss von Barthes' Theorien ab dem *Cavaliere inesistente* (1959) aus in der Folge von Calvinos Interesse an Barthes' Brechtinterpretationen.

## 2.2 Sprache: Mythos, Geschichte, Realismus — 41

Es gibt aber noch eine wichtige Verbindung, die der Cottolengo-Mythos in Calvinos Text eingeht, nämlich die zu Turin als Industriestätte. Das Cottolengo ist im Nordosten Turins im Stadtbezirk Valdocco zwischen den historischen Bezirken Porta Palazzo und Borgo Dora zu finden, welche die „quartieri popolosi e poveri" (GS, 8) sind, auf die der Text verweist. Schon im ersten Kapitel wird die Fremdheit thematisiert, die der bürgerliche Protagonist in diesem Teil der Stadt verspürt (vgl. GS, 5). Es sind jene Viertel, in denen sich Arbeitssuchende aus dem Süden Italiens in einer zweiten Migrationsbewegung ab den 1950er Jahren ansiedelten, als die Fabrik in Folge des Expansionsstreben der FIAT in der Nachkriegszeit symbolisch ins Zentrum Turins rückte und die peripheren Bezirke in Schlafstädte verwandelte: „Torino in quegli anni diventò la città-fabbrica, e Borgo Dora il dormitorio dei disperati." (Balocco 2009: 213). Eine Ahnung von der „spaccatura verticale" (Balocco 2009: 215), welche das Turin jener Zeit in die Stadt der Neuankömmlinge aus dem Süden auf der einen Seite und der besser gestellten Turiner Gesellschaft auf der anderen Seite teilte, durchzieht auch die ersten Zeilen des *Scrutatore*. Als Amerigo Ormea, der, wie es scheint, zum ersten Mal einen Fuß in das ärmliche Viertel setzt, auf der Suche nach Orientierung, die dortigen Straßennamen zu entziffern versucht (vgl. GS, 5). „Nomi forse di dimenticati benefattori" (GS, 5) lässt Calvino seinen *scrutatore* vermuten und spielt damit auf den Geist von Industrialisierung und Risorgimento an, in dem einige Adlige, Klerikale und Bürger auf Eigeninitiative hin, sich dem Elend der Bevölkerung annahmen und eben jenen Randbezirk am Ufer der Dora, der im 19. Jahrhundert nur dünn besiedelt war, als idealen Ort für den Aufbau ihrer karitativen Institute auserkoren hatten (vgl. Balocco 2009: 104–105). Die Verelendung eines erheblichen Teiles der Bevölkerung, die zeitgleiche räumliche Separierung vom Rest der Bevölkerung und die unternehmerische Initiative des Cottolengo wirken historisch ineinander. Als mythisches Bild bietet sich dabei die Fabrik an, die auch in Calvinos Biografie eine wichtige Rolle spielt. Im Text zeichnet sich das Bild des Cottolengo als Fabrik deutlich ab:

> L'istituto s'estendeva tra quartieri popolosi e poveri, per la superficie d'un intero quartiere, comprendendo un insieme d'asili e ospedali e ospizi e scuole e conventi, quasi una città nella città, cinta da mura e soggetta ad altre regole. I contorni ne erano irregolari, come un corpo ingrossato via via attraverso nuovi lasciti e costruzioni e iniziative: oltre le mura spuntavano tetti d'edifici e pinnacoli di chiese e chiome d'alberi e fumaioli; dove la pubblica via separava un corpo di costruzione dall'altro li collegavano gallerie sopraelevate, come in certi vecchi stabilimenti industriali, cresciuti seguendo intenti di praticità e non di bellezza, e anch'essi come questi, recinti da muri nudi e cancelli. (GS, 8)

Wie in alten Industrieanlagen unterliegen die architektonischen Elemente des Cottolengo den Gesetzen der Zweckmäßigkeit statt denen der Formschönheit. Dazu gehören die verschiedenen Gebäudeteile, Kapellen, Bäume, aber auch die

Verbindungsgänge, die von einem Gebäudeteil zum anderen reichen und die öffentliche Straße überbrücken. Das heterogene Ensemble wird von schmucklosen Mauern und Toren umzäunt, wodurch sich ein abgegrenzter Bereich konstituiert, der bestimmten eigenen Regeln unterworfen ist.

Calvinos Kenntnisse von ‚certi vecchi stabilimenti industriali' stammen wahrscheinlich aus seiner Zeit als Korrespondent der Turiner Zeitung *l'Unità*, wo er unter anderem über die Arbeitskämpfe in den großen Fabriken berichtete, deren Hierarchien und Organisationsformen ihm dadurch vertraut wurden. In heroischem Ton schrieb er anlässlich des Generalstreiks von 1948 einen kurzen Artikel für die Zeitung der Turiner Arbeitskammer *Coscienza di classe* (vgl. Calvino 2013: 86–99, hier 87–90):

> Das große Herz Turins schlägt hinter den Toren der Fabriken. [...] Dahinter ist die uneinnehmbare Zitadelle, der Wald aus Metall, der seine geometrischen Burgen in den wolkenverhangenen Himmel streckt. [...] Es gibt eine Parteiversammlung in der Kantine, deren Schwelle der riesige Rumpf einer Rohrleitung ist, der in die Eingeweide der Welt zu führen scheint.

Elf Jahre später scheint sich sein Bild der Stadt bereits grundlegend gewandelt zu haben, wie er es in einem Interview, erschienen in *Il Giorno* am 18.08.1959, darstellt (vgl. Calvino 2012d: 41–42):

> [...] oggi, non ci si aspetta più che da Torino come Torino venga fuori qualcosa di nuovo. Perché il fervore creativo d'un ambiente è alimentato dai contrasti di forze che vi si muovono e Torino, monarchia d'una sola grande industria, sembra ormai aver assorbito ogni inquietudine e ogni slancio d'iniziativa in un assetto regolato e statico. Fino a qualche anno fa c'era la presenza d'un forte movimento operaio a dare ancora a Torino una tensione drammatica, da campo di battaglia.

Die Dynamik und Spannung, die vom Klassengegensatz ausging, ist einem geregelten, statischen Zustand gewichen. An der Schwelle zu den 1960er Jahren, als Italien den Wirtschaftsboom und den Wandel zur modernen Konsumgesellschaft vollzog, hat sich der Schwung, der aus den Hoffnungen der Resistenza-Bewegung entstanden war, größtenteils erschöpft. Die Kommunistische Partei, die den kulturellen und moralischen Wiederaufbau vorangetrieben und genährt hatte, war in innerparteilichen Kämpfen und ideologischen Verhärtungen ebenso gefangen wie in der zunehmenden Bürokratisierung des demokratischen Alltagsgeschäfts. Dem gegenüber hält Calvino eine von seiner laizistischen Familie vermittelte „etica del ‚fare'" (Calvino 2007u: 2729–2730) entgegen, die auch für seinen pragmatisch gekennzeichneten Protagonisten Amerigo Ormea zum moralischen Kompass wird: „c'era sempre la morale che bisogna continuare a fare quanto si può, giorno per giorno; nella politica come in tutto il resto della vita [...] non si tirava indietro quando c'era da fare qualcosa che sentiva utile e adatto a lui." (GS, 6). Das lässt ihn auch den katholischen Cottolengo bewundern und als dynamische Unternehmerfigur darstellen:

> Il ricordo delle fabbriche rifletteva qualcosa di non soltanto esteriore: dovevano essere state le stesse doti pratiche, lo stesso spirito d'iniziativa solitaria dei fondatori delle grandi imprese, ad animare – esprimendosi nel soccorso dei derelitti anziché nella produzione e nel profitto – quel semplice prete che tra il 1832 e il 1842 aveva fondato e organizzato e amministrato in mezzo a difficoltà e incomprensioni questo monumento della carità sulla scala della nascente rivoluzione industriale (GS, 8)

Der Vergleich zwischen Fabrik und Cottolengo wird hier von einem sichtbaren Äußeren zu einem unsichtbaren Inneren geführt: ein unternehmerischer Geist wird beschworen, der Mythos eines Einzelkämpfers aus dem einfachen Volk, der auf die geschichtlichen Umwälzungen antwortet und so ein Monument errichtet. Im ganzen Absatz und ganz besonders im Ausdruck des ‚monumento della carità' klingt das Erbe Antonio Gramscis an, der die Schaffung von Arbeiterräten in den Turiner Fabriken einleitete und daraufhin die Kommunistische Partei Italiens mitgründete. Gramsci selbst hat 1917 im Parteiblatt der Sozialistischen Partei Italiens *Avanti!* einen Artikel anlässlich der Seligsprechung Cottolengos verfasst, in dem er dessen Engagement ausdrücklich lobte und gegen die Instrumentalisierung der Kirche verteidigte (vgl. Lo Leggio 2014). Den expliziten Verweis auf Gramsci an dieser Stelle hat Calvino in einer Überarbeitung aus dem Manuskript gestrichen (vgl. GS, 1316–1317).[45] Wie Gramsci hebt jedoch auch Calvinos Protagonist das Organisationstalent Cottolengos hervor und bedient damit den kommunistischen Topos des rationalen Aufbaus von Fabrik und Gesellschaft.[46]

Neben den vorgebrachten spezifischen Verbindungen ist die Fabrik allgemein Ort der kapitalistischen Produktion. Dazu tragen Arbeitsdisziplinierung

---

**45** Falcetto führt den Originalpassus in den *Note* an: „Il santo ottocentesco che aveva fondato e organizzato e amministrato quel monumento della carità doveva avere, oltretutto, le doti dei fondatori delle grandi fabbriche (questo era un pensiero, non d'Amerigo, ma del fondatore del suo partito) e il suo cognome campagnolo era diventato famoso nel mondo come il loro (Gramsci scrive con ammirazione del Cottolengo perché, da storicista, sa riconoscere il valore d'ogni creazione umana – pensava Amerigo – ma anche perché, lui che mai fa ricordare nei suoi scritti la disgrazia di natura che pesa sul su fisico, lì forse rivela la fratellanza che lo lega a chi è nato infelice)." (RR II, 1316–1317). Ein weiterer Verweis auf Gramsci findet sich in der Dialektik von ‚pessimismo' und ‚ottimismo' (vgl. GS, 10), worauf Calvino im *Midollo*-Aufsatz eingeht: „In un articolo di Gramsci abbiamo trovato, citata da Romain Rolland, una massima di sapore stoico e giansenista adottata come parola d'ordine rivoluzionaria: ‚pessimismo dell'intelligenza, ottimismo della volontà'" (*Midollo*, 23).
**46** Zur dialektischen Verbindung von Rationalität und Mythos in der Aufklärung siehe Horkheimer & Adorno (2011: insb. 1–49).

und die vorhergehende Trennung von arbeitsfähigen und nicht-arbeitsfähigen Menschen bei. Foucault schreibt: „Die Fabrik nimmt sich ausdrücklich das Kloster, die Festung, die geschlossene Stadt zum Vorbild." (Foucault 1976: 182). Den Mythos des karitativen Instituts Cottolengo durch den Mythos der Fabrik zu ersetzen, bedeutet, auf die Produktion von Wahlstimmen hinzuweisen, was thematischer Aufhänger des Textes ist: „nel secondo dopoguerra il voto era divenuto obbligatorio, e ospedali ospizi conventi fungevano da grande riserva di suffragi per il partito democratico cristiano" (GS, 7). Als „grande ente assistenziale-ospitaliero" (GS, 16) ist das Institut produktiv geworden, heißt es daher auch ganz explizit im Text, „in un modo che al tempo in cui era stato fondato nessuno avrebbe potuto immaginare: produceva voti" (GS, 16–17). Durch dieses sprachliche Handeln lässt Calvino seinen Protagonisten in gewisser Weise als Mythologen auftreten, der den Mythos nicht nur aufdeckt, sondern das Cottolengo auch im Sinne Barthes zu re-politisieren versucht, indem er ihn historisch verortet (vgl. Barthes 2010: 294–299).

Was die Frage nach der realistischen Schreibweise der Erzählung angeht, lässt sich zusammenfassend feststellen, dass der Text zwar von typischen Wirklichkeitsmarkern durchzogen ist, diese aber in ihrem ironischen Einsatz auf den Realismus als Konstruktion und literarischen Mythos aufmerksam machen. Der am Ende der Phase des ‚realistischen Calvino' stehende *Scrutatore*-Text erzeugt den Eindruck einer glaubhaften Abbildung von Wirklichkeit nur, um ihn in einem nächsten Schritt wieder zunichtezumachen und damit auch auf die Ideologie zu verweisen, die hinter dem Realismus steht. Ormea, der sich als im Erbe der Aufklärung stehend versteht (vgl. GS, 9), gibt sich Mühe, den mythischen Gehalt der Sprache aufzudecken, scheitert jedoch an einem Realen, das sich der Versprachlichung entzieht. Falaschi weist auf diese Eigenschaft des Realen hin: „Diciamo allora che il *dato* è ciò che vive di forza propria, autosufficiente e separato, autonomo, impenetrabile e duro, e che resiste all'essere ridotto ad altro, cioè ad essere superato ed elaborato, quindi in sostanza, anche dominato ed analizzato." (Falaschi 1988b: 132, Herv. im Orig.).

In der lebendigen Realität des Cottolengo wird etwas sichtbar, das sich nicht in den Diskurs einordnen lässt und Calvino dazu zwingt, in der Folge seine Poetik grundlegend zu verändern. Auf struktureller Ebene versperrt das Spiel der Erzeugung und Brechung von Wirklichkeitseffekten dem Biopolitischen den Zugriff, da das Gegebene (il *dato*, vgl. Falaschi 1988b) Widerstand gegen die Erzeugung eines sinnhaften Diskurses leistet. Tatsächlich sieht Calvino die Aufgabe der Literatur nicht mehr darin, eine genaue Repräsentation der Zeit und damit ein Wissen *über* das Leben zu liefern, wie es noch im Realismus des 19. Jahrhunderts die Devise war, sondern darin, „i centomila nuovi modi in cui si configura il nostro inserimento nel mondo" (Calvino 2007g: 89) aufzudecken. „[S]i deve esprimere la vita moderna, nella sua durezza, nel suo ritmo, e anche nella sua meccanicità e disumanità, per trovare le fondamenta vere dell'uomo d'oggi", heißt es im Vortrag *Dialogo di due scrittori in crisi* von 1961 (Calvino 2007g, hier 83). Um das moderne Leben adäquat auszudrücken, muss sich also auf die formelle Seite der Literatur konzentriert werden. Der *Scrutatore* wurde daher auch nur auf den ersten Blick in einer traditionell realistischen Schreibweise verfasst. Sein dialektischer Aufbau, die ironisierenden Merkmale und der essayistische Stil mit seinen vielen Einschüben zeugen von einer komplexen Auseinandersetzung mit der Frage nach einer angemessenen Sprache, die Calvino längst als Instrument eines Machtwissens erkannt hat, da sie sich immer auf der Suche nach der Wahrheit befindet. Es ist vielmehr eine „spezifische Schreibweise der Erzeugung, Erprobung und Ver(un)sicherung von Wirklichkeit" (Thanner, Vogl & Walzer 2018b: 10), welche sich als ästhetisches, epistemologisches und politisches Problem erweist. Es gibt für Calvino keine Alternative zur mühseligen Arbeit an der Form, dem Aufdecken der Mythen und dem ‚Entblättern der Artischocke der Wirklichkeit' (GS, 9). Nur so kann das Spiel, das die Macht um die Realität spielt, immer wieder aufs Neue als unzureichend ausgewiesen werden, da ihr das lebendige Reale mal um mal entgleitet (vgl. auch Calvino 2007v: 2761). Im Folgenden werden weitere wirkmächtige biopolitische Dispositive in den Blick genommen, die sich im Text reflektieren und sowohl eine Macht über das Leben als auch eine Macht *des* Lebens erfahrbar machen.

## 2.3 Die Mensch-Maschine: Person, Recht, Tier

> *In diesem Sinn betrachten wir den Menschen*
> *als ein Gefängnis bürokratischen Zuschnitts.*
> Georges Bataille (2005: 40)
>
> *Der Körper ist ein Gefängnis oder ein Gott.*
> *Es gibt keine Mitte.*
> Jean-Luc Nancy (2010: 9)

Ein zweites Dispositiv im *Scrutatore*, das biopolitische Verkettungen hervorbringt, ist das der Person.[47] Das Dispositiv der Person ist im Juristischen verwurzelt und wird im *Scrutatore* explizit im Zusammenhang mit rechtlichen Fragen diskutiert. Wenn Nonnen und Priester anstelle wahlberechtigter Personen wählen, ist das juristisch gesehen ein klarer Fall von Wahlbetrug. In Kapitel VIII wird dieser durch die Autorität medizinischer Atteste zu legitimieren versucht (vgl. GS, 36–39), was auf den grundsätzlichen Konflikt zwischen dem Juristischen und dem Medizinisch-Naturwissenschaftlichen verweist, der sich durch die gesteigerte Definitions- und Deutungsmacht medizinisch-naturwissenschaftlichen Wissens in der Moderne ergeben hat (vgl. Foucault 1969). Doch die Heterogenität, auf die Wahlhelfer Amerigo Ormea unter den Cottolengo-Insassen trifft, lässt die Frage nach dem Wahlbetrug zugunsten von fundamentaleren Fragen hinsichtlich des Wesens menschlichen Lebens in den Hintergrund treten. Zunächst soll es jedoch um die Frage der Rechtsgleichheit der Insassen gehen, die nicht nur ein Grundprinzip demokratischer Wahl darstellt, sondern auch in politisch-ästhetischem Sinne wirksam ist. Nach Rancière (2018: insb. 14–32) ist sie grundlegende Voraussetzung für jede Politik und besitzt revolutionären Charakter.

Rancière unterscheidet zwischen polizeilichen und politischen Vorgängen, wobei die polizeilichen Vorgänge Funktionen wie Organisation, Legitimierung und Vereinigung umfassen, während die politischen, die Körper von ihrem zugeteilten Ort entfernen, sichtbar machen, was aus Perspektive der polizeilichen Ordnung nicht hätte gesehen werden sollen, und als Rede verständlich machen, was nur als Lärm gelten dürfte (vgl. Muhle 2008: 7–21). „Es gibt Politik, weil bzw. wenn die natürliche Ordnung der Hirtenkönige, der Kriegsherren oder der Besitzenden durch eine Freiheit unterbrochen ist, die die Gleichheit aktualisiert, auf der jede gesellschaftliche Ordnung beruht." (Rancière 2018:

---

[47] Die Person ist dabei als „separatistische Maschine im Sinne des Agamben'schen Dispositivs" (Borsò 2014c: 156) zu verstehen. Agamben (vgl. 2006) hat Foucaults Konzeption des Dispositivs als „heterogene Gesamtheit" (Foucault 2003: 392) entschieden erweitert und mit einem dynamischen Maschinenbegriff verbunden.

29). Im Cottolengo werden *scrutatore* Ormea die Aporien formeller Gleichheit vor Augen geführt, woraufhin er nicht nur demokratische Grundsätze in Frage stellt, sondern auch die Ideologie seiner eigenen, kommunistischen Partei. Diese kritische Betrachtung der Frage der Gleichheit führt ihn schließlich dazu, sein Menschenbild neu zu reflektieren.

> [Amerigo] pensava al paradosso d'essere lì insieme, i credenti nell'ordine divino, nell'autorità che non proviene da questa terra, e i compagni suoi, ben coscienti dell'inganno borghese di tutta la baracca: insomma due razze di gente che alle regole della democrazia avrebbero dovuto dargli poco affidamento, eppure sicuri gli uni e gli altri d'esserne i più gelosi tutori, d'incarnarne la sostanza stessa. (GS, 14)

Die demokratischen Regeln, nach denen Wahlen in einer Demokratie durchgeführt werden, entspringen den Grundsätzen der allgemeinen, unmittelbaren, freien, gleichen und geheimen Stimmabgabe (vgl. Schubert & Klein 2020b). Das Paradox, das Protagonist Amerigo beschreibt, besteht darin, dass die beiden stärksten Kräfte im post-faschistischen Italien der 1950er Jahre, die sich antagonistisch gegenüberstehen, ihren Ursprung nicht in der republikanischen Gemeinschaft verorten, in deren Rahmen sie sich bewegen. Dennoch sind sie an der Durchführung der Parlamentswahl im Cottolengo beteiligt und halten dabei republikanische Werte wie das allgemeine Wahlrecht hoch. Doch in der konkreten Praxis zeigt sich die Farce, die hinter der gemeinsamen Betonung der demokratischen Grundsätze liegt, und der Konflikt zwischen christdemokratischer Technokratie und Humanismus marxistischer Ausprägung tritt offen zu Tage. Er entzündet sich an der Frage der Gleichheit der Menschen, der als Grundsatz der Gleichbehandlung in der italienischen Verfassung in Artikel 3 verankert ist. Zunächst wirkt es, als ginge es für den *scrutatore* nur darum, den Wahlbetrug im Cottolengo zu verhindern.[48] Doch je mehr der kommunistische Wahlhelfer Ormea über die Menschenbilder der beiden Ideologien reflektiert, desto eher treten die biopolitischen Prämissen in den Vordergrund, auf denen sie beruhen.

Die italienische Verfassung, die 1948 in Kraft trat, nachdem die verfassungsgebende Versammlung, an der neben christdemokratischen und liberalen auch kommunistische Kräfte beteiligt waren, sie zwei Jahre lang ausgearbeitet hatte, verortet den Gleichheitsgrundsatz in Artikel 3 (vgl. Senato della Repubblica 2018). Während Absatz 1 das Gleichheitsprinzip in klassisch liberaler Tradition als formelle Gleichheit vor dem Recht festsetzt, spiegeln sich in Absatz 2 die Kämpfe der Arbeiterbewegungen wider, in dem die Aufgabe des Staates darin gesehen wird, ‚konkrete', ‚materielle' Gleichheit durch Beseitigung aller Schranken

---

[48] Vgl. die Diskussionen um die von der Opposition *Legge truffa* getaufte Wahlrechtsreform, die am Anfang des Textes aufgerufen werden (GS, 5).

herbeizuführen, welche die volle Entfaltung der menschlichen Person und die wirksame Teilhabe aller Arbeiter behindern.[49] Während der Begriff des Arbeiters sich noch recht eindeutig der marxistischen Tradition zuschreiben lässt, scheint die ‚menschliche Person' einem un-ideologischen, universalen Feld zu entstammen. Dass dies ein Fehlschluss mit gravierenden Konsequenzen ist, hat Roberto Esposito (vgl. 2007) aufgezeigt. In der Genealogie der ‚Person' in der christlichen Theologie und der säkularen Tradition von Philosophie und Recht weist er auf Ausschlussmechanismen und Aporien des Begriffs hin.

Für die vorliegende Untersuchung ist die Frage, was eine Person wesentlich ausmacht, insofern interessant, als dass sich aus der Erzählung Fragen nach dem Personen-Status der verschiedenen Menschen im Cottolengo ergeben. Die italienische Verfassung versichert Gleichbehandlung sowie allgemeines Wahlrecht (Art. 48), doch, wie der Text belegt, sind einige Insassen nicht in der Lage dieses wahrzunehmen. Bewährte Praxis im Cottolengo ist in diesem Fall, eine Nonne oder einen Priester für die entsprechende Person wählen zu lassen, was einen offenkundigen Verstoß gegen das Wahlrecht darstellt, für den kommunistischen Wahlhelfer Ormea aber auch die politische Taktik der christdemokratischen Partei zur Sicherung der absoluten Mehrheit der Wählerstimmen offenlegt. Während Ormea seine Aufgabe zunächst noch darin sieht, die Einhaltung des Wahlrechts durchzusetzen, drängen sich ihm mehr und mehr Fragen zur Verfassung des Menschen im Allgemeinen auf. Inwieweit kann ein Mensch, der nicht in der Lage ist, seinen eigenen Willen zu äußern, als Person gelten? Und wenn er nicht als menschliche Person gelten kann, ist er dann überhaupt noch ein Mensch mit fundamentalen Rechten?

Die Problematiken, die der Text aufwirft, verschieben Fragen von Nähe und Distanz,[50] Einheit und Spaltung, Identität und Alterität, die in der Trilogie der *antenati* noch zwischen Geschichte und Natur verhandelt wurden, ins ‚Innere' des Menschen (vgl. Rignani 2012: 30–40). Die Veränderungen, die sich für das Bild des Menschen und für den Lebensbegriff Calvinos ergeben, hängen eng mit den Reflexionen über den Begriff der Person zusammen, der sowohl von christdemokratischer als auch kommunistischer Seite aufgerufen wird. Esposito folgend hat das Dispositiv der Person, das insbesondere nach dem Ende des Zweiten Weltkriegs Konjunktur hatte, gerade nicht zur permanenten Verbesserung der

---

**49** Occhiocupo (2018: 31) identifiziert im Begriff der ‚menschlichen Person' das Hauptmerkmal der italienischen Verfassung, wobei sowohl katholische Vertreter (La Pira, Dossetti, Moro), sozialistische und kommunistische (Basso und Togliatti) als auch liberale (Lucifero) eine personalistische Linie vertraten.

**50** An dieser Stelle sei an den berühmten Aufsatz von Cases ([1958] 1970: 53–58) erinnert, der in der schriftstellerischen Haltung Calvinos Nietzsches ‚Pathos der Distanz' am Werk sieht.

menschlichen Lebensbedingungen und der individuellen Freiheit aller beigetragen, sondern ist im Gegenteil dafür verantwortlich, dass bestehende, tradierte Hierarchien verfestigt und bestimmte Gruppen von Menschen sozial-rechtlich ausgeschlossen wurden (vgl. Esposito 2007: 8).[51] Für Esposito konnte das personalistische Denken, welches in einem theologischen, philosophischen und rechtlichem Feld wurzelt, durch seine semantische Vielfältigkeit zum Kreuzungspunkt ideologischer Diskurse werden, wie sie sich auch im *Scrutatore* wiederfinden lassen. Es lässt sich von der biopolitischen Tendenz, das „das Verhalten des Menschen in die Dichte seines somatischen Grunds einschreibt" (Esposito 2010b: 35) und in der Thanatopolitik der Deutschen Nationalsozialisten seine grausame Wirkung entfaltete, abgrenzen, bleibt aber dialektisch mit ihr verbunden. Auch das Dispositiv der Person bedient letztendlich eine ausschließende Logik, wie Esposito feststellt. Er schreibt: „Die Definition dessen, was – in der Menschheit oder in jedem Individuum – persönlich ist, setzt einen Bereich des Nicht-Persönlichen oder des Weniger-als-Persönlichen voraus, aus dem das Persönliche hervorgehen soll." (Esposito 2010b: 35). Mit dieser Aussage wird deutlich, dass das Persönliche nur durch Ausschluss eines nicht-, noch nicht- oder weniger als Persönlichen existieren kann. Dabei öffnet sich ein Spalt zwischen der gesamten Erfahrung menschlichen Lebens und der Kategorie der Person. Dieses hat auch Auswirkungen auf die Fragen der Gleichheit, die sowohl in der christlichen als auch der liberalen Weltanschauung einen zentralen Platz im Wertekanon einnimmt. Im Folgenden werden die beiden Konzepte und ihr Personenbegriff dargestellt, wie er im *Scrutatore* formuliert ist.

Die katholische Idee der Gleichheit dreht sich um den Begriff der Person, der in zwei Kerndogmen des Christentums verankert ist: der Trinität und der Menschwerdung Gottes. Während die Dreifaltigkeitslehre von drei Personen spricht, dem Vater, dem Sohn und dem Heiligen Geist, die zu einer einzigen Entität gehören, nimmt Gott in der Menschwerdung die menschliche Gestalt an. Christus ist somit zweifache Person: menschlich und göttlich, wobei das Göttliche selbstverständlich über das Menschliche herrscht. Diese Spaltung setzt sich in der Auffassung des Menschen als Ebenbild Gottes fort, der der christlichen Lehre nach in einen sterblichen Körper und eine unsterbliche Seele gespalten ist. Die göttliche, unsterbliche Seele, die ewiges Leben garantiert, liegt dem Prinzip der Unantastbarkeit und der Heiligkeit des menschlichen Lebens zugrunde. Kirchenvater Augustinus erklärte den Geist des Menschen, der mit dem

---

51 Espositos Polemik richtet sich vor allem gegen die Logik der personalistischen Ideologie, die hinter den Menschenrechten steht. Er stellt die These auf: „che il sostanziale fallimento dei diritti umani – la mancata ricomposizione tra diritto e vita – abbia luogo non nonostante, ma *in ragione* dell'affermarsi dell'ideologia della persona" (Esposito 2007: 8, Herv. im Orig.).

Göttlichen verbunden sei, zum alleinigen Personenkriterium und wertete damit den Körper ab, der zwar gottgegeben sei, aber eben nur als unvollkommene Hülle für die rationale Seele (vgl. Esposito 2010b: 35–37). Obwohl die christliche Glaubenslehre verschiedene Positionen umfasst, kann Esposito (2010b: 37) zusammenfassend schreiben: „Was dem Menschen seine Menschlichkeit verleiht, ist jene Linie, entlang der sich der Mensch von seiner natürlichen Dimension löst." Der Körper ist mangelhaft und steht unter der Vorherrschaft der unsterblichen Seele wie auch der Mensch als ‚Krone der Schöpfung' über den Rest der Natur herrscht, von deren Reich er sich abhebt.

Dieses Prinzip lässt sich aber auch zum Gleichheitsgrundsatz verkehren: Alle Menschen haben einen gleichermaßen sterblichen und darum mangelhaften Körper von Gott erhalten. Das Cottolengo bietet geradezu auf paradigmatische Art einen Ort, um die Mangelhaftigkeit des Körpers auszustellen. Wie Protagonist Ormea in Kapitel IV bemerkt, ist die menschliche Person in dieser Betrachtungsweise in erster Linie „carne d'Adamo misera e infetta" (GS, 22) und dabei vollkommen auf die Gnade Gottes angewiesen: „L'idiota e il ‚cittadino cosciente' erano uguali in faccia all'onniscenza e all'eterno" (GS, 22). Noch deutlicher wird dieser Zusammenhang in Kapitel VIII, wo die Stimmabgabe im Cottolengo aus katholischer Sicht als Akt der Dankbarkeit definiert wird und ein Priester Ormeas Frage, „Gratitudine a chi?" (GS, 39), mit der Aussage, „Gratitudine a Dio nostro Signore, e basta" (GS, 39), abweist. Es ist dieses Menschenbild, auf das Ormea verweist, wenn er „an das Gleichheitsprinzip der christlichen Tradition nach" (GS, 21) denkt, durch das paradoxerweise eine Instrumentalisierung von Menschen als Wählerstimmen gerechtfertigt erscheint, denn der Staat ist in dieser Auffassung eine entkörperte Maschine, die Gottes Plan folgt. Das Persönliche im Menschen ist in dieser Auffassung der vernünftige Teil, der ihn mit Gott verbindet, der körperlich-animalische Teil ist von den Vorstellungen von Ewigkeit, Göttlichkeit und Paradies ausgeschlossen.

In Abgrenzung zur christlichen Tradition zitiert Ormea an gleicher Stelle die Gleichheit gemäß den Grundsätzen der Französischen Revolution. Der Zusammenhang zwischen den liberalen, zivilgesellschaftlichen Werten, die sich im Zuge der Aufklärung verbreiteten, und den kommunistischen Positionen des *scrutatore* wird im Text selbst offengelegt, wenn auch in ironischer Weise:

> Anche qui agiva in lui – più che uno spirito di tolleranza e adesione verso il prossimo – il bisogno di sentirsi superiore, capace di pensare tutto il pensabile, anche i pensieri degli avversari, capace di comporre la sintesi, di scorgere dovunque i disegni della Storia, come dovrebb'essere prerogativa del vero spirito liberale. In quegli anni in Italia il partito comunista s'era assunto, tra i molti altri compiti, anche quello d'un ideale, mai esistito, partito liberale. (GS, 29)

Die Betonung des Rationalen liegt auch der kommunistischen Konzeption der Person zu Grunde, in der davon ausgegangen wird, die menschliche Person könne die Gesetze von Natur und Geschichte einsehen. Der Mensch ist in diesem Sinne als ein zur Selbstbestimmung fähiges Wesen definiert, von dem angenommen wird, er entfalte in der kommunistisch organisierten Gesellschaft vollständig seine geistigen Fähigkeiten.[52] Auf individueller Ebene entspricht dieser Selbstbestimmung die Gefühlskontrolle und Selbstbeherrschung (vgl. GS, 28). Ormea bezeichnet sich nicht ohne Grund als „ultimo anonimo erede del razionalismo settecentesco" (GS, 9), denn die bürgerlichen Werte, auf die er sich beruft, entstanden im Zuge der Aufklärung. Die Bestimmung der Person als autonomes Vernunftwesen, das mit Würde ausgestattet ist, geht auf Immanuel Kant zurück, dessen Vernunftethik allerdings keinen Schutz vor Instrumentalisierung geistig behinderter Menschen darstellt.[53] Diese Instrumentalisierung von schutzbedürftigen Personen durch die christdemokratische Partei prangert Calvinos Protagonist jedoch eindeutig an:

> Bisognava ricominciare da capo, da zero: era il senso delle parole e delle istituzioni che andava rimesso in discussione, per stabilire il diritto della persona più indifesa a non essere usata come strumento, come oggetto. E questo, oggi, al punto in cui ci si trovava, al punto in cui le elezioni al ‚Cottolengo' venivano scambiate per un'espressione di volontà popolare, pareva talmente lontano, da non poter essere invocato che attraverso un'apocalissi generale. (GS, 28)

An dieser Stelle geht es um ‚das Recht der wehrlosesten Person, nicht als Mittel oder als Objekt benutzt zu werden', was auf den Humanismus in den Frühschrif-

---

[52] Vgl. die Reflexionen Ormeas zu einem potentiell kommunistischen Cottolengo und „umanesimo totale" (GS, 38–39). Außerdem Calvinos Suche nach dem ‚neuen Menschen' im *Dopoguerra* bei Reichel (2006: 18–22). In *Il midollo del leone* (1955) verbindet er die Idee mit der „lucidità razionalista settecentesca" (*Midollo*, 23–24), die Werte wie Intelligenz, Mut und Handlungswillen in den Vordergrund stellt.
[53] Obwohl es scheint, als habe Kant in seiner berühmten ‚Selbstzweckformel' (die besagt, die menschliche Person dürfe nur als Zweck und nie als Mittel gebraucht werden, und somit ein Verbot der Instrumentalisierung von Personen beinhaltet) einen universellen und inklusiven Begriff des Menschen geprägt, muss auch der Personenbegriff in der Kantischen Ethik als binärer Schwellenbegriff gesehen werden, der eindeutig zwischen Personen und Nicht-Personen unterscheidet (vgl. Gutmann 2010). Während die Frage danach, ob Kant schwarze Menschen und Frauen vom Personenbegriff ausgeschlossen hat, noch kritisch diskutiert wird, scheint eindeutig geklärt, dass es in Kants Ethik ‚Nicht-Personen' gibt, „denen gegenüber wir keine moralischen Pflichten haben können" (Gutmann 2010: 13), darunter Kleinkinder, schwer geistig behinderte, demente oder dauerhaft komatöse Menschen. „Die Klasse der (handlungsfähigen) vernünftigen Wesen ist deshalb nicht mit der biologischen Spezies Mensch identisch." (Gutmann 2010: 8).

ten Karl Marx' verweist, in denen die Frage des Menschen in seinem Verhältnis zur Natur im Zentrum stand (vgl. Fromm 2018). Protagonist Amerigo Ormea protestiert gegen die Objektivierung und Instrumentalisierung von wehrlosen Menschen als Wahlstimmen. Doch die Möglichkeit, nochmal bei Null anzufangen, den Sinn von Worten und Institutionen zur Diskussion zu stellen, scheint ihm inzwischen in utopische Ferne gerückt. Worauf er an dieser Stelle hinweist, ist die Aporie, die der demokratischen Wahl im Cottolengo zu Grunde liegt: Das Prinzip der formellen Gleichheit verschleiert die konkrete Ungleichheit der Menschen. Das allgemeine Wahlrecht, das von Frauen- und Arbeiterbewegungen erkämpft wurde, offenbart seine Impotenz vor der komplexen Wirklichkeit des Cottolengo.

Dabei übersieht er jedoch die Ausschlussmechanismen, auf denen sein eigenes, aufgeklärtes, androzentrisches Menschenbild beruht, in dem Freiheit und Gleichheit auf der rationalen Selbstbestimmung gründet. Erst in Kapitel IX wird Ormea auf den „broglio metafisico" (GS, 40) aufmerksam, dem er selbst aufsitzt. Als er an die statuenhaften, starken, an die Figur des Prometheus erinnernden heroischen Bilder in alten Parteibüchern denkt, kommen ihm Zweifel an der Universalität von Ideen wie Fortschritt, Freiheit und Gerechtigkeit, denen er sich verpflichtet fühlt. Er fragt sich: „Dunque progresso, libertà, giustizia erano soltanto idee dei sani (o di chi potrebbe – in altre condizioni – essere sano) cioè idee di privilegiati, cioè idee non universali?" (GS, 41). Das allgemeine Stimmrecht erscheint in dieser Perspektive statt als emanzipatorische Geste als zusätzliche Unterdrückungsmaßnahme der Cottolengo-Welt durch die Welt der ‚Normalen'. Dabei ist Ormea nicht einmal klar, wo genau die Grenze zwischen den ‚gesunden' und den ‚kranken' Menschen verläuft:[54] „Già il confine tra gli uomini del ‚Cottolengo' e i sani era incerto: cos'abbiamo noi più di loro? Arti un po' meglio finiti, un po' più di proporzione nell'aspetto, capacità di coordinare un po' meglio le sensazioni in pensieri ..." (GS, 41).

An dieser Stelle schwingt die von Canguilhem (vgl. 2018: 281–308, hier 282) hervorgehobene Doppeldeutigkeit des Normalen als statistischer Durchschnitt einerseits und positives Bewertungsprinzip andererseits mit. Statt einem qualitativen, ontologischen Unterschied wird an dieser Stelle ein Maßstab angelegt, der graduell und normativ misst: „un po' più", „un po' meglio". Der *Scrutatore* Ormea resümiert: „poca cosa, rispetto al molto che né noi né loro si riesce a fare e a sapere ... poca cosa per la presunzione di costruire noi la nostra storia ..."

---

54 Auf das Fehlen eines qualitativen Unterschieds zwischen den Kategorien ‚normal' und ‚pathologisch' hat Georges Canguilhem in seiner bahnbrechenden medizinischen Dissertation 1943 hingewiesen. Krankheit und Gesundheit versteht er nicht als objektive Kriterien, sondern nur in Relation zu sich selbst und der Umwelt wirksam. (vgl. Canguilhem 2017).

(GS, 41–42). Vor dem Hintergrund eines Gefühls der Ohnmacht gegenüber den Geschicken der Welt wird die Gleichheit bzw. Ähnlichkeit der Menschen neu fundiert. In leopardianischer Manier verschwindet die große rationale Konstruktion der *Storia* vor der „miseria della natura" (GS, 42)[55] und mit ihr geht die Idee des selbstbestimmten Individuums unter. Es ist nicht der rationale Teil, um den sich das Menschliche anordnet, sondern es ist die Kombination bestimmter Eigenschaften, die den Menschen rein zufällig hervorbringen, wie bei einem riskanten Glückspiel:

> (...) il rischio (prevedibile del resto in base al calcolo delle probabilità come nei giochi di fortuna) che si molteplica per il numero delle insidie nuove, i virus, i veleni, le radiazioni dell'uranio ... il caso che governa la generazione umana che si dice umana proprio perché avviene a caso ... E che cos'era se non il caso ad aver fatto di lui Amerigo Ormea un cittadino responsabile, un elettore cosciente, partecipe del potere democratico, di qua del tavolo del seggio, e non – di là del tavolo – per esempio, quell'idiota che veniva avanti ridendo come se giocasse? (GS, 21)

Das Wesen des Menschen, seine Substanz, sei der Zufall und die Entstehung des Menschen demnach nur ein Zufallsprodukt. Diese Einsicht in die Kontingenz ist neben anderer historisch-kultureller Faktoren für die Akzentverschiebung verantwortlich, die sich in Calvinos Poetik in Bezug auf das Menschliche vollzieht, das nicht mehr in seinem Verhältnis zu Natur oder Geschichte erscheint, sondern als Natur innerhalb von Natur (vgl. Rignani 2012: 21–108; Bazzocchi 2005: 61). Die Blickverschiebung, die der *Scrutatore* darstellt, ist die vom autonomen, männlichen, rationalen Subjekt, das die Geschichte macht, zu einem biopolitisch Ausgeschlossenen hin. Um die Konsequenzen und das Ausmaß dieses Wandels nachvollziehen zu können, wird im Folgenden knapp auf die Genealogie der Person verwiesen, wie sie Roberto Esposito in Anschluss an Giorgio Agamben erarbeitet hat.

Das Konzept des autonomen, mündigen Bürgers wurde ausgehend von der Subjektphilosophie Kants im Zuge der Aufklärung konturiert und anschließend sukzessiv zur Kategorie der Person erweitert. Trotz der säkularen Verwendung betont Esposito deren theologische Wurzel und verknüpft den Erfolg des Konzepts der Person gegenüber des rechtlichen Subjekts mit der Miteinbeziehung des Körpers in eine einheitliche Sphäre, die offen ist für Beziehungen zu anderen (vgl. Esposito 2007: 80–126, insb. 87–91). Sowohl in kartesianischer Tradition als auch in der liberalen John Lockes bezeichnet die Person das, was im Menschen über den Körper hinausgeht. Der Begriff Person definiert also nicht so sehr den

---

[55] Zur Thematik der Hinfälligkeit des Menschen siehe das Gedicht *A se stesso*, inspiriert vom Buch Qohelet (Leopardi 2007: 179).

lebendigen Menschen in seiner Ganzheit als vielmehr die Differenz, die ihn von seiner animalischen Wurzel trennt. Diesen Riss, der durch die individuelle Person geht, sieht Esposito in der römischen Rechtstradition auf die gesellschaftliche Ebene gehoben (vgl. Esposito 2007: 94–99). Diese schrieb allen Mitgliedern der Gesellschaft einen rechtlichen Status zu, der sich um die Figur des *pater familias* drehte, welcher als einziger den Status einer autonomen Person innehatte, während sich alle anderen, Ehefrauen, Kinder, Sklaven, unter seiner Herrschaft befanden. Wie Esposito (2007: 95) herausstellt, waren es aber weniger die klaren rechtlichen Zuordnungen, mit denen das römische Rechtssystem so erfolgreich operierte, sondern vielmehr seine semantischen Oszillationen an den Randbereichen, paradigmatisch abzulesen am Status eines Sklaven als ‚Nicht-Person' bzw. ‚sprechende Sache'. Der Mensch wurde für die Römer nicht frei geboren, sondern befand sich immer erst unter der Herrschaft eines anderen, eines *pater familias*, von dem er unter Umständen freigelassen wird. Die souveräne Macht des Familienoberhaupts ging so weit, dass er selbst über Leben und Tod seiner Kinder entscheiden konnte.[56]

Der konzeptionelle Rahmen, den das römische Rechtssystem durch seinen hohen Grad an Abstraktion geschaffen hat, beeinflusst die modernen Rechtssysteme bis heute. Unter den fundamentalen Veränderungen, die es über die Jahrhunderte durchlaufen hat, sticht die des Wandels eines objektiven Systems von Rechtssätzen zu einem System hervor, das sich um ein Rechtssubjekt mit angeborenen Privilegien konstituiert. Mit Hobbes und Leibniz wurde das vom lateinischen *subiectum*, ‚unterworfen' stammende Subjekt aktiv gewendet. Was dazu führte, dass die Differenz zwischen *homo* und *persona*, auf der das römische Recht aufbaute, genau so in den Hintergrund trat wie der Unterschied in der ursprünglichen, ambivalenten Bedeutung von *persona* als ‚Gesicht' und ‚Maske', ‚Ganzes' und ‚Teil', ‚Akteur' und ‚Rolle'.[57]

> Proprio nel momento in cui la persona cessa di essere una categoria generale all'interno della quale si può transitare, entrandovi e uscendone, come accadeva a Roma, per divenire un predicato implicito in ogni uomo, essa si rivela diversa e sovrapposta al sostrato naturale su cui si impianta. E ciò tanto più nella misura in cui si identifica con la parte

---

[56] Davon ausgenommen waren in der klassischen Zeit Kinder unter drei Jahren, gesetzt den Fall, dass diese keine Deformationen aufwiesen (vgl. Esposito 2007: 98–99).

[57] Etymologisch leitet sich Person von *prosopon* lat. *persona* her, das zunächst die Theatermaske und später die Rolle bezeichnete. Ab dem 17. Jahrhundert entwickelte sich das Bedeutungsfeld zum einen in juristischer Richtung, die Person als Rechtssubjekt, zum anderen in theologischer, die Person als autonomes Wesen mit der Möglichkeit des ewigen Lebens in Gott (vgl. Domenach 1980; Bodei 2003).

razionale-volontaria, o morale – vale a dire fornita di valore universale – dell'individuo. Proprio in questo modo, infatti, si reinstaura, all'interno di ogni essere umano, quello sdoppiamento, o raddoppiamento, che prima lo separava, come semplice *homo*, dalla personalità generale. (Esposito 2007: 101–102, Herv. im Orig.)

War die Person im römischen Recht noch eine deutlich vom Menschen als Gattungswesen abgrenzbare, abstrakte Kategorie, wurde sie im Zuge des aufklärerischen Denkens zu einer menschlichen Qualität verklärt, was dazu führte, dass ihre Wirkung als Dispositiv immer undurchsichtiger wurde. Denn in der modernen Kategorie der Person findet sich die Verdopplung des Menschen als römisches Rechtssubjekt in der Person bzw. seine Spaltung in der einfachen Tatsache menschlichen Lebens (*homo*) wieder. Die Wirkungsweise des Mechanismus hat sich von außen nach innen verschoben, von einem objektiven Rechtssystem, das die gesellschaftlichen Rollen und Hierarchien verteilt, zu einem System mit einem individuellen Subjekt im Zentrum, das durch seinen vernünftigen Willen über die eigene biologische Substanz herrschen soll.[58]

Die Idee des vernunftgeleiteten Individuums, das als selbstbestimmte Person über seine eigene ‚Natur' herrschen kann, wurde um 1800, in der sogenannten „Sattelzeit" (Koselleck 1979: XV), durch einen Paradigmenwechsel im Bereich der Lebenswissenschaften stark geschwächt. Als Schlüsselereignis, das zum Paradigmenwechsel führte, wird vielfach auf das dynamische Lebenskonzept des Physiologen Xavier Bichat (1772–1802) rekurriert (vgl. Foucault 1973; Agamben 2002; Esposito 2007; Canguilhem 2017). Dessen Bestimmung des Lebens als Gesamtheit der Funktionen, die dem Tod Widerstand leisten, d. h. als reines Reaktionsprinzip, entzog nicht nur jeglichem Vitalismus, der von einem eigenständigen Lebensprinzip ausging, den Boden, sondern ergänzte das Leben, das in permanentem Konflikt mit dem Tod steht, zudem um eine politische Konnotation.[59] Das Leben ist somit von Beginn an in einen dauerhaften Kampf gegen den Tod verwickelt, wobei das tödliche Ereignis sowohl aus dem Inneren des Körpers als auch von außen herrühren kann. Diese Verdopplung des Todes, zwischen dem unheilvollen Versprechen, das im Moment des Geborenwerdens ausgesprochen wird, und seinem tatsächlichen Eintreten, führte Bichat zur Idee eines ‚doppelten Lebens': des organischen einerseits, das nach Innen gerichtet ist und zu dem er die vegetativen Funktionen wie die Verdauung, die Atmung, den Blutkreislauf zählte (*l'animal*

---

[58] Bei Thomas Hobbes wurden die juridische Kategorie der Person und die politische der Souveränität auf untrennbare Weise miteinander verbunden, paradigmatisch verkörpert durch die Figur des Leviathan. Hobbes verlegte die römische Unterscheidung zwischen Mensch und Person in das Innere der Person selbst, indem er eine natürliche und eine künstliche Person bestimmte. (vgl. Esposito 2007: 103–107).
[59] Vgl. zur politischen Semantik den Begriff der *Krísis* bei Gentili (2020a).

*existant au-dedans*); und des animalischen, das nach Außen gerichtet ist und die motorischen, sensorischen und intellektuellen Aktivitäten unter sich vereint (*l'animal vivant au-dehors*) (vgl. Agamben 2002: 22–23). Mit der Feststellung, dass das organische Leben dem animalischen vorausgeht, wofür ihm die Entwicklung des Fötus als Indiz gilt, erschüttert er nachhaltig die Idee des selbstbestimmten Individuums. Der freie politische Wille des Einzelnen steht radikal in Frage, wenn dieser in einem der Selbstbestimmung entzogenen, vegetativen Bereich verankert ist. Laut Esposito (vgl. 2007: 25–30) kann für die Person an diesem Punkt keine Einheit mehr beansprucht werden: Sie ist in zwei überlappende Bereiche zersplittert, in der biologischen Differenz zwischen organischem und relationalem Leben. Es ist der Eintritt der Phänomene des Lebendigen in die Geschichte, der für Foucault (vgl. 1995: 161–190) den Beginn der Biopolitik markiert:

> Da quel momento funzione della politica – ormai inevitabilmente biopolitica – non sarà piú tanto quella di definire il rapporto tra gli uomini, ma piuttosto quella di individuare il punto preciso in cui è situata la frontiera tra ciò che, all'interno dell'uomo stesso, è altro dall'uomo. (Esposito 2007: 30)

Hatte die Politik jahrhundertelang das Zusammenleben der Menschen zum Gegenstand, ist ihr Gegenstand von der „biologischen Modernitätsschwelle" (*seuil de modernité biologique,* Foucault 1995: 170) an das natürliche Leben selbst, das sich ursächlich über den absoluten Konflikt mit dem Tod definiert. Wie Bichat festgestellt hat, bedroht der Tod das Leben sowohl von außen als auch aus seinem Inneren her. Der neue Lebensbegriff begründet damit eine Biopolitik, die ihre zutiefst unmenschliche Seite in dem Moment entfaltet, als sie zwischen 19. und 20. Jahrhundert mit dem hierarchisch angelegten anthropologischen Diskurs vereint wird und allgemeine Aussagen über das Wesen der menschlichen Spezies produziert (vgl. Esposito 2010b: 32–33). Für den politischen Diskurs bedeutet diese Verschiebung eine Logik, die auf Inklusion und Exklusion basiert und sich dabei auf scheinbar biologische Grundsätze beruft. Historische Prozesse erfahren eine Naturalisierung, während der Mensch als vollständig in die taxonomische Natur eingegliedert erscheint. Diese De-Historisierung zieht außerdem eine Absetzung von hierarchisch deklassierten Menschen nach sich, welche die Katastrophe, die Vernichtung von Gruppen deklassierter Menschen, vorbereitet.[60]

Als Reaktion auf die biopolitische Ideologie des Nationalsozialismus, in der die biologische Substanz das Subjekt zersetzt hatte, antworteten die antifaschisti-

---

[60] Ein Beispiel dafür ist die Zurschaustellung von ‚primitiven Wilden' in sogenannten Menschenzoos, die mehr als ein Jahrhundert lang abscheuliche Praxis der Kolonialmächte war (vgl. Blanchard & Victor-Pujebet 2017).

schen Kräfte nach dem Zweiten Weltkrieg mit einer Stärkung der Kategorie der Person als transzendentale Einheit von Wille und Vernunft.

> Entgegen einer Ideologie, die den menschlichen Körper auf das Erbgut seines ‚Blutes' reduziert hatte, zielte die Philosophie der Person darauf ab, die Einheit der menschlichen Natur wiederherzustellen, indem sie deren irreduziblen persönlichen Charakter hervorhob. (Esposito 2010b: 34)

Es ging darum, zwischen dem geistig-rationalen Element und dem rein körperlichen Gegebenen im Menschen eine neue Distanz zu schaffen, und die beiden Bereiche in einem zweiten Schritt wieder in der Person zu verbinden. Für Esposito ergab sich dabei aber lediglich eine Umkehrung der von Bichat eingeführten Beziehung zwischen relationalem und vegetativem Leben: „In entrambi i paradigmi l'uomo mostra una parte animale – ha un animale al proprio interno" (Esposito 2007: 109). Die Nazi-Herrschaft wird in dieser Logik als Entfesselung der animalischen Seite des Menschen betrachtet, welche in einer demokratischen Gesellschaft durch die Stärkung der persönlichen Seite gezähmt werden soll. Während der Mensch im Biopolitischen, vom Nationalsozialismus mit konsequenter Logik erfüllt und zugleich pervertiert, ein rein biologisches Sein aufweist, wird in der personalistischen Strömung die Person als der individuell vernünftige Kern innerhalb eines irrational gesteuerten Körpers gesehen.[61] Sie ist somit zugleich biologische Substanz und transzendentale Beziehung. Die Form der Beziehung hat zudem eine politische Dimension, insofern sie eine der Souveränität ist, der Herrschaft des persönlichen über den animalischen Teil im Menschen.

Damit lässt sich an dieser Stelle auch die Frage nach dem Eigentum ergänzen, welche bis heute dem bioethischen Diskurs aus katholischer wie aus liberaler Perspektive inhärent ist. Denn die souveräne Herrschaftsbeziehung setzt notwendigerweise eine Reifizierung, Verdinglichung, des Körpers voraus, um über ihn herrschen zu können. Im modernen liberalen Staat gilt das persönliche Subjekt als souveräner Eigentümer über den eigenen Körper,[62] anders ge-

---

[61] Der katholische Philosoph Jacques Maritain nennt jene Person, die souverän über seinen Körper zu herrschen in der Lage ist, und zieht damit einen Analogieschluss bezüglich der christlichen Idee der souveränen Beziehung des Menschen zu seinem Schöpfergott. Der Körper, als der animalische Teil, wird dialektisch zur Person gedacht: „L'uomo è persona precisamente perché, e se, mantiene piena padronanza sulla propria natura animale. E ha una natura animale per poter misurare su di essa il proprio statuto sovrano di persona." (Esposito 2007: 109).

[62] Neue biogenetische Technologien, die auf Zell- bzw. Genebene arbeiten, erweitern das Entscheidungsfeld hinsichtlich der Frage nach lebenswertem Leben enorm. An Agambens Unterscheidung zwischen *bíos* (qualifiziertem Leben) und *zoé* (bloßem Leben) anschließend weist Borsò (vgl. 2013c) immer wieder auf diesen Zusammenhang hin.

staltet sich diese Beziehung nur dann, wenn das persönliche Subjekt entweder verschwindet oder sich noch gar nicht konstituiert hat und der kindliche/komatöse/demente/tote Körper zum souveränen Herrschaftsbereich eines anderen Subjekts gezählt wird (Eltern, Natur, Staat, Gott).[63] An Simone Weil anschließend fordert Esposito im Gegensatz dazu ein „Recht des Körpers" (Esposito 2010b: 56):

> Erst dann, wenn die Rechte – die ebenso hochtrabend wie überflüssig als ‚Menschenrechte' bezeichnet werden – den Körpern entsprächen und ihre Normen aus den Körpern bezögen, Normen, die nicht länger aufoktroyiert wären, sondern der unendlichen, bewegten Vielfalt des Lebens immanent – erst dann dürften sich diese Rechte als die unerbittliche Stimme der Gerechtigkeit ausgeben. (Esposito 2010b: 56)

Ein derart nicht reifizierter Körper wäre Esposito zufolge (vgl. 2007: 114) ein unpersönliches Subjekt der Selbstbestimmung und damit Ausgangspunkt für eine affirmative Biopolitik; eine Perspektive, auf die im zweiten Teil dieser Arbeit näher eingegangen wird.

In Aristoteles' kanonisch gewordener Definition vom Menschen als *politikòn zoon* identifiziert Esposito (2007: 111) die gemeinsame Wurzel, auf der biopolitische wie personalistische Argumentationslinien fußen. Nannte Aristoteles den Menschen noch ein lebendes Tier, das auch zu einer politischen Existenz fähig ist (vgl. Aristoteles 1991: 13, *Politik 1253a, 4*), dreht Foucault (1995: 171) die Definition für den modernen Menschen im Zeitalter der Biopolitik um: „Der moderne Mensch ist ein Tier, in dessen Politik sein Leben als Lebewesen auf dem Spiel steht." Agamben (vgl. 2002) knüpft an diese Bestimmung an, um im Rahmen seines *Homo-Sacer*-Projekts seine eigene Konzeption der Biopolitik zu entwerfen. Er weist dabei auf die entscheidende Tatsache bei einer Rekonstruktion der Genealogie von ‚Leben' hin, die in der fehlenden originären Definition besteht. Statt der Frage ‚was ist Leben?' fragt Aristoteles danach, was ein Lebewesen mit einem anderen gemein hat bzw. was sie voneinander unterscheidet. Dieses strategische Verfahren stellt die Grundlage der Taxonomie als hierarchische Ordnung dar (vgl. Agamben 2002: 22). Der Mensch teilt danach mit allen anderen Lebewesen die einfache Tatsache des Lebens, wofür der Begriff *zoé* steht, welcher das reproduktive Leben einschließt (vgl. Agamben 2005: 3). Als Merkmal des spezifisch menschlichen Lebens wird jedoch die Fähigkeit zum Leben in der *polis* ausgewiesen, welches mit dem Begriff *bíos* gefasst wird. *Bíos* bezeichnet das politisch qualifizierte Leben und die besondere Lebensweise in der Gemeinschaft. Das Fehlen eines einheitlichen Lebensbegriff stellt für Agam-

---

[63] In dieser Perspektive konkurrieren um den Teil ‚subjektloser' Körper im Cottolengo in gewisser Weise Staat und Kirche.

ben den Grund dafür dar, dass dem Leben in Philosophie, Theologie, Politik und später auch in Biologie und Medizin eine strategische Funktion innerhalb des jeweiligen Diskurses zukommt. Denn Agamben (2002: 21, Herv. im Orig.) zufolge ist es, „come se, nella nostra cultura, la vita fosse *ciò che non può essere definito, ma che, proprio per questo, deve essere incessantemente articolato e diviso.*" Im menschlichen Lebewesen scheint eine ‚bewegliche Grenze' am Werk, die das Leben in einen vegetativen und relationalen, organischen und animalischen, tierischen und menschlichen Bereich unterteilt (vgl. Agamben 2002: 22–24). Um zu verstehen, wie diese Operation im Einzelnen abläuft, muss der Mechanismus der Spaltung genauer betrachtet werden. Agamben spezifiziert an dieser Stelle, dass die Trennung im Inneren des lebendigen Menschen abläuft, es handle sich um eine ‚intime Zäsur', die sich immerzu verschiebt. Er fragt:

> Che cos'è l'uomo, se esso è sempre il luogo – e, insieme, il risultato – di divisioni e cesure incessanti? Lavorare su queste divisioni, chiedersi in che modo – nell'uomo – l'uomo è stato separato dal non-uomo e l'animale dall'umano, è più urgente che prendere posizione sulle grandi questioni, sui cosiddetti valori e diritti umani. (Agamben 2002: 24)

Wenn der Mensch zugleich der Ort und das Ergebnis dieser Unterteilungen ist, ähnelt das, was wir den Menschen nennen, einer mathematischen Funktion. Der Mensch wird als Produkt eines maschinellen Prozesses gesehen, was die Prämissen des Humanismus grundsätzlich in Frage stellt. Denn Agamben (2002: 24, Herv. im Orig.) fordert, den Menschen nicht als Ergebnis der Verschmelzung getrennter Entitäten zu denken, als *„mysterium coniunctionis"*, sondern als praktische und politische Entkopplung, *„disiunctionis"*. Die Bewegung, die im Prozess eingeschrieben ist, ist für das Funktionieren der Maschine unbedingt notwendig.[64] Die fortlaufenden Teilungen und Spaltungen bewirken, dass die Maschine weiterläuft und die Ordnung aufrechterhält.

Um die Wirkungsweise der modernen und der antiken anthropologischen Maschine zu veranschaulichen, führt Agamben paradigmatische Momente der Biologiegeschichte an. Die ‚moderne Maschine' muss den Menschen immer schon voraussetzen, wie die Suche nach dem Ursprung des Menschen in der Sprache zeigt, in seinem Inneren dann aber einen Ausnahmezustand erzeugen, in dem die Trennung von Innen und Außen, Menschliches und Nichtmenschliches aufgehoben ist, um die topologische Ordnung neu herzustellen und das Nichtmenschliche abspalten, ausschließen zu können.

---

[64] Agambens Maschinenbegriff geht auf eine Übersetzung von Heideggers ‚Gestell' zurück, wie er es in *Che cos'è un dispositivo?* erläutert (vgl. Agamben 2006: 19–20).

> In quanto in essa è in gioco la produzione dell'umano attraverso l'opposizione uomo/animale, umano/inumano, la macchina funziona necessariamente attraverso un'esclusione (che è anche e sempre già una cattura) e un'inclusione (che è anche e sempre già un'esclusione). Proprio perché l'umano è, infatti, ogni volta già presupposto, la macchina produce in realtà una sorta di stato di eccezione, una zona di indeterminazione in cui il fuori non è che l'esclusione di un dentro e il dentro, a sua volta, soltanto l'inclusione di un fuori. (Agamben 2002: 42)

Bei diesen ständigen Verschiebungen entsteht die sogenannte „Zone der Unbestimmtheit" (Agamben 2002: 42), die sozusagen das Ausgangsmaterial für die biopolitische Entscheidung liefert, indem eine neue Ordnung aus ihr hervorgeht: ein Menschliches und ein Nichtmenschliches. Die Funktionsweise der anthropologischen Maschine der Moderne schließt also ein schon Menschliches als (noch) Nichtmenschliches aus, sie funktioniert über die Animalisierung des Menschen.[65] Die anthropologische Maschine der Antike hat eine symmetrische Funktionsweise, indem sie ein Außen, ein Animalisches (*zoé*) einschließt und dadurch ein ‚Nichtmenschliches' erzeugt, von dem sich der *bíos,* das politisch qualifizierte menschliche Leben absetzt. Sie funktioniert über die Vermenschlichung des Tieres und bringt damit die Figuren des Sklaven, des Barbaren, des Fremden hervor.

> Entrambe le macchine possono funzionare soltanto istituendo al loro centro una zona d'indifferenza, in cui deve avvenire – come un *missing link* sempre mancante perché già virtualmente presente – l'articolazione fra l'umano e l' animale, l'uomo e il non-uomo, il parlante e il vivente. Come ogni spazio di eccezione, questa zona è, in verità, perfettamente vuota, e il veramente umano che dovrebbe avvenirvi è soltanto il luogo di una decisione incessantemente aggiornata, in cui le cesure e la loro riarticolazione sono sempre di nuovo dis-locate e spostate. Ciò che dovrebbe così essere ottenuto non è comunque né una vita animale né una vita umana, ma solo una vita separata ed esclusa da se stessa – soltanto una *nuda vita*. (Agamben 2002: 42, Herv. im Orig.)

---

[65] Damit beschreibt Agamben die Funktionsweise der anthropologischen Maschine nach der ‚biologischen Modernitätsschwelle' (vgl. Foucault 1995: 170): „Foucault zufolge liegt die ‚biologische Modernitätsschwelle einer Gesellschaft dort, wo die Gattung und das Individuum als einfacher lebender Körper zum Einsatz ihrer politischen Strategie werden. [...] Daraus ergibt sich eine gewisse Animalisierung des Menschen, die durch die ausgeklügeltsten politischen Techniken ins Werk gesetzt wird." (Agamben 2015: 13). Extrembeispiele aus der jüngsten Geschichte, die die katastrophale Seite dieses Mechanismus zeigen (vgl. Agamben 2002: 42), sind die Erzeugung des Juden als Nichtmensch im Menschen, des Komapatienten und Hirntoten als das vegetativ-Animalische im menschlichen Körper, aber auch der Umgang mit geflüchteten Menschen, die an den europäischen ‚Außengrenzen' in überfüllte Lager gesperrt werden. Das belegt auch die erschreckende, aber präzise Frage einer Frau, die sich in der ARD-Sendung *Anne Will* vom 13.09.2020 aus dem abgebrannten Flüchtlingslager Moria an das deutsche Fernsehpublikum wandte: „Warum behandelt ihr uns wie Tiere?" (Will 2020).

Diese *nuda vita* ist als historisches Produkt zu verstehen, das die Mechanismen von Trennung und Ausschluss hervorbringen. Als praktisches Beispiel führt Agamben (2002: 34, Herv. im Orig.) den Moment an, in dem Carl von Linné den Menschen in die Reihe der Primaten einschreibt und als einziges spezifisches Merkmal des *homo* den vom delphischen Orakel stammenden Spruch *nosce te ipsum* daneben setzt, der eine Aufforderung zur Selbsterkenntnis darstellt:

> *Homo sapiens* non è dunque né una sostanza né una specie chiaramente definita: è, piuttosto, una macchina o un artificio per produrre il riconoscimento dell'umano. Secondo il gusto dell'epoca, la macchina antropogenica (o antropologica, come potremmo chiamarla riprendendo un'espressione di Furio Jesi) è una macchina ottica [...] costituita da una serie di specchi in cui l'uomo, guardandosi, vede la propria immagine già sempre deformata in fattezze di scimmia. *Homo* è un animale costitutivamente „antropomorfo" [...], che deve, per essere umano, riconoscersi in un non uomo. (Agamben 2002: 34, Herv. im Orig.)

Der moderne Mensch muss sich im Nichtmenschlichen erkennen, um sich Mensch fühlen zu können.

Wie gezeigt wurde, schwankt das menschliche Leben seit seiner metaphysischen Gründung zwischen der Bedrohung des Aufgehens im Animalischen und seiner kompletten rationalen und willentlichen Unterwerfung unter die *Ratio*. Die Frage ‚Mensch oder nicht Mensch?' stellt laut Agamben *das* zentrale Problem der abendländischen Philosophie dar um das sich alle anderen Begriffe (das Sein und das Nichts, das Göttliche und das Dämonische) anordnen. Die doppelte Spaltung in zwei distinkte Bereiche bedingt wiederum die Möglichkeit eines Zugriffs, wie ihn die Regierung des Lebens entweder mit Fokus auf das Individuum oder auf die Gattung vornimmt. Michel Foucault hat sich diesbezüglich ab den 1970er Jahren auf die Studien zum Liberalismus konzentriert und im Kontext von Staatsräson das Konzept der ‚Gouvernementalität' eingeführt, in der der Begriff der Regierung als Vermittlerin zwischen Macht und Subjektivität im Mittelpunkt steht (vgl. Foucault 2006a; Foucault 2006b).

Agambens Interesse zielt in Richtung von Möglichkeiten, die anthropologische Maschine zum Stillstand zu bringen. Dabei wird er auf das Widerstandspotenzial des Körpers aufmerksam, an dem sich die Philosophie kontinuierlich abarbeitet:

> Forse il corpo dell'animale antroposoro (il corpo del servo) è il resto irrisolto che l'idealismo lascia in eredità al pensiero e le aporie della filosofia nel nostro tempo coincidono con le aporie di questo corpo irriducibilmente teso e diviso fra animalità e umanità. (Agamben 2002: 20)

Der lebendige Körper ist Träger einer fundamentalen Unbestimmtheit des Lebens.[66] Erst wenn er diese in einer bestimmten Richtung ‚aufs Spiel setzt', einsetzt, wird er politisch. Agamben schlägt vor, sich auf die Leere im Inneren der Maschine zu konzentrieren, auf die Lücke zwischen Mensch und Tier, und damit ihre Produktionskette zu unterbrechen, „[r]endere inoperosa la macchina [...] sospensione della sospensione, *shabbat* tanto dell'animale che dell'uomo." (Agamben 2002: 94).

Wie stellt sich die Situation nun aber in Calvinos *Scrutatore* dar? Welches Wissen wird darin über die biopolitische Entscheidung zwischen Persönlichem/ nicht Persönlichem und Mensch/ nicht Mensch gesammelt? Welcher Status wird der Cottolengo-Bevölkerung zugeschrieben? Zunächst dient die Wahl im Cottolengo der formellen Anerkennung der Menschen als gleichgestellte Wahlberechtigte, als *bíos* und Rechtspersonen. Im Text werden jedoch zu Beginn vor allem Begriffe aufgerufen, die ein ‚weniger-als' beschreiben und das Persönliche in Frage stellen: *minorati, deficienti, deformi* (vgl. GS, 7). Darüber hinaus ist von „Kreaturen" die Rede, die „versteckt" werden (vgl. GS, 7). Die derart bezeichneten Menschen werden selbstverständlich nicht als Individuen wahrgenommen, sondern nur als Angehörige einer Gruppe, die unterhalb des Menschlichen liegt (vgl. Egen 2020: 160–161). Um die Praxis des Wahlbetrugs anzuklagen, vereinheitlicht die Erzählstimme verschiedene Krankheitsbilder und Behinderungen und zählt beispielhaft Fälle auf, in denen „idioti [...] o vecchie moribonde, o paralizzati dall'arteriosclerosi" (GS, 7–8) gewählt hätten, „comunque gente priva di capacità d'intendere" (GS, 8).[67] Die so konstruierten Körper gehören zu jenem wesentlich nicht-entzifferbaren Bereich, der zugunsten eines anderen ausgeschlossen, verleugnet und zurückgedrängt wird: „il rovescio di quella che si sfoggia al sole, che cammina le strade e che pretende e che produce e che consuma" (GS, 20).

In Judith Butlers (vgl. 1995) Verständnis vom Körper, der durch bestimmte produktive Zwänge konstitutiv konstruiert wird, bewirken diese Zwänge sowohl die Erzeugung des Bereichs intelligibler Körper als auch die Erzeugung des Be-

---

66 Zum Paradigma der Unbestimmtheit des Lebens vgl. u. a. Rose (2009).
67 Die Aussage wird noch unterstrichen von den grotesken Anekdoten über die speziellen Wähler: „l'elettore che s'era mangiato la scheda, quello che a trovarsi tra le pareti della cabina con in mano quel pezzo di carta s'era creduto alla latrina e aveva fatto i suoi bisogni, o la fila dei deficienti più capaci d'apprendere, che entravano ripetendo in coro il numero della lista e il nome del candidato: ‚un due tre, Quadrello! un due tre, Quadrello!'" (GS, 8) Indem Piana (vgl. 2014: 57–58) auf das Cottolengo als ein ‚Reich der Körper' verweist, in dem nur die Gesetze der Körperlichkeit gelten, macht er auf die diesen Akten inhärente Eigenlogik aufmerksam, die Ormea entgeht.

reichs undenkbarer, verworfener, nicht-lebbarer Körper. „Dieser letztgenannte Bereich ist nicht das Gegenteil des ersten, denn Gegensätze sind schließlich Teil der Intelligibilität; letzterer ist der ausgeschlossene und nicht entzifferbare Bereich, der den ersten Bereich als das Gespenst seiner eigenen Unmöglichkeit heimsucht, ist die eigentliche Grenze zur Intelligibilität, deren konstitutives Außen." (Butler 1995: 16). In diesem Zusammenhang erklärt sich auch die Rede von den Körpern ‚von Gewicht' und denen, die es nicht in derselben Weise haben.

Erst die Wählerin ohne Beine, die am Ende von Kapitel III auftaucht, und eine Art Hocker zur Fortbewegung benutzt, wird als Einzelfall dargestellt:

> E ci fu una pausa nel flusso dei votanti, e si sentì un passo, come un arrancare, anzi un battere d'assi, e tutti quelli del seggio guardarono alla porta. Sulla porta apparve una donnetta, bassa bassa, seduta su uno sgabello; ossia, non propriamente seduta, perché non posava le gambe per terra, né le penzolava, né le teneva ripiegate. Non c'erano, le gambe. Questo sgabello, basso, quadrato, un panchetto, era coperto dalla gonna, e sotto – sotto alla vita, alle anche della donna – non pareva che ci fosse più niente: spuntavano solo le gambe del panchetto, due assi verticali, come le zampe d'un uccello. – Avanti! – disse il presidente del seggio e la donnetta cominciò ad avanzare, ossia spingeva avanti una spalla e un'anca e il panchetto si spostava di sbieco da quella parte, e poi spingeva l'altra spalla e l'altra anca, e il panchetto descriveva un altroquarto di giro di compasso, e così saldata al suo panchetto arrancava per la lunga sala verso il tavolo, protendendo il certificato elettorale. (GS, 18–19)

Die zwei vertikalen Achsen des Hockers, die ‚wie Vogelbeine' an den Unterleib der Frau anschließen, verweisen auf den Bereich des Animalischen und begründen eine Deklassierung, die nur dadurch eine leichte Kontrastierung erfährt, dass die Frau ihre Handlungsmacht demonstrativ ausstellt. Die Beschreibung von Menschen mit Funktionseinschränkungen durch Attribute, die aus dem Bereich des Animalischen und Vegetativen stammen, offenbart die Angst des bürgerlichen Subjekts vor Kontrollverlust und ‚Regression' ins Animalische.[68]

Noch deutlicher tritt das „stumme Reich" (GS, 46) der Natur in Kapitel X zum Vorschein, über welchem der ‚Zwerg' thront mit dem ostentativem Desinte-

---

[68] Amerigo Ormea kann daher als exemplarisches Beispiel der von Egen (2020) identifizierten Behindertenfeindlichkeit im Menschenbild der Moderne gelten. Die Etablierung von sogenannten Freak-Shows im 19. Jahrhundert hat den Status von Behinderung zum Animalischen hin verschoben, da das bürgerliche Publikum dort all das zu Gesicht bekam, was der Zivilisationsprozess als niederer Impuls der Natur abgewertet hatte (vgl. Egen 2020: 117–127). Ormea zeigt eine strenge Ausrichtung am bürgerlichen Wertekanon, der sich zu jener Zeit in Verbindung mit der Entwicklung der positivistischen Wissenschaft voll ausgebildet hatte. Er proklamiert die Orientierung an der Vernunft, eine rationale Lebensführung und die Kontrolle von Trieben und Affekten.

resse der Natur den historischen Geschicken der Menschen gegenüber. Der Abgeordnete, der dem Cottolengo am Wahltag einen Besuch abstattet, und der Zwerg können in einer an Bataille angelehnten Lektüre als zwei heterologische Elemente verstanden werden: der gesellschaftlich sehr Hohe und der niedriger als Niedrige (vgl. Krauss 1996: 100). Der ‚Zwerg' stellt das gesellschaftliche ‚Außen' dar, mit dem keine Kommunikation möglich ist.

> Certo il nano non aveva nulla da dire all'onorevole, i suoi occhi erano solo occhi, senza pensieri dietro, eppure si sarebbe detto che volessi fargli arrivare una comunicazione, dal suo mondo senza parole, che volesse stabilire un rapporto, dal suo mondo senza rapporti. Qual'è il giudizio, si domandava Amerigo, che un mondo escluso dal giudizio dà di noi? (GS, 46–47)

Es sind die gleichen Fragen, die Calvino bereits 1946 im Artikel *Le capre ci guardano* (Calvino 2007s: hier 2131), den Ferretti zum Ausgangspunkt seiner Analyse über die Alterität machte (vgl. Ferretti 1989), an die Tierwelt gestellt hat: „Come avranno giudicato noi uomini in quei momenti, nella loro logica che pure esiste, tanto più elementare, tanto più – stavo per dire – umana?" Piana (vgl. 2014: 55–60) identifiziert die angesprochene Logik in der des Körpers, durch die der ‚Zwerg' kommuniziert: „i suoi occhi erano solo occhi" (GS, 46).[69] Da Calvino im *Scruatore* die Eigenlogik des Körpers und die Macht des Zufalls wiederentdeckt, greift Barillis Kritik zu kurz, wenn er ihm vorwirft, die Darstellung von Deformität diene alleine dazu, sich der eigenen Normalität zu versichern und verstärke zudem die Barrieren zwischen denen ‚von draußen' und den Cottolengo-Insassen (vgl. Barilli 1980: 290–303).

Die Präsenz des Körpers, den Ormea zum geschichtslosen Reich der Natur zählt, bezeugt die Sinnlosigkeit menschlichen Strebens:[70] „Il senso della vanità della storia umana che l'aveva colto poco prima in cortile: il regno del nano soverchiava il regno dell'onorevole" (GS, 47). Doch diese Einsicht leopardianischer Färbung, nach der der moderne Fortschrittsglaube von der dialektisch gegenübergestellten ‚Natur' bezwungen wird, ist auch als Warnung vor einer Unterwerfung unter die Biologie zu verstehen, wie es Calvino in seinen programmatischen Aufsätzen formuliert (vgl. u. a. *Labirinto*, hier 119). Auch sein

---

[69] „Il mondo del Cottolengo, infatti, non può essere giudicato secondo i modelli della ragione o della morale, ma può essere solo compreso attraverso la forza della sacralità e della fisicità." (Piana 2014: 57). Piana verweist in diesem Zusammenhang auf die Studien Bachtins hinsichtlich der karnevalistischen Utopie, wobei er auch den ‚Zwerg' in die Nähe von dessen Figur des *re dei folli* rückt (vgl. Piana 2014: 57).

[70] Die Auffassung von Natur als ‚geschichtslos' und ‚passiv' gehört zum Paradigma der Moderne. Der Körper erinnert in dieser Perspektive an die animalische Herkunft des Menschen und muss daher durch die Vernunft gesteuert werden (vgl. Egen 2020: 156).

Protagonist erkennt die Gefahr, die in der widerstandslosen Anerkennung der Vorherrschaft der Natur liegt: „il regno del nano, dimostrata la sua superiorità sul regno dell'onorevole, lo annetteva, lo faceva proprio." (GS, 47). Diese Position radikalisiert sich jedoch immer weiter, bis selbst die eigene Fortpflanzung für Protagonist Ormea zur Gefahr und zur Antithese für das persönlich Menschliche wird. Als Lia, mit der er eine undefinierte Beziehung unterhält, ihm davon berichtet, schwanger zu sein, kommt die ganze Widersprüchlichkeit seiner Figur ans Licht. Statt verantwortungsvoll und vernünftig zu reagieren, bekommt er einen Wutanfall. Seine Reflexionen über die Fortpflanzung offenbaren eine zutiefst paternalistische Haltung:

> Nulla lo scandalizzava quanto la faciloneria con cui i popoli si moltiplicano, e più affamati e arretrati sono meno la smettono di far figli, non tanto perché li vogliono ma perché abituati a lasciar fare alla natura, alla disattenzione, all'abbandono. (GS, 57)

Von irrationalen Ängsten geplagt, phantasiert er sich selbst als Schwangere, auf die zum einen die Eindrücke des Cottolengo derart eingewirkt hätten,[71] dass sie nur eine ebenso „verlorene Nachkommenschaft" (GS, 58) zur Welt bringen könnte, zum anderen, dass sich ihr Körper in einem atomaren Verfallsprozess befände, mit gleicher Konsequenz für die eigene Nachkommenschaft. Neben den neurotischen Vorstellungen der männlichen Hauptfigur in Bezug auf ein rein körperlich gedachtes Weibliches zeigt sich hier auch die Normativität deutlich, der Amerigo Ormea verhaftet ist: Wertvoll ist allein ein als körperlich ‚normal' konnotiertes Kind, ein ‚Cottolengo-Kind' ist hingegen verloren, mehr noch: es erscheint gar als Konsequenz einer Schuld, die sich seine Eltern durch ihr unvernünftiges Verhalten aufgeladen haben. Während der Protagonist an anderer Stelle sorgsam über überlieferte Kategorien nachdenkt, mangelt es ihm an dieser Stelle vollständig an der Hinterfragung seiner eigenen Position. Indem er die Frau dem Reich der Natur zuordnet und ihr seine eigene, angeblich auf Vernunft basierende Männlichkeit entgegenstellt, hält er die klassisch patriarchalische Spaltung aufrecht: „per lei non conta la logica della ragione ma solo la logica della fisiologia!" (GS, 58) Auch hier wird, wie in Zusammenhang mit dem ‚Zwerg', auf die Eigenlogik des Körpers verwiesen, die der Vernunft entgegensteht, bzw. wird im Sinne Espositos (vgl. 2007) die

---

[71] Calvino verweist hier auf die Theorie der sogenannten ‚weiblichen Imagination', die von der Antike bis in die Neuzeit auf medizinischem Gebiet dafür herangezogen wurde, Geburten ‚monströser' Kinder zu erklären. Sie besagt, dass bestimmte optische Eindrücke der Schwangeren für Missbildungen verantwortlich sein können. (vgl. Butler 1995; Braidotti 1996; Behrens & Steigerwald 2015: 282).

Frage nach der Souveränität des vernünftig-rationalen Teils über den animalischen aufgeworfen.

Der letzte Abschnitt von Kapitel XI behandelt die fundamentale Frage der anthropologischen Maschine: „da che punto un essere umano è umano?" (GS, 59). Die Schwangerschaft Lias bedeutet in Ormeas Perspektive, dass sich in ihr nun eine „potenzialità biologica" (GS, 59) befindet, „un qualcosa che solo una deliberata volontà di farlo essere umano poteva far entrare tra le presenze umane" (GS, 59). Amerigo Ormea stellt hier also gerade keine ontologische Frage, sondern eine ethische, die den Willen der Menschen, etwas als menschlich zu betrachten, betont und weist im gleichen Atemzug darauf hin, dass das menschliche Leben nicht wesenhaft ist, sondern einer Entscheidung zum Menschlichen bedarf. Diese ethische Frage nach dem Willen, etwas als menschlich anzuerkennen, wird im folgenden Kapitel der Prüfung unterzogen, als Ormea Teil einer Abordnung wird, die in die Krankensäle geschickt wird, um dort Wählerstimmen zu sammeln. Im ersten langgestreckten Krankensaal, an dessen langen Seiten die Krankenbetten aufgereiht sind, fällt der Blick des Protagonisten auf menschliche Haut zwischen weißen Betttüchern. Wo die Hautfarbe noch relativ unkompliziert als menschlich definiert werden kann, fällt es dem *scrutatore* schwer, die anderen lebendigen Äußerungen in die menschliche Ordnung aufzunehmen: Von einer Seite des Krankensaals geht ein Schrei aus, „un grido acuto, animale, continuo: ghiii ... ghiii ... ghiii ..." (GS, 60). Dabei ist unklar, ob die Antwort, die von der anderen Seite kommt, lachend oder bellend ausfällt: „gaa! gaa! gaa!" (GS, 61). Der spitze Schrei wird einem Jungen zugeordnet, der zunächst mit grotesken Details beschrieben wird, „tutta occhi e bocca aperta in un fermo riso", dann aber die äußere Erscheinungsform einer Pflanze bekommt, „spuntava col busto dall'imboccatura del letto come una pianta viene su da un vaso" und abschließend zum Fisch wird, „come un gambo di pianta che finiva (non c'era segno di braccia) in quella testa come un pesce" (GS, 61).

Symmetrisch zur Frage aus dem vorhergehenden Kapitel fragt sich Ormea jetzt, bis zu welchen Punkt sich ein menschliches Wesen noch menschlich nennen lässt. Und in Anbetracht des Antwortenden, „uno che nel letto prendeva meno forma ancora" (GS, 61), fällt Ormea selbst die Einordnung ins Tierreich schwer, er fragt sich: „fino a che punto un essere può dirsi un essere, di qualsiasi specie?" (GS, 61). Wo die Speziesgrenze unklar geworden ist, verschwimmt auch die zwischen den Generationen. Die Personen ‚von draußen' (GS, 61) weisen Merkmale auf, die sie dem Reich der Kinder oder der Erwachsenen zuordnen lassen, doch im Cottolengo lassen sich auch diese Zeichen nicht mehr eindeutig zuordnen. Was an dieser Stelle aufscheint, ist die Bedeutung von Norm-Kategorien und Vorstellungen idealtypischer Gattungsnormalität, die sich im Zuge der Moderne ausgebildet haben (vgl. Link 1997: 185–312). Statt weiter für den ‚Willen des Volkes' einzustehen, sieht Amerigo Ormea seine Aufgabe jetzt darin, ein Wächter für die Grenze des Menschlichen zu sein (GS, 62). Eine Grenze, die er nicht definieren kann: „quella lontana zona di confine appena intravista – confine tra che cosa e che cosa? – e tutto quello che era al di qua e al di là sembrava nebbia" (GS, 63). Da wissenschaftlich-objektive Kategorien für die Grenzziehung fehlen, können sie nur religiöser oder ethischer Natur sein (vgl. Egen 2020: 207), wobei die Tendenz des Textes klar zu letzteren geht.

An diesem Punkt lässt sich eine Verwandtschaft mit Agambens Idee feststellen, die Lücke zwischen dem Bereich des Menschlichen und des Nichtmenschlichen zu fokussieren (vgl. Agamben 2002: 94). Ormea scheint eben gerade auf diesen Spalt gestoßen zu sein, der weniger zwei eindeutig voneinander geschiedene Bereiche markiert, als die Eindeutigkeit in Frage stellt, die den Konzepten des Menschlichen und des Nichtmenschlichen oder Animalischen zuvor inhärent war. Bemerkenswert ist an dieser Stelle, dass Ormea trotz der Uneindeutigkeit endlich so handelt, wie er das die gesamte Erzählung hindurch vorhatte, er verhindert den Wahlbetrug durch die Priester und Nonnen des Cottolengo (vgl. GS, 63–66). Doch angesichts derer, die in keiner Weise dazu in der Lage sind, ihren Willen auszudrücken und aufgrund von starken Funktionseinschränkungen nur im Bett liegen können, beschleicht den *scrutatore* eine weitere Frage, auf der er keine Antwort weiß: Ist es menschlicher ihnen beim Leben oder beim Sterben zu helfen? (GS, 65). Hier berührt er die ethisch brisante Frage, wann ein Leben lebenswert ist und ob es lebensunwertes Leben gibt.[72] Der Großteil seiner Reflexionen kreist jedoch um eine Szene, die sich am Ende des Krankensaals abspielt, wo ein Vater, den er als einer bäuerlichen Tradition zugehörig identifiziert, seinem behinderten Sohn Mandeln knackt und zum Essen reicht: „gli indicavano un territorio per lui sconosciuto" (GS, 68). Anders als die Nonne, die sich in Ormeas Perspektive aus freiem Willen für den karitativen Dienst entschieden hat, sieht er den Bauern in der Dimension einer notwendigen Beziehung. Er nimmt die Behinderung seines Sohnes als natürli-

---

**72** Egen (2020: 206) äußert sich aus einer aktuellen Position heraus folgendermaßen: „Wie die Eugeniker der Moderne vertreten die Biomediziner der Postmoderne die Meinung, dass bestimmte körperliche Merkmale und Funktionen einen Wert an sich haben und, wenn diese nicht vorhanden sind, das Leben der betreffenden Personen ‚wertgemindert' ist und daher – quasi aus Mitleid – eugenische Maßnahmen (bei den Eugenikern gar postnatal, bei den anderen pränatal) ergriffen werden können und sollten. Die Disability Studies vertreten dagegen die konstruktivistische Sichtweise, dass der Körper, seine Gestalt und seine Handhabung gesellschaftliche Konstruktionen sind und dass es folglich die Gesellschaft ist, die körperlichen Merkmalen und Funktionen einen Wert zuschreibt."

che Tatsache hin, was ihm in Ormeas Augen aber nicht seinen Status als freier, vernünftiger Mensch strittig macht, sondern ihn im Gegenteil erst konstituiert.

> Ecco, pensò Amerigo, quei due, così come sono, sono reciprocamente necessari.
> E poi: ecco, questo modo d'essere è l'amore. (GS, 69)

Das Menschliche erscheint an dieser Stelle als relationale Funktion: „l'umano arriva dove arriva l'amore; non ha confini se non quelli che gli diamo" (GS, 69). Der Mensch steht in dieser Perspektive der Natur nicht entgegen, sondern ist radikal Teil von ihr. Der dialektische Gegensatz von Mensch und Tier, Natur und Kultur, Natur und Geschichte löst sich vor diesem Hintergrund auf, ohne in eine höhere Synthese einzugehen. In dieser Hinsicht scheint es auch kein Zufall zu sein, dass der Name des Protagonisten auf genau diese Beziehung hinweist: Wo der Vorname Amerigo auf den Amerika-Entdecker Vespucci verweist,[73] und somit die willensstarke Subjektseite des Menschlichen und den Abenteurer, der sich in fremde Welten begibt, hervorhebt, ist der Nachname Ormea nicht nur der Name eines Ortes in der Provinz Cuneo, unweit des Herkunftsorts Calvinos, sondern bildet zudem ein Anagramm von *amore*, Liebe. Während der Vorname die individuelle Seite markiert, zeigt der Nachname eine über-individuelle Zugehörigkeit und Relationalität an.[74]

Unter den letzten Wählern des Tages ist der ‚Mann ohne Hände' (vgl. Kapitel XV), dessen Gesichtszüge und Kleidung an einen „operaio anziano" (GS, 77) erinnern und das Bild des *homo faber* bedienen.[75] Obwohl ihm die Hände, die menschlichen Organe der Tätigkeit *par excellence* fehlen, präsentiert er sich den Wahlhelfern als selbstsicher, stolz und autonom in seinen Handlungen,

---

73 Wie natürlich auch auf Calvino selbst, dem die Eltern als Hinweis auf die eigene Herkunft den Vornamen ‚Italo' gegeben haben (vgl. Calvino 2012c), vgl. außerdem Bazzocchi (2005: 60).
74 So versteht auch Deidier (2012: 118) ‚Amerigo Ormea' als „sintagma complesso, un vero e proprio ideologema in cui si riflettono le tensioni e le oscillazioni del testo".
75 Der Begriff ‚Homo Faber' als anthropologische Grundfigur, der zu Beginn des 20. Jahrhunderts von Henri Bergson geprägt wurde, gelangte in Folge der zunehmenden Auseinandersetzung mit Technisierungsprozessen in den 1950er Jahren zur Blütezeit (vgl. u. a. Arendt [1958] 1994). Hannah Arendt kritisiert dabei die Zweckrationalität, mit der der Homo Faber sich der Natur bedient. Die Möglichkeit der Überwindung der Subjekt-Objekt-Spaltung sieht sie hingegen im lebendigen Organismus: „Nicht der Materialismus, der in der Tat in einem mechanistischen Weltbilde stecken blieb und über die Vorstellungsweisen von Homo faber nie hinauskommt, wohl aber der für das neunzehnte Jahrhundert so charakteristische Naturalismus löste die Problematik der Philosophie des Descartes, indem er das Leben selbst an die Stelle von Bewußtsein und Außenwelt setzte, und schien so wenigstens für eine Zeit die Brücke gefunden zu haben, welche die sich immer weiter voneinander entfernenden Gebiete der Philosophie und der exakten Wissenschaften wieder verbinden würde." (Arendt 1994: 305).

was Amerigo Ormea zum Gedanken bewegt: „l'uomo trionfa anche delle maligne mutazioni biologiche" (GS, 77). Doch nach einem Tag Einblick in die Funktionsstruktur des Cottolengo versteht Ormea auch, dass die Selbstsicherheit letztendlich auf der Geschlossenheit der Cottolengo-Welt basiert.[76] Die bewusste Trennung in Außenwelt und Cottolengo drückt der Mann in seiner beinahe feindseligen Haltung gegenüber den Wahlhelfern aus, er erinnert Ormea an „den guten Bürger" (GS, 78) einer der beiden Großmächte mit ihren konkurrierenden Systemen (US-amerikanischer Kapitalismus vs. Sowjetkommunismus). Er sagt, dass ihm die Nonnen alles Notwendige beigebracht haben und sie ‚hier' im Cottolengo alles selbst herstellen: „Siamo come una città. Io ho sempre vissuto dentro il ‚Cottolengo'. Non ci manca niente. Le suore non ci fanno mancare niente." (GS, 77). Doch reicht es, über die ‚bösartigen biologischen Mutationen' zu triumphieren und in einem System zu leben, das ‚die Hände der Menschen multipliziert', fragt sich Amerigo Ormea in einem klassischen Verständnis der kommunistischen Idee von der menschlichen Verwirklichung. Geht es darum, Perfektion zu erlangen? „O l'homo faber vale proprio in quanto non considererà mai abbastanza raggiunta la sua interezza?" (GS, 78). Indirekt lässt sich der letzte Absatz über den *homo faber* als Antwort auf die Frage lesen:

> La città dell'homo faber, pensò Amerigo, rischia sempre di scambiare le sue istituzioni per il fuoco segreto senza il quale le città non si fondano né le ruote delle macchine vengono messe in moto; e nel difendere le istituzioni, senza accorgersene, può lasciar spegnere il fuoco. (GS, 78)

Eine Fokussierung auf die Institutionen riskiert, das geheime ‚Lebensfeuer' ausgehen zu lassen, das die geschichtliche Entwicklung des Menschen vorantreibt. Es ist ein revolutionäres Bild, das der Text transportiert, „l'immagine d'una società diversa, in cui non era l'interesse che contava, ma la vita" (GS, 16). Letztlich lenkt der Mann ohne Hände den Fokus nicht auf die Differenz, sondern auf den individuellen Mangel, der institutionell ausgeglichen wird. In dieser Perspektive wirkt der Mann ohne Hände trotz seiner scheinbaren Autonomie fremdbestimmt und von einer Ordnung abhängig. Er wirkt wie eine Folie für den „buon cittadino delle civiltà produttive" (GS, 78). Denn Industrialisierung und Wettrüsten zu Zeiten des Kalten Krieges setzen gleichermaßen die Orientierung am Leistungsprinzip voraus und verlangen dabei vor allem „durch Medizin und industrielle Produktionsanforderungen postulierte Durchschnittsmenschen"

---

[76] Die stolze Verschlossenheit einiger Cottolengo-Insassen erinnert an die Haltung der süditalienischen Dorfbevölkerung, die Carlo Levi in *Cristo si è fermato a Eboli* beschreibt. Das Buch wurde 1963 in die Einaudi-Reihe NUE aufgenommen (vgl. Levi 2014).

(Egen 2020: 164). Obwohl sich also die naturwissenschaftliche Deutungshoheit in der Bewertung von Menschen mit Funktionseinschränkungen in der Zeit nach dem Zweiten Weltkrieg langsam zu Gunsten des Juristischen verschob, gilt dasselbe nicht für gesellschaftliche Wert- und Normvorstellungen (vgl. Egen 2020: 185–190).

*La giornata d'uno scrutatore* schließt nicht mit dem Mann ohne Hände im Wahllokal, sondern mit einem Blick aus dem Fenster auf den Innenhof, wo Frauen von kleiner Statur sich mit einem Karren abmühen, bevor eine sehr große Frau ihnen dabei hilft, „e rise, e tutte risero" (GS, 78). Eine andere große Frau fegt und eine letzte, „grassa grassa" (GS, 78), transportiert vermutlich die Suppe über den Hof. In ironischer Weise stellen sie die dem Bereich des Weiblichen zugeschriebenen Hausarbeiten dar, waschen, kochen, putzen. Das heißt auch, Tätigkeiten, die zur Reproduktionssphäre gehören und nicht zur gesellschaftlich höher bewerteten und männlich besetzten Produktionssphäre. Das evozierte ‚Feuer' (GS, 78) erinnert in diesem Kontext an das *focolaio*, das Herdfeuer als Symbol der Lebensenergie und des Weiblichen.[77] Die Szene erinnert an die Errichtung des Wahllokals in Kapitel III, denn auch dort herrschte aufgeregte Geschäftigkeit, es wurde zusammen gearbeitet und gelacht.[78] Auch in der Schlussszene steckt ein gemeinschaftliches, über-individuelles Moment, das, wie die Resistenza-Bewegung, im Kontrast zur aktuellen konkurrenzorientierten gesellschaftlichen Ausrichtung steht. Der Schluss der Erzählung, der mit dem Sonnenuntergang zusammenfällt, markiert somit weniger ein Ende als vielmehr einen hoffnungsvollen Anfang, „in cui tutte le energie sono tese, in cui non esiste che il futuro" (GS, 17). Einen neuen Anfang für den Menschen innerhalb der Natur und jenseits der biopolitischen Spaltung?

---

[77] Vgl. Märchensymbolik, Mutterleib; zum Feuer als Symbol des Lebens und der Leidenschaften siehe Hübener (2012).

[78] Das Lachen der Frauen ist als Affirmation des Lebendigen zu lesen. In Bachtins Theorie der Karnevalisierung ist es ein zentrales Motiv. Milana (2012: hier 130) stellt dabei die ambivalente Funktion heraus, die das Lachen und das Feuer verbindet: „Bachtin ha definito con dovizia concettuale un'altra potente funzione eversiva, quella del riso e della sua pratica e ambivalenza. Come il fuoco che contemporaneamente distrugge e rinnova il mondo, ,... nell'atto del riso carnevalesco si uniscono morte e resurrezione, negazione (derisione) e affermzione (riso di giubilo)'". Außerdem verweist es auf die Sexualität in ihrer Natürlichkeit und Unsagbarkeit. Calvino hat auf diesen Zusammenhang in einem erstmals 1969 erschienenen Artikel hingewiesen (vgl. *Definizioni di territori: l'erotico (Il sesso e il riso)*, Calvino 2007m; zum selben Thema vgl. auch Baldi 2012).

## 2.4 Topologie: Stadt, Macht, Schwelle

„Anche l'ultima città dell'imperfezione ha la sua ora perfetta, pensò lo scrutatore, l'ora, l'attimo, in cui in ogni città c'è la Città." (GS, 78). Mit dem Bild der idealen Stadt, die der Cottolengostadt immanent ist, endet der *Scrutatore*, der aus diesem Grund oft auch prospektiv auf die *Città invisibili* bezogen wird.[79] Die Idee einer wirklichkeitsgetreuen Abbildung der Realität durch die Literatur wurde damit endgültig zugunsten einer Schreibweise im Zeichen der Potentialität zurückgelassen, wobei Calvino davon ausgeht, dass die literarische Vorstellungskraft die kognitive Logik naturwissenschaftlicher Modelle bis zu dem Punkt übernehmen kann, an dem sie sich selbst als gnoseologisches System etabliert, „capace di analizzare la struttura profonda delle cose e di disporle poi secondo un preciso piano innovativo" (Balice 1986: 80). Dies gelte in besonderem Maße auch für die Konzeption von ‚Stadt' in Calvinos Œuvre, zu der Fragen bezüglich Raumstruktur und Bedeutungsgebung gehören (vgl. Balice 1986: 80). Obwohl eine eingehende theoretische und narrative Auseinandersetzung in dieser Hinsicht erst mit den *Cosmicomiche* und *Ti con zero* einsetzt,[80] lassen sich bereits im *Scrutatore* und in *Marcovaldo* sozio-politische Konsequenzen der einsetzenden Urbanisierung Italiens ablesen, die sich in topologischen Konzeptualisierungen reflektieren. Für den *Scrutatore* betrifft das die zentrale Konzeption des Cottolengo-Raums, in dem sich in besonderer Weise Fragen nach der Verbindung von Macht und Wissen mit ihren entsprechenden biopolitischen Implikationen kreuzen.

Gekennzeichnet wird dieser spezielle Ort durch eine eindeutige Trennung von der Welt, aus der die Hauptfigur der Erzählung stammt. Das Betreten des Cottolengo bedeutet für den Protagonisten Ormea die Überschreitung einer Schwelle, was auf die topologische Andersartigkeit des Raumes jenseits der Eingangspforte hinweist: „Cercando sotto la pioggia l'ingresso segnato sulla cartolina del Comune aveva la sensazione d'inoltrarsi al di là delle frontiere del suo mondo." (GS, 8).[81] Der *scrutatore* hat das Gefühl, die ihm vertraute Welt

---

[79] Vgl. u. a. Balice (1986: 73–88) und Musarra-Schrøder (2010: 35), die passenderweise in diesem Zusammenhang Verse aus dem Gedicht *Torino* von Guido Gustavo Gozzano zitiert, in denen sich ebenfalls das Motiv des Sonnenuntergangs hinter urbaner Silhouette findet: ‚È questa l'ora *antica* torinese, è questa l'ora *vera* di Torino ... ' (Musarra-Schrøder 2010: FN 31).
[80] Vgl. auch hierzu den Aufsatz von Balice (1986: 80–88).
[81] Das Passieren einer Pforte oder Schwelle stellt in der Literatur seit jeher ein prominentes Motiv dar, man denke nur an das Tor zur Unterwelt bei Dante oder Vergil. Auf die ‚catabasi' oder ‚decensio ad inferos' weisen im Zusammenhang mit dem *Scrutatore* neben Deidier (2012) auch Serra (2006: 148) und Bazzocchi (2005: 60) hin. Borsò beschreibt den ‚descensus ad infe-

hinter sich zu lassen, wobei das Lemma ‚inoltrarsi' auf den unbekannten Raum jenseits der Eingangspforte verweist, in dem der ‚Eindringling' potentiellen Gefahren ausgeliefert ist.[82] Die Beunruhigung, die damit einhergeht, lässt sich mit der affektiven Wirkung des Raumtyps der Heterotopie verbinden, wie sie Foucault im Vorwort zu *Die Ordnung der Dinge* (1974: 17–28, hier 20) beschreibt. Während Utopien als wenn auch irreale, dafür aber glatte Räume trösten und Fabeln und Diskurse gestatten würden, ist den Heterotopien hingegen ein Beunruhigungspotenzial eigen: „[Sie] trocknen das Sprechen aus [...] Sie lösen die Mythen auf" (Foucault 1974: 20). Der Mythos, den das Cottolengo primär auflöst, ist der humanistische.[83] Darüber hinaus eignet sich Foucaults Denkfigur in besonderer Weise dazu, die gesellschaftlich dominante Rationalität und die herrschende Normativität wahrzunehmen, die sich in der Heterotopie auf negative Weise offenbart.[84]

Grundsätzlich lässt sich die Heterotopie als Gegenraum begreifen, in dem ein anderes Verhältnis zu Raum und Zeit herrscht. Es sind Räume, die „in Verbindung und dennoch im Widerspruch zu allen anderen Orten stehen" (Foucault 2005: 935). Anders als Utopien, die irreale Vorstellungsräume sind, sind Heterotopien „tatsächlich verwirklichte Utopien, in denen die realen Orte, all die anderen realen Orte, die man in der Kultur finden kann, zugleich repräsentiert, in Frage gestellt und ins Gegenteil verkehrt werden" (Foucault 2005: 935). Die epistemologische Funktion der Heterotopien erklärt er mit der Grenzerfahrung zwischen Utopie und Heterotopie im Falle von Spiegel und Spiegelbild:

> Der Spiegel funktioniert als Heterotopie, weil er den Ort, an dem ich bin, während ich mich im Spiegel betrachte, absolut real in Verbindung mit dem gesamten umgebenden Raum und zugleich absolut irreal wiedergibt, weil dieser Ort nur über den virtuellen Punkt jenseits des Spiegels wahrgenommen werden kann. (Foucault 2005: 935–936)

---

ros' als „Durchgehen durch die Schwelle zum Anderen" (Borsò 2015: 281) im Kontext ihrer topologischen Analyse von Borges' *Das Aleph*.
82 Vgl. Stichwort „inoltrare" in Treccani, *Vocabolario on line*: „Come intr. pron., *inoltrarsi*: a. Andare oltre, avanzare addentrandosi [...] contiene spesso l'idea di un procedere in una zona ignota, alla scoperta, o in luoghi che possono nascondere insidie e pericoli."
83 Ich widerspreche an dieser Stelle Musarra-Schrøder (vgl. 2010: 35, FN 30), die das Cottolengo als ‚klassische Utopie', aber auch dystopisches ‚Panoptikum' liest.
84 Vgl. Spahn et al. (2017b: 12). Eine Genealogie des Begriffs, den Foucault erstmals in *Die Ordnung der Dinge* (vgl. 1974) in Auseinandersetzung mit den Schreibweisen Jorge Luis Borges' verwendete, findet sich in Spahn et. al (2017b: 12–14). Wichtiger Bezugspunkt ist dabei Batailles Projekt einer ‚Heterologie', die den ‚Ausschuss' homogener Ordnungen unter sich versammelt (vgl. Klass 2008: 264).

Hier wird die Bedeutung der Wahrnehmung, des Blicks, deutlich, über den nicht so sehr die Heterotopie als solche, sondern vielmehr der eigene Ort in seiner Verbundenheit mit dem ganzen Umraum sowie seiner virtuellen Unwirklichkeit erkannt wird. Die an sich schon illusionäre Komponente der Heterotopie kann sich noch verstärken, indem sie einen illusionären Raum schafft, „der den ganzen realen Raum und alle realen Orte, an denen das menschliche Leben eingeschlossen ist, als noch größere Illusion entlarvt" (Foucault 2005: 941), wie das beispielsweise für Freudenhäuser galt. Eine andere Möglichkeit ist, dass sie einen Raum schafft, der eine vollkommene Ordnung aufweist und dadurch die Unordnung des Realraums beklagt (kompensatorische Heterotopie; z. B. Jesuitenkolonien). Neben den genannten Funktionen zeichnen die spezifische kulturelle Formation noch weitere Merkmale aus: Heterotopien können beispielsweise geheiligte oder verbotene Orte markieren, die Menschen im Schwellen- oder Krisenzustand vorbehalten sind. Foucault stellt jedoch ein zunehmendes Verschwinden dieser Krisenheterotopien zu Gunsten von sogenannten Abweichungsheterotopien fest: „Orte, an denen man Menschen unterbringt, deren Verhalten vom Durchschnitt oder von der geforderten Norm abweicht." (Foucault 2005: 937). Das können beispielsweise Sanatorien, psychiatrische Kliniken, Gefängnisse und Altersheime sein.

In der Lektüre des Cottolengo als Heterotopie lassen sich für alle von Foucault beschriebenen Charakteristika Textbelege finden: Das Cottolengo kann eindeutig als Abweichungsheterotopie identifiziert werden in seiner Funktion „di dare asilo, tra i tanti infelici, ai minorati, ai deficienti, ai deformi, giù giù fino alle creature nascoste che non si permette a nessuno di vedere" (GS, 7). Was den intellektuellen Protagonisten in der Sinnkrise betrifft,[85] erscheint aber auch eine Lektüre des Cottolengo als Krisenheterotopie passend. Auch der zweite Grundsatz, den Foucault zur Beschreibung von Heterotopien aufstellt und die Umfunktionierung ein und derselben Heterotopie betrifft, kann für das Cottolengo geltend gemacht werden. Denn das „monumento della carità sulla scala della nascente rivoluzione industriale" (GS, 8–9) ist inzwischen zu einem „grande ente assistenziale-ospitaliero" (GS, 16) geworden, „e per di piú era diventato produttivo, in un modo che al tempo in cui era stato fondato nessuno avrebbe potuto immaginare: produceva voti" (GS, 16–17). Heterotopien hätten außerdem die Fähigkeit, mehrere Räume zusammenzulegen und eine Art Mikrokosmos zu bilden (vgl. Foucault 2005: 938–939), was sich für das Cottolengo an der Konfiguration der ‚Stadt in der Stadt' ablesen lässt (vgl. GS, 8). Weniger

---

[85] Vgl. hierzu die aufschlussreiche Interpretation von Bolongaro (2016: 161–190, hier 179), der den Protagonisten Ormea als „middle-aged Hamlet" bezeichnet.

offenkundig ist die Verbindung, die das Cottolengo mit zeitlichen Brüchen eingeht (vgl. Foucault 2005: 939), doch in gewisser Weise liest Protagonist Ormea das Cottolengo auch als ‚Zeitspeicher', wie das in der Beschreibung der Nonnenschlafsäle deutlich wird: „L'architettura conventuale (forse della metà del secolo passato, ma come senza tempo), l'arredo, gli abiti, facevano una vista che doveva essere la stessa che doveva essere in un monastero del Seicento." (GS, 74).

Es lassen sich darüber hinaus ebenfalls Indikatoren finden, die auf die beiden Pole Illusion und Kompensation hinweisen, wobei das Illusionäre der Betonung des Heiligen als Raum des Religiösen und der Erlösung entspricht und das Kompensatorische dem ordnenden Prinzip, das Güte und Caritas organisiert, der Providenz. „[A]lle realen Orte, an denen das menschliche Leben eingeschlossen ist" (Foucault 2005: 941) werden in dieser Perspektive illusionär, da das irdische Leben gegenüber dem ewigen Leben in Gott, das den Gläubigen versprochen wird, zur Illusion verkommt. Gleichzeitig geht die klosterähnliche Ordnung des Cottolengo auf die Idee einer vollkommenen göttlichen Ordnung zurück und wirkt damit kompensatorisch gegenüber der Ordnung der modernen Industriestadt Turin. Schließlich basiert das Cottolengo auf einem System von Öffnung und Schließung, Einschluss und Ausschluss, denn es wird von denjenigen bewohnt, die aus der ‚normalen' Stadtgesellschaft ausgeschlossen wurden. Der Kontakt zwischen den beiden voneinander getrennten Teilen ist streng geregelt. Nur aufgrund seiner Funktion als Wahlhelfer am Wahltag darf Amerigo Ormea das Cottolengo betreten, dessen Tore ihm andernfalls verschlossen blieben.

Jedes einzelne Charakteristikum ist mit den anderen verwoben und setzt sie miteinander in Verbindung. Nur in einer aufmerksamen Analyse lässt sich die Vielschichtigkeit heterotoper Räume und ihre Wirkmechanismen begreifen, die im vorliegenden Fall auf die Hervorbringung, Verwaltung und Disziplinierung von bestimmten Formen von Leben zielen.[86] Einer besonderen Funktion kommt dabei der topologischen Figur der Schwelle zu, die im Folgenden diskutiert wird.

---

[86] Eine der sieben Thesen, die Borsò (vgl. 2015: 288–293, hier 289–290) zum Verhältnis von Topologie und Literatur- bzw. Kulturwissenschaft aufstellt, zeigt entsprechend die Möglichkeit auf, die Topologie als Analyse des Politischen zu nutzen.

## 2.4.1 Inkludierende Exklusion: eine Stadt in der Stadt

Schon 1967 schrieb Foucault: „Die Welt wird heute nicht so sehr als ein großes Lebewesen verstanden, das sich in der Zeit entwickelt, sondern als ein Netz, dessen Stränge sich kreuzen und Punkte verbinden." (Foucault 2005: 931). Es ist eine Konsequenz des epistemologischen Bruchs, der sich im Übergang vom 19. zum 20. Jahrhundert vollzogen hat, als die Zeit (bzw. die Geschichte) ihre privilegierte Stellung als ordnendes Prinzip aufgeben musste und seitdem „nur als eine der möglichen Verteilungen der über den Raum verteilten Elemente" (Foucault 2005: 933) erscheint. Weitere Konsequenzen dieser Verschiebung waren die Abkehr sowohl vom Fortschrittsgedanken als auch von eindeutig definierten Trennlinien, denen die Logik von Inklusion und Exklusion eingeschrieben ist; sie verschwinden zu Gunsten anderer topologischer Konzeptualisierungen wie der eben besprochenen Heterotopie. Noch wirkmächtiger ist allerdings die zweite topographische Figur der Schwelle, die den Übergang markiert. Sie wird beim Betreten des Cottolengo von Calvino explizit aufgerufen (vgl. GS, 8).[87]

Zur Symbolbildung tragen in erster Linie drei Eigenschaften der Schwelle bei: ihre Position zwischen innen und außen, die Bereitstellung einer Stufe oder Erhöhung, die Möglichkeit zu ihrer Überschreitung. Etymologisch lassen sich alle drei Bedeutungen nachvollziehen. Im *Adelung, Grammatisch-kritisches Wörterbuch der Hochdeutschen Mundart* heißt es zum Stichwort ‚Schwelle': „ein jedes starkes horizontales Holz, welches die erste Anlage, den Grund zu einer Verbindung abgibt, und welches in den meisten Fällen auch die Sohle genannt wird." (Adelung 1798). Die Schwelle zeigt also eine Verbindung an, als Sohle verweist sie aber auch auf ihren lateinischen Ursprung *solia* (frz. *seuil*, ital. *soglia*), indem sie entweder eine Assoziation mit der Bewegung von *solea*, der Sohle der Sandalen, oder mit dem Stehen auf dem *solum*, dem Boden, hervorruft. Das Englische kennt zwei Wörter für die Schwelle: *sill* und *threshold*, wobei letzteres ebenfalls auf Bewegung, aber auch auf Einhalt, Verweilen, Zögern hindeutet (vgl. Borvitz & Ponzi 2014b: 8).

Während die Schwelle im politischen und religiösen Kontext vor allem eine Grenzfunktion markiert, dominiert in der Literatur des 20. Jahrhunderts ihr Verständnis als Übergangsphänomen. Walter Benjamin hat aus den Schwellener-

---

[87] Vgl. zum Überblick über aktuelle Diskussionen zur ‚Schwelle' Borvitz & Ponzi (2014a); Agamben (vgl. 2005), der das Paradigma der Schwelle zum alles zueinander in Beziehung setzenden ‚Paradigma des Paradigma' macht, hat die topologische Figur von Walter Benjamin übernommen und Foucaults Idee einer ‚biologischen Modernitätsschwelle', in der die Politik mehr und mehr zur Bio-Politik wird, erweitert. Zur ‚Schwellenkunde' Benjamins siehe Menninghaus (1986).

fahrungen des modernen Menschen eine ‚Schwellenkunde' entwickelt, indem er sie als Unterbrechung im Raum-Zeit-Kontinuum versteht (vgl. Menninghaus 1986). Spezifisch an der ontologischen Situation, die die Schwelle schafft, ist die Tatsache, dass sich in ihr innen und außen nicht dialektisch gegenüberstehen, sondern komplementär zueinander verhalten. Es gibt keine Trennlinie zwischen zwei ontologisch verschiedenen Bereichen, sondern einen Zwischenraum, eine Zone, in der die Ordnungen ineinander übergehen.

> Wie Walter Benjamin bemerkt, ist die Schwelle eine eigentümliche Art der Grenze, die wegen ihrer „Schwellung", sich in eine „Zone" verwandelt, und als solche nach wie vor über eine Innen- und eine Außenseite verfügt, ohne diese jedoch deutlich zu unterscheiden. Sie schließt beide vielmehr in ihren eigenen Raum mit ein. (Borvitz & Ponzi 2014b: 8)

Da der Schwellenraum keine klare Grenze nach außen schafft, aber dennoch einen eigenen Raum mit einschließt, lässt er sich als offen-geschlossener Raum definieren. Das Überschreiten einer Schwelle kann zur existentiellen Erfahrung werden und hat oft einen Kontrollverlust zur Folge, indem sich die gewohnten Kategorien des Denkens und Sprechens als überholt und zur Beschreibung der neuen Erfahrung nicht angemessen erweisen. Hinweise darauf bieten historische Epochenschwellen, die sich in individuellen Schwellenerfahrungen widerspiegeln, wie das vor allem im Übergang zur Moderne der Fall war. Während der griechische Kosmos sich als Geflecht horizontaler und vertikaler Hierarchien darstellte, die die Positionierung des Einzelnen klar innerhalb eines vernünftigen Ganzen bestimmen, wurde die Gesamtordnung in der Moderne zersplittert (vgl. Waldenfels 2006: 16–19). Für Waldenfels (vgl. 2006: 19) weist die Bezeichnung ‚Moderne' auf die Infragestellung dieser Ganzheitsvision hin. Diese erfolgte durch zwei wesentliche Verschiebungen: auf horizontaler Ebene verschwimmen die Abgrenzungen, welche die eindeutige Gestalt jegliches Seienden festsetzten; auf vertikaler Ebene die des klassisch hierarchischen Aufbaus von Mensch und Tier, Mann und Frau, Grieche und Barbar. Diese Grenzen schwellen in der Moderne zu eigenen Ordnungen an, in denen keine stabile ‚Abgrenzung' mehr vollzogen werden kann. Das bedeutet aber nicht, dass es innerhalb dieser Bruchstücke der Gesamtordnung keine Differenzen mehr gibt. Grenzziehungen haben hier einen doppelten Charakter: eines wird vom anderen abgegrenzt und damit werden bestimmte Bereiche ein- und ausgegrenzt. Bei allen Differenzierungen, in denen jemand *sich* und sein Eigenes von etwas Fremdem abgrenzt, stellt sich dieser auf eine Seite der Schwelle. Gerade die ‚Schwellenerfahrungen' jedoch sind es, in denen sich Wandel vollzieht und ‚Ich' ein ‚Anderer' wird (vgl. Waldenfels 2006: 25–26). Diese Erfahrung, die zwischen einem Selbst und einem Fremden hin- und herschwankt, durchzieht Calvinos Erzählung von dem Moment an, in dem der Protagonist das Cotto-

## 2.4 Topologie: Stadt, Macht, Schwelle — 77

lengo durch die Eingangspforte betritt. In gewisser Weise befindet er sich damit die gesamte Erzählhandlung hindurch in einer ‚Schwellensituation'.

Die Eingangspforte stellt im *Scrutatore* die erste Schwelle dar. Giorgio Agamben (vgl. 2019: 3–8) unterscheidet zwischen zwei Funktionen, die einer Pforte bzw. Tür (*porta*) zukommen, nämlich zum einen die Funktion, eine Übergangsschwelle zu bilden (*porta-adito*), zum anderen die Funktion, einen Zutritt gewähren bzw. verwehren zu können (*porta-serramento*). Dabei stellt er fest, dass die *porta-serramento* eines der Dispositive darstellt, mit dem die potentiell für jeden offene Schwelle kontrolliert werden kann. Die Eingangspforte des Cottolengo füllt beide Funktionen aus: Sie öffnet zu einem Schwellenraum, in dem ein ‚anderes Denken', ein ‚Denken des Anderen' stattfinden kann (vgl. Borsò 2008).[88] Doch die Tür zur geheimen Welt des Cottolengo öffnet sich für Amerigo Ormea nur in seiner besonderen Funktion als Wahlhelfer. Indem er diese betritt, lässt er sein vertrautes Leben hinter sich und kann ‚dem Anderen' begegnen. Es ist eine „Schwelle zum Anderen" (Borsò 2015: 281), die der *scrutatore* Amerigo Ormea überschreitet.

Neben der Eingangspforte gibt es im *Scrutatore* zwei weitere Textstellen, an denen die Schwelle explizit angesprochen wird, sie finden sich in Kapitel VII und XII. Als Ormea die harmonischen Fotografien auf einigen Ausweisdokumenten der Nonnen inspiziert, vermutet er, diese hätten bereits eine Art Schwelle passiert, „dimenticandosi di sè" (GS, 34), und somit eine natürliche Fotogenität erhalten. In Kapitel XII werden als abjekt markierte Körper in sicherer Entfernung, von einer Türschwelle aus, betrachtet (vgl. GS, 67). Obwohl die Schwelle im *Scrutatore* nur diese beiden expliziten Erwähnungen erfährt, lässt sich das Schwellenparadigma auch auf weitere Szenen beziehen. Das neu errichtete Wahllokal in Kapitel III wird zum Schwellenraum, indem es eine erste Begegnung mit dem Anderen ermöglicht. Der Innenhof des Cottolengo, der sich zwar unter freiem Himmel befindet, aber von den Gebäuden des Cottolengo umgrenzt und somit topologisch Teil der Cottolengo-Welt ist, nimmt ebenfalls Funktionen als Schwellenort ein (vgl. GS, 40–47; 78). Amerigo Ormeas Zweifel vertiefen sich dort einerseits zur ‚crisi religiosa' (vgl. GS, 42), andererseits endet der Text mit einem hoffnungsvollen Blick in den Innenhof (vgl. GS, 78).

Vermittelt werden die Blicke in den Innenhof durch verschiedene Fenster, die ebenfalls zur Schwellensymbolik zählen (vgl. auch GS, 13). Fenster sind als Wahrnehmungsmedien bedeutsam, indem sie das Wahrnehmungsfeld begren-

---

[88] Programmatisch lässt sich dazu Waldenfels (1990: 28, Herv. im Orig.) anführen: „Ein Denken *der* Grenze ist immer auch ein Denken *an der* Grenze oder *auf der* Schwelle; es gerät in einen Sog."

zen und somit den Blick manipulieren und konzentrieren.⁸⁹ Für De Federicis stellt der Schwellenort Fenster auch den emblematischen Ort des zaudernden Protagonisten⁹⁰ dar: „La finestra, tra il dentro e il fuori, la finestra da cui si guarda senza passare, si osserva senza intervenire." (De Federicis 1989: 101). Ein weiteres Thema, das in den Bereich der Schwellenthematik gehört, ist das Konzept von Liebe, wie es unter anderem in Kapitel XII aufscheint (vgl. GS, 68–69). Das Hin-und Herschwanken zwischen einem Selbst und einem Anderen, wie es Waldenfels (vgl. 2006) beschreibt, sowie die Positionierung auf einer Seite der Schwelle, charakterisieren die Erzählhandlung des *scrutatore* und sind maßgeblich für die Ausbildung eines dynamisch-offenen Lebensbegriffs verantwortlich, auf dem Calvinos Bio-Poetik basiert. Bevor dieser sich in der weiteren Analyse konturieren kann, müssen zunächst noch die biopolitischen Mechanismen von Einschluss und Ausschluss diskutiert werden, denen sich ein derartiger Lebensbegriff widersetzt.

Während die Eingangspforte für den Wahlhelfer Ormea in der spezifischen Situation der Erzählhandlung eine *porta-adito* im Sinne Agambens (vgl. 2019: 3) darstellt, lässt sie sich auch als ihr Gegenteil, als konkrete *porta-serramento* lesen, die den Durchgang freigeben oder versperren kann. Neben der topologischen Trennung zwischen dem ‚Cottolengo' und ‚Turin', die der *scrutatore* feststellt, verweist diese darüber hinaus auf das biopolitische Sicherheitsdispositiv (vgl. Foucault 2006a). Das Cottolengo präsentiert sich als „insieme d'asili e ospedali e ospizi e scuole e conventi, quasi una città nella città, cinta da mura e soggetta ad altre regole" (GS, 8). Die spontane und heterogene Charakteristik eines Ganzen, das als Stadt in der Stadt erscheint, wird durch Außenmauern und ‚andere Regeln' definiert, zusammengehalten und von der Außenwelt abgeschnitten. Die Frage, die sich an dieser Stelle aufdrängt, ist die nach Beschaffenheit, Wirkungsweise und Funktion des spezifischen Cottolengo-Raumes hinsichtlich des darin ‚eingesperrten' Lebens.⁹¹ Außerdem soll nach den spezifischen Bedingungen gefragt werden, die das Cottolengo zu einer Art ‚Verwaltungseinrichtung'

---

**89** Fenster thematisieren somit den Wahrnehmungsprozess selbst und lassen sich daher auch als zeitgenössisch „adäquate Deutungsfigur zur Erfassung von Wirklichkeit" lesen (vgl. Selbmann 2010: 11–22, hier 21). Eine Textstelle, in der die Konstellation Fenster, Literatur und Leben explizit gemacht wird, findet sich im *Cavaliere inesistente,* als die Erzählerin Suor Teodora einer existentiell anmutenden Schreibblockade auf den Grund geht: „Ci si mette a scrivere di lena, ma c'è un'ora in cui la penna non gratta che polveroso inchiostro, e non vi scorre più una goccia di vita, e la vita è tutta fuori, fuori della finestra, fuori di te, e ti sembra che mai più potrai rifugiarti nella pagina che scrivi, aprire un altro mondo, fare il salto." (ICI, 1009).
**90** Vgl. zur Zauderfunktion in der Literatur Vogl (2014).
**91** Dieser trägt auch Kennzeichen des labyrinthischen, das Subjekt depotenzierenden, Raums in sich. Zur allegorischen Figur des Labyrinths bei Calvino siehe Borsò (2020).

für eine bestimmte Art von Leben machen. Denn die Schwierigkeiten der begrifflichen Definition des Cottolengo und seine spezifische Beschaffenheit als Stadt in der Stadt weisen eindeutig daraufhin, dass es sich um eine Institution handelt, die sich nicht restlos in das juristisch-politisch-soziale Gefüge der Stadt Turin einfügen lässt. Im Gegenteil, es scheint gerade auf Widerstände und Lücken innerhalb des Systems hinzuweisen. Auf der anderen Seite kann die Metapher der Stadt als unzutreffend erscheinen, wenn man dabei von einem Raum ausgeht, der sich klar in Zentrum und Peripherie unterteilen lässt, und dessen Teile durch eindeutige Zuschreibungen charakterisiert werden können. Es lohnt sich also zu fragen, was die topologische Konzeptualisierung der Stadt bei Calvino bedeutet.

Balice (1986: 73–88) hat sich als einer der wenigen mit der Thematik der Stadt bei Calvino in der Art auseinandergesetzt, dass er auch die Verschiebungen in der Poetik Calvinos anerkennt, die sich parallel zur Evolution des Themas der Stadt entwickeln. Seine Analyse konzentriert sich auf drei Elaborationen des Verhältnisses zwischen Mensch und Umwelt in den Erzählbänden *Marcovaldo, Le città invisibili* und *Palomar*, in denen eine Entwicklung der Untersuchung von Industriegesellschaft und industrieller Stadt bis Informationsgesellschaft und Metropole nachvollzogen werden kann. Die Stadt wird dabei als einzig denkbarer gesellschaftlicher Raum des Zusammenlebens rehabilitiert, harmonische Momente werden nicht außerhalb, sondern innerhalb ihrer Grenzen gesucht:

> Il declino della natura non può tradursi in un passivo rimpianto d'una condizione perduta, ma nello sforzo superiore della coscienza di comprendere la situazione contingente, capirne le contraddizioni per utilizzare a proprio vantaggio le potenzialità positive che essa propone (Balice 1986: 77–78).

Wie in *La sfida al labirinto* (1962) propagiert, sucht Calvino in einem „sforzo superiore della coscienza" (Balice 1986: 77) nach befreienden Möglichkeiten auf ästhetischer und ethischer Ebene. Dabei ist der Wille leitend, trotz der Schwierigkeiten, die sich in der Industriegesellschaft für den Menschen ergeben, neuartige Erfahrungen zu machen und Wahrnehmungsweisen zu entwickeln und damit ein positives Gegengewicht zur Negativität der Moderne zu schaffen.[92] Balice (1986: 79) schreibt, dass Calvino in gewissem Sinne eine Möglichkeit eröffnet, in den Falten des Alltäglichen eine positive, ungewohnte, wundersame Präsenz voller erfreulicher Widersprüche aufzuspüren, „da cui è possibile vedere sotto altre prospettive gli aspetti comuni e meno comuni della città, le sue miserie e la grandezza segreta delle varie forme di vita". Der Intuition, dass diese Positivität in den ‚varie forme di vita' feststellbar ist, geht Balice an dieser

---

[92] Vgl. Calvinos Hinweise zum Tryptichon-Projekt *Cronache degli anni Cinquanta* (*Note* RR I, 1339).

Stelle leider nicht weiter nach, gibt damit jedoch einen Impuls für die vorliegende Untersuchung, die die affirmative Kraft einer Macht des Lebens bei Calvino in den Blick nimmt. Im Gegensatz zu Balice (vgl. 1986: 80) wird in der vorliegenden Arbeit argumentiert, dass die fundamentalen Fragen hinsichtlich des Verhältnisses von Mensch und Stadt bereits im *Scrutatore* in ihrer vollen Dimension aufscheinen und nicht erst in den späteren Texten. Seine verfehlte Einschätzung gründet dabei auf einer Lücke in seiner Analyse, in der die Mechanismen von Einschluss und Ausschluss nicht betrachtet wurden, welche gerade die ontologische Voraussetzung für die Stadt und das darin verfasste Leben darstellen. Calvino verweist in *Le città invisibili* (1972) an einer Stelle explizit auf die Bedingung der differentiellen Struktur der Stadt, in der bestimmte Funktionen einzelnen Orten zugewiesen sind: Regierungsgebäude, heilige Stätten, Gastwirtschaften, Gefängnisse, Armenviertel. Alle Städte, von denen der Abenteurer Marco Polo dem großen Herrscher Kublai Kan erzählt, teilen diese Eigenheit. Nur für die Stadt Zoe gilt genau das nicht: „Qualsiasi tetto a piramide potrebbe coprire tanto il lazzaretto dei lebbrosi quanto le terme delle odalische." (CI, 383). Die Stadt Zoe lässt keine Aufteilungen zu, sie ist der Ort der unteilbaren Existenz. Aber kann sie dann überhaupt Stadt genannt werden? „Quale linea separa il dentro dal fuori, il rombo delle ruote dall'ululo dei lupi?" (CI, 383). An dieser Stelle zeigt sich die Notwendigkeit der ontologischen Differenz von innen und außen, dank der die Stadt erst in Erscheinung treten kann. Die Frage zielt auf eine Trennlinie, ohne die ein politisches, menschliches Leben, das von dem Reich der Natur, der bloßen Existenz, abgegrenzt ist, undenkbar erscheint. Doch wo in Zoe verläuft diese Linie?

Klar ist nur, dass etwas durcheinandergeraten ist, was klassischerweise streng voneinander getrennt auftrat. Der Name der Stadt verweist auf den griechischen Begriff *zoé*, der das einfache natürliche Leben bezeichnet, das aus der öffentlichen *pólis* ausgeschlossen war. Sein Ort war auf den privaten Bereich des *oikos* beschränkt. Agambens biopolitisches Paradigma basiert auf den Verschiebungen der Bereiche von *bíos* und *zoé*, den zwei Begriffen für ‚Leben' in der griechischen Antike (vgl. Agamben 2005: 3–16). Denn der *bíos*, die politisch qualifizierte menschliche Lebensform, entsteht in Abgrenzung von *zoé*. Die *pólis* erscheint erst in dem Moment, in dem eine Grenzlinie zwischen „dem Heulen der Wölfe und dem Rattern der Räder" (CI, 383) gezogen wird, in dem sich ein begrenzter Raum der Kultur vom unbegrenzten Reich der Natur abhebt und damit ein Außen und ein Innen hervorbringt: „È infatti proprio dalla linea che distingue tra dentro e fuori che, nel mondo antico, prende forma la città; essa sorge dal gesto di sottrazione di uno spazio delimitato rispetto all'illimitatezza della natura." (Gentili 2010: 48).[93] Die Mauern des Cottolengo grenzen es streng von seiner Umgebung ab. Sie erinnern an die Schutzwälle antiker und mittelalterlicher Städte, die von einem feindlichen Außen abschirmen sollten. Jenseits der Mauern des Cottolengo befindet sich jedoch nicht unbegrenzte Natur, sondern die Stadt Turin. Wozu also dient die Begrenzung?

Hinweise bieten die Untersuchungen in Foucaults Dissertationsschrift *Folie et déraison. Histoire de la folie à l'âge classique* (dt. *Wahnsinn und Gesellschaft*, 1969) zu den diskursiven Verschiebungen, die den Wahnsinn als Gegenkonzept zur Vernunft hervorbrachten.[94] Darin analysiert er Repressions- und Segregationsmechanismen angefangen mit der sozialen Exklusion der Leprakranken im Mittelalter, die zu Quarantänezwecken außerhalb der Stadtmauern in eigens geschaffenen Leprosorien verwahrt wurden. Im 17. Jahrhundert kommt es dann zur ‚großen Einsperrung', für die die 1656 in Paris gegründete verwaltungstechnischen Einrichtung *Hôpital général* exemplarisch steht. In dieser Institution, die als „dritte Gewalt der Repression" (Foucault 1969: 73) zwischen Polizei und Justiz zu verorten ist, konnte ein auf Lebenszeit ernannter Direktor seine nahezu absolutistische Macht über den Teil der armen Bevölkerung von Paris ausüben, der seiner Jurisdiktion unterstand, und das innerhalb wie außerhalb der Mauern des *Hôpital*. Foucault schreibt:

> Die Zeit der französischen Klassik hat die Internierung erfunden, etwa wie das Mittelalter die Absonderung der Leprakranken erfunden hat. Den Platz, den die Leprakranken geräumt haben, wird in Europa von neuen Personen, den „Internierten", eingenommen. Das Leprosorium hatte nicht nur einen rein medizinischen Sinn gehabt; diese Verbannung in einen verdammten Raum hatte auch andere Funktionen. Auch die keinesfalls harmlose Geste des Internierens hat politische, soziale, religiöse, wirtschaftliche und moralische Bedeutungen, die sicherlich bestimmte wesentliche Strukturen des gesamten Lebens in der Zeit der französischen Klassik betreffen. (Foucault 1969: 76–77)

Doch wer sind diese Internierten, die noch strenger abgesondert wurden als die Leprakranken des Mittelalters? Die für das heutige Verständnis heterogene Gruppe hatte sich über einen unbestimmten Zeitraum durch diskursive Verschiebungen ausgebildet, die ökonomische, politische und moralische Überle-

---

93 Gentili (vgl. 2010: 48) liest Zoe als Prototyp von Städten wie Los Angeles und Kyoto-Osaka, die weder Anfang noch Ende haben, und damit eigentlich nicht mehr Stadt genannt werden können.
94 Im Vorwort beschreibt Foucault (1969: 7) den Akt der Trennung mit folgenden Worten: „Man muß in der Geschichte jenen Punkt Null der Geschichte des Wahnsinns wiederzufinden versuchen, an dem der Wahnsinn noch undifferenzierte Erfahrung, noch nicht durch eine Trennung gespaltene Erfahrung ist. [...] Ursprünglich ist dabei die Zäsur, die die Distanz zwischen Vernunft und Nicht-Vernunft herstellt."

gungen betrafen.⁹⁵ In den Blick gerieten Menschen niedriger Klassen, die aus den verschiedensten Gründen nicht arbeiteten, Menschen, deren Verhalten als unmoralisch betrachtet wurde und Menschen, die als wahnsinnig galten. Armut wurde in die Nähe von Lasterhaftigkeit gerückt. Foucault beschreibt die Internierung als neuartige Reaktion auf die Armut, aber auch als neuen Umgang mit dem, was im Zuge des Aufkommens einer *Ratio* innerhalb der eigenen Existenz als unvernünftig wahrgenommen wird (das Animalische, das Nicht-Rationale).⁹⁶ Mit der Einschließungsgeste wurde darüber hinaus die Verbannung als überlieferte Sozialtechnik aktualisiert,⁹⁷ durch die die Gemeinschaft eine binäre Differenzierung vornahm, die das Ausgegrenzte als Asozialität jenseits der Sozialität verortete. Foucault (1969: 97–98) schreibt: „Es ist eine Sensibilität entstanden, die eine Linie zieht, eine Schwelle errichtet und auswählt, um zu verbannen." (Foucault 1969: 97–98). Der konkret gewordene gesellschaftliche Raum schaffe somit eine „Zone der Neutralität" (Foucault 1969: 98), welche Agamben (2005: 117) „soglia di indifferenza e di passaggio" nennt, in der sich eine radikale Trennung vollzieht.⁹⁸

Die massenhafte Verbreitung von Einrichtungen nach dem Vorbild des *Hôpital général* führte zu einer Konkurrenzsituation zwischen absoluter Monarchie und katholischer Kirche der Gegenreformation, die mit der Reorganisation eigener Institute nachzog, in denen neben dem traditionell karitativem auch ein repressiver Auftrag umgesetzt wurde (vgl. Foucault 1969: 74–77). Foucault stellt hier die Zweideutigkeiten heraus, die Armenhilfe und Ordnungswillen hervorrufen, und die in der Einschließungsgeste zu Bedeutungsüberlappungen führen. In

---

95 Vgl. Foucault (1969: 80): „In einer vielschichtigen Einheit schafft [die Geste der Abgrenzung] eine neue Sensibilität gegenüber dem Elend und den Pflichten der Fürsorge, neue Reaktionsformen gegenüber wirtschaftlichen Problemen wie Arbeitslosigkeit und Müßiggang, eine neue Arbeitsmoral und zudem den Traum einer Stadt, in der durch die autoritären Formen des Zwangs die moralische Verpflichtung mit dem bürgerlichen Recht zusammenfiele."
96 Während der Wahnsinn von Mittelalter bis Renaissance als kosmisch-tragische Nähe-Erfahrung erlebt wird, in der sowohl das Geheimnis der animalischen Natur des Menschen, die sich der Zähmung und Unterwerfung durch die Vernunft widersetzt, als auch ein geheimes und verbotenes Wissen bewahrt wird, wird er in der Renaissancezeit, als die Vernunft im Humanismus endgültig über die Unvernunft triumphiert, in die Verborgenheit gezwungen. Diese kritische Erfahrung des Humanismus bereitet den Boden für eine moralische Reflexion über den Wahnsinn und lässt ihn diskursiv werden (vgl. Foucault 1969: 50–67).
97 Agamben (vgl. 2005: 116–123) weist auf die Verbindung zwischen der römischen Rechtsfigur des *homo sacer* und der germanisch-nordischen Figur des *wargus* („uomo-lupo", 117) hin, welcher aus der Gemeinschaft verbannt wurde und somit straflos getötet werden konnte.
98 „La vita del bandito – come quella dell'uomo sacro – non è un pezzo di natura ferina senz' alcuna relazione col diritto e con la città; è, invece, una soglia di indifferenza e di passaggio fra l'animale e l'uomo, la *phýsis* e il *nómos*, l'esclusione e l'inclusione" (Agamben 2005: 117).

den in der Zeit der Klassik geschaffenen Institutionen wirken zugleich Ordnungsmacht, die die Abgrenzung von der Gesellschaft leistet, Disziplinarmacht, die durch die Instrumente von Einzelverwahrung, Folter und physischer Gewalt für die Durchsetzung von Ordnung innerhalb der Institution sorgt und religiöse Macht, die die aus der weltlichen Gesellschaft ausgegrenzten Internierten spirituell wieder einschließt, Erlösung verspricht und für einen klosterähnlichen Tagesablauf sorgt. Während die Leprakranken im Mittelalter zu Aussätzigen wurden, also radikal aus dem Kreis der Stadt ausgeschlossen wurden und somit nur noch auf die Erlösung Gottes hoffen konnten, bleiben die Internierten der klassischen Zeit innerhalb der Stadt- und Reichsgrenzen und damit innerhalb der weltlichen Gerichtsbarkeit. Eine Trennlinie, die Foucault auch im letzten Teil der Arbeit hervorhebt, ist die zwischen Arbeit und Müßiggang, die das klassische Zeitalter einsetzt. Die Internierung lässt „Stätten verdammter und verurteilter Nichtstuerei" (Foucault 1969: 91) innerhalb einer auf der ethischen Transzendenz von Arbeit basierenden Gesellschaftsordnung entstehen.

Foucault (vgl. 2018: 128–137) unterstreicht die Säkularisierung der Charitas im Zeitalter der Klassik, geht aber auch auf die veränderte Grundhaltung der Kirche ein. Denn in der protestantischen Welt wird die Armut durch die Prädestinationslehre herabgewürdigt, Armut wird als Strafe Gottes betrachtet.[99] Die katholische Kirche durchläuft einen anderen Weg, der jedoch vergleichbare Ergebnisse liefert: Auch sie erkennt die staatliche Autorität in der Frage der öffentlichen Ordnung an, die durch die Manifestationen von Armut gefährdet scheint. Eine bemerkenswerte Konsequenz dieser Verschiebung in der Wahrnehmung des Elends stellt die Tatsache dar, dass die vormals in ihrer Totalität als heilig geltende Armut in zwei Bereiche getrennt wird: Zum einen in den Bereich der ‚Guten', die ein körperliches Leiden kennzeichnet, und sich der Ordnung unterordnen, und zum anderen in den Bereich der ‚Bösen', die gegen die Ordnung aufbegehren. Während erstere die Internierung dankbar annehmen, lehnen sie letztere ab und erleiden sie als Strafe. Die Guten lassen sie zu einem Gestus der Fürsorge werden, die Bösen zu einem der Unterdrückung. In Foucaults Analyse zeigt sich die mystisch entwurzelte Caritas vom 17. Jahrhundert an im Gewand einer sozialen *police* (vgl. Foucault 2018: 137). So zeugen die Wahnsinnigen nicht mehr von einer anderen Welt, wie noch im Mittelalter, „sondern sind in der Immanenz der entstehenden bügerlichen Ordnung mit deren Arbeitsethos und Moral dasjenige, was die bürgerliche Ordnung über-

---

**99** Der Abschnitt über die *Caritas* (vgl. Foucault 2018: 128–137) sowie das Kapitel ‚il mondo correzionario' (Foucault 2018: 158–198) fehlen in der deutschen Übersetzung, weswegen an dieser Stelle auf die italienische Version zurückgegriffen wird.

schreitet und als Form der Unproduktivität nicht mehr tolerierbar ist" (Unterthurner 2017: 70).

In der Moderne, also ab der Epochenschwelle um 1800, ist es die Genese der Anthropologie und die Entstehung des psychiatrischen Asyls, die sich um die Bestimmung und vollständige Objektivierung des Wahnsinns kümmert und Unvernunft und Wahnsinn endgültig voneinander trennt, wobei die Internierung in den Zusammenhang einer gewaltigen Moralisierung und Bestrafung gesetzt wird (vgl. Unterthurner 2017: 70–71). Die Geschichte des Wahnsinns ist somit auch die Geschichte des Anderen, der gleichzeitig innerhalb und außerhalb steht: Das, was die Kultur als drohende innere Gefahr ausschließt, gleichzeitig jedoch mit einschließt, um seine Andersartigkeit zu reduzieren (vgl. Foucault 1974: 27).[100]

Da der Begriff der Exklusion die positive Komponente gerade bei der Produktion von Subjektivitäten jedoch verkannt habe, wendet sich Foucault Mitte der 1970er Jahre einem anderen Modell zu, das er in der „Stadt im Pestzustand" (Foucault 2013: 65) identifiziert und den die Leprakranken betreffenden Praktiken entgegensetzt. Es gehe dabei nicht um Ausschluss, sondern um Quarantäne und damit um Zuweisung von Orten, genaue Beobachtung, Annäherung der Macht an die Individuen:

> Es geht im Grunde darum, eine gesunde Bevölkerung zu produzieren, und nicht darum, jene zu reinigen, die in der Gemeinschaft leben, wie im Fall der Lepra. Schließlich geht es nicht um eine definitive Stigmatisierung eines Teils der Bevölkerung, sondern um die fortgesetzte Überwachung eines regelgemäßen Feldes, in dessen Innern unausgesetzt jedes Individuum vermessen wird, um zu erfahren, ob es der Regel der festgesetzten Gesundheitsnorm entspricht. (Foucault 2013: 67–68)

Im Versuch, „Gesundheit, Leben, Langlebigkeit und Kraft der Individuen zu maximieren" (Foucault 2013: 67), scheint bereits die produktive Seite der neuen Bio-Macht durch, die auch „wissenserzeugend verfährt" (Unterthurner 2017: 79) und die die souveräne Macht an der Modernitätsschwelle des 19. Jahrhunderts definitiv ablösen wird (vgl. Foucault 1995: 170).[101] Im Unterschied zur souveränen Macht der Regierung des Territorialstaats, die nach Foucault (1995: 162) vor

---

**100** Die Bedeutung eines radikalen Außen nimmt im Denken Foucaults jedoch von Ende der 1960er Jahre an mehr und mehr ab, während die Bedeutung der Analyse der allumfassenden Dispositive der Macht zunimmt (vgl. Unterthurner 2017: 73–75).
**101** Vgl. „Die Reaktion auf die Pest ist eine positive Reaktion; es ist eine Reaktion des Einschlusses, der Beobachtung der Wissensformierung, der Vervielfachung der Machteffekte auf der Basis der zusammengetragenen Beobachtungen und Erkenntnisse: Wir sind von einer Technologie der Macht, die verjagt, ausschließt, verbannt, marginalisiert und unterdrückt, zu einer positiven Macht übergegangen, die produziert, beobachtet, einer Macht, die weiß und die sich auf der Grundlage ihrer eigenen Effekte multipliziert." (Foucault 2013: 69)

allem „Zugriffsrecht auf die Dinge, die Zeiten, die Körper und schließlich das Leben" war, und somit eine Macht, die in erster Linie auf ‚Abschöpfung' zielte, richtet sich die neue ‚Bio-Macht' direkt auf das Leben des Gesellschaftskörpers und seine Sicherung, Erhaltung und Entwicklung (vgl. Foucault 1995: 161–167). Foucault prägte für die spezifische historische Konstellation, in der das Verhältnis von Raum und Bevölkerung zur Disposition gestellt wird, den Begriff der Biopolitik.

Zur Biopolitik gehören typischerweise die Dispositive der Disziplinarorganisation und der Sicherheit, die miteinander verschränkt sind und interagieren. Ersteres wirkt über „Normalisierungseffekte" (vgl. Foucault 2013: 71), also Fragen der Norm und Normalisierung, die Foucault in Anschluss an Canguilhem erarbeitet und hinsichtlich der Ökonomisierung und Disziplinierung der Körper mittels Übungen, Überwachung und Normalisierung in Fabrik, Militär, Gefängnis und dergleichen mehr diskutiert. Dabei geht es um die Steigerung und gleichzeitige Unterwerfung der Körperkräfte durch die Disziplinarmacht seit dem 17. Jahrhundert, den Foucault auch als ersten Pol einer Macht zum Leben beschreibt (vgl. Foucault 1995: 166). Der zweite Pol, der sich um den Gattungskörper im Sinne einer Biopolitik der Bevölkerung dreht, trat um die Mitte des 18. Jahrhunderts auf, denn das Aufkommen des modernen Bevölkerungsstaats, der sich vom Territorialstaat abhebt, machte eine Politik nötig, die die Entwicklung des *bíos* im Blick hat: Fragen der Fortpflanzung, Geburten- und Sterblichkeitsrate, das Gesundheitsniveau, die Lebensdauer etc. Im Zuge der im Deutschland des 18. Jahrhunderts entstehenden Polizeiwissenschaft, die sich durch Ordnung und Disziplin auf die Stärkung des Staates und das Wohlergehen der Bürger konzentrierte, rückte die Verwaltung der Bevölkerung in den Mittelpunkt und somit auch Fragen nach der Gestaltung des städtischen Raums (vgl. Foucault 2006a).

Die neue Macht zielt auf das Leben des Einzelnen in der Bevölkerungsmasse, es geht ihr um die Ausarbeitung einer Technik, „capace di ordinare e controllare la moltitudine senza disperdersi a sua volta in una molteplicità smisurata di sforzi normativi" (Cavalletti 2005: 62). Es sind zwei Bewegungen nötig, um die Bio-Macht zu Gunsten des Sicherheitsdispositivs effektiv werden zu lassen: Zum einen eine Verfeinerung in der Technik, die sie die Körper kapillarisch durchdringen lässt, zum anderen eine Beschleunigung in der Abspaltung des Volkes von der Menge (vgl. Foucault 2014). Das neue Paradigma bringt sich im Verhältnis von Stadt und Polizei zum Ausdruck, wie es von der ‚Polizeiwissenschaft' beschrieben wird, welche aus Sicherheitsgründen die Aufgabe bekommt, jeden Bereich des gesellschaftlichen Lebens auszuleuchten. Die Bevölkerung umfasst dabei einen kontinuierlichen Raum, zu dem es kein Außen gibt, und der jedes Subjekt in sich einschreibt. Diesen Raum konstituieren Machtbeziehungen, die um die Dialektik von Sicherheit/Unsicherheit kreisen. Da das Leben des Einzelnen nunmehr im Namen der Bevölkerungssicherheit zu vernachlässigen ist, ist dem Einzelnen jegliche Möglichkeit zur Flucht aus diesem Raum versperrt. Jede denkbare Position im Raum ist zugleich eine Position in einem einheitlichen Bevölkerungskörper: „ogni condizione di vita corrisponde a un piccolo punto, più o meno luminoso, nella grande area politico-economica" (Cavalletti 2005: 141). Wie in einem biologischen Körper erscheint der Bevölkerungskörper ständig von Krankheit bedroht: von demographischen Fragen (Überbevölkerung), ökonomischen Krisen und moralischem Verfall. Die Bevölkerung muss daher unaufhörlich mit ihrer Umgebung in Zusammenhang gebracht werden,[102] und dabei eine Norm ausbilden, wie Cavalletti im Verweis auf Canguilhem schreibt:

> La popolazione non è altro che un procedimento. La norma, però, anche agisce su questa discrepanza, si fa portatrice di un principio di potere e insieme della sua legittimazione: della tecnica di intervento continuo che non ha primariamente la funzione di escludere, ma di trasformare, integrare, mettere in movimento, animare il grande uomo artificiale. (Cavalletti 2005: 143)

Hier wird der Zusammenhang zwischen dem Normalisierungsprozess, dem die Bevölkerung unterliegt, und dem Sicherheitsdispositiv deutlich, wobei die Norm eine doppelte Funktion erfüllt, nämlich einmal Trägerin eines Machtprinzips zu sein, und zugleich als Legitimation dieses Prinzips zu wirken. Die Norm setze die Maschine bzw. den „grande uomo artificiale" (Cavalletti 2005: 143) in Gang und schaffe somit gesellschaftliche Kohäsion. Dass sie dabei auch ausschließend wirkt, erscheint als Nebeneffekt oder als Zeichen des ‚gesunden Körpers', der sich allem Schädlichen und Unnützen entledigt.

Die ausführliche Darstellung der Mechanismen des biopolitischen Ausschluss/Einschluss, der inkludierenden Exklusion, in diesem Abschnitt war notwendig, um den spezifischen Status des Cottolengo als Ort der Anormalität zu klären und die Voraussetzungen abzustecken, unter denen der *scrutatore* das Cottolengo betritt. In der zweiten Hälfte des 19. Jahrhunderts entsteht im Zuge der Industrialisierung die moderne Stadt, die wie Turin von neuen Produktions- und Lebensverhältnissen geprägt ist. Stadtbevölkerung und urbaner Raum sind wie ein Kippbild miteinander verbunden,[103] sie werden durch das vollständig entfaltete Sicherheitsdispositiv regiert. Das Interesse des einzelnen Mitglieds der

---

102 „Occorre aggiungere che la popolazione è una macchina che produce se stessa, che la spazializzazione non è data una volta per tutte, ma deve incessantemente attuarsi." (Cavalletti 2005: 229).
103 Einem bekannten Diktum Carl Schmitts folgend schreibt Cavalletti: „Il biopotere funziona secondo la duplice implicazione che fa di ogni concetto politico un concetto spaziale e di ogni concetto spaziale un concetto politico." (Cavalletti 2005: 219).

‚richtigen' Bevölkerung, das dem produzierenden bzw. besitzenden Teil entspricht, muss mit dem Interesse aller anderen übereinstimmen. Der Rest wird durch die biopolitische Spaltung zwangsweise ausgeschlossen. Im Turin jener Jahre wird dieser Mechanismus deutlich, der den Anschein von zwei Städten erzeugt: eine Stadt der Reichen und eine der Ausgeschlossenen, wobei Bassignana und Galli (vgl. 2010: 23) schreiben, das Werk der Turiner Sozialheiligen hätte diesen Riss gekittet. Doch wie Calvinos *Scrutatore* belegt, arbeitete die biopolitische Maschine unaufhörlich weiter und spaltet auch noch den armen Bevölkerungsteil anhand der gleichen Trennungslinie Sicherheit/Unsicherheit. Was sich innerhalb des Instituts befindet, ist das verborgene Leben Italiens:

> il rovescio di quella che si sfoggia al sole, che cammina le strade e che pretende e che produce e che consuma, era il segreto delle famiglie e dei paesi, era anche (ma non solo) la campagna povera col suo sangue avvilito, i suoi connubi incestuosi nel buio delle stalle, il Piemonte disperato che sempre stringe dappresso il Piemonte efficiente e rigoroso, era anche (ma non solo) la fine delle razze quando nel plasma si tirano le somme di tutti i mali dimenticati d'ignoti predecessori, la lue taciuta come una colpa, l'ubriachezza solo paradiso (ma non solo, ma non solo), era il rischio d'uno sbaglio che la materia di cui è fatta la specie umana corre ogni volta che si riproduce, il rischio (prevedibile del resto in base a calcolo delle probabilità come nei giochi di fortuna) che si moltiplica per il numero dei insidie nuove, i virus, i veleni, le radiazioni dell'uranio ... il caso che governa la generazione umana che si dice umana proprio perché avviene a caso ... (GS, 20–21)

Auch hier haben wir es zunächst mit Kippbildern zu tun: Es werden zwei Italien und zwei Piemonts evoziert, wobei die Cottolengo-Bevölkerung das unsichtbare Gegenbild zu dem Teil darstellt, der sich zur Schau stellt, der auf den Straßen präsent ist, der Forderungen stellt, produziert und konsumiert. Der Teil Piemonts, der an seiner Trägheit verzweifelt, in der das Leben anstatt sich auszubreiten, sich in den immer gleichen Kreisen bewegt und sich sukzessive selbst auszulöschen scheint, wird einem strengen, effizienten Teil gegenübergestellt.[104] Doch letztlich lässt Calvino seinen Protagonisten an dieser Stelle deutlich wie nie eine Anklage gegen die blinde, unfassbare Natur formulieren, in der der Mensch

---

[104] Die demographische Frage berührt das Konzept der ‚Lebensdichte' im Sinne der ‚politischen Geographie' Friedrich Ratzels. „Densità è infatti il concetto spaziale che nomina la vita in lotta con la vita, che definisice positivamente il carattere intensivo di ogni forma di vita che si afferma sulle altre [...] nell'unità della vita diffusa su tutta la terra vale la densità – sia di alberi o di uomini – come spazializzazione primaria, come misura di una lotta che scuote ogni organismo dal centro alla periferia e si svolge senza sosta negli orli più frastagliati e indecisi, dove forme di vita estranee si toccano o sembrano sovrapporsi." (Cavalletti 2005: 206). Wenn sich das Leben über seinen Gegensatz zum Trägen, zum Nicht-Leben, definiere und die Erde dem Leben seine räumlichen Grenzen aufzwinge, bedeute das für das Leben einen Rückfluss, eine Intensivierung, eine Verdichtung.

letztlich als reines Zufallsobjekt erscheint. Damit berührt er den Kern der biopolitischen Maschine sowie einer Politik, die sich anschickt, das Leben zu regieren, ohne es jemals greifen zu können. Indem er den Mechanismus der biopolitischen Maschine aufdeckt und das ans Licht holt, was in ihr verborgen bleiben soll, weil es das Geheimnis des Lebens darstellt, übt er Kritik an ihrem Wirkmechanismus. So auch Cavalletti: „Mostrare la macchina in funzione significa intraprendere una critica delle modalità in cui essa costruisce la propria tradizione." (Cavalletti 2005: 232).

Im nächsten Abschnitt geht es um die Frage, welche Rolle die von Foucault diskutierten Machttypen in Calvinos Text spielen. Das Cottolengo wird durch die Einschließungsgeste charakterisiert, mit der ein Teil der Bevölkerung von der Gesellschaft abgegrenzt wird, worin sich eine starke Ordnungsmacht widerspiegelt. Außerdem herrscht darin eine religiöse Macht, in der die ausgeschlossenen Cottolengo-Insassen als „carne d'Adamo misera e infetta e che pur sempre Dio può salvare con la Grazia" (GS, 22) in die spirituelle Gemeinschaft wieder eingeschlossen werden. Und auch der dritte dominante Machttypus der Klassik, die Disziplinarmacht, um deren Pol sich die Bio-Macht ausprägt, lässt sich nachweisen. Diese Machttypen interferieren miteinander und sind auch mit der normalisierenden Bio-Macht verbunden. In der folgenden Diskussion dieser Machttypen in Verbindung mit ihrer topographischen Ausprägung im Text geht es dabei weniger um die Zuordnung zum einen oder anderen Machttyp, sondern um den Nachweis einer grundsätzlichen Sensibilität, die Calvino im Hinblick auf die Frage der Macht und ihrer Wissensdispositive zeigt, angesichts der Auswirkungen, die diese auf das Leben haben.

Die Frage nach der Organisation des Cottolengo spielt über weite Teile der Erzählung keine Rolle. Erst als Protagonist Ormea in Kapitel IX bei einer Zigarettenpause im Innenhof eine ‚crisi religiosa' hat, fragt er sich, „queste famose ‚famiglie' – si chiese con improvviso interesse sociologico – come sono organizzate? [...] come si amministrano i lasciti? quanta parte va alla spesa, agli ampliamenti, agli aumenti del capitale?" (GS, 42). Diese unschuldig wirkenden Fragen erhalten vor dem Hintergrund der mythischen Verklärung der Organisationsstruktur des Cottolengo Brisanz, wo von der ‚spontanen Organisation', dem Fehlen festgeschriebener Regeln und Kassenbüchern die Rede ist.[105] Obwohl die hierarchische Struktur, minutiöse Arbeitsteilung und das rigide Re-

---

[105] Die Legende der fehlenden Verwaltung des Cottolengo scheint auf den Historiker Goffredo Casalis zurückzugehen und kann als Turiner Allgemeinplatz gelten (vgl. Bassignana & Galli 2010: 48). Vgl. auch das Kapitel ‚Miracoli al Cottolengo: La prova dei nove' bei Fusi (1976: 50–51).

gime, unter dem das ‚Stammpersonal' des Cottolengo lebt und arbeitet, vom genauen Gegenteil zeugt (vgl. Bassignana & Galli 2010: 48–51).

Stärker noch wird der Hinweis auf die herrschende Macht in den Verweisen auf eine bestimmte Formsprache deutlich. Beispielsweise als Protagonist Ormea von einem anderen, einem sozialistischen Cottolengo phantasiert: „Amerigo aveva in mente solo immagini vaghe: istituti di cura luminosi, ultramoderni, sistemi di pedagogici modello, ricordi di fotografie su giornali, un'aria fin troppo pulita, vagamente svizzera ..." (GS, 43). Zum Teil lassen sich die räumlichen Beschreibungen des Instituts dazu komplementär, zum Teil gegensätzlich lesen: Das grelle, ubiquitäre, medizinische Weiß der Krankensäle sowie die strengen, geometrischen Formen in der Institutsarchitektur. Denn es geht hier weniger um Machtdemonstration als um eine hierarchische und funktionelle Aufteilung, die durch die architektonische Gestaltung eines Raumes ausgedrückt wird, welche sich am Militärlager orientiert (vgl. Foucault 1976: 221–222).[106] Anders in Kapitel XIV, als der Protagonist den Nonnenschlafsaal betritt und vom Enthusiasmus gepackt wird: „tra il fascino storico, l'estetismo, il ricordo di libri famosi, l'interesse (proprio dei rivoluzionari) a come le istituzioni modellano il volto e l'anima delle civiltà" (GS, 74). Als Abbild der Gesellschaft spiegele der Krankensaal der Nonnen die folgenden Qualitäten wider: „praticità, repressione, calma, imperio, esattezza, assurdità" (GS, 74). Durch die Funktion des wechselseitigen Zusammenspiels von Macht und topologischem Aufbau kann die Fiktion des Zeitlosen einen absoluten Machtanspruch in Bauweise und Interieur einschreiben (vgl. GS, 74):[107]

Explizit wird die Disziplinarmacht, die im Cottolengo herrscht, in Kapitel XII, als Ormea auf die „buoni figli" (GS, 67) trifft, die im Halbkreis um einen Aufseher positioniert sind:

> e c'era un semicerchio di seggiolini con seduti tanti giovanotti, rapati in testa e incolti di barba, con le mani poggiate sui braccioli. Portavano vestaglie a righe blu i cui lembi scendevano a terra nascondendo il vaso che era sotto a ogni seggiolone, ma il puzzo e i rivoli di trabocco si perdevano sul pavimento, tra le loro gambe nudi dai piedi calzati in zoccoli. [...] In piedi davanti a loro, un assistente – uno di quei ragazzi brutti ma bravi – teneva l'ordine, con in mano una canna, e interveniva quando uno voleva toccarsi, o alzarsi, o attaccava briga con gli altri, o faceva troppo strepito. (GS, 67)

---

[106] Ähnlich äußerte sich Foucault auch im 1977 geführten Gespräch *L'oeil du pouvoir* mit Jean-Paul Barou und Michelle Perrot, als er die Frage nach der Architektur als politischem Organisationsmodus damit beantwortet, dass sie sich vom Ausdruck einer Machtdemonstration zu einem funktionalen Verständnis verschoben habe, in der die räumliche Verankerung eine ökonomisch-politische Form darstelle (vgl. Foucault 2003: 252–254).
[107] Für Musarra-Schrøder (vgl. 2010: 19–52, hier 19) nimmt die Architektur in Calvinos Œuvre sowohl als Metapher und Strukturmodell als auch als konkrete und sichtbare Form, in der die Welt erscheint, eine paradigmatische Rolle ein.

Die Szene lässt in ihrer figürlichen Anordnung und ihrem monotonen Elend an Illustrationen von Dantes *Inferno* denken. Anders als in der *Göttlichen Komödie* lässt sich der Protagonist allerdings nicht auf die Begegnung mit den ‚Verdammten' ein, sondern er verweilt auf der ‚Schwelle'.[108] Von dort aus betrachtet er die jungen Männer, die der herrschenden Familienmetapher entsprechend ‚figli' genannt werden. Diese Metapher stammt aus den Reformbewegungen der Anstalten im 19. Jahrhundert, als die neue Wissenschaft der Psychiatrie aufkam, die den Wahnsinn zu ihrem Gegenstand machte. In den Einrichtungen sollte nicht mehr das Gefühl des Gefangenseins vermittelt werden, sondern eine familiäre Atmosphäre vorherrschen (vgl. Manicomio modello, o.J.). Foucault (vgl. 1995: 146) erinnert daran, dass die Organisation der kanonischen Familie um 1830, also zur Gründungszeit des Cottolengo, jedoch auch als Kontroll- und Regulierungsinstanz für die Unterwerfung des städtischen Proletariats betrachtet wurde. Die Bezeichnung als Söhne evoziert die Erziehungs- und Disziplinarfunktion ebenso wie die gestreiften Kittel, die an KZ- oder Häftlingskleidung erinnern. Da es scheint, als wären die jungen Männer nicht im Stande ihre Ausscheidungen zu kontrollieren, zielt ihre Erziehung nicht auf die Formung einer potentiell vernunftbegabten Person, sondern allein auf die repressive Disziplinierung des Körpers. Der Aufseher, ‚uno di quei ragazzi brutti ma bravi', der im hierarchischen System des Cottolengos eine höhere Stellung einnimmt, setzt mit Schlägen die Ordnung durch. Hervorgehoben wird eine (noch) nicht menschliche Natur, die auf primitive Reize reagiert: „Sui vetri della veranda brillava un po' di sole, e i giovanotti ridevano ai riflessi, o passavano mutevoli all'ira vociando contro l'uno o l'altro, e poi subito dimenticavano." (GS, 67).[109] Es mag im ersten Moment überraschen, dass die Mutter Oberin einen Blick über die Szenerie schweifen lässt, als befände sie sich in einem „giardino pieno di salute" (GS, 67) statt in „istato di souffrance" (Leopardi 2016: 898–899, *Zib.* [4175]–[4177]). Dabei lässt sich auch dieser Blick als Durchsetzung religiöser Macht lesen, die die biologische Zufälligkeit des Lebens unter eine göttlichen Ordnung zwingt.

Dieser Teil des Kapitels hatte die topologische und topographische Darstellung der sogenannten klassischen Machttypen zum Gegenstand, die sich einer-

---

**108** Im Text heißt es: „Quelli del seggio guardarono un po', dalla soglia, poi si ritirarono, ripercorsero la corsia" (GS, 67). Der Benjaminschen Schwellenkunde folgend lässt sich feststellen, dass an diesem Punkt die Schwelle als Grenze eingehalten wird, während sie am Anfang des Kapitels, angezeigt durch das dunkle Treppenhaus, durchschritten wird (vgl. Menninghaus 1986: 26–58).
**109** Vgl. Agambens Lektüre von Aristoteles, nach dem das Menschliche auf dem Zusammenschluss nach moralischen Kriterien gründet und nicht nur auf Lust- und Schmerzvollem (Agamben 2005: 5).

seits in der biopolitischen Trennung der heterotopischen Cottolengo-Stadt von der Stadt Turin ausdrückt, andererseits aber auch in Struktur und Aufbau des Cottolengo selbst zum Vorschein kommt. Während in diesem Abschnitt der repressive Charakter der Macht im Vordergrund stand, wird im Folgenden die produktive Seite der normalisierenden Bio-Macht deutlich.

### 2.4.2 Der neue Raum – das Wahllokal

Bio-Macht wirkt der berühmten Formel von Carl Schmitt gemäß über die Implikation von Raum und Politik. Die Norm braucht ein homogenes Medium, um anwendbar zu sein, und setzt eine normale Gestaltung der Lebensverhältnisse voraus. „Es gibt keine Norm, die auf ein Chaos anwendbar wäre. Die Ordnung muß hergestellt sein, damit die Rechtsordnung einen Sinn hat." (Schmitt 1934: 20).[110] Um die Anwendung der Rechtsnorm der demokratischen, allgemeinen Wahl im anormalen Raum des Cottolengo ist die Handlung von *La giornata d'uno scrutatore* zentriert. Wenn in Kapitel III die konkrete Errichtung des Wahlraums beschrieben wird, die auf der schmucklosen Anonymität der Räume, der Wahlinstrumente und der einzelnen Bürger in ihrer Funktion im Wahlverfahren basiert, wird dadurch die Durchsetzung einer normierenden Ordnung offenbart:

> Per trasformare una stanza in sezione elettorale (stanza che di solito è un aula di scuola o di tribunale, il camerone di un refettorio, d'una palestra, o un qualsiasi locale d'un ufficio del Comune) bastano poche suppellettili – quei paraventi di legno piallato, senza vernice, che fanno da cabina; quella cassa di legno pure grezzo che è l'urna; quel materiale (i registri, i pacchi di schede, le matite, le penne a sfera, un bastone di ceralacca, dello spago, delle strisce di carta ingommata) che viene preso in consegna dal presidente al momento della „costituzione del seggio" – e una speciale disposizione dei tavoli che si trovano sul posto. (GS, 12)

An dieser Stelle werden die Handlungen beschrieben, die zur Errichtung eines Wahllokals in einem bereits in die disziplinäre Ordnung integrierten Raum führen. Das Cottolengo ist jedoch als heterotopischer Gegenraum charakterisiert,

---

110 Link (1997: 287–289) nennt Schmitts Normalitätsbegriff eine ‚interdiskursive Montage', wobei er betont, dass auch hier Normativität und Normalität trotz ihrer eindeutigen Nähe zueinander nicht als identisch zu bezeichnen sind. Er rechnet Schmitt dem Protonormalismus zu (vgl. FN 157): „Das Funktionieren wird einseitig als staatliche ‚Ordnungs'-Leistung begriffen, so etwas wie zivilgesellschaftliche Spontaneität wird gar nicht erst ins Auge gefaßt. Deshalb schlägt sich die staatlich gesicherte ‚Normalität' umstandslos (auch) in juristischen ‚Normen' nieder – so wie diese juristische ‚Normativität' umgekehrt zur ‚normalen Ordnung' beiträgt." (Link 1997: 287).

weswegen diese Gesten, die Züge von bürokratischer Aneignung und Kontrolle haben, ein Spannungsverhältnis hervorrufen. Denn die ordentliche und harmonische Gestaltung der Verhältnisse im Wahllokal steht in dialektischem Gegensatz zur konkret lebendigen Vielfalt des Cottolengo (vgl. GS 12). Die Sicherheit, die die Rechtsordnung garantiert, wird von einer diffusen Unsicherheit gestört, die letztlich aus der Unbestimmbarkeit des Lebens herrührt: „È la varietà della vita che entra con loro, tipi caratterizzati uno per uno, gesti troppo impacciati o troppo svelti, voci troppo grosse o troppo fine" (GS, 12). Die Cottolengo-Insassen sind weder ordentlich noch normal. Doch nach Schmitt ist für die Rechtswissenschaft nur das Normale erkennbar, alles andere hingegen eine Störung (vgl. Schmitt 1934: 18). Den extremen Fall nennt Schmitt die ‚Ausnahme', welche er mit einer dem Leben immanenten Kraft erklärt: „In der Ausnahme durchbricht die Kraft des wirklichen Lebens die Kruste einer in Wiederholung erstarrten Mechanik." (Schmitt 1934: 22). Es ist dieses Verhältnis, von dem die Spannung im Wahllokal zeugt, bevor die zur Wahl Aufgerufenen eintreffen: „c'è un momento, prima, quando quelli del seggio sono soli, e stanno lì a contare le matite, un momento che ci si sente stringere il cuore" (GS, 12). Auffallend ist, dass die Erzählstimme sowohl die bürokratischen Instrumente der Wahl als auch die Atmosphäre, die im Cottolengo allgemein herrscht, mit dem Wort *squallore* bezeichnet (vgl. GS, 13). Amerigo differenziert dennoch zwischen der Monotonie des Wahlinstrumentariums, das immerhin noch „uno squallore ricco, ricco di segni, di significati" (GS, 13) sei, und der unverständlichen des Cottolengo mit seinen „donne troppo grandi" (GS, 13). Denn anstatt dem alten Kampf um die Vorherrschaft zwischen kirchlicher und staatlicher souveräner Macht beizuwohnen, bemerkt Ormea: „nel quarto d'ora da quando lui era lì, cose e luoghi erano divenuti omogenei, accomunati in un unico anonimo grigiore amministrativo, uguale per le prefetture e le questure come per le grandi opere pie" (GS, 15). Im modernen Staat mit seinen bürokratischen Verfahren, für die symbolisch die graue Farbe der Bleistifte und Akten steht, setzt sich die normalisierende Bio-Macht durch, egal ob es sich dabei um staatliche oder kirchliche Institutionen handelt.

Das Cottolengo ist jedoch kein rein funktioneller Ort der herrschenden Ordnung, wie es eine Schule oder ein Regierungsgebäude sein kann, es ist eine über Ausschluss eingeschlossene ‚Stadt in der Stadt', die nach Regeln funktioniert, welche dem Protagonisten unzugänglich sind. Das Besuchszimmer der Angehörigen, das im vorliegenden Fall zum Wahllokal umfunktioniert wird, ist Teil dieses speziellen Lebensraums. In der heterotopischen Ordnung des Cottolengo lässt es sich als Schleuse zwischen der Cottolengo-Welt und der Außenwelt beschreiben, was bedeutet, dass es mit einer Schwellenfunktion ausgestattet ist. Es ist somit ein Raum, der nie zu beiden Seiten gleichzeitig offensteht, der aber grundsätzlich

Eigenschaften eines offen-geschlossenen Raumes vorweisen kann. Da er sich innerhalb der Cottolengo-Mauern befindet und dessen Regeln unterliegt, werden die Angehörigen temporär in die Ordnung des Cottolengo integriert. Durch die räumliche Umfunktionierung im vorliegenden Fall wird diese Ordnung verkehrt: Das Wahlbüro wird zum Zentrum, von dem eine andere Ordnung ausgeht.

Die Manifestation dieser neuen Ordnung ruft umgehend Konsequenzen hervor, die entlang zweier sich kreuzender Linien verlaufen: Eine Linie ist die des Widerstands gegen diese Ordnung, die andere die der Partizipation. Zunächst scheinen Wahlhelfer und Insassen des Cottolengo gleichermaßen am Gelingen der Wahl interessiert. Zwischen den männlichen und weiblichen Wahlhelfern der beiden entgegengesetzten politischen Richtungen, der leitenden Nonne und einigen neugierigen Insassinnen, entwickelt sich eine Zusammenarbeit bei der Errichtung des Wahllokals. Die Aufregung einiger Cottolengo-Bewohnerinnen, die auf die anderen überspringt, erzeugt dabei eine festliche Atmosphäre.[111] Diese affektiven, partizipativen Momente werden mit dem politischen Klima in Italien nach der Befreiung vom Faschismus verknüpft, „la partecipazione di tutti alle cose e agli atti della politica" (GS, 15), was Ormea in lebhafter Erinnerung ist:[112]

> ricordava le sedi improvvisate dei partiti, piene di fumo, di rumore di ciclostili, di persone incappottate che facveano a gara nello slancio volotario [...] pensò che solo quella democrazia appena nata poteva meritare il nome di democrazia; era quello il valore che invano poco fa egli andava cercando nella modestia delle cose e non trovava; perché quell'epoca era ormai finita, e piano piano a invadere il campo era tornata l'ombra grigia dello Stato burocratico, uguale prima durante e dopo il fascismo, la vecchia separazione fra amministratori e amministrati. (GS, 16)[113]

---

[111] Bazzocchi (vgl. 2005: 62) weist an dieser Stelle auf das Ende der Erzählung hin, wo eine ähnliche Stimmung beschrieben wird.
[112] Hier greift Calvino auf den Mythos der Resistenza zurück, der das antifaschistische Italien nach den verheerenden Konsequenzen des Faschismus einen sollte. Nach Ridolfi (vgl. 2010: 3–48) versuchten die antifaschistischen Bewegungen der Resistenza in einem Rückbezug auf das Risorgimento, die Kontinuität der Nationalgeschichte zu stärken und eine politisch-kulturellen Homogenität zu behaupten. Dabei wurde das Risorgimento als Ausgangspunkt des Gründungsmythos der *Prima Repubblica* (wenn auch aus unterschiedlichen Gründen) zum gemeinsamen Nenner zwischen den Christdemokraten als auch den sozialistischen und kommunistischen Parteien.
[113] Die Nostalgie, in der die lebensbejahende Kraft der Resistenza-Bewegung beschworen wird, aber auch das Interesse an gesellschaftlichen Randfiguren, verbindet den *Scrutatore* mit Calvinos Debütroman, für dessen Neuauflage er 1964 ein kanonisch gewordenes Vorwort schrieb (vgl. *Pref.* 1964). Darin heißt es, der Wert des Textes bestehe in „l'immagine di una forza vitale ancora oscura in cui si saldano l'indigenza del ‚troppo giovane' e l'indigenza degli esclusi e dei reietti." (*Pref.*, 1201).

Demokratie und Bürokratie stehen sich hier also konzeptionell gegenüber: Während letztere eine administrative Regierungstechnik beschreibt, die in der „vecchia separazione fra amministratori e amministrati" (GS, 16) bestehe, erscheint erstere als kollektives Moment gesellschaftlicher Teilhabe, als Ausdruck tatsächlicher Volkssouveränität, in der eben diese Trennung aufgehoben sei.[114] Inzwischen sind jedoch selbst die karitativen Einrichtungen in die kapitalistischen Produktionsverhältnisse der Gesellschaft eingetreten und erfüllen ihren gesellschaftlichen Zweck in der Produktion von Wahlstimmen (vgl. GS, 16–17). Dabei ließen die Anfänge einmal auf eine andere Gesellschaft hoffen, „in cui non era l'interesse che contava, ma la vita" (GS, 16). Den Prozess, den das Cottolengo seither durchlaufen hat, vergleicht *scrutatore* Ormea mit dem der Demokratie. Auch die in der Resistenza genährten Hoffnungen auf eine radikal neue Ordnung mussten der Enttäuschung weichen, dass die bürokratisch-formellen Elemente der demokratischen Republik letztlich eine Kontinuität mit den Verwaltungsformen vor und während des Faschimus bezeugen, so dass er sich am Ende fragt: „Dunque, quello che conta d'ogni cosa è solo il momento in cui comincia, in cui tutte le energie sono tese, in cui non esiste che il futuro?" (GS, 17).[115]

Die theoretischen Überlegungen zum Problem der *arché* verweisen auch auf die Frage nach einem originären Raum: schafft jeder neue Anfang zwangsweise einen neuen Raum und umgekehrt? „Qui" (GS, 17), an diesem Ort, geschieht jedenfalls etwas durch die Zusammenarbeit der Anwesenden: Es öffnet sich „un luogo-tempo degli inizi" (Bazzocchi 2005: 62) sowie eine „possibilità di stacco dall'ordine delle cose" (Bazzocchi 2005: 62). Da die kollektive Schwellenerfahrung, die in der Befreiung vom Faschismus gemacht wurde, das „uneingelöste Versprechen" (Menninghaus 1986: 53) auf eine neue Gesellschaft in sich trägt, kann es sich mit seinen „revolutionären Energien" (Menninghaus 1986: 53) und seiner dialektischen Kraft aktualisieren. Schwellen und Schwellenerfahrungen seien für Benjamin deshalb auch ideale Gegenstände, weil sich in ihnen „Abgelebtheit und tendenzielles Vergangensein mit einer Aktualität der Erkennbarkeit und einer Potentialität noch unabgegoltener Sinnstiftung" (Menninghaus 1986: 54) verschränkten.

Ohne die spezifische Thematik der biopolitisch verfassten Lebensform dahinter zu erkennen, liefert Bazzocchi (vgl. 2005: 59–79, hier 61) den bedeutenden

---

114 Eine parallele Lektüre liefert Asor Rosa (2013: 262). Er beschreibt die Resistenza als „anzitutto una grande esperienza democratica, cioè di compenetrazione profonda tra dirigenti e organizzati, tra capi e militanti." Zur Frage nach der grundsätzlichen Bedeutung des Demokratie-Begriffs, die hier aufgeworfen wird, vgl. den Debattenband *Demokratie?* (Agamben u. a. 2012).
115 Vgl. zum Motiv des Ursprungs bei Calvino Barenghi (2007: 46).

Hinweis darauf, dass sich diese Öffnungen in der Geschichte durch ein Maximum an Lebensenergie auszeichnen, welche von starker Spannung, aber auch von starker Vergänglichkeit gekennzeichnet sind, womit die Frage eher in den Bereich des Biologischen als des Geschichtlichen gehöre.[116] Die Cottolengo-‚Mädchen' lachen, rennen und legen einen Arbeitseifer an den Tag, der für Amerigo Ormea nur noch zur nostalgischen Erinnerung an andere Zeiten gehört.

Hinter dem Eifer, den Nonnen und Insassen bei den Wahlvorbereitungen an den Tag legen, vermutet Ormea jedoch auch eine gegensätzliche Tendenz, die einen Widerstand gegen die neue Ordnung in sich trägt. Denn das integrative Moment der Zusammenarbeit ist nur eine Falte im Geflecht der normalisierenden Bio-Macht: Die Errichtung eines neuen Raums lässt den biopolitischen Ausschlussmechanismus wieder greifen. Schwestern und Insassen des Cottolengo weisen dafür eine besondere Sensibilität auf: „nelle monache e nelle ricoverate era come si stessero preparando lì intorno delle trincee, contro un nemico, un assalitore: e questo subbuglio delle elezioni fosse appunto la trincea, la difesa, ma insieme in qualche modo anche il nemico" (GS, 18). Die Metaphern aus dem militärischen Bereich verstärken den Eindruck, dass sich diese auf die Seite einer dunklen Präsenz stellen. Diese bedrohliche Macht, deren Anwesenheit für alle spürbar, aber nicht sichtbar ist, ist das ausgeschlossene Leben, das jeden Moment aus den Schlupfwinkeln des Cottolengo hervorkriechen kann, um die etablierte Ordnung aus ihren Fugen zu heben: „e tutti stessero invece lì ad aspettare che da quei recessi invisibili si manifestasse una presenza, forse una sfida" (GS, 18). Denn diese Präsenz, die das ‚Anormale' darstellt, so Unterthurner (2017: 87) im Hinblick auf die Ausbildung der Bio-Macht durch die Thematisierung des Gesellschaftskörpers in der Psychiatrie des 19. Jahrhunderts, „ist kein politischer Gegner, sondern eine biologische Gefahr für den Gesellschaftskörper." Am Endpunkt des dritten Kapitels kulminiert die Spannung, die in den ersten beiden Kapiteln aufgebaut wurde, zum ersten Mal tritt etwas zum Vorschein, es kommt zu einem Ereignis (vgl. GS, 18–19).[117]

Noch bevor sie sichtbar wird, kündigt sich die absonderliche Gestalt durch einen spezifischen Schritt an, den Ormea nicht recht einzuordnen vermag: ein Hinken oder doch eher ein Klopfen? Dann erscheint die kleine Frau in der Tür,

---

**116** Leider überblickt Bazzocchi durch den Hinweis auf das Biologische, das in der vorliegenden Perspektive ein Wissensdispositiv darstellt, das die von ihm beschriebene Lebensenergie gerade besetzt hält, das Potenzial des Lebendigen.
**117** Zur Ereignishaftigkeit von Ereignissen, im Sinne des Eintretens eines Geschehens sowie dessen Darstellung: ein ‚Sich-Zeigen' und ‚Eräugnen' (also eines ‚vor Augen stellen'), das im Zentrum eines modernen Geschichtsbegriffs steht, siehe das *Wallenstein-Problem* bei Vogl (2014: 51–72).

wie auf einem Hocker sitzend, statt ihrer eigenen Füße blitzen jedoch die Füße des Hockers unter ihrem Rock hervor: ‚e sotto – sotto alla vita, alle anche della donna – non pareva che ci fosse più niente'. Der Passus offenbart den Schock, den der Anblick der Frau ohne Beine bei Ormea auslöst. Statt der sonst ubiquitären Klammern und Einschübe, die Ormeas Reflexionen begleiten, dominieren an dieser Stelle kurze Sätze und Wiederholungen. Ormea scheint um jedes Wort zu ringen, das die unbekannte Realität wiedergeben soll. Unter Bezug auf Warburgs ‚Pathosformeln' und die ornamentale Ästhetik schreibt Borsò (2014b: 274): „Im ‚ornamentalen Schreiben' sind Wiederholungen die Markierung der materiellen Spur von Leben." In einer Analyse neorealistischer Filmästhetik bezeichnet sie diese als „Oberflächenmuster, in denen der Rhythmus der Wiederholungen und der Differenzen die eigentliche Mitteilung" (Borsò 2014b: 273) sei. In ihrem Manierismus sei der Versuch enthalten, sich den Dingen in ihrer kontingenten Kohärenz anzunähern, ohne ihre Differenz aufzugeben (vgl. Borsò 2014b: 273). Am Ende setzt Ormea einen Tier-Vergleich ein, wodurch das Potentielle, Ereignishafte, die Störung, eingehegt und auf Bekanntes zurückgeführt wird, was zudem die biopolitische Trennung reaktiviert: Die Beine des Hockers werden mit Vogelbeinen verglichen (vgl. GS, 19).

Die Durchsetzung des allgemeinen Wahlrechts im Cottolengo etabliert einen neuen politischen Raum, in dem die Frau ohne Beine sichtbar wird.[118] Das Wahllokal lässt sich insofern als erster konkreter Schwellenraum innerhalb des Cottolengo lesen, als dass darin innen und außen miteinander in eine dynamische Beziehung treten und dadurch erst die Möglichkeitsbedingungen schaffen, etwas für die Außenwelt zuvor Unsichtbares auftauchen zu lassen, was in diesem ersten Fall die Frau ohne Beine symbolisiert. Doch schon der Beginn des nächsten Kapitels zeigt, wie schnell sich dieser Schwellenraum wieder schließen kann: „A tutto ci si abitua, più in fretta di quanto non si creda. Anche a veder votare i ricoverati del ‚Cottolengo'." (GS, 20). Für Amerigo Ormea und den gesamten Wahlvorstand hat sich die Situation ‚normalisiert', „ma di là, nei votanti, continuava a serpeggiare il fermento dell'eccezione, della rottura della norma". (GS, 20) Das Ereignis der Wahl beunruhigt die Cottolengo-Bevölkerung, weil es ihre Ordnung erschüttert.

---

**118** Das Volk der Curvaldi, wie es Calvino in der *Postfazione ai Nostri antenati* (*Nota* 1960: hier 1217) beschreibt, lässt sich in gewisser Weise mit dem Teil der Cottolengo-Bevölkerung vergleichen, der die ‚Frau ohne Beine' angehört: „E [...] l'esistere come esperienza storica, presa di coscienza d'un popolo fin lì tenuto fuori dalla storia (concetto molte volte espresso da Carlo Levi), e opposi ai Cavalieri del Gral il popolo dei Curvaldi, tanto miseri e angariati da non saper nemmeno d'essere al mondo, e che lo impareranno lottando."

> Le elezioni in sé non c'entravano: chi ne sapeva nulla? Il pensiero che li occupava pareva essere soprattutto quello dell'insolita prestazione pubblica richiesta a loro, abitatori di un mondo nascosto, impreparati a recitare una parte di protagonisti sotto l'inflessibile sguardo di estranei, di rappresentanti d'un ordine sconosciuto (GS, 20)

Das unbeugsame Auge der Macht nivelliert die Unterschiede in den Lebensbedingungen derer, die auf Tragen und Krücken zur Stimmabgabe gebracht werden müssen. Rancière (2018: 41) nennt polizeiliche Ordnung, „eine Ordnung des Sichtbaren und des Sagbaren, die dafür zuständig ist, dass diese Tätigkeit sichtbar ist und jene andere es nicht ist". Das Leiden der einen ist dieser Ordnung ebenso gleichgültig wie der Stolz derer, die sich einer Welt präsentieren, die sie normalerweise ignoriert. Die Stimmabgabe richtet für einen Augenblick den Kegel eines Scheinwerfers auf die Dunkelheit der Cottolengo-Welt, bevor sie diese im nächsten Moment wieder gänzlich verschluckt. Für Ormea zeigt sich an dieser Stelle die Fiktion der Freiheit, die die demokratische Wahl zelebriert. Doch er fragt sich auch, ob in diesem Akt aufgezwungener Freiheit vielleicht ein Funken wirklicher Freiheit steckt.

In diesen Fragen kommt Ormea den Gedanken sehr nah, auf denen Jacques Rancière seine Überlegungen zur notwendigen Verbindung von Politik und Ästhetik aufbaut (vgl. Rancière 2018; 2008). Als Ausgangspunkt seines Denkens setzt Rancière ‚radikale Gleichheit', was bedeutet, dass diese nicht als politisches Ziel gedacht wird, sondern als Voraussetzung jeglichen politischen Handelns. Außerdem unterscheidet er zwischen dem Begriff der Polizei, den er in Anlehnung an Foucaults Studien zur Polizeiwissenschaft (vgl. Foucault 2006a) definiert, und dem der Politik:

> Die Polizei ist [...] zuerst eine Ordnung der Körper, die die Aufteilungen unter den Weisen des Machens, den Weisen des Seins und den Weisen des Sagens bestimmt, die dafür zuständig ist, dass diese Körper durch ihre Namen diesem Platz und jener Aufgabe zugewiesen sind; sie ist eine Ordnung des Sichtbaren und des Sagbaren, die dafür zuständig ist, dass diese Tätigkeit sichtbar ist und jene andere es nicht ist, dass dieses Wort als Rede verstanden wird, und jenes andere als Lärm (Rancière 2018: 41)

In dieser Logik hat ein jedes seinen Platz in der politischen Ordnung, was eine Voraussetzung für Zählung und Berechenbarkeit ist; die Summe der Teile entspricht dem Ganzen. Diese Definition der polizeilichen Ordnung erinnert stark an den biopolitischen Staat, die Verfasstheit des „modernen Verwaltungsapparat" (Wetzel & Claviez 2016: 3), an den „Stato burocratico" (GS, 16). Rancière (2018: 41, Herv. im Orig.) spezifiziert, dass die polizeiliche Ordnung weniger die Disziplinierung der Körper beschreibt, als vielmehr „eine Regel ihres Erscheinens, eine Gestaltung der *Beschäftigungen* und der Eigenschaften der Räume, auf die diese Beschäftigungen verteilt sind." Die Politik wiederum beschreibt das, was „die sinnliche Gestaltung zerbricht":

> Dieser Bruch offenbart sich in einer Reihe von Taten, die den Raum neu ordnen, wo die Teile, Anteile und die Abwesenheit der Anteile sich bestimmten. Die politische Tätigkeit ist jene, die einen Körper von dem Ort entfernt, der ihm zugeordnet war oder die Bestimmung eines Ortes ändert; sie lässt sehen, was keinen Ort hatte gesehen zu werden, lässt eine Rede hören, die nur als Lärm gehört wurde (Rancière 2018: 41)

Der Raum hat also auch in Rancières Denken des Politischen eine entscheidende Rolle inne, er ist der Ort, an dem sich Anteile und Abwesenheit der Anteile bestimmen. Wenn man von einer radikalen Gleichheit ausgeht, bildet sich darin das ‚fundamentale Unrecht' (*le tort fondamental*) ab, denn denen, die in der Gesellschaft Gehör finden und sichtbar sind, stehen jene gegenüber, die ‚anteilslos' (*sans-part*) sind (vgl. Wetzel & Claviez 2016: 47–53). Politisch ist in dieser Logik nur das, was zur Sprache bringt und zu Sichtbarkeit verhilft, indem ein Körper seinen ihm von der polizeilichen Ordnung zugewiesenen Platz verlässt.

Auch Rancière geht bei seinen Herleitungen von Figuren der griechischen Antike aus, indem er den Unterschied in der *Aisthesis* hervorhebt, wie ihn Aristoteles in der berühmten Passage über die Natur des Menschen beschrieben hat (vgl. Aristoteles, *Politik 1253a, 4*). Dabei verweist er auf den Sklaven als Schwellenfigur, die den Übergang von der Tierheit zur Menschheit markiert, indem sie an der Gemeinschaft der Sprache nur durch Verstehen teilhat, nicht aber durch Besitz: Er ist mit *lógos* begabt, aber auf *phoné* beschränkt (vgl. Aristoteles, *Politik 1254b, 22*). Diese Ordnung der Unfreiheit stützt sich jedoch auf einen anfänglichen Widerspruch, denn die Ordnung kann nur durchgesetzt werden, wenn den Befehlen Gehorsam geleistet wird. Aber um einem Befehl gehorchen zu können, muss er verstanden werden, was wiederum eine Gleichheit zwischen denen, die befehlen und denen, die gehorchen, voraussetzt.

> Die Ungleichheit ist letztlich nur durch Gleichheit möglich. Es gibt Politik, wenn die als natürlich vorausgesetzte Logik der Herrschaft von dem Effekt dieser Gleichheit durchkreuzt wird. Das bedeutet, dass es nicht immer Politik gibt. Es gibt sie sogar wenig und selten. Was man normalerweise zur politischen Geschichte oder zur Politikwissenschaft rechnet, gehört tatsächlich meistens anderen Maschinerien an, die von der Ausübung der Majestät, von der Stellvertretung der Gottheit, vom Befehlen der Armeen oder der Verwaltung von Interessen herrühren. Es gibt Politik nur, wenn diese Maschinerien durch eine Voraussetzung unterbrochen sind, die ihnen völlig fremd ist, ohne die sie jedoch letztlich nicht funktionieren könnten: die Voraussetzung der Gleichheit zwischen Beliebigen, oder, alles in allem, die paradoxe Wirksamkeit der reinen Kontingenz jeder gesellschaftlichen Ordnung. (Rancière 2018: 29)

Der Begriff der Maschinerie ist rückbindbar an die Analysen Agambens zur biopolitischen Maschine (vgl. Agamben 2002), und verweist dabei außerdem auf das Bild der ‚Fabrik', das Calvino bemüht hat.[119] Politik im Sinne Rancières tritt dabei als Störung des maschinellen Betriebsablaufs auf, indem sie auf die radikale Gleichheit zwischen Beliebigen verweist, die für den maschinellen Wirkmechanismus zwar als Bedingung fungiert, ihm aber notwendigerweise äußerlich bleibt. Wenn die Politik also den Konflikt über das Dasein einer gemeinsamen Bühne beschreibt (vgl. Rancière 2018: 38), erklärt dies das Verhalten einiger der zur Wahl aufgerufenen Cottolengo-Insassen, nämlich genau desjenigen Teils, der diesen Zusammenhang intuitiv erfasst. In dem Moment, in dem die faktisch Ausgeschlossenen ihre Stimme erheben, sichtbar werden, und damit ihre Gleichheit ausstellen, übersteigen sie die (polizeiliche) Ordnung. Von der Perspektive der herrschenden Ordnung aus, treten sie damit als Störung auf.

Das Beispiel der Umfunktionierung des Besuchszimmers in ein Wahllokal hat zunächst gezeigt, auf welche Weise die Durchsetzung einer neuen Ordnung abläuft. Um von der Realität Besitz zu ergreifen und sie in eine neue Ordnung zu überführen, sind spezifische, normalisierende Handlungen nötig. Das Aufeinandertreffen der beiden gegensätzlichen Ordnungen führt zu einem Schwellenzustand, in dem für einen Moment lang die bestehenden Ordnungen und Trennungen aufgehoben sind. Es kommt zu einer neuen Aufteilung des Sinnlichen, wobei es die normalisierende Bio-Macht ist, die den Raum aufs Neue unterteilt. Die Ordnung ordnet sich um den Mittelpunkt eines Normalitätsfeld an, das ein Außen konstituiert, in dem sich die Ausnahme befindet. Dem demokratischen Versuch, die exkludierten Bereiche durch das allgemeine Wahlrecht gesellschaftlich wieder einzugliedern, wohnt daher eine enorme Spannung inne, die der Text an mehreren Stellen reflektiert (vgl. u. a. GS, 12, 18). Was dabei hervorbricht, ist der Gegensatz von formeller Gleichheit und faktischem Ausschluss. Mit Rancière gesprochen wird die fehlende Teilhabe an der Ordnung des Sinnlichen deutlich. Aus der Perspektive der Ordnung betrachtet, die auch die Perspektive des bürgerlichen Intellektuellen Ormea ist, sind die Phänomene, die im Cottolengo auftauchen, Störfaktoren eines reibungslosen Ablaufs. Im Folgenden wird gezeigt, dass diese mit den fundamentalen Bedingungen des Lebendigen zusammenfallen. Rancières Theorie der politischen Subjektwerdung hebt den Bereich der Ästhetik als zentrales Feld hervor, auf dem sich entscheidende politische Konflikte abspielen. Indem sie für die herrschende Ordnung als po-

---

[119] Ferretti erinnert daran, dass das Bild der Fabrik bei Calvino durchaus ambivalent zu verstehen sei: „essendo la fabbrica sede di sfruttamento e di progresso, di subalternità e di libertà." (Ferretti 1989: 29).

litisches Subjekt sichtbar wird, hat die Wahl der Frau ohne Beine eine genuin politische Dimension. Im anschließenden Kapitel werden weitere ‚Störungen' diskutiert, die die gewohnte Wahrnehmung unterlaufen, damit die Norm in Frage stellen und auf die heterogene Konstellation von Wissen und Leben hinweisen.

# 3 Ästhetik/Ethik – Störungen

Die paradoxe Situation, dass das Wissen, das durch optische Dispositive und Technologien über das Leben gesammelt wird, immer auch einen unsichtbaren Bereich erzeugt, es aber gerade dieser Bereich ist, in dem sich das Leben ereignet, weist auf den ethischen Charakter hin, den die Störung diesem Zugriff gegenüber einnimmt (vgl. Borsò 2010: 234–236). Dieser Zusammenhang klang bereits in den vorhergehenden Kapiteln an, in denen der Mechanismus der biopolitischen Spaltung besprochen wurde. Die Störungen, mit denen Protagonist Ormea im Text konfrontiert wird, möchte ich mit Bernhard Waldenfels (vgl. 2006: 53) als „Widerfahrnis" auffassen und untersuchen, wie sie sich symptomatisch auf Ebene der Ästhetik äußern, aber auch welche ethischen Implikationen sie haben können. Konkret betreffen sie die drei zusammenhängenden Bereiche Blick, Form und Körper, die im Folgenden diskutiert werden.

## 3.1 Blickstörung

Wenn das Cottolengo ein Ort für „versteckt gehaltene Kreaturen" (GS, 7) ist, zu dem der Protagonist und *scrutatore* Amerigo Ormea nur ausnahmsweise Zutritt erhält, öffnen diese Prämissen einen dialektischen Horizont, der sich zwischen den Polen der Sichtbarkeit und der Unsichtbarkeit aufspannt.[1] Im Cottolengo ist ‚wiedererkennendes Sehen', das sich auf ‚Schon-Gesehenes' stützt, eben gerade nicht möglich, sondern der Blick wird hier notwendigerweise zum Ereignis. Dieses Blickereignis des ‚sehenden Sehens' lässt etwas zum Vorschein kommen, das vorher weder sichtbar noch beschreibbar war (vgl. Waldenfels 1999: 124). Dabei geht es um die Frage der Unterscheidung zwischen dem Sehen als Potenz des Schauens, der Visualität, und des Nachvollzugs der Ordnung des Sichtbaren durch den Blick, der Visibilität bzw. Sichtbarkeit (vgl. Borsò 2012b). Der Blick ist in diesem Verständnis eine Art Vermittlungsinstanz zwischen Sehendem und Gesehenem, er „verleiht dem Sehen die Dichte eines leibhaftigen Sehens" (Waldenfels 1999: 125). Als Unterbrechung des ‚ruhigen Sehens' ist er wie sein etymologischer Verwandter ein ‚Blitz', der die Monotonie durchzuckt und sich auf etwas richtet, das ihn möglicherweise gar ‚fesselt'. Dieses Etwas muss uns erst

---

[1] Diese Gegenüberstellung bildet für Merleau-Ponty den Anfangspunkt, auf dem die gesamte westliche Metaphysik aufbaut, wobei er die platonische Gegenüberstellung von sichtbaren, veränderbaren und unsichtbaren, ewigen Dingen zugunsten eines ‚Chiasmus' aufhebt (vgl. Merleau-Ponty 2004).

einmal auffallen, einfallen, zustoßen. Dabei ist es wichtig zu begreifen, dass nicht *ich* diese Akte vollziehe. „*Es* fällt mir ein, *es* fällt mir auf, *es* springt ins Auge." (Waldenfels 1999: 126, Herv. im Orig.). Hier wird die Anonymität und Unpersönlichkeit einer Wahrnehmungsform betont, bei der es keine Kontrolle über das zu Sehende gibt. Waldenfels (1999: 126, Herv. im Orig.) verknüpft es mit einem Finden, das kein Wiederfinden ist:

> Ein Finden, das mehr bedeutet als bloßes Wiederfinden, überschreitet eine Schwelle. Es stößt auf etwas, das uns überfällt und überrascht, das sowohl Erschrecken wie Erstaunen auslöst und Züge vom *tremendum* wie vom *fascinosum* an sich hat. (Waldenfels 1999: 126, Herv. im Orig.)

Dieses ‚Etwas', das als nicht abrufbares Ereignis auftritt, wirkt als ein Fremdes, das die Grenzen der Ordnung übersteigt. Die Erfahrung der Begegnung mit dem Fremden kann heftige Reaktionen auslösen, was durch den Protagonisten Ormea im Laufe der Erzählhandlung mehrfach bezeugt wird. Die Beschreibung der Wahl der Frau ohne Beine trägt Züge vom *tremendum* wie vom *fascinosum*. Gleiches lässt sich von der Kontrolle der Ausweisdokumente der Nonnen in Kapitel VII behaupten, obwohl es zunächst gerade nicht danach scheint. Ormea erfährt im Gegenteil „una specie di riposo dello spirito" (GS II, 33), da sein Blick auf der harmonischen Formsprache ruhen kann, zu der die monochromatische Farbgebung der Ordenstracht genauso beiträgt wie ihre geometrischen Schnitte, die das Passfotoformat noch hervorhebt:

> sotto gli occhi di Amerigo continuavano a passare fotografie e fotografie formato tessera, tutte ugualmente ripartite di spazi bianchi e neri, l'ogiva del viso incorniciata dalle bianche bende e dal trapezio pettorale, il tutto inscritto nel triangolo nero del velo. (GS, 33)

Durch die Übereinstimmung in der Kameraeinstellung und der Ordenskleidung ist eine maximale Ähnlichkeit zwischen den Fotografien erreicht. Die Gesichter wirken fotogen und sind von natürlich heiterem Ausdruck (vgl. GS, 33). Zwischen den lebendigen Nonnen und ihren Abbildern ist nur in wenigen Fällen ein Bruch wahrnehmbar: „nelle fotografie formato tessera, novanta casi su cento, uno viene con gli occhi sbarrati, i lineamenti gonfi, un sorriso che non lega." (GS, 33). Doch es sind gerade die störenden Details, die weit geöffneten Augen, die geschwollenen Gesichtszüge, das schiefe Lächeln, in denen sich der Protagonist wiedererkennt:

> lui era sempre così che riusciva, e adesso, controllando queste carte d'identità, in ogni foto in cui trovava sembianze tese, atteggiate a espressioni innaturali, riconosceva la sua stessa mancanza di libertà di fronte all'occhio di vetro che ti trasforma in oggetto, il suo rapporto privo di distacco verso se stesso, la nevrosi, l'impazienza che prefigura la morte nelle fotografie dei vivi. (GS, 33–34)

Erst als Ormea diese Ausweisdokumente kontrolliert, wird ihm der Zwangsmechanismus des Dispositivs Fotografie bewusst: Es verwandelt ein Subjekt in ein Objekt, macht Lebendiges zu totem Material. In diesem Verhältnis gibt es kein Anderes mehr, das ‚Glasauge' hat einen kalten, absoluten, gefangennehmenden Blick, denn es ist ein Instrument der bürokratischen Macht. Der Ausweis bildet biometrische Parameter ab, das Passbild gilt der Möglichkeit der eindeutigen Identifizierung einer Person. Der Fokus liegt also auf der Ähnlichkeit des lebendigen Menschen mit der abgebildeten Person. Dabei tritt jedoch eine Erstarrung ein, womit die Szene der Kontrolle der Ausweisdokumente das vorwegnimmt, was Roland Barthes 20 Jahre später in *La chambre claire* (vgl. 2016: 12–17) zusammenfasst, „la morte nelle fotografie dei vivi" (GS, 34). Der Unterschied zwischen den harmonischen und den schiefen Fotografien scheint in der Frage der Identität begründet zu liegen: Während die einen vollkommen identisch mit ihrem Abbild sind, wirkt es als würde bei den anderen eine Differenz, das lebendige Gesicht von der unbelebten Fotografie trennen. Ormea vermutet, dass eine Schwellenerfahrung hinter dem Geheimnis der harmonischen Gesichter steckt: „bisognava avessero passato come una soglia, dimenticandosi di sè e allora la fotografia registrava quest'immediatezza e pace interiore e beatitudine" (GS, 34). Darin gleichen sie den ‚idioti completi', denen das eigene Abbild gleichermaßen keine Schwierigkeiten zu bereiten scheint. Das Wort ‚registrieren' weist auf den deiktischen Charakter der Fotografie hin, denn diese zeigt nur das, was auch tatsächlich ‚da' ist.[2] Doch wo genau verläuft die Schwelle zur „immediatezza e pace interiore e beatitudine" (GS, 34)?

Eine klare Antwort auf diese Frage gibt der Text nicht, verweist aber darauf, dass die Nonnen nur durch mühevolle Arbeit das erreichen, was die ‚idioti completi' bereits von Geburt an besitzen. Wenn die Schwelle das ‚ego' darstellt, dann reiht Ormea all jene, die ‚auf halber Strecke' geblieben sind, „i minorati, i disadatti, i tardi, i nevrotici" (GS, 34), zwischen diesen beiden Extrempunkten ein, also den Wesen, die nie ein Ich-Bewusstsein gehabt zu haben scheinen und den Nonnen, die dieses scheinbar aufgegeben haben. Die Abbilder all

---

2 Vgl. zur Fotografie als Reales und *Tyche* Barthes (2016: 6–9). In der italienischen Version seiner *Nota sulla fotografia* beschreibt er im Kapitel *Scrutare* (vgl. Barthes 2016: 99–101, hier 100–101) ein Vorgehen, das dem gleichlautenden *Scrutatore* tatsächlich zu entsprechen scheint: „scrutare vuol dire voltare la foto dall'altra parte, significa penetrare nella profondità del rettangolo di carta, raggiungere la sua faccia retrostante (per noi occidentali, ciò che è nascosto è piú ‚vero' di ciò che è visibile). Ma ahimè, per quanto scruti, io non scopro niente: se ingrandisco, non faccio altro che ingrandire la grana della carta: disfo l'immagine a vantaggio della sua materia; e se non ingrandisco, se mi accontento di scrutare, non ottengo che un solo sapere, che possiedo da molto tempo, sin dalla mia prima occhiata: il sapere che ciò è effettivamente stato: l'approfondimento non ha prodotto niente."

jener, die sich „a metà strada" (GS, 34) befinden, sind von schmerzhafter Lebendigkeit gezeichnet. Zu ihnen gehört schließlich auch die junge Nonne, die auf einer Krankenbahre in die Wahlkabine gebracht wird. Ormea ist gleichsam fasziniert und erschrocken:

> Amerigo avrebbe voluto non essere attratto a guardarla. La lasciarono in cabina sulla barella, con uno sgabello vicino, che facesse anche lei la sua crocetta. Ad Amerigo, sul tavolo, mentre lei era di là, restava il documento. Guardò la fotografia; ebbe spavento. Era, con gli stessi lineamenti, un viso d'annegata al fondo di un pozzo, che gridava con gli occhi, trascinata giú nel buio. (GS, 34–35)

Mit Waldenfels (Waldenfels 2006: 43, Herv. im Orig.) lässt sich die Szene anhand der Konzeption des griechischen ‚Pathos' beschreiben:

> Pathos bedeutet, daß wir *von etwas* getroffen sind, und zwar derart, daß dieses Wovon weder in einem vorgängigen Was fundiert, noch in einem nachträglich erzielten Wozu aufgehoben ist. (Waldenfels 2006: 43, Herv. im Orig.)

Durch die Begegnung mit dem Pathischen werden Sinnzusammenhänge erschüttert, die zuvor intentional produziert wurden.[3] Statt der harmonischen Übereinstimmung von konkreter Person und Abbild verweisen die ‚hässlichen' Fotografien auf eine Differenz, die die Möglichkeit einer Überschreitung der Form anzeigt. Für Ormea stellt sich daraufhin die Frage, ob es besser sei die Seligkeit zu erlangen oder die Angst im Angesicht mortifizierender Bewegungslosigkeit zu behalten. Es ist ein Bruch in der Erfahrung erfolgt, der nach Antwort verlangt. Das ‚*wovon* man getroffen wurde' wird zum ‚*worauf* geantwortet wird', dabei geht die antwortende Bewegung nicht von einem selbst, sondern von *anderswo* aus.

> Die Eigenheit, ohne die niemand er oder sie selbst wäre, verdankt sich dem Eingehen auf Fremdes, das sich uns entzieht. Eben dies bezeichne ich als Antworten, als Response. Die Instanz, die in der Moderne den Titel ‚Subjekt' trägt, tritt vorweg als Patient und als Respondent auf, also in der Weise, daß ich beteiligt bin, aber nicht als Initiator, sondern als jemand, der buchstäblich bestimmten Erfahrungen unterworfen ist [...] Die Responsivität geht über jede Intentionalität hinaus, da das Eingehen auf das, was uns zustößt, sich nicht in der Sinnhaftigkeit, Verständlichkeit oder Wahrheit dessen erschöpft, was wir zur Antwort geben. (Waldenfels 2006: 45)

---

3 Intentionalität erklärt Waldenfels (2006: 34–38, hier 34) mit der Formel ‚etwas zeigt sich als etwas'. Damit ist gemeint, dass sich etwas Wirkliches, Mögliches bzw. Unmögliches mit einem bestimmten Sinn oder einer Bedeutung verbunden hat, dabei aber wesentlich von diesem geschieden bleibt. Letzteres bildet den Ausgangspunkt für die Infragestellung der Intentionalität: „Daß etwas *als etwas* erscheint, bedeutet eben nicht, daß es *etwas ist*. Es *wird zu etwas*, indem es einen Sinn empfängt und damit sagbar, traktierbar, wiederholbar wird." (Waldenfels 2006: 38, Herv. im Orig.)

Auf jemanden zu hören bedeutet mehr als einfach *etwas* zu hören. Waldenfels bringt das Motiv des Pathos mit der Sprache der ‚Affekte' in Zusammenhang, wobei er auf die lateinische Wortzusammensetzung von ‚*afficere*' verweist und diese mit den deutschen Termini ‚Antun', ‚Angehen', ‚Anruf' verbindet. Das originäre Auseinandertreten von Pathos bzw. Widerfahrnis und Response bezeichnet er als Diastase, wobei das Pathos als immer vorgängig, die Response als immer nachträglich erscheint. Pathos und Response erzeugen eine „gegenüber sich selbst verschobene Erfahrung" (Waldenfels 2006: 50). Dieser Zusammenhang wird im Feld der Traumatisierung besonders deutlich „in der pathologischen Form einer Fixierung auf das Widerfahrnis und einer entsprechenden Antwortblockade" (Waldenfels 2006: 53). Die Antwortblockade des Protagonisten zieht sich fast durch den gesamten Text, indem er den Wahlbetrug im Cottolengo trotz seines gegenteiligen Vorhabens über weite Strecken gerade nicht verhindert. Daran wird deutlich, dass die Überzeugungen, die er zu Beginn der Erzählung äußert, keine angemessene Antwort auf die Ereignisse im Cottolengo liefern können, was sich auch an der sprachlichen Gestaltung des Textes ablesen lässt. In pathischen Momenten wird beispielsweise auf Wiederholungen und paratakischen Satzbau zurückgegriffen, während die Fixierung auf das Widerfahrnis durch Hypotaxe sowie Einschübe gekennzeichnet ist (vgl. u. a. GS, 18–19; 28–32). Erst als er sich von etwas Fremden affizieren lässt (vgl. GS, 70), erlangt er seine Handlungsfähigkeit wieder.

Eine derartige Lektüre des *Scrutatore* kann als Beispiel für die von Waldenfels (2006: 56) vorgeschlagene „responsive Ethik" herangezogen werden. Dieser betont die pathische Phase, in der das Eigene herausgefordert, erschreckt, herausgelockt, also in jedem Fall gestört wird, bevor es in ein fragendes Wissen und Verstehenwollen übergeht. Diese ‚responsive Differenz' zwischen dem Widerfahrnis und unserer Antwort wird eingeebnet, wenn das Sinngeschehen entweder intentional oder regelgemäß abgeleitet wird. Waldenfels schlägt also vor, die Herausforderung dessen, *worauf* ich antworte, in ihrer ganzen störenden Kraft ernstzunehmen, um im fremden Anspruch gegebenenfalls eine Antwort erst zu finden, statt lediglich etwas abzurufen. Auf die alte Frage nach dem Wesen des Menschen, hat Waldenfels (2006: 62) eine kreative Antwort gefunden: „Der Mensch ist ein Lebewesen, das Antworten gibt." Dieses Antworten richtet sich nach einer bestimmten Logik: Zum einen werden die Ansprüche als Singularitäten behandelt, die „von gewohnten Ereignissen abweichen und ein anderes Sehen, Denken und Handeln ermöglichen" (Waldenfels 2006: 63). Außerdem wohnt ihnen eine spezifische ‚Unausweichlichkeit' inne, da auf vernommene Ansprüche nicht nicht geantwortet werden kann. Ein weiteres Kennzeichen der responsiven Logik ist die als Diastase bezeichnete Nachträglichkeit, aufgrund derer die Konstituierung einer Ordnung als Ereignis nicht

Teil der gleichen Ordnung sein kann.[4] Schließlich geht mit ihr eine gewisse Asymmetrie einher, die in dem Moment offen zutage tritt, in dem ein ungeahnter Anspruch „eine bestehende Ordnung durchbricht und die Bedingungen des Verstehens und der Verständigung mit verändert. Dort, wo die Ordnung der Dinge ins Wanken kommt, klafft ein Hiatus zwischen fremder Provokation und eigener Produktion." (Waldenfels 2006: 67).

Mit der Frage nach der eigenen Positionierung und dem Blick auf das Andere wird ein Gebiet betreten, das durch die Phänomenologie abgesteckt, eingekerbt und erweitert wurde.[5] Calvino hat sich im Verfassungszeitraum des *Scrutatore* eingehend mit den phänomenologisch beeinflussten Thesen der französischen *Ècole du Regard* auseinandergesetzt,[6] was im vorliegenden Text auch an mehreren Stellen deutlich wird (vgl. insb. Kapitel VII, GS, 33–35). Die Versuche eines ‚neuen' Blicks auf den Anderen, die sich im *Scrutatore* finden, lassen den Blick zu einer Schwellenerfahrung werden, die zum Leben hin offen ist. Es ist ein Blick, der dem kulturellen Wandel der 1950er Jahre Rechnung trägt, sich aber nicht in einer reinen Äußerlichkeit verliert, wie Calvinos Kritik am französischen *nouveau roman* lautet (vgl. *Mare*, 58–60; Barenghi 2007: 52–53). Außerdem ist es ein Blick, der seine Offenheit und Lebendigkeit erhält, weil er auf der Schwelle angesiedelt ist: zwischen innen und außen, Eigenem und Fremden, körperlichsinnlicher Erfahrung und sprachlicher Repräsentation.

Um die Dualität des dialektischen Subjekt-Objekt-Verhältnisses zu unterbrechen und einen respektvollen Blick auf den Anderen einzunehmen, sind Blickverschiebungen, „Manöver des Blicks" (Rovatti 2004b: 7) sowie Störungen jenes zugreifenden Blicks angezeigt (vgl. Waldenfels 1999), den Vorläufigkeit und ständiger Entzug außer Kraft setzen. Der Blick kann dann als „sguardo intermittente e provvisorio" (Rovatti 2004b: 8) beschrieben werden. Ein derartiger Blick setzt einen geteilten Ort voraus, denn obgleich damit physische Nähe geschaffen wird, ist die Differenz, die einen vom anderen trennt, nie ganz zu überwinden (vgl. Kirch-

---

**4** Ein Erklärungsansatz für die von Calvino beschriebene Nostalgie, die das uneingelöste Versprechen der Resistenza beklagt (vgl. GS, 16).
**5** Als ‚Phänomenologie' bezeichnete Edmund Husserl (1859–1939) die von ihm entwickelte, in der Tradition von Empirismus und Positivismus stehende Forschungsrichtung, nach der alle Erfahrung als Tatsache eines Bewusstseins zu verstehen ist. Sie gilt als eine der Hauptströmungen des Denkens des 20. Jahrhunderts und konnte sich über Fachgrenzen hinaus etablieren (vgl. Schuhmann 2016). Calvino kam wahrscheinlich durch Enzo Paci und die von ihm gegründete Zeitschrift *aut aut* mit der Phänomenologie in Kontakt (vgl. Paci 1962a; 1962b).
**6** Vgl. u. a. Paci 1962b; Asor Rosa 2001b; De Federicis 1989: 99–109; auf der Formentor-Konferenz 1959 wohnte er der Debatte zwischen Robbe-Grillet und Butor bei, von der er später berichtete (vgl. Calvino 2012d).

mayr 2004). Die Frage nach dem Anderen, die die Philosophiegeschichte durchzieht wie ihre dialektische Gegenfrage ‚Wer bin Ich?', entzieht sich ihr letzten Endes auch immer wieder: Das Andere widerstrebt jeder kategoriellen Einhegung. Was für die Sprache der Philosophie gilt, gilt gleichermaßen für Theater, Literatur und Politik. Das Andere lässt sich erfahren, aber nicht repräsentieren, es entzieht sich kontinuierlich seiner Darstellung.

Eine Form, in der sich diese Erfahrung ausdrückt, ist der Blick des Anderen auf uns. Darin sind wir mit unserer eigenen Äußerlichkeit konfrontiert, damit einen Körper zu haben.[7] Der *Scrutatore* zeugt von diesen Erfahrungen immer dann, wenn der Protagonist aus seiner Gedankenwelt gerissen und mit der konkreten Wirklichkeit konfrontiert wird, wie es beispielsweise in Kapitel X geschieht, wo Amerigo Ormea die Augen eines kleinwüchsigen Menschen hinter Fensterglas entdeckt, der versucht, die Aufmerksamkeit eines Abgeordneten zu gewinnen. Obwohl der kleinwüchsige Mensch Ormea nicht direkt anblickt, öffnet sich ein gemeinsamer Raum zwischen ihnen, der Ormeas privilegierte Position in Frage stellen lässt. Ein anderer Blickwinkel ist aufgetaucht: Ormeas ‚Hier' hat sich um ein ‚Dort' erweitert und damit seine Welt neu ausgerichtet. Es ist die Perspektive des Anderen, von der aus Ormea an dieser Stelle zu fragen beginnt. Doch neben der Alteritäts-Position und Ormeas-Ego-Position spannt sich der Raum noch zwischen einem weiteren Blickwinkel auf: Der DC-Abgeordnete im Innenhof, dessen Blick kalt und feindselig ist. Er reagiert auf die Präsenz des ‚Anderen' mit Abgrenzung, dabei hat er den kleinwüchsigen Menschen noch nicht einmal entdeckt. Es ist nicht nötig, direkt angeblickt zu werden, um die eigene Sichtbarkeit und damit die eigene Verletzbarkeit zu erfahren, es reicht, dass der Blick potentiell möglich ist.[8] Die Antwort auf diese existentielle Grunderfahrung des Sichtbarseins kann heißen, sich so weit wie möglich vom Anderen und seinem Blick abzuschirmen, ihn zu negieren versuchen, wie es der Abgeordnete zu tun scheint: „L'onorevole ebbe quel momento di solitudine che provano i re e i potenti quando hanno finito di dar ordini e vedono il mondo che gira da solo. Gettò intorno un'occhiata fredda, ostile." (GS, 45). Auf die Erfahrung der eigenen Verletzbarkeit, in der die eigene Person als der Welt äußerlich erscheint, antwortet er mit einem feindseligen Blick, der außerdem seine Indifferenz dem Anspruch des Anderen gegenüber bezeugt.

Ein friedfertiger Umgang mit dem Anderen hingegen hat ein ‚Korrektiv' für den eigenen Blick nötig:

---

[7] Zur Konzeption des ‚Leibkörpers' siehe Waldenfels (2006: 68–91).
[8] Vgl. die Analyse der Macht des Blicks in Foucault (1976).

> Quando incontriamo un estraneo, la nostra ‚contingenza' è il nostro *impegno* e ci dà la misura della nostra responsabilità. Ciò vuol dire che il pregiudizio sull'altro nasce quando pensiamo di ‚sorvolare' la nostra ‚situazione' e di guardarla da un punto di vista astratto, disincarnato e assoluto. (Kirchmayr 2004: 38, Herv. im Orig.).

Die Einsicht, dass die Perspektive des eigenen Blicks in der konkreten Situation verankert und damit kontingent ist, fungiert als Korrektiv. Für Kirchmayr hat diese Einsicht vor allem ethische Qualität, sie bedingt Engagement und Verantwortung gegenüber dem konkreten anderen.[9] Auf der anderen Seite erwächst immer dann ein Vorurteil dem anderen gegenüber, wenn wir unsere eigene Situation als abstrakt, unkörperlich und absolut denken. Kirchmayr schlägt vor, sich auf das Spiel der Linsen zu konzentrieren, das unseren Blick lenkt und manipuliert, anstatt die eigene Situation aus der Vogelperspektive zu betrachten. Diese Linsen sind die optischen Dispositive, die die Wahrnehmung thematisieren und damit den gewalttätigen, zugreifenden Blick zur Anklage bringen, der das Lebendige gefangen nimmt.

Es ist die Wahrnehmung, die „Einfallstore" (Waldenfels 2006: 92) für das Fremde bietet, da das Leben der Sinne keiner vollständigen geistigen Kontrolle unterliegt. Besonders deutlich wird dieser Zusammenhang, als Ormea in Kapitel XII die Krankensäle betritt. Zunächst erfährt er eine Blickstörung rein physiologischer Natur, als die an das Dunkel des Treppenhauses gewohnten Augen durch das grelle Licht im ersten Krankensaal geblendet werden. Doch diese erste physiologische Störung, die zudem eine Wahrnehmungsschwelle markiert, indem sie Visuelles und Auditives miteinander in Beziehung bringt („oppure una prima traduzione, dall'udito nella vista, dell'impressione d'un grido acuto, animale continuo", GS, 60), wird sogleich mit dem verbunden, was auch auf Ebene des Sinns als Störung auftritt: Nämlich die Verbindung von menschlicher Haut, die durch Farbe und Form charakterisiert wurde, mit tierischen Lauten. Was ist das für ein Wesen, das diese spitzen Schreie hervorbringt?

> Il grido acuto proveniva da una minuscola faccia rossa, tutta occhi e bocca aperta in un fermo riso, d'un ragazzo a letto, in camicia bianca, seduto, ossia che spuntava col busto dall'imboccatura del letto come una pianta viene su da un vaso, come un gambo di pianta che finiva (non c'era segno di braccia) in quella testa come un pesce, e questo ragazzo-pianta-pesce (fino a dove un essere umano può dirsi umano? si chiedeva Amerigo) si muoveva su e giù inclinando il busto a ogni ‚ghiii.ghiii.' (GS, 61)

Dem *ragazzo-pianta-pesce* ist offensichtlich keine eindeutige Form zuzuordnen. Er ist eine Schwellenfigur, die nach Aristoteles (*Politik 1254b, 22*) auf

---

[9] Darin stimmt sie mit Calvinos eigener Position überein, wie er sie in *Il midollo del leone* (vgl. *Midollo*, 20) ausdrückt.

*phoné* beschränkt ist. Der Text reflektiert die Herausforderung, die der fremde Anspruch an eine beschreibende Sprache stellt, durch die Correctio *ossia*, durch Einschübe, Fragen und Vergleiche.[10] Die ‚Formlosigkeit' des *ragazzo-pianta-pesce* stellt darüber hinaus ein fundamentales Problem und eine Provokation hinsichtlich des traditionell gedachten Verhältnisses zwischen Ding und Form dar. Georges Bataille identifiziert im ‚Formlosen' eine explosive Kraft:

> Damit die akademischen Menschen zufrieden sind, ist es in der Tat erforderlich, daß das Universum Form annimmt. Die ganze Philosophie hat kein anderes Ziel: Es geht darum, alles in einen Gehrock, in einen mathematischen Reitmantel zu stecken. Dagegen läuft die Annahme, daß dem Universum nichts ähnelt und es nur *formlos* ist, auf die Aussage hinaus, daß das Universum so etwas wie eine Spinne oder wie Spucke sei. (Bataille 2005: 44–45, Herv. im Orig.)

Das ‚Formlose' betrifft dabei weder eine Abwesenheit noch eine Negation der Form, sondern fokussiert in der Praxis der Überschreitung vielmehr auf die Unbestimmtheiten des Werdens an ihren Rändern. Das ‚so etwas wie eine Spinne' zeigt genau diese Überschreitung oder ‚transgressive Ähnlichkeit' an, die auch das ‚Formlose'[11] charakterisiert, das als dynamischer Prozess, in Relationen und konkreten Offenheiten gedacht werden müsse (vgl. Didi-Huberman 2010: 32–35; 145–160). Der Text zeigt die Überschreitung der Form eindeutig an. Zunächst nähert er sich dem Formlosen durch die Feststellung von Ähnlichkeit: „... spuntava col busto dall'imboccatura del letto *come* una pianta viene su da un vaso, *come* un gambo di pianta che finiva (non c'era segno di braccia) in quella testa *come* un pesce" (GS, 61, Herv. von mir). Die Formel des *ragazzo-pianta-pesce* kann daher als ‚formlose Ähnlichkeit' im Sinne Batailles gedacht werden, indem diese zwar Form verleiht und Verbindungen aus der Erkenntnis schafft, aus der Berührung jedoch ein Zerreißen macht, um sich „in der Zersetzung der verwendeten Elemente herzustellen" (Didi-Huberman 2010: 372), denn der *ragazzo-pianta-pesce* ist letztlich weder ein Junge noch eine Pflanze und auch kein Fisch.

Auch wenn Bataille seine besondere Heuristik anhand von Bildern entwickelt hat, lässt sich die Idee der Montage, der eine Bewegung bzw. ein In-Bewegung-Setzen der Formen innewohnt, an dieser Stelle auch an Calvinos Text ablesen. Bei Bataille können diese Bewegungspraktiken laut Didi-Huberman als „wichtigste[s] Werkzeug für die großen ‚Theorie-Demontagen'" (2010: 146) gelten, vor allem hinsichtlich der Demontage des Anthropomorphismus:

---

**10** Auf die rhetorische Figur weist im Zusammenhang mit dem *Scrutatore* auch Benussi (vgl. 1989: 88) hin.
**11** Zum dialektischen Begriff des Formlosen bei Bataille siehe das dem Text vorangestellte Augustinus-Zitat in Didi-Huberman (2010) sowie auch Krauss (1996: 105).

> Das Formlose würde also ein bestimmtes Vermögen der Formen selbst bezeichnen, sich unablässig zu verformen, plötzlich vom Ähnlichen zum Unähnlichen überzugehen, sowie präziser noch – denn für all dies hätte das Wort *Deformation* genügt – die Form des Menschen [*forme humaine*] jenem Prozeß zuzuführen, den Bataille in Bezug auf das aztekische Opfer so gut beschrieben hat: einem Prozeß, in dem die Form zugleich *geöffnet*, „dementiert" und offenbart wird; in dem die Form *zermalmt* wird, in dem sie in der vollständigsten Ähnlichkeit mit sich selbst dem Ort ausgeliefert wird; in dem die Form *verschmilzt*, da das Unähnliche das Ähnliche berührt, maskiert, überzieht; einem Prozeß, in dem die so aufgelöste Form sich schließlich ihrer Referenzform *inkorporiert* – jener Form, die sie entstellt [*défigure*], aber nicht widerruft –, um sie durch Berühren und Verschlingen auf monströse (der Ethnologe würde sagen: magische) Weise zu überziehen. Das Formlose à la Bataille würde also nichts anderes bezeichnen als das, was wir bereits im Ausdruck ‚transgressive Ähnlichkeiten' oder *exzessive Ähnlichkeiten* in den Blick genommen hatten: jene unablässige Berührungen, die jeder Form das *Vermögen des Unähnlichen* aufzwingen können. (Didi-Huberman 2010: 147, Herv. im Orig.)

In dieser dichten Passage erläutert Didi-Huberman nicht nur den Prozess des Formlosen und das Zerreißen der menschlichen Figur, sondern er bezieht sich auch auf das Monströse, das im folgenden Kapitel eingehend untersucht wird. Im oben zitierten ‚aztekischen Opfer' wird der Körper zwar auf allerlei grausame Art und Weise malträtiert, die menschliche Figur bleibt aber sowohl ‚Figur' als auch ‚menschlich'. Öffnung, Zermalmung und Verschmelzung mit anderem, stellen lediglich das Vermögen der Form durch die Linse des Formlosen aus. Waldenfels macht auf einen ähnlichen Zusammenhang aufmerksam, wenn er davon spricht, dass ‚ich' nicht nur durch ein anderes Ich affiziert werde, also durch jemand, der von mir verschieden ist, sondern auch durch jemanden, der meinesgleichen ist: *„Verdopplung meiner selbst in und durch den Andern"* (Waldenfels 2006: 86, Herv. im Orig.). Der Andere ist kein absolut Anderer, weil er mir ähnelt, so wie das Formlose auch nicht das absolute Kriterium der Andersheit ist. Für Bataille steht der Prozess des Formlosen mit einem irreduziblen Exzess in Verbindung und weniger mit Mangel oder Verknappung. Den Grund dafür bildet die materielle Dichte und ihre fundamentale Unbestimmtheit, derer sich sowohl die Form wie auch ihre Überschreitung bedient. Das Formlose geht aus der Differenz zwischen Materie und Form hervor. Borsò (vgl. 2010: 234) weist darauf hin, dass im unbestimmten ‚In-forme' ein Widerstandspotenzial liegt, indem es die Selektionsmechanismen der visuellen Wahrnehmung herausfordert und eine Diskrepanz schafft zwischen dem, was wir sehen, und dem, was wir verstehen.

Insofern hängt auch Ormeas Blick an der Farbe von Haut zwischen den weißen Lacken, der nahe Blick kann keine Form ausmachen. Er sieht etwas, weiß aber nicht, was er sieht. Formen zeichnen sich erst in dem Moment ab, in dem die Narration eine gewisse Ordnung, einen gewissen Sinn herstellt: der Schrei kommt aus dem Mund eines Jungen, der in ein weißes Krankenhaushemd gekleidet in einem Krankenbett sitzt. Doch dann wird der zuvor halbwegs gesicherte Sinn, dass wir es hier mit einem kranken, vor Schmerz schreienden Kind zu tun haben, wieder gestört. Die Haltung des Jungen ist ebenso unklar wie die Frage, ob es sich dabei überhaupt um einen Jungen handelt. Es lässt sich an dieser Stelle von einem ‚produktiven Sehen' sprechen, da die Ordnung erst mit dem Sehen entspringt (vgl. Waldenfels 1999: 124). Dieses ‚produktive' oder ‚sehende' Sehen, das der Text reflektiert, macht etwas sichtbar, was es zuvor nicht gab, und das in die ‚formlose Form' des ragazzo-pianta-pesce übersetzt wird. Es ist außerdem ein ‚antwortendes Sehen', in dem sich nach Waldenfels (2006: 131) ein Blick verkörpert, der ‚anderswo', „dort, wo wir nicht waren und nie sein werden" beginnt, und uns etwas ‚zu sehen' gibt. Die Beunruhigung des Blicks stachelt letztlich einen Möglichkeitssinn an und setzt eine Potentialität frei.

Auf sprachlicher Ebene drückt sich die Beunruhigung zum einen formell aus, was hypotaktisch aufgebauten Sätze und Leerstellen bezeugen, im Text wird sie aber auch explizit thematisiert, als Protagonist Ormea über das Karitative in einer utopischen Gesellschaft nachdenkt: „Ma più s'ostinava a pensare queste cose, più s'accorgeva che non era tanto questo che gli stava a cuore in quel momento, quanto qualcos'altro per cui non trovava parole." (GS, 68). Das Zitat bezieht sich auf eine Szene zwischen einem Vater und seinem Sohn, die Ormea im Krankensaal beobachtet hatte. Auch in dieser spielt der Blick eine zentrale Rolle. Der Vater, den Ormea als einer bäuerlichen Schicht zugehörig identifiziert, sitzt seinem Sohn gegenüber, der an starken Spasmen zu leiden scheint. Während dieser die Mandeln kaut, die ihm jener zuvor geknackt hatte,[12] blicken die beiden einander unverwandt an:

> Erano voltati di sbieco, sulle loro seggiole ai due lati del letto, in modo da guardarsi fissi in viso, e non badavano a niente che era intorno. Amerigo teneva lo sguardo su di loro, forse per riposarsi (o schivarsi) da altre viste, o forse ancor di più, in qualche modo affascinato. (GS, 63)

An dieser Stelle taucht das Motiv der ‚Beruhigung' wieder auf, wie es auch schon durch die Kontrolle der Ausweisdokumente der Nonnen in Ormea hervorgerufen wurde. Wenn Vater und Sohn auf ein „territorio per lui sconosciuto" (GS, 68) verweisen, lässt sich auch in der Szene ein Widerfahrnis ausmachen, das hier gerade nicht in der Beunruhigung, sondern in der Beruhigung des Blicks liegt. Die Szene der Ausweisbildkontrolle lässt sich dazu parallel lesen. Denn das Pathos, das bislang eher durch eine negative Störung charakterisiert

---

12 Für Nocentini (vgl. 1996) fungiert das Motiv der Nahrung bei Calvino in Verbindung mit vier Hauptaspekten. Es wird entweder als komisches oder politisches Element eingesetzt, ist eine Metapher für Verlangen oder ein Bindungsglied zwischen Natur und Mensch.

wurde, kann auch eine andere Art der Störung bezeichnen, wichtig ist allein der Kontrast und das Aufreißen des Sinngewebes. In der von Monaden bevölkerten Welt eines Leidens ohne menschliche Kommunikation, wie sich der Krankensaal präsentiert,[13] ist es die Aufmerksamkeit, die sich Vater und Sohn gegenseitig schenken, die Ormeas Blick bannt. Der alte Mann scheint eine Antwort auf sein hochgradig pathisches Schicksal gefunden zu haben, und diese Antwort liegt in einem Blick, der erwidert wird.

## 3.2 Monströse Körper

> *Die uns aufgezwungene herrschende Ordnung ist die beständige Verneinung all dessen, was nicht reduzierbar, unbeugsam und stolz ist: wer darüber nicht empört ist, kann nicht der Freund des Menschen sein, er ist sein Feind.*
> Georges Bataille (1948)[14]

Das Motiv ‚entstellter' und monströser Figuren, die in den Erzählungen Calvinos auftauchen,[15] repräsentiert nicht so sehr die Begegnung des Menschlichen mit seinem nicht menschlichen Gegenüber, sondern vielmehr die unweigerliche Vermischung beider Bereiche (vgl. Barenghi 2007: 48–55). Canguilhem (2018: 309) folgend stellen monströse Körper „das Leben hinsichtlich seines Vermögens in Frage, uns Ordnung zu lehren". Auch die Körper des Cottolengo, einem „mondo che rifiutava la forma" (GS, 74), scheinen heterogenen Ordnungen anzugehören, indem sie das Animalische und das Pflanzliche berühren. Bezweifelt wird dabei in erster Linie das wesenhaft Menschliche, denn die Ähnlichkeiten desselben, die sich in Antropomorphismus und Anthropozentrismus der Form ausdrücken, „werden ersetzt durch das außerordentliche Wuchern eines unmöglich zu katalogisierenden Ensembles" (Didi-Huberman 2010: 50).[16] Der *scrutatore*

---

13 „Ogni cosa che accadeva nella corsia era separata dalle altre, come se ogni letto racchiudesse un mondo senza comunicazione col resto, salvo per i gridi che s'incitavano uno con l'altro, in crescendo, e comunicavano un'agitazione generale, in parte come un chiasso di passeri, in parte dolorosa, gemente." (GS, 62).
14 „Der Surrealismus und Gott", Bataille 1948, jetzt in: Mattheus 1988: 259, Herv. im Orig.
15 Barenghi (2007: 55) verweist auf die titelgebende Erzählung des Bandes *L'Entrata in guerra* und die Stadt Perinzia in *Le città invisibili*.
16 Im Nachwort des *Kritischen Wörterbuch* zu *Documents* schreiben die Herausgeber über Batailles Umgang mit der Gestalt des Menschen (vgl. Bataille 2005: 111–112): „Der Mensch findet seine Bestimmung in einer einfachen Zeitungsmeldung und einem abseitigen Zitat. In beiden Fällen handelt es sich darum, die Gestalt des Menschen zu öffnen, sie nicht auf ein Wesen zu beziehen,

betont zwar immer wieder die Ähnlichkeit der Cottolengo-Insassen untereinander (vgl. bspw. Kap. V), nennt sie dabei aber „creature opache" (GS, 24). Denn es ist eine negative Ähnlichkeit, auf die er sich bezieht und durch die er sie gerade von der menschlichen Analogie abzugrenzen sucht.[17] Calvino lässt seinen Protagonisten unentwegt versuchen, den außerordentlichen Körpern ein spezifisches Wissen hinsichtlich ihrer Ordnung abzutrotzen, was aber nur dazu führt, dass sich diesem immer mehr Fragen stellen. Die Auseinandersetzung mit dem Monströsen führt schließlich zur Entdeckung der Potentialität des Lebendigen, die für eben dieses ‚außerordentliche Wuchern' verantwortlich ist: Calvinos Poetik wird Bio-Poetik.

Diese Vorüberlegungen zum Monströsen zielen darauf ab, den abweichenden Körper im Cottolengo sowohl als Gegenstand zu verstehen, der einem spezifischen Wissen unterliegt, diesem gegenüber allerdings auch erbitterten Widerstand leistet, indem er sich als letztlich irreduzibel erweist. Obwohl beide Pole in der schriftstellerischen Auseinandersetzung Calvinos durchgehend präsent sind, wird erst im *Scrutatore*-Text die Potentialität offengelegt, die in der Möglichkeit lebendiger Abweichung besteht, welche zuvor im neorealistisch-engagierten Projekt eingehegt war. Als Vorarbeit zum *Scrutatore* lässt sich in dieser Hinsicht die Trilogie der *antenati* lesen, wobei der existentialistisch geprägte *Il cavaliere inesistente* (1959) die größten Ähnlichkeiten zum reflexiven *Scrutatore*-Text aufweist. Die Hauptfigur Agilulfo, ein Ritter ohne Körper, der allein durch Willenskraft agiert, befindet sich im fränkischen Heer Karl des Großen, das in Kampfhandlungen gegen die Sarazenen verwickelt ist. Abends verwandelt sich für ihn das Lager der Ritter zu einem ‚regno dei corpi, una distesa di vecchia carne d'Adamo' (ICI, 961), was in Agilulfo ganz offensichtlich Ekel auslöst: „Lo colpiva e inquietava di più la vista dei piedi ignudi che spuntavano qua e là dall'orlo delle tende, gli alluci verso l'alto" (ICI, 961). Der Grund für seinen Ekel, aber auch für Gefühle von Überlegenheit, wird wenige Zeilen später explizit gemacht: „Lui no, non era possibile scomporlo in pezzi, smembrarlo" (ICI, 961). Während der körperlose Ritter Tag und Nacht der Gleiche ist, offenbaren die anderen Ritter, sobald sie die Schwelle des Schlafes

---

sondern auf Praktiken, Operationen und Verfahrensweisen, um den Menschen so in materialistische Niederungen führen zu können." In Batailles Eintrag der Metamorphose des Menschen zum ‚wilden Tier' heißt es: „In jedem Menschen gibt es also ein Tier, das wie ein Sträfling im Gefängnis eingeschlossen ist, und eine Tür, – und wenn man die Tür halb öffnet, stürzt sich das Tier nach draußen, wie ein Sträfling, der den Fluchtweg gefunden hat; [...] In diesem Sinne betrachten wir den Menschen als Gefängnis bürokratischen Zuschnitts." (Bataille 2005: 40).
17 Vgl. dazu Didi-Huberman, der über die Ikonographie Batailles schreibt: „In dieser Ikonographie ist der menschliche Körper kein harmonisches Ebenmaß mehr zwischen zwei Unendlichkeiten, sondern ein der Entstellung, der Kopflosigkeit, der Marter, der Animalität geweihter Organismus." (Didi-Huberman 2010: 22).

überschritten haben, ihr Geheimnis, nämlich die Tatsache Körper zu sein und damit im Sinne Batailles wesentlich unabgeschlossen, teilbar, formlos. So äußert sich auch Nancy (2014: 33), der Körper als die „dem Sub-jekt [*sub-jet*] entgegengeworfene [*objetée*] Materie" bezeichnet: „Die Körper sind zuerst und immer andere – so, wie die anderen zuerst und immer Körper sind." (Nancy 2014: 33). Im körperlosen Ritter hat Calvino einen Gegenpunkt gefunden, der die Körperhaftigkeit der anderen Figuren hervortreten lässt.

Während der Schlaf diesen Zusammenhang nur temporär offenlegt, wird er in Kapitel V explizit, als der körperlose Ritter Agilulfo, sein ihm zugeteilter geistesabwesender Knappe Gurdulù und der junge, aufstrebende Ritter Rambaldo auf das Schlachtfeld ziehen, um die Toten zu begraben. Nachdem sie die Aasgeier verjagt und jeweils einen Toten ausgewählt haben, richtet jeder von ihnen eine gedankliche Ansprache an diesen. Dabei wundert sich Agilulfo darüber, dass er die anderen Menschen zuweilen darum beneidet, einen Körper zu haben, der tot zum Gerippe verfällt: „Ossia, non l'*hai;* tu *sei* questa carcassa" (ICI, 998, Herv. im Orig.). Vieles gelänge ihm ohnehin besser als jenen mit Körper,

> senza i loro soliti difetti di grossolanità, approssimazione, incoerenza, puzzo. È vero che chi esiste ci mette sempre anche un qualcosa, una impronta particolare, che a me non riuscirà mai di dare. Ma se il loro segreto è qui, in questo sacco di trippe, grazie, ne faccio a meno. Questa valle di corpi nudi che si disgregano non mi fa più ribrezzo del carnaio del genere umano vivente. (ICI, 998)

Die Mängel des Körperlichen hat Agilulfo schnell aufgezählt: Grobheit, Ungenauigkeit, Inkohärenz und Gestank. Darüber hinaus ist dem Körperlichen aber noch eine Eigenschaft zu eigen, die nur scheinbar nebensächlich ist: Es geht um das Hinterlassen einer singulären Spur des Lebendigen,[18] eine Möglichkeit, die dem reinen Geistwesen Agilulfo verwehrt bleibt. Gurdulù verkörpert wiederum beispielhaft alle Eigenschaften, die dem Körperlichen zugeschriebenen werden. Den Kadaver rühmt er ironischerweise für dessen Lebendigkeit: „Prima ti muovevi, ora il tuo movimento passa ai vermi che tu nutri. [...] Vedi che sei più bravo a vivere tu di me, o cadavere?" (ICI, 998). Für Rambaldo stellt der tote Körper ein Memento mori

---

**18** Zur Möglichkeit einer *impronta* siehe den Anfang von Kapitel IV: „Ancora confuso era lo stato delle cose del mondo, nell'Evo in cui questa storia si svolge. Non era raro imbattersi in nomi e pensieri e forme e istituzioni cui non corrispondeva nulla d'esistente. E d'altra parte il mondo pullulava di oggetti e facoltà e persone che non avevano nome né distinzione dal resto. Era un'epoca in cui la volontà e l'ostinazione d'esserci, di *marcare un'impronta*, di fare attrito con tutto ciò che c'è, non veniva usata interamente, dato che molti non se ne facevano nulla – per miseria o ignoranza o perché invece tutto riusciva bene lo stesso – e quindi una certa quantità me andava persa nel vuoto." (ICI, 979, Herv. von mir).

dar, das sein eigenes Streben zunächst sinnlos erscheinen lässt, um es dann, in einer gedanklichen Wendung, wieder mit Sinn aufzuladen. „E io amo", schließt Rambaldo, „o morto, la mia ansia, non la tua pace." (ICI, 999).

Diese Stelle aus dem *Cavaliere inesistente* verdeutlicht Faszination und Abscheu für den toten Körper, der das Geheimnis des menschlichen Lebens offenbart. Während die Figur des Rambaldo dabei die ‚Norm' darstellt, der im Angesicht des Kadavers erschauert, weil dieser zwar sein eigenes, unausweichliches Schicksal verkörpert, aber anschließend zum affirmativen Lebensimpuls gereicht, sind sowohl Agilulfo als auch Gurdulù als Abweichungen von der Norm zu kennzeichnen und können dadurch monströs erscheinen. Auch wenn das Monströse im *Cavaliere* somit bereits latent präsent ist, darf nicht vergessen werden, dass die Erzählung als fabulöse ‚Rittersatire' geschrieben wurde und damit auf dem Überzeichneten aufbaut. Die explizite Auseinandersetzung mit dem Körperlich-Materiellen und den Formen ihrer Abweichung nimmt Calvino im *Scrutatore* wieder auf und schreibt diese in die komplexe politische Ordnung der Nachkriegszeit ein.

### 3.2.1 Der teratologische Diskurs

Um das Cottolengo als Ort des Schreckens und der Faszination ranken sich grausige Geschichten und Mythen, was dem Ganzen einen heterotopischen Charakter im städtischen Gefüge verleiht (s. Kap. 2.4). Die Unsichtbarkeit und Uneinsehbarkeit eines Ortes, der größtenteils von der Außenwelt abgeschnittenen und von hohen Mauern umgeben ist, machen es zum perfekten Imaginationsraum. Wie ein organischer Körper scheint es einem Wachstum zu unterliegen, während es seine Funktionsweise und Organisationsstruktur verborgen hält (vgl. GS, 8). Dass es in seinen Mauern auch ‚wahre Monster' versteckt hält, scheint beinahe ausgemacht. Märchenspezialist Calvino weist in seinem Text an mehreren Stellen auf das Monströse hin, das Wort ‚Monster' wird zwar nur zweimal explizit genannt (vgl. GS, Kap. V, 26; Kap. IX, 42), es lassen sich jedoch einige Umschreibungen finden. Schon zu Beginn heißt es, das Cottolengo gewähre vielen Unglücklichen Obdach, darunter Geistesgestörten, Bresthaften, Krüppeln, „giù giù fino alle creature nascoste che non si permette a nessuno di vedere" (GS, 7). Es scheint als wären diese verborgenen Kreaturen die wirklichen Monster: „das große Modell aller kleinen Abweichungen" (Foucault 2013: 78). Was hat diese hierarchische Ordnung zu bedeuten? Wie ist dieses ‚Modell-Monster' beschaffen und warum ist sein Anblick verboten? Was ist der Ursprung des Monströsen? Die Fragen, die an dieser Stelle aufgeworfen werden, lassen sich einem Diskurs zurechnen, der schon in der Antike aufgekommen ist, seine Verdichtung und Systematisierung aber erst ab dem 18. Jahrhundert erfährt und von da an ‚teratologisch' genannt werden kann.[19] Den Gegenstand dieses Diskurses, der eine Zeit lang beanspruchte, ‚wissenschaftlich' genannt zu werden, bilden die komplexen Figuren der ‚Monster'. Einige Aussagen, die diesen Diskurs speisen, finden sich auch im *Scrutatore*. Ohne Anspruch auf Vollständigkeit zu erheben, folgt ein historischer Überblick über den teratologischen Diskurs, in dem die Diskursstränge nachgezeichnet werden, die Calvino im Zusammenhang mit dem Monströsen aufruft.

Der teratologische Diskurs der Antike lässt sich mit einer Art anthropologischen Geographie verbinden, die auch später noch die Basis für Heldengeschichten lieferte. Rosi Braidotti schreibt (1996: 142), dass sich der teratologische Diskurs der Antike in einer Art anthropologischer Geographie auf die Territorien konzentrierte, in denen „monstrous races" (Braidotti 1996: 142) lebten.[20] Je weiter entfernt diese imaginierten Völker von den Griechen lebten, desto monströser war ihre Darstellung. Aus Indien und Äthiopien stammten bei Herodot und seinen Nachfolgern einige der monströsesten Völker. Auch im *Scrutatore* wird ‚Indien' als das Andere angerufen (vgl. Kap. IX),[21] was die Kontinuität des Diskurses zu belegen scheint. Stammberger (vgl. 2013) erkennt in der Imagination monströser Wesen eine Bewältigungsstrategie traumatischer Erfahrungen von Fremdheit. Doch trotz der großen Angst vor dem Anderen und Unbekannten waren die monströsen Kreaturen von jeher auch Quelle des Wissensdursts. Wenn antike Kartographen Drachen und andere monströse Wesen auf jene Gebiete malten, die noch unentdeckt waren, hielt der Schrecken nicht lange vor (vgl. Gentili 2020b: 239). Obwohl das *monstrum* mit lat. *monstrare* ‚zeigen', ‚hinweisen' und lat. *monere* ‚mahnen', ‚warnen' ein Warnzeichen war, ließen sich die epischen Helden und imperialistischen Abenteurer nicht von ihren Unternehmungen abhalten und errangen einen kulturellen Sieg nach dem anderen gegen das Unbekannte. Das trug jedoch nicht zu ihrem Verschwinden bei, ihr Territorium verschob sich nur von den Rändern ins Zentrum.

Im 18. Jahrhundert verband sich der teratologische Diskurs, der sich immer schon verschiedener Diskurse bediente, mit dem juristischen und rückte somit ins gesellschaftliche Zentrum vor. Jahrhundertelang waren ‚monströse' Körper den

---

**19** Das griechische *téras/tératos* bezieht sich dabei zugleich auf das ‚Ungeheuer' und auf das ‚Wunderzeichen' (vgl. Braidotti 1996: 136).
**20** Braidotti (1996: 135–152) identifiziert für den teratologischen Diskurs zwei spezifische Kontinuitätslinien, die den monströsen Körper jahrhundertelang als das Andere markierten und bis in die heutige Zeit reichen: *race* und *gender*. Die deutsche Übersetzung der Kategorien als ‚Rasse' und ‚Geschlecht' erscheint weiterhin als unzureichend (vgl. u. a. Butler 1995; Mayer 2013). Obwohl die monströsen Figuren in Calvino primär männlich markiert werden, tritt das Weibliche in Calvino immer wieder als das eigentlich Andere auf (vgl. u. a. Tompkins 2015).
**21** Calvino ruft das Bild Indiens als *das* Andere zeitgleich auch an anderer Stelle auf, siehe Calvino 2007e.

„Weisen des wissenschaftlichen oder gesellschaftlichen Zugriffs" (Stammberger 2011: 21) ausgeliefert, anstatt ihre eigenen Definitionen und Normen vorzugeben. Doch zwischen dem 18. und 19. Jahrhundert stellt Ochsner (2010: 14) einen Paradigmenwechsel in der Semiotik des ‚Monsters' fest: „Der monströse Körper beginnt, eine eigene Botschaft auszubilden und kann forthin [...] als Diagnose der Geschichte gelesen werden." Dieser Zusammenhang ist vor allem durch die Arbeiten Michel Foucaults (vgl. 2013: hier 76–78) bekannt geworden, der in seinen Vorlesungen des Jahres 1975 am Collège de France die Figur des Monsters wesentlich als einen ‚Rechtsbegriff' identifizierte, der in einem „rechtlich-biologischen" Rahmen zu verorten sei. Schon Foucaults Lehrer, der Arzt und Wissenschaftsphilosoph Georges Canguilhem, wies auf das normative Urteil hin, das den Begriffen des Monströsen und der Monstrosität zu Grunde liegt (vgl. Canguilhem 2018: 309–334). Dabei spezifiziert er, dass sich von der Antike bis ins Mittelalter das Konzept der Monstrosität aus dem Monströsen ableiten lässt: die sichtbare, körperliche Devianz scheint in der Übertretung eines Verbots begründet.[22] Der Umstand, dass die Monstrosität im 19. Jahrhundert zu einem biologischen Begriff wurde, führte nach Canguilhem zu einer Reduktion des Monströsen. Die schreckliche Praxis der Zurschaustellung devianter Körper in sogenannten Freak-Shows ist ein Ausdruck dieser Naturalisierung des Monsters (vgl. Ochsner 2010). Da das Monströse als Imaginäres jedoch weiter wucherte (vgl. Canguilhem 2018: 333), tauchten im 19. und 20. Jahrhundert verstärkt monströse Figuren in der literarischen und filmischen Repräsentation auf.

Wenn im heutigen Verständnis das Monster und insbesondere das Körpermonster den Wissensordnungen einer Kultur entspricht und sich somit auch als spezifische Figuration von Macht oder Freiheit deuten lässt (vgl. Stammberger 2013), ist seine kulturell-historische Konstruiertheit offensichtlich. Doch jahrhundertelang wurde der Diskurs von Vorstellungen geprägt, die dem monströsen Körper ontologische Minderwertigkeit zuschrieben.[23] In der Antike gründete dies in der Idee des *eidos* als Urform, aus dem sich alles Richtige, Gute, Wahre und Schöne ableitete, während das Veränderlich-Formlose und Hässliche diesem gegenüberstand:[24]

---

**22** Vor allem in Hinsicht auf die Frage nach dem Menschen wirke die Monstrosität als ‚Signatur' (vgl. Canguilhem 2018: 315). Zum Begriff der Signatur siehe beispielsweise Dell'Aia & D'Alonzo 2019.
**23** Für eine ‚Geschichte der Hässlichkeit', die bezeichnenderweise mit einem Auszug aus Calvinos *La giornata d'uno scrutatore* endet, vgl. Eco 2016.
**24** Eco (vgl. 2016: 23) kennzeichnet das Hässliche als Gegenteil des griechischen Ideals der *kalokagathía*, das in seiner Wortzusammensetzung auf die Verbindung von Schönheit und moralisch positiven Werten hinweist. Einen bündigen Überblick über die Konzepte von Hässlichkeit und Deformation von der Antike bis zum 19. Jahrhundert liefert Gottwald (2013: 119–122).

> Gleichbedeutend mit dem Amorphen, dem Undefinierbaren und demzufolge in der platonischen Philosophie ontologisch Minderwertigen trägt das Häßliche – ebenso wie das Monster – das Stigma des Veränderlich-Formlosen (Proteus), des Zufälligen (Akzidens) oder des Sinnlichen und gilt als die unkörperlich gedachte Materie im Sinne des chaotischen Stoffes vor jeglicher Prägung, Formung oder Informierung (bei Plotin gleichbedeutend mit dem Bösen). (Ochsner 2010: 100)

‚Missgebildete' Körper waren monströs, weil sie ‚widernatürlich' schienen, wie es auch die lateinische Bedeutung von *monstruosus* bezeugt. Statt aus einem *eidos* hervorzugehen, waren sie der Zufälligkeit und dem Chaos unterworfen. Zudem sorgt die ‚unkörperlich gedachte Materie', die ihnen in besonderem Maße eigen ist, für einen hässlichen Anblick. Monströse Körper standen solchen Vorstellungen gemäß also jenseits der natürlichen Ordnung, was dazu führte, dass der Diskurs, den außergewöhnlichen Körper als ‚Irrtum der Natur' und ‚geschichtsloses Objekt'[25] zu betrachten, noch in der zweiten Hälfte des 20. Jahrhunderts aufgerufen werden konnte, wie es sich in Calvinos Text an mehreren Stellen nachweisen lässt. Die Idee eines ‚geheimgehaltenen Italiens' in Kapitel IV evoziert diesen Zusammenhang von einem akzidentiell Chaotischen mit dem Irrtümlichen und verbindet ihn zusätzlich mit Fragen von Schuld:

> il segreto delle famiglie e dei paesi, era anche (ma non solo) la campagna povera col suo sangue avvilito, i suoi connubi incestuosi nel buio delle stalle, il Piemonte disperato che sempre stringe dappresso il Piemonte efficiente e rigoroso, era anche (ma non solo) la fine delle razze quando nel plasma si tirano le somme di tutti i mali dimenticati d'ignoti predecessori, la lue taciuta come una colpa, l'ubriachezza solo paradiso (ma non solo, ma non solo), era il rischio d'uno sbaglio che la materia di cui è fatta la specie umana corre ogni volta che si riproduce, il rischio (prevedibile del resto in base a calcolo delle probabilità come nei giochi di fortuna) che si moltiplica per il numero dei insidie nuove, i virus, i veleni, le radiazioni dell'uranio ... il caso che governa la generazione umana che si dice umana proprio perché avviene a caso (GS, 20–21)

Die Ausprägung des pseudo-wissenschaftlichen Diskurses der Teratologie hatte zur Konsequenz, dass nicht mehr außerhalb der natürlichen Ordnung nach dem

---

Sie resümiert: „Im Mittelalter hatte Hässlichkeit die Funktion der Mahnung und Warnung und symbolisierte Vanitas. In Renaissance und Barock ist es zwar nicht mehr mit dem Teufel, aber weiterhin mit dem Bösen verknüpft. Seit dem 18. Jahrhundert wird das Hässliche der Ästhetik zugeordnet und mit Attributen des Ekels und der Abscheu verknüpft, sofern es nicht lächerlich ist. Menschen mit psychischen und physischen Abweichungen gelten nun als Karikatur und werden quasi als vom Leben, von Gott oder vom Schicksal überzeichnet gedacht. Dabei wird häufig auf ihre Nähe zum Tier verwiesen. Studien [...] belegen, dass der Zusammenhang von Hässlichkeit und Behinderung bis mindestens in die 1980er Jahre Geltung hat." (Gottwald 2013: 130).

25 Vgl. u. a. Ochsner & Grebe 2013; Stammberger 2011; Ochsner 2010; Gebhard u. a. 2009.

Ursprung der Monster gesucht wurde, sondern es wurde ein der Ordnung immanenter Grund vermutet.[26] Im 16. Jahrhundert legte der französische Kriegschirurg Ambroise Paré den Grund für die Zeugung eines ‚monströsen' Kindes in einem Verstoß der Eltern gegen sittliche Regeln fest (vgl. Braidotti 1996: 139–140). Generell lässt sich feststellen, dass das gesteigerte Interesse an natürlichen Vorgängen zur Zeit der Renaissance zur Schaffung eines neuen Expertentums und zur Publikation zahlreicher Werke über Monster führte. Statt als außernatürlich oder übernatürlich zu gelten, wurden die Monster mit der Aufklärung mehr und mehr zu Grenzfällen des Natürlichen und waren Teil der dominanten naturgeschichtlichen Auffassung und ihrer Taxonomie.[27] Zur Zeit der Epochenschwelle zum 19. Jahrhundert ging der Zoologe Étienne Geoffroy Saint-Hilaire, der als Begründer der Teratologie gilt, davon aus, dass ungünstige Umwelteinflüsse zu Fehlbildungen bei der embryonalen Entwicklung führen können. Er versuchte die ‚missgebildeten' Körper hinsichtlich ihrer Organe in ein Schema von Überschuss, Mangel oder Verschiebung einzuordnen. Sein Sohn Isidore Geoffroy Saint-Hilaire knüpfte an die Studien des Vaters an und führte in der ersten Hälfte des 19. Jahrhunderts den Begriff der Teratologie in den wissenschaftlichen Diskurs ein.

Für dieselbe Zeit, dem Beginn des 19. Jahrhunderts, konstatiert Link (1997: 192–200) bereits eine Etablierung des Begriffs des ‚Normalen' in den entsprechenden naturwissenschaftlichen Spezialdiskursen, insbesondere in der Naturgeschichte. Dabei betont er dessen ‚pränormalistische' Verwendung, was bedeutet, dass das Normale idealtypisch verstanden wird.[28] Wenn Étienne Geoffroy Saint-Hilaire im Wörterbucheintrag ‚Monstre' *Dictionnaire classique d'Histoire Naturelle* (vgl. 1827: 108–151, zit. nach Link 1997: 192–194) vom Normaltyp spricht, ist damit also Link folgend eine Gattungsnormalität im idealtypischen Sinne ge-

---

**26** Im Italien der Renaissance galt Hässlichkeit dann als ‚boshafte Spielerei der Natur' (vgl. Gottwald 2013: 124).
**27** Vgl. zur Wahrnehmung von Devianz und körperlicher Differenz in der Moderne auch Egen (2020: 117–127).
**28** Bereits im 18. Jahrhundert identifiziert Link diskursive Komplexe und Dispositive, die er im Begriff ‚Pränormalismus' zusammenfasst. In der „Sattelzeit" (Koselleck 1979) um 1800 geht dieser Pränormalismus in einen Protonormalismus über, der durch eine maximale Komprimierung der Normalitäts-Zone, einhergehend mit einer tendenziellen Fixierung und Stabilisierung, charakterisiert ist. Methodologisch ist der Protonormalismus durch eine kombinatorische Verwendung aus Matrix und Kurve gekennzeichnet. Die protonormalistische Strategie habe zu Beginn des Normalismus dominiert, während die auf maximale Expandierung und Dynamisierung der Normalitäts-Zone zielende flexibel-normalistische Strategie später aufkam (vgl. Link 1997: 78; 276–281). Dabei handele es sich um idealtypisch konstruierte Strategietypen, die im epochal identischen Feld des Normalismus operierten, „das durch die partielle kulturelle Hegemonie spezial- und interdiskursiver Normalitäts-Dispositive konstituiert wird" (Link 1997: 81).

meint. Die ‚monströsen Abweichungen' stehen in keinem Kontinuitätsverhältnis zu diesem Normaltyp.

> Ein „Monstrum" ist nach Geoffroy Saint-Hilaire also ein Wesen, in dem zwei diskontinuierliche, völlig wesens- und substanzfremde „Ordnungen" [...] neben- und gegeneinander koexistieren. Zwei Eide haben bei der Produktion sozusagen interferiert. (Link 1997: 192; 194)

Die ‚Gegen-Natur' bleibt in dieser Vorstellung des Monsters als Vertreter einer monströsen Para-Gattung eingeschrieben. In dieser Auffassung gibt es kein kontinuierliches Übergehen von Normalität in Anormalität, sondern nur ein „diskontinuierliches ‚Hinüberspringen'" (Link 1997: 194).[29] Die Ordnung des Menschen und die Ordnung des Monsters und des Monströsen waren, wenn sie auch kopräsent in ein und demselben Individuum auftauchen konnten, klar voneinander geschieden. Auf der einen Seite stand die Idee eines quasi-platonischen Eidos, das an der idealen, geometrischen Form orientiert sei, auf der anderen die irrende Natur, die sich durch komplizierte, unregelmäßige interne Beziehungen ausdrücke (vgl. Link 1997: 194): Während die eine ‚normale' Formen hervorbringt, erzeugt die andere ‚anormale'.

Der ideengeschichtliche Übergang erfolgte erst dank des homöostatischen Dispositivs, das die wissenschaftlichen Entdeckungen Anfang des 19. Jahrhunderts ermöglichten.[30] Um 1800 rückte mit dem ‚zweiten epistemologischen Bruch' (Foucault 1995: 170) das historizistische Denkmodell ins Zentrum.[31] Das Anormale ist nun nicht mehr das ontologisch Andere, sondern beschreibt lediglich einen Bereich jenseits der Normalitätsschwelle. Dieses Verhältnis bleibt das 20. Jahrhundert hindurch von Bedeutung. Nach Canguilhem (vgl. 2018: 309–334)

---

**29** Erst im Modell der ‚Reizung' wird dann jenes ‚homöostatische[s] Kontinuum' (Link 1997: 194) vorweggenommen, auf dem das Broussaissche Prinzip basiert, das eine Kontinuität zwischen Normalem und Anormalem festlegt und sich im Dispositiv der Kurve niederschlägt.
**30** Zu Geoffroy Saint-Hilaires Konzeption des Monstrums schreibt Link (1997: 194): „Vor dem Hintergrund dieser ‚naturgeschichtlichen' Auffassung von ‚Normalität' gewinnt das ‚Broussaische Prinzip', insbesondere in der Version Auguste Comtes, erst sein Profil einer epochalen, epistemologischen Revolution, wodurch der Kontinent des Normalismus eröffnet wird." Ochsner (vgl. 2010: 96) äußert jedoch Vorbehalte, was die Teratologie angeht, angesichts einer primär in Bezug auf „Normalisierungstendenzen postulierte epistemologische Transformation" (Ochsner 2010: 96), da jene sowohl temporale Koordinaten bzw. Genealogie und Filiation bereits einbeziehe.
**31** „Historizismus bedeutet die wesentliche Konstitution der Phänomene durch ihre temporalen Koordinaten sowie durch ihre Genealogie und Filiation in einem idealiter linear vorgestellten Evolutions-Kontinuum (Prototyp Darwin)." (Link 1997: 197). Methodologisch entspreche dem Historizismus die geometrisch-symbolische „Kurven-Landschaft", in der die Gaußkurve als Normalverteilung eine entscheidende Kontrollfunktion gegenüber anderen Kurvenverläufen ausübe (vgl. Link 1997: 200).

seien Monstrosität und Monströses an diesem Punkt voneinander abgeschnitten worden, das Pathologische erscheine als verhindertes oder deviantes Normales, die Norm schimmere durch alle noch so devianten Formen hindurch. Ähnlich wie bei Bichat, der mit seiner Definition vom Leben als Gesamtheit aller derjenigen Funktionen, die dem Tode Widerstand leisten, den Tod ins Leben ‚geholt' hat, nähern sich ‚normaler' Mensch und ‚anormales' Monster an. Bei Bataille ist diese Annäherung zu einer unterschiedslosen Vermischung geworden: das Monster wohnt der menschlichen Figur inne. Auch Canguilhem (2018: 312) bezeichnet die Monstrosität als vitalen Gegen-Wert, da sie als „zufällige und bedingte Gefahr" das Leben im Inneren als die Negation des Lebendigen durch das Nichtlebensfähige bedrohe.

Bataille zitiert hierfür das protonormalistische Verfahren der Serienfotografie des Eugenikers Francis Galtons, in der eine bestimmte Anzahl von individueller Porträtfotos übereinandergelegt werden, um einen spezifischen Typ zu ermitteln, in diesem Fall „das typische Gesicht des amerikanischen Studenten" (Bataille 1994: 504). „Aber jede individuelle Form weicht von diesem Standardmaß ab und ist daher bis zu einem gewissen Grade ein Monstrum." (Bataille 1994: 504). Die monströse Abweichung ist für Batailles Projekt einer Dialektik der Formen aus genau diesem Grund relevant, da er daran arbeitete, „die Irreduzibilität der Differenz oder der Abweichung lebendig zu erhalten" (Didi-Huberman 2010: 283). „Die Monstren wären also dialektisch als das Gegenteil der geometrischen Regelmäßigkeit zu klassifizieren, genauso wie die individuellen Formen, aber auf eine irreduzible Weise." (Bataille 1994: 505). Wenn aber jede individuelle Form tendenziell monströs ist, indem sie notwendigerweise vom Durchschnitt abweicht, was das Paradoxon der Normalität darstellt, braucht es wiederum einen Diskurs, der eine erneute Grenzziehung ermöglicht. Was im protonormalistischen Sinne als „Stigma-Grenze" (Link 1997: 79) bezeichnet wurde, wird im flexiblen Normalismus dynamische und in der Zeit variable „Passage-Grenze" (Link 1997: 79), in der ein homogenes und flexibles Feld über das binäre Paar normal/anormal etabliert wird (vgl. Link 1997: 79–81). Link (1997: 344) schreibt: „Um eine ‚sperrige', heterogene Region in ein eindimensionales Normalfeld mit gaußoider Verteilung verwandeln zu können, sind stets ‚Ausklammerungen', ‚Ausgliederungen', ‚Auslagerungen', kurz ‚Ausgrenzungen', unvermeidlich." Diese Exklusionen gehören zu dem Teil des Diskurses über das Monströse, den Foucault untersucht hat und der auch für die vorliegende Arbeit entscheidend ist.

## 3.2.2 Gesetzesbruch und Differenz

In seinen Vorlesungen von 1975 untersuchte Foucault die diskursive Entwicklung vom Monster zur Anomalie in einem ‚rechtlich-biologischem' Feld.[32] Der Gesetzesbruch ‚im Rohzustand', den das Monster darstellt, erklärt sich dadurch, dass es auf einer scheinbar chaotischen ‚Gegen-Natur' gründet, auf einer ‚selbst entfaltete[n] Form" (Foucault 2013: 77). Weiter führt Foucault aus:

> Das Monster ist vom Mittelalter bis ins 18. Jahrhundert, das uns hier beschäftigt, im wesentlichen ein Mischwesen. Es ist das Mischwesen zweier Bereiche, des menschlichen und des animalischen: Der Mensch mit dem Stierkopf, der Mensch mit den Vogelfüßen – lauter Monster. Es ist ein Mischgebilde aus zwei Arten, ein Mixtum zweier Arten: das Schwein mit dem Schafskopf ist ein Monster. Es ist eine Mischung aus zwei Individuen: Wer zwei Köpfe hat und einen Leib, zwei Leiber und einen Kopf, ist ein Monster. Es ist die Mischung aus zwei Geschlechtern: Wer zugleich Mann und Weib ist, ist ein Monster. Es ist die Mischung aus Leben und Tod: Der Fötus, der mit einer Morphologie, die nicht lebensfähig ist, das Licht der Welt erblickt, aber dennoch ein paar Minuten oder einige Tage durchhält, ist ein Monster. Schließlich ist es eine Mischung aus verschiedenen Formen: Etwas, das weder Beine noch Arme hat, wie eine Schlange, ist ein Monster. Folglich überschreitet es die natürlichen Grenzen, die Klassifikationen, die Kategorientafeln und das Gesetz als Tafel: Genau darum geht es in der Monstrosität. (Foucault 2013: 86)[33]

Dieser erste Teil der Bestimmung des Monströsen als hybride Form, die Foucault hier liefert, lässt sich problemlos neben Étienne Geoffroy Saint-Hilaires Definition stellen. Foucault nennt Körpermonster jene, die durch ihre äußerlich sichtbare Abweichung bestimmt werden. Doch es fehlt noch ein zweiter Schritt, um den Unterschied zwischen dem ‚kleinen Monster' und dem ‚großen Modell aller kleinen Abweichungen' klären zu können:

> Monstrosität entsteht, wenn diese Überschreitung des Naturgesetzes, diese Überschreitung der Gesetzestafel sich auf ein gewisses Verbot des bürgerlichen, religiösen oder göttlichen Rechts bezieht oder es in Frage stellt oder sogar zu der Unmöglichkeit führt, dieses zivile, religiöse oder göttliche Recht in Anwendung zu bringen. Monstrosität gibt es nur dort, wo das in Unordnung gebrachte Naturgesetz an das Recht rührt, es umstürzt oder in Unruhe versetzt, sei es nun das Zivilrecht, das kanonische oder religiöse Recht. Am Punkt ihres Zusammentreffens, am Punkt der Reibung zwischen dem Verstoß gegen die natürliche Gesetzestafel und jenes von Gott oder von den Gesellschaften gestiftete Gesetz, an diesem Punkt des *Zusammentreffens zweier Gesetzesbrüche* läßt sich der Unterschied zwischen Gebrechlichkeit und Monstrosität markieren. Gebrechlichkeit ist in der Tat etwas,

---

[32] Zur Bedeutungsunterscheidung zwischen ‚anormal', gegen die Regel und ‚anomal', Abweichung hinsichtlich normaler Konstruktion, vgl. Foucault (2013: 178–214).
[33] Foucault bezieht sich hier auf die Studien Ernest Martins, *Histoire des monstres depuis l'Antiquité jusqu'à nos jours*, Paris 1880.

was die natürliche Ordnung durcheinanderbringt, aber Gebrechlichkeit ist nicht Monstrosität, da sie ihren Platz im Zivilrecht oder im kanonischen Recht beibehält. Auch wenn das Gebrechen nicht mit der Natur konform geht, ist es in gewisser Weise vom Recht vorgesehen. Andererseits ist die Monstrosität jene natürliche Regelwidrigkeit, durch deren Auftauchen das Recht in Frage gestellt wird und nicht mehr walten kann. (Foucault 2013: 87, Herv. von mir)

Es ist erst der doppelte Rechtsbruch, der das Monster erscheinen lässt. Ausgehend vom römischen Recht, in dem zwischen den zwei Kategorien ‚Missbildung'/ ‚Gebrechlichkeit' und dem Monster im eigentlichen Sinn unterschieden wurde, deduziert Foucault, dass das Monster sowohl eine Abweichung vom ‚Gesetz der Natur' als auch vom ‚Gesetz der Gesellschaft' darstellen muss, weswegen sein Erscheinungsort auch der rechtlich-biologische Bereich ist.

Die diskursive Formation, die sich für Foucault an der Schwelle vom 18. zum 19. Jahrhundert um den Begriff des Monsters gebildet hat, lässt sich nicht analog auf die historische Situation Anfang der 1950er Jahre in Norditalien übertragen, die Calvinos Text aktualisiert. Doch Foucaults Theorie des Monsters als das „große Modell aller kleinen Abweichungen" (Foucault 2013: 78) liefert eine plausible und zugleich komplexe Antwort auf die Frage, warum im Cottolengo angeblich bestimmte Wesen vor den Augen der Öffentlichkeit versteckt werden. Während die devianten Körper der ‚cutu' durchaus bisweilen bei Spaziergängen außerhalb des Cottolengo sichtbar sind (vgl. GS, 36), dabei aber nur die ‚kleineren' Abweichungen von der Norm darstellen, baut das System Cottolengo im Kern auf der Verwahrung der „creature nascoste" (GS, 7) auf, deren Erscheinen auf der Bildfläche das Rechtssystem als Ganzes außer Kraft setzen würde. Sie stellen ‚jene natürliche Regelwidrigkeit' dar, ‚durch deren Auftauchen das Recht in Frage gestellt wird und nicht mehr walten kann'. Dies ist die Bedrohung, die sich in der Wahl im Cottolengo verbirgt. Seine Sensibilität hinsichtlich dieser Frage beweist Calvino, indem er die Berührungspunkte und Grenzen der Bereiche des Rechtlichen und des Biologischen einen Themenschwerpunkt im *Scrutatore* bilden lässt.

Neben der Frage, haben wir es mit einem tatsächlichen Monster oder nur einer kleinen Abweichung zu tun, wirft das Monster ein weiteres Problem auf, das seine grundsätzliche Erkennbarkeit betrifft. Foucault schreibt:

Das Monster ist paradoxerweise – trotz der Grenzposition, die es einnimmt, und obwohl es zugleich das Unmögliche und das Verbotene ist – ein Prinzip der Erkennbarkeit. Und dennoch ist dieses Prinzip der Erkennbarkeit ein eigentlich tautologisches Prinzip, da die Eigenschaft des Monsters eben darin besteht, sich als Monster zu behaupten, aus sich heraus alle Abweichungen zu erklären, die von ihm ausgehen können, aber an sich unerkennbar zu sein. (Foucault 2013: 78)

Am Monster scheitert jegliche Praxis der Identifizierung: Es zeigt sich in dem, was bislang noch nicht sichtbar war. Diese paradoxe Eigenschaft der Unerkennbarkeit des Monströsen diskutiert auch Derrida (vgl. u. a. 1995: 372–398). Für ihn ist das Monstrum das, was zum ersten Mal auftaucht und folglich noch nicht erkannt oder wiedererkannt werden kann (vgl. Derrida 1995: 386). Es lässt sich nur auf seinen erkennbaren Teil, die Norm, reduzieren. Statt menschlich oder tierisch zu sein, scheint das Monster einer dritten Kategorie anzugehören, der Fokus liegt auf der Differenz. Auch diese Konstellation lässt sich bereits an antiken Auffassungen nachvollziehen: Es ist die Differenz sowohl im körperlichen Erscheinungsbild als auch in Sitten und Gebräuchen, die die Griechen bemühen, um entfernt lebende Völker als monströs zu konstruieren. Die Abgrenzung zur Tierwelt wird dabei vorsätzlich unscharf gelassen, um den menschlichen Status in Frage zu stellen (vgl. Gebhard u. a. 2009: 9–30).

Es sind die kulturkonstitutiven Differenzen wie die zwischen Mensch und Tier, Tier und Pflanze, Mann und Frau, Leben und Tod, Kultur und Natur, die das Monster aus den Angeln hebt:[34]

> This refusal to partecipate in the classificatory ‚order of things' is true of monsters generally: they are disturbing hybrids whose externally incoherent bodies resist attempts to include them in any systematic structuration. And so the monster is dangerous, a form suspended between forms that threatens to smash distinctions. (Cohen 1996b : 6)

Als zwischen den Formen schwebende Form entzieht es sich jeglicher Systematisierung, entwischt vom Seziertisch, rutscht dem Zupackenden durch die Hände, und beschreibt einen Prozess, der auf keinen stabilen Gegenstand zielt (vgl. Braidotti 1996: 150). Dieses Phänomen macht es für aktuelle kulturtheoretische Analysen, die das Wandelbare und Formlose des Monsters und des Monströsen in den Mittelpunkt stellen, so interessant (vgl. u. a. Haraway 2019). Denn über ihre Tabus und Abweichungen definiert sich eine Kultur, die zugleich in ständiger Aushandlung ihrer eigenen Grenzen begriffen ist. Da es sich immer jenseits von Sichtbarkeit und Sagbarkeit befindet, ist dem Monster ein subversives Potenzial eigen:

> it persists in haunting not only our imagination but also our scientific knowledge-claims. Difference will just not go away. And because this embodiment of difference moves, flows, changes; because it propels discourses without ever settling into them; because it evades us in the very process of puzzling us, it will never be known what the next mons-

---

**34** Vgl. Gebhard u. a. (2009: 13–16); einen bündigen Überblick philosophisch-naturkundlicher Schriften und Reiseberichte, in denen allerlei antike und mittelalterliche Monster und monströse Figuren auftauchen, liefert Ochsner (2010: 17–35).

ter is going to look like; nor will it be possible to guess where it will come from. (Braidotti 1996: 150)

Dieser Umstand macht das Monster zum perfekten Vorboten einer Krise von Kategorien, wie Cohen bemerkt:

> Because of it's ontological liminality, the monster notoriously appears at times of crisis as a kind of third term that problematizes the clash of extremes – as „that which questions binary thinking and introduces a crisis". (Cohen 1996b: 6)

Cohen verknüpft Derridas Begriff des *supplément* mit dem Monster und stellt es damit als Kettenglied einer endlosen Verweisfunktion dar (vgl. Cohen 1996b: 7).[35] Statt einer syllogistischen Entweder/oder-Logik mit binären Oppositionen führe es das Denken in ein grenzenloses Feld von Und/oder-Kombinationen. Auch für Milburn (2003: 603) verkörpert das Monster bei Derrida ein anderes Denken, das über den Menschen und den Humanismus hinausgeht, und Dekonstruktion genannt wird. Das Monster ist ein textuelles Ereignis, ein Einbruch eben jenes Diskurses, der es hervorgebracht hat. Und der ist kein geringerer als der Diskurs der westlichen Metaphysik selbst:

> Derrida places himself in a lineage of dismantling ontotheology and logocentrism, a lineage of paternal figures lined up and pitted against Western metaphysics, engendering the monstrous birthing event that signals the imminent end of structure, being-as-presence, and the humanist tradition. (Milburn 2003: 608)

Indem er die Vertreibung aus dem Paradies, die Bewegung von einem Zentrum zu einem Außen, als Gründungsmythos des westlichen Denkens untergräbt und mit dem Menschen sein Zentrum in Frage stellt, der von sicherem Ursprung und Präsenz träumt, legt Derrida den Weg für den Diskurs der Differenz und für die Monster als ihre Träger frei. „Derrida's monsters are material *and* semiotic actors, flesh and writing at the same time", so Milburn (2003: 606, Herv. im Orig.).

Somit lassen sich die Bindestriche in der Neuschöpfung des *ragazzo-pianta-pesce* auch als Einbruch des Diskurses lesen, durch die eine formal monströse Form abgebildet wird. Bevor die Dekonstruktion überhaupt geboren wurde, zeigt Calvino im *Scrutatore* bereits, dass die (menschliche) Form problematisch geworden ist, dass die Formen, die ein dichotomes Weltbild hervorbringt, unhaltbar geworden sind und die Dialektik nicht zur erhofften Synthese führt. Die Sprache bildet die Problematisierung der Form ab, exakt kann an dieser Stelle

---

35 Zum *supplément* siehe Derrida (1974: 244–283).

nur das Unbestimmte sein.[36] Doch die monströsen Formen bilden für Calvino keinen Anlass dazu, sie im Schreiben zu überhöhen. An mehreren Stellen warnt er genau davor, wie an dieser Stelle des Midollo-Aufsatzes (*Midollo*, 26): „Alieni da tentazioni per l'irrazionale e l'oscuro, pure ci interessa il cammino degli uomini che partirono in lotta contro i mostri."[37] Hier wird das humanistische Ideal des modernen Subjekts angerufen, das im *Scrutatore* jedoch bereits in einer tiefen Krise steckt. Diese Krise der Kategorien, die der Diskurskomplex des Monströsen im *Scrutatore* katalysatorisch begleitet, betrifft zunächst die humanistisch-aufklärerischen Werte, denen sich der Protagonist verhaftet sieht. Ormea bemerkt, dass er mit dem absoluten Wert der Schönheit, als Orientierungspunkt des subjektiven Bewusstseins in der Welt des Cottolengo, nicht vorankommt, sondern seine humanistisch geschulte Werteskala in ihrer radikalen Implementierung zu unmenschlicher Grausamkeit führt. Statt das Hässliche als Schlechtes zu deklassieren, erscheinen die Begriffe vor dem Hintergrund von Gleichheit und Kontingenz als voneinander entkoppelt.

> il ‚Cottolengo', – pensava Amerigo, – che potrebe essere il solo mondo al mondo se l'evoluzione della specie umana avesse reagito diversamente a qualche cataclisma preistorico o qualche pestilenza [...] E il mondo potrà venir popolato da generazioni d'esseri umani che per noi sarebbero stati mostri, ma che per loro stessi saranno esseri umani nel solo modo in cui si potrà essere umani [...] Se il solo mondo al mondo fosse il ‚Cottolengo', pensava Amerigo, senza un mondo fuori che, per esercitare la sua carità, lo sovrasta e schiaccia e umilia, forse anche questo mondo potrebbe diventare una società, iniziare una storia ... (GS, 26)

Doch die Öffnung eines Möglichkeitsraumes bringt auch Orientierungslosigkeit mit sich:

> E più la possibilità che il ‚Cottolengo' fosse l'unico mondo possibile lo sommergeva, più Amerigo si dibatteva per non esserne inghiottito. Il mondo della bellezza svaniva all'orizzonte delle realtà possibili come un miraggio e Amerigo ancora nuotava nuotava verso il miraggio, per riguadagnare questa riva irreale, e davanti a sé vedeva Lia nuotare, il dorso a filo del mare (GS, 27)

Die ideale, schöne Welt entschwindet Amerigo wie eine Fata Morgana vor dem Horizont der realen, möglichen Welt, während der Rücken seiner Freundin Lia

---

**36** Vgl. zur Theoretisierung der poetischen Funktion des Unbestimmten Leopardi 2016: 114–115, *Zib.* [169]-[170].

**37** Auch Milburn (2003: 621) weist am Ende seines Aufsatzes auf das Gewaltpotenzial hin, das dem Monströsen innewohnt und nicht banalisiert werden sollte, während er dabei offenkundig auf Haraways *The promises of monsters* anspielt: „Monsters have enormous promise, but be watchful ... They bite."

als kümmerlicher Rest dieser Traumwelt erscheint. Wenn der Geist angesichts des Schmerzes dazu tendiert, sich das Schöne vorzustellen und ‚dem schmerzhaft Entstellten' das Heile entgegenzusetzen (vgl. Han 2020: 50), wird an dieser Stelle das endgültige Scheitern dieses Mechanismus deutlich. Das Bild des opaken Meeres, das den Protagonisten zu verschlingen droht, verweist eindeutig auf Calvinos poetologische Reflexionen im Essay *Il mare dell'oggettività* (vgl. *Mare*, 52–60). Wobei dem Monströsen, dem Deformen, dem Hässlichen des Cottolengo die ‚hochkochende Materie' (*Natura e storia*, 51) zu entsprechen scheint, dem „pessimismo delle cose" (*Natura e storia*, 35), der mit Voltaire beginnend literarisch zu Ungunsten eines „ottimismo soggettivo" (*Natura e storia*, 35) verhandelt wird. Strukturalistisch geschult besteht auch die Sprache aus ‚Dingen', an dieser Stelle der Narration ist es die zähe Masse der Gedanken selbst, die den Protagonisten wie im Schlaf wiegen, anstatt dass seine Reflexionen in praktisches Handeln übergehen. Erst in Kapitel XII wird Ormea die Wahl von Rechtspersonen, die keinen eigenen Willen zeigen, verhindern. Warum verändert erst die Begegnung mit den stark von der Norm abweichenden Körpern das Verhalten des Protagonisten? Was hat die theoretischen Reflexionen in Kapitel V in praktisches Handeln in Kapitel XII überführt?

Diesen Fragen lässt sich auf verschiedenen Ebenen beikommen. Zunächst erfolgt eine Änderung in der Ordnung des Raumes, denn für die Aufteilung des Sinnlichen macht es einen Unterschied, ob sich, wie im ersten Fall die Wählerinnen und Wähler selbst in das Wahllokal bewegen bzw. dort hingebracht werden, oder sich, wie im zweiten Fall, eine Abordnung, der auch Ormea angehört, in die Krankensäle zu den potentiellen Wählerinnen und Wählern hin bewegt. In einem früheren Kapitel wurde bereits das Verhältnis von Macht, Ordnung und Raum diskutiert. Eine räumliche Veränderung bringt auch eine Transformation der Ordnung mit sich und eine potentiell neue Aufteilung des Sinnlichen. In Kapitel XII ist die Hauptfigur in das Innere des Imaginationsraum Cottolengo vorgedrungen, ins Herz dieser Phantasiewelt, in der angeblich unvorstellbare Kreaturen leben. Tatsächlich übersteigen die monströsen Figuren, auf die Amerigo Ormea dort trifft, die Figuren der vorhergehenden Kapitel in ihrer Monstrosität. War es zuvor noch möglich, die devianten Körper dem menschlichen Bereich zuzuordnen, erweist sich diese Ordnung nun als zunehmend prekär. Während die hybriden Wesen im Krankensaal den Blick auf erschreckende Weise faszinieren, dominiert in der zweiten Szene, die einen freien Blick auf Ausscheidungsprozesse gewährt, der Ekel.[38]

---

**38** Zur Empfindung des Ekels in der Literatur siehe Menninghaus (1999).

Mit Kristeva (vgl. 1982) lässt sich dieser Bereich als ‚Reich des Abjekten' bestimmen. Die psychoanalytisch geschulte Literaturwissenschaftlerin hat den Begriff in die poststrukturalistische Debatte eingeführt, der sich an dieser Stelle anbietet, um die Aufteilung dieses Raums aus einer subjektzentrierten Perspektive zu verstehen.[39] Für Kristeva (1982: 2, Herv. im Orig.) lauert im Gefühl des Abscheus etwas, das eine gewalttätige, düstere Revolte des Seins bekundet: „what is *abject*, [...] the jettisoned object, is radically excluded and draws me towards the place where meaning collapses." Wir befinden uns in Kapitel XII auf der Ebene dieses radikal von der Gesellschaft Ausgeschlossenen, das mit Bataille gelesen werden kann „as another form of what a system cannot assimilate but must reject as excremental" (Krauss 1996: 90).[40] Psychoanalytisch betrachtet ist das Abjekte das vom Subjekt Ausgeschlossene, das sich in einem Grenzbereich zwischen Subjekt und Objekt befindet.[41] Da es in letzter Konsequenz den Tod anzeigt, ist die Leiche, der Kadaver, der Inbegriff des Abjekten:[42]

> The corpse, seen without God and outside of science, is the utmost of abjection. It is death infecting life. Abject. [...] It is thus not lack of cleanliness or health that causes abjection but what disturbs identity, system, order. What does not respect borders, positions, rules. The in-between, the ambiguous, the composite. (Kristeva 1982: 4)

Durch die Betrachtung des Abjekten als abgestoßenes Residuum, das gleichsam irreduzibel ist, wird sein revolutionäres Potential für die Strukturen deutlich, die auf der symbolischen Ordnung aufbauen: Identität, Grenzen, Positionen, Regeln. Der Leib hat, durch seine Verortung zwischen Subjekt und Objekt, immer schon eine originäre Beziehung zum Abjekten inne. Bei seiner Revision des Leib-Seele-Dualismus Descartes' und des Monismus Hegels schreibt Waldenfels (vgl. 2006:

---

[39] In der Forschung umstritten ist die Frage, inwieweit sich Kristevas ‚Abjektion' mit dem Abjekten bei Bataille deckt, der ab Mitte der 1930er Jahre an einer Reihe von Texten unter dem Titel *Abjection et les formes miserables* arbeitete. Krauss argumentiert, dass Kristevas Blick im Gegensatz zu Batailles eher auf dem Philosophischen und Psychoanalytischen liege als auf dem Sozialen (vgl. Krauss 1996: 90–92). Batailles Konzeption des Abjekten müsse hingegen prozessual gedacht werden: „The other word to which Bataille turned to evoke this process of ‚deviance' was *informe*" (Krauss 1996: 105, Herv. im Orig.).

[40] In Batailles von Krauss analysierten Texten erinnert die gewalttätige, ausgrenzende Kraft der „social abjection" (1996: 90), die in modernen Staaten herrsche, sowie die Frage der Heterogenität stark an die weiter oben diskutierten Ansätze Foucaults.

[41] Da es außerhalb der symbolischen Ordnung steht, ist es in der Freudschen Terminologie dem ‚Über-Ich' (für Lacan dem ‚Namen des Vaters') entgegengesetzt. Für eine eingehende Diskussion der Einführung von Kristevas Begriff in die Psychoanalyse siehe Menninghaus (1999: 516–567).

[42] Auch etymologisch lässt sich das Abjekte (*abicere* – weg-, hinwerfen; erniedrigen) mit Kadaver (*cadere* – hinfallen, herabfallen, niederstürzen) verbinden.

68–91): „Unser Leib erscheint als etwas, das von uns selbst abgespalten ist, obwohl er in gewisser Hinsicht zu uns gehört, zumal dann, wenn wir unter ihm leiden." (Waldenfels 2006: 68–69).[43] Zur ‚leiblichen Erfahrung' der Selbstkonstitution gehört beispielsweise die Nahrungsaufnahme (etwas wird als Teil meiner selbst aufgenommen, anerkannt, assimiliert), aber auch die Ausscheidung (das, was als mein ehemaliger Teil abgestoßen wird, das Abjekte).

> These body fluids, these defilement, this shit are what life withstands, hardly and with difficulty, on the part of death. There, I am at the border of my condition as a living being. My body extricates itself, as being alive, from that border. (Kristeva 1982: 3)

Die Szene der *buoni figli*, in der auf überlaufende Ausscheidungen hingewiesen wird (vgl. GS, 67), lässt sich mit Kristeva auch deshalb als besonders abjekt charakterisieren, weil die jungen Männer indifferent gegenüber dem eigenen Abgestoßenen scheinen. Das Cottolengo präsentiert sich damit als Ort, an dem die äußerste kulturkonstitutive Differenz von Leben und Tod nicht respektiert wird. Um die entscheidende Rolle zu verdeutlichen, die das Abjekte im Wandel des Verhaltens von Amerigo Ormea spielt, wird die Szene, die Ormea sein eigentliches Vorhaben ins Gedächtnis ruft, im Folgenden unter diesem Blickwinkel betrachtet. Nachdem Ormea als Teil einer Abordnung von Wahlhelfern auf die ‚monströsen Wesen' des Krankensaals gestoßen war und sein Blick von der Szene zwischen Vater und Sohn gebannt schien, wurde er Zeuge davon, wie die Wahl an diesem Ort ablief: Einige Schwestern bauten eine improvisierte Wahlkabine um das Krankenbett eines Menschen auf, der von Kopf bis Fuß gelähmt schien. Anstatt diesem wählte eine der Nonnen.

> Tolsero il paravento, Amerigo lo guardò: era una faccia viola, riversa, come un morto, a bocca spalancata, nude gengive, occhi sbarrati. Più che quella faccia, nel guanciale affossato, non si vedeva; era duro come un legno, tranne un ansito che gli fischiava al fondo della gola. (GS, 63)

---

[43] Vgl. auch: „Die Zyklik des Leibes schließt alles mit ein, was zweifellos mit mir zu tun hat, ohne daß es durch mich zustande gebracht wird." (Waldenfels 2006: 74). Die Nichtdeckung von Sehendem und Gesehenem kennzeichnet für Waldenfels (Waldenfels 2006: 79) „die Seinsweise unseres Leibes als eines Wesens, das sich auf sich selbst bezieht und sich zugleich sich entzieht." Mit Husserl spricht er von einem ‚Leibkörper': „Das komplexe Wesen eines Leibkörpers schließt nicht nur den gelebten Leib ein, mittels dessen wir Dinge wahrnehmen und manipulieren, in dem wir uns selbst ausdrücken und mit dem wir aufeinander einwirken, es schließt auch den physiologischen Apparat ein, darunter jene neurologischen und genetischen Prozesse, durch die unser Verhalten nicht nur realisiert, sondern bis zu einem gewissen Grad geformt wird. All dies gehört zu uns, aber in Form einer abnehmenden Nähe und einer anwachsenden Ferne." (Waldenfels 2006: 82).

Dieser Körper, der eher einem Toten als einem Lebendigen zu gehören scheint, ist nach Kristeva ‚abjekt' zu nennen, denn er ist ein Marker für den Tod, der das Leben ‚infiziert'. In ihm scheint die Differenz von Leben und Tod außer Kraft gesetzt. In der Formulierung ‚bis auf ein röchelndes Geräusch aus der Kehle steif wie ein Stück Holz', klingt etwas Sub-humanes an, das noch unterhalb von Tier- und Pflanzenanalogien angesiedelt ist. Hier scheint man auf jene „definitorische Grenze für den Bereich des Subjekts" gestoßen zu sein, hinter der Butler (1995: 23) eine „Zone der Unbewohnbarkeit" ausmacht, die das konstitutive Außen zum Bereich des Subjekts bildet. Der abjekte Körper gehört zu einer ‚nicht lebbaren', ‚unbewohnbaren' Zone des Sozialen, in die all jene ‚geworfen' sind, „die nicht den Status des Subjekts genießen, deren Leben im Zeichen des ‚Nicht-Lebbaren' jedoch benötigt wird, um den Bereich des Subjekts einzugrenzen." (Butler 1995: 23). Was Butler an dieser Stelle betont, ist die performative Seite des Subjekts, das sich durch den Ausschluss erst konstituiert, das ein Außen erzeugt, welches als eigene fundierende Zurückweisung in diesem selbst zu verorten ist.

Erst als Ormea ins Innerste des Cottolengo vordringt, und den abjekten Körpern begegnet, setzt sein Handeln ein. Aus biopolitischer Perspektive betrachtet kann zwar das gesamte Cottolengo als ‚Reich des Abjekten' gelten, insofern es von jenen bevölkert wird, die aus dem Gesellschaftskörper entfernt wurden. Die Ähnlichkeit der Cottolengo-Insassen untereinander, auf die immer wieder hingewiesen wird, ist ein Hinweis auf diesen Zusammenhang, sind sie doch allesamt „creature opache" (GS, 24) statt Individuen.[44] Auf eigentlich ‚monströs' konnotierte Körper, die zudem einen freien Blick auf die als besonders abjekt angesehenen Körperausscheidungen gewähren, trifft der Protagonist erst in Kapitel XII. Zusammenfassend lässt sich feststellen, dass der Protagonist die ganze Narration über gleich doppelt mit dem Verworfenen konfrontiert ist. Nämlich dem individuell von sich Abgestoßenem (der Körper, die Frau, das Tier) und dem gesellschaftlich Exkludiertem (die abjekten Körper, die den biopolitisch geformten Gesellschaftskörper bedrohen, indem sie nicht gehorchen, sich nicht assimilieren lassen). Auf formaler Ebene muten die Darstellungen der ‚abjekten Objekte' grotesk an. Ochsner (2010: 112) folgend dient die groteske Darstel-

---

44 Auch im *Cavaliere* geht es um diese Form der Ähnlichkeit, wenn Rambaldo Ritter Agilulfo von den sich gleichenden ‚Armen' berichtet, die bei den Regimentern die übrige Suppe erbitten. Misstrauisch ob der Ähnlichkeit kontrolliert Rambaldo die Essenslisten, in denen jeweils unterschiedliche Namen aufgeführt werden. Agilulfo erkennt dennoch seinen verschollenen Knappen Gurdulù, „un uomo senza nome e con tutti i nomi possibili" (ICI, 995). Gurdulù, der je nach Umfeld allem ähneln kann, selbst einem Birnbaum, stellt eine Form von Bewusstsein dar, die noch keine Persönlichkeit ausgebildet hat.

lung der „Darstellung des Undarstellbaren".⁴⁵ Zum Bereich der ästhetischen Gestaltungsform gehört das Heterogene, Inkommensurable und Polare, in dem Grauenerregendes und Komisches miteinander vermengt werden (vgl. Meyer 2007). Diese folgt einem Prinzip, „das auf der Ebene des ständig sich austauschenden und verändernden Körpers eine prinzipielle Ununterscheidbarkeit zwischen dem Ich und dem Anderen, dem Eigenen und dem Fremden" (Ochsner 2010: 112) beschreibt. Damit stimmt Ochsner mit der Lektüre überein, die Nancy (2014: 33, Herv. im Orig.) nahelegt: „‚Ich' gibt es nicht als *Ausgedehntes*: Sobald *ich* ausgedehnt ist, ist es auch den anderen ausgeliefert." Im Zentrum der Lektüre, die Piana (vgl. 2014) für *La giornata d'uno scrutatore* vorschlägt, steht das Groteske im Sinne Bachtins.⁴⁶ Das Cottolengo wird dabei zum ‚mondo alla rovescia' (vgl. Calvino 2007l), entsprechend dem Motiv der karnevalistischen Utopie, die Bachtin in Auseinandersetzung mit Rabelais entwickelte (vgl. Bachtin 1995).⁴⁷ Zur Beschreibung der ambivalenten Körper von Figuren der ‚schwangeren Alten', die den gebärenden Tod darstellen, schreibt er:

> Hier wird das Leben in seiner ambivalenten, innerlich widersprüchlichen Prozeßhaftigkeit gezeigt, nichts ist fertig, die Unabgeschlossenheit selbst steht vor uns. Genau darin besteht die groteske Körperkonzeption. Im Gegensatz zu den neuzeitlichen Kanons ist der groteske Körper von der umgebenden Welt nicht abgegrenzt, in sich geschlossen und vollendet, sondern er wächst über sich hinaus und überschreitet seine Grenzen. Er betont diejenigen Körperteile, die entweder für die äußere Welt geöffnet sind, d. h. durch die die Welt in den Körper eindringen oder aus ihm heraustreten kann, oder mir denen er selbst in die Welt vordringt, also die Öffnungen, die Wölbungen, die Verzweigungen und Auswüchse: der aufgesperrte Mund, die Scheide, die Brüste, der Phallus, der dicke Bauch, die Nase. (Bachtin 1995: 76)

Das Cottolengo weist zahlreiche Beispiele grotesker Körper auf. Hinweise darauf liefern die offenen Münder und weit aufgerissenen Augen, die Ausscheidungen, die aus den Behältern überlaufen; diejenigen, die ihre Wahlzettel essen oder sie mit Toilettenpapier verwechseln; das laute Rufen, Singen und Schreien – all dies kann als Ausdruck der Selbstüberschreitung des individuellen, begrenzten Körpers gelesen werden. Die Überschreitung verweist darüber

---

**45** Der Begriff ‚Groteske' geht auf die Entdeckung eines bestimmten Stils römischer Ornamentenmalerei zurück, der bei der Ausgrabung unterirdischer Teile der Titus-Thermen zum Vorschein kam und abgeleitet von *grotta* (‚Grotte') *la grottesca* genannt wurde. Statt stabiler Grenzen und statischer Darstellung charakterisiert ihn Formübertretung und lebendige Bewegungsdarstellung (vgl. Bachtin 1995: 82–83).
**46** Zu Calvinos Auseinandersetzung mit Formen der Karnevalisierung nach Bachtin siehe ebenfalls Milana (2012).
**47** Bachtin nennt den Karneval das zweite, auf dem Lachprinzip beruhende Leben des Volkes: „So spielt im Karneval das Leben selbst; das Spiel jedoch wird auf Zeit zum eigentlichen Leben. Das ist das Wesen des Karnevals, seine besondere Existenzform." (Bachtin 1995: 56).

hinaus auf eine Dynamik, die der des von Bataille vorgeschlagenen Informen ähnelt (vgl. Bataille 2005: 44–45). Auch in diesem zeigt sich das Leben in seiner Prozesshaftigkeit: ‚nichts ist fertig, die Unabgeschlossenheit selbst steht vor uns'. Im Vordergrund dieser verdrehten Welt stehen die Gesetze des Körpers (Wachstum, Reproduktion, Nahrungsaufnahme, Ausscheidung, Geburt, Tod), die über die Gesetze der aufgeklärten Rationalität dominieren: „[D]er Körper ist noch nicht individualisiert und von der restlichen Welt noch nicht getrennt" (Bachtin 1995: 69). Die Körper handeln also aus scheinbar eigenen Gesetzmäßigkeiten heraus.[48] An keiner anderen Stelle im *Scrutatore* treten diese Gesetze so deutlich zu Tage, wie sie es in Kapitel XII tun.

Der groteske Körper ist ein überzeichneter Körper, der wie durch einen Zerrspiegel betrachtet dargestellt wird.[49] Bei Bachtin hat er kosmischen, das ganze Volk umfassenden Charakter, die Erscheinungen körperlichen Lebens sind nicht auf einzelne biologische Personen beschränkt, sondern auf ein Kollektives ausgeweitet (vgl. Bachtin 1995: 69). Während das Monster in Verbindung zur biologischen Norm auftaucht und auf die Kontingenz hinweist, die als Voraussetzung des Lebendigen fungiert, verweist der groteske Körper auf die Prozesshaftigkeit und Unabgeschlossenheit des Lebendigen. Im Ästhetischen überlappen sie sich in der Überschreitung der stabilen Form. Phänomenologisch betrachtet ist der Leibkörper generell ein Medium, ein ‚Dazwischen': zwischen Natur und Kultur, zwischen Eigen- und Fremdkörper.[50] Dieses Dazwischen-Sein verrät eine unbestimmte biologische und kulturelle Materialität, die dem Körper eigen ist. Die Körper im Cottolengo müssen daher als unbestimmte Materialität gedacht werden, in der Differenzierungen erst nachträglich erscheinen, um sowohl die (sprachliche) Macht, die auf sie einwirkt, als auch die Freiheit der subjektiven Aneignung (als produktive Biopolitik) sichtbar werden zu lassen (vgl. Borsò 2012a: 18). Worauf Calvino im *Scrutatore* stößt, ist der Körper als Spannungsraum zwischen Verwaltung und kultureller Potentialität.

---

[48] Vgl. Nancy (2014: 33), außerdem Bachtin (1995: 76–77).
[49] Prominent hat sich Calvino zum Grotesken im Vorwort für die Neuauflage seines Erstlingswerks 1964 geäußert. Er wiederholt darin mehrfach sein Bedauern über die expressionistisch verzerrte Darstellung seiner Genossen: „Le deformazioni della lente espressionistica si proiettano in questo libro sui volti che erano stati di miei cari compagni. Mi studiavo di renderli contraffatti, irriconoscibili, ‚negativi', perché solo nella ‚negatività' trovavo un senso poetico." (*Pref.* 1964, 1190).
[50] Vgl. Stichwort „Merleau-Ponty, Maurice" (Horlacher 2013: 511): „Dank seiner Leiblichkeit ist der Mensch Teil einer vorreflexiven Natur, einer vorobjektiven und vorsubjektiven Lebenswelt, die weder analysier- noch abstrahierbar ist, sich aber im und durch den Menschen manifestiert."

Der groteske Körper ist in seinen Praktiken der Selbstüberschreitung näher an einer vorgängigen Unbestimmtheit des Materials, er zeugt von einer Potenz Form zu werden oder zu verändern (vgl. Borsò 2012b: 166). Doch die Selbstüberschreitung ist nicht nur grotesken Körpern eigen, für Butler (vgl. 1995: 13) gehört sie ganz allgemein zur Konzeption von (menschlichem) ‚Körper'. Diese befinden sich in einem permanenten Empfindungsstrom, der sich wie in der Szene der ‚buoni figli' in singulären Reizempfindungen von Schmerz oder Lust äußern kann. Aus erkenntnistheoretischer Sicht weist Meyer (2011: 11) im Vorwort ihrer Studie mit den Polen *Körper-Schmerz-Ästhetik* darauf hin, dass Schmerz die Möglichkeit eröffnet, der „physiologischen Bedingtheit menschlicher Existenz im Allgemeinen gewahr zu werden" und damit auf die Grenzen menschlicher Belastbarkeit und die Endlichkeit des Lebens hinzuweisen, während die Lust eher den Eindruck von Selbstvergessenheit und Entgrenzung vermittelt. Die Form von Schmerz, auf die der *scrutatore* in Kapitel XII trifft, ist Meyer (2011:12) folgend ein „als sinnlos erachteter Schmerz", ein Skandalon, „das Menschen am Leben, an ihrem religiösen Weltbild, an der Existenz des Guten schlechthin (ver-)zweifeln lassen kann". Diese Perspektive ergibt sich vor allem dann, wenn Schmerz als etwas aufgefasst wird, das ‚gegen einen' ist, ‚gegen das man sein muss'. Obgleich Calvinos Hauptfigur also über die eigenen Empfindungen schweigt, reflektiert sich sein Gefühlszustand in den Beschreibungen und Reflexionen; sie bezeugen emotionale Anteilnahme statt kritischer Distanz.

In der Begegnung mit dem Schmerz droht jedoch immer wieder das Verstummen, worin die Figur Amerigo Ormea bereits zwanzig Jahre vor *Palomar*, in dem die Ähnlichkeit explizit gemacht wird (vgl. Milanini 1992, XIV–XVIII), Valérys Monsieur Teste ähnelt. Für diese Figur des modernen empfindsamen bürgerlichen Subjekts trägt der Schmerz keinerlei Bedeutung mehr, er ist jedem teleologischen Sinn enthoben und hat somit auch jeglichen narrativen Schutzraum eingebüßt, der den Schmerz symbolisch hätte hegen können (vgl. Han 2020: 29–36). Er scheint das Subjekt an einen „sinnentleerten, entsprachlichten, nackten Körper" (Han 2020: 30) auszuliefern. „Für Monsieur Teste ist der Schmerz nicht erzählbar. Er zerstört die Sprache", schreibt Han (2020: 30). Im *Scrutatore* wird auf eine doppelte Erzählstrategie zurückgegriffen, um den Widerspruch aufzulösen, den nicht-erzählbaren Schmerz zu erzählen, und zwar, indem einerseits auf berühmte Texte verwiesen wird, die sich um Schmerz drehen („come Abramo va a sacrificare Isacco, e come Edipo s'accieca, e Re Lear nella bufera perde il senno", GS, 49; Leopardi: „la polemica della bontà della natura e della provvidenza" GS, 40) und andererseits der schmerzende Körper in seiner Körperhaftigkeit ernst genommen wird als das, was dem Diskurs wesentlich äußerlich ist, als Einbruch in das Reale, das die Sinnstruktur mit Rissen von Intensität versieht.[51] Statt einem Aufgehen in der Narration bleibt also die wesenhafte Widerständigkeit des Körpers gegenüber dem diskursiven Zugriff erhalten.

Doch die Erfahrung des Schmerzes führt nicht nur zur Sprachlosigkeit, sondern hält auch die Möglichkeit zu einer Öffnung bereit, die diese überbrücken kann. Merkmal des literarischen Umgangs mit körperlichem Leiden ist laut Meyer (2011: 18) die Verbindung von Schmerz und „Subjektivität, von Selbst-Bewusstsein und Köperwahrnehmung". Dem Schmerz des leidenden Subjekts wohnt dabei eine vorwiegend deiktische Funktion inne (vgl. Hermann 2006: 439). Den Ort des Schmerzgeschehens betonend verweist er auf die visuelle und/oder akustische Ebene, weniger auf seine tatsächliche Ursache.[52] Gerade das deiktische Moment impliziert eine Aufforderung an das Gegenüber oder öffnet zumindest auf Dialogizität hin (Hermann 2006: 441). Dieser Zusammenhang lässt sich an Ormeas Reflexionen zur Wahl im Cottolengo deutlich ablesen:

> Questo era il discorso che gli faceva il ‚Cottolengo' con i suoi gemiti e i suoi gridi, vedila la tua volontà popolare che scherzo diventa, qua nessuno ci crede, qua ci si vendica dei poteri del mondo, era meglio lasciarlo passare anche quel voto, era meglio che quella parte di potere guadagnata così restasse incancellabile, inscindibile dalla loro autorità, che se la portassero su di loro per sempre. (GS, 66)

Das personifizierte Cottolengo scheint durch die darin vernommenen Schmerzensschreie und das Stöhnen vor Schmerzen zu Amerigo Ormea zu sprechen: „vedila la tua volontà popolare che scherzo diventa" (GS, 66). Eine ähnliche Stelle findet sich in Kapitel IX, wo der *scrutatore* in leopardianischer Manier über die Hinfälligkeit der Menschen reflektiert: „Quest'accolta di gente menomata non poteva esser chiamata in causa, nella politica, che per testimoniare contro l'ambizione delle forze umane." (GS, 41). In biopolitischer Perspektive bezeugt dieser Zusammenhang den unbeugsamen Rest, den auch die erpresste

---

[51] Siehe: „‚Der Körper' das ist dort, wo man den Boden unter den Füßen verliert. ‚Un-Sinn' meint hier nicht so etwas wie das Absurde, auch nicht verkehrter oder, wenn man möchte, verzerrter Sinn (man wird nicht bei Lewis Carroll an die Körper rühren). Aber das bedeutet: kein Sinn oder aber Sinn, bei dem es völlig ausgeschlossen ist, sich ihm in Form einer ‚Sinnfigur' zu nähern. Jener Sinn, der nur dort Sinn macht, wo er hart an die Grenze stößt. Stummer, verschlossener, autistischer Sinn, aber eben kein *autos*, kein sich ‚sich-selbst'. Der Autismus ohne *autos* des Körpers, was aus ihm unendlich weniger als ein ‚Subjekt' macht, doch auch etwas unendlich anderes, *geworfen [jeté]*, nicht *unter-geworfen [sub-jeté]*, sondern genauso hart, genauso intensiv, genauso unvermeidlich, genauso einzigartig wie ein Subjekt." (Nancy 2014: 18, Herv. im Orig.).

[52] Schmerz, durch Schreien ausgedrückt, verweist auf ein ‚Fremdwerden' der Sprache, ein Zeichen, das laut Borsò (2010: 244) auf Leben hindeutet. Die Schreie der Kranken sind *phoné* nicht *lógos*.

Stimmabgabe nicht auslöschen kann und sozusagen an der Regierungsmacht haften bleibt, die Übermacht der körperlich-natürlichen Kontingenz gegenüber dem menschlichen Streben. Doch die imaginierte Ansprache lässt noch eine andere Einsicht durchschimmern. In Auseinandersetzung mit Thesen aus Adornos *Ästhetische Theorie* schreibt Han: „Der Schmerz ist der Riss, durch den das ganz Andere Einzug hält." (Han 2020: 13). Das Erschauern vor diesem ganz Anderen ist Kennzeichen eines lebendigen Bewusstseins. Ein Leben, das diesen schmerzhaften Riss nicht in sich trägt, weil es sich der schmerzlichen Erfahrung verschließt, muss in dieser Perspektive verdinglicht genannt werden: „Allein das ‚vom Anderen Angerührtsein' erhält das Leben lebendig." (2020: 13). Doch weder die Betrachtung der Cottolengo-Insassen als Rechtssubjekte durch das Juridische noch die als „carne d'Adamo misera e infetta" (GS, 22) durch die Theologie kann diesem Angerührtsein einen Ort geben, so dass das Leben der abjekten Cottolengo-Insassen in gesellschaftspolitischer Perspektive verdinglicht genannt werden muss.

Eine besondere Form des Angerührtsein wird in der Beziehungsszene zwischen Vater und Sohn offenbar, die sich neben den Szenen von Körpern abspielt, die monadisch voneinander getrennt zu sein scheinen („un mondo senza comunicazione col resto", GS, 62). Dabei lassen sich in der schnellen Abfolge der ersten Szenen von Kap. XII drei verschiedene Beziehungsformen ausmachen: Während die jeder für sich leidenden Körper jeweils als geschlossene Welten erscheinen, also keine Beziehungen zueinander aufweisen, scheint in der Szene zwischen Vater und Sohn eine Symmetrie auf. Zwischen Nonne und gelähmten Mann herrscht wiederum ein asymmetrisches Verhältnis. Es ist dieser stark kontrastive Horizont, vor dem sich in Kapitel XII eine Veränderung im Verhalten des Protagonisten vollzieht. Ormea stößt an dieser Stelle auf einen weiteren Schwellenraum, „quella lontana zona di confine appena intravista – confine tra che cosa e che cosa? – e tutto quello che era al di qua e al di là sembrava nebbia" (GS, 63).

Die Schwellenerfahrung, die Ormeas Denken und Handeln verändert, wird im Text als dem Bereich der Liebe zugehörig markiert. In diesem Verständnis kann Liebe auch zur Lebensform werden: „Ecco, penso Amerigo, quei due, così come sono, sono reciprocamente necessari. E pensò: ecco, questo modo d'essere è l'amore." (GS, 69).[53] Es ist der Blick, den Vater und Sohn austauschen, der auf gegenseitige Notwendigkeit hinweist; das Persönliche, das dieser ausdrückt, auch wenn er wie im Falle des Sohnes aus wehrlosen, tierischen Augen spricht.[54]

---

**53** Im ‚modo d'essere' (GS, 69) schwingt Agambens Idee einer unhintergehbaren und biopolitisch unteilbaren Lebensform mit (vgl. Geulen 2009: 118).
**54** Dieser Blick lässt sich auch als ‚Blick der Nähe' beschreiben, vgl. Borsò (2012a: 26; 2012b: 164), die auf Didi-Hubermanns Unterscheidung zwischen dem Sehen als Potenz des Schauens

Diese gegenseitige Notwendigkeit lässt sich auch als gegenseitige Abhängigkeit auslegen, als Interdependenz. In dieser Perspektive ist nicht nur der Sohn auf die Hilfe anderer angewiesen, sondern es wird auch die Fragilität des ‚vecchio contadino' (vgl. Kap. GS, 64) wesentlich mit einbezogen, der seinen Sohn fixiert, ‚quel qualcosa di poco e di male, ma di suo, che era suo figlio' (GS, 64). *Scrutatore* Ormea ist von der liebevollen Beziehungsszene gebannt, weil sich ihm an dieser Stelle ein Bereich öffnet, der ihm fremd ist: Statt Autonomie und Unabhängigkeit, traditionell der männlichen, öffentlichen Sphäre zugerechnet, ist er Zeuge liebevoller Sorge (*cura*) und Dependenz, Charaktermerkmale des häuslichen Lebens seit der römischen Antike, der Sphäre des Weiblichen. Nach Waldenfels (vgl. 2006: 25–26) vollzieht sich an dieser Stelle eine Schwellenerfahrung. Nicht umsonst hat die Kritik vielfach die Szene zwischen Vater und Sohn zur Schlüsselszene erhoben, ohne dabei jedoch ihre Implikationen vollständig zu erfassen. Scarpa wagt den Schluss:

> La vera conclusione del libro è probabilmente in questo staccato di frasi: la chiave dei rapporti umani e del rapporto con la realtà non sta nella ragione ma nell'empatia, nell'amore. Al Cottolengo, Calvino scopre la sofferenza priva di contropartita, il male insuperabile dalla ragione dialettica: e la sua risposta, pudica e sommessa, è l'amore. (Scarpa 1999: 133).

Für den Umgang mit dem Leben ist dieser Perspektivenwechsel, der eigentlich eine Gewichtsverlagerung darstellt,[55] fundamental. Zum einen verweist er auf eine Leerstelle im Diskurs, das Fehlen des Nicht-Rationalen, auf die prominent die Frankfurter Schule um Theodor Adorno geantwortet hat (vgl. 2011). Es lässt sich außerdem vermuten, dass der vom homogenen Erzähler als ‚alter Bauer' charakterisierte Mann aus ökonomischen Gründen gezwungen war, seinen ‚unproduktiven', aus diesem Grund in der ökonomischen Logik wertlosen Sohn in die Obhut eines karitativen Instituts zu geben. Das Cottolengo ist Ausdruck ökonomischer Gesellschaftsverhältnisse, die sich für die strukturell benachteiligten Gesellschaftsschichten und die Ausgeschlossenen auch mehr als hundert Jahre nach seiner Gründung nicht wesentlich verändert haben (vgl. Kap. II, hier: 8–9: „questo monumento della carità sulla scala della nascente rivoluzione industriale"). Zum anderen wird dadurch der ‚kalte' Zugriff auf das Leben

---

und dem Sehen als Nachvollzug der Ordnung des Sichtbaren Bezug nimmt. Der nahe Blick ist nach Borsò (2012a: 26) näher an den materiellen Unbestimmtheiten des Lebens, die zugleich kein stabiles Wissen darüber liefern.

**55** Denn wie Scarpa (vgl. 1999: 133) korrekt anmerkt, taucht das Motiv der liebevollen Beziehung, des relationalen Subjekts, das sich gegenüber dem historischen konstituiert, bereits im *Sentiero* auf, wird aber nicht weiterentwickelt.

durch das Politisch-Rechtliche und Metaphysische konterkariert und die Widerstandskraft desselben gestärkt: eine relational gebundene Lebensform lässt sich weniger leicht erfassen, instrumentalisieren und ausbeuten.

In der sozialen, symmetrischen Beziehung konstituiert sich das Subjekt als Nähe zum Anderen und als Antwort auf diesen als „ursächlich responsive Instanz" (Borsò 2012a: 23). Mit Levinas gedacht, bilden die Anderen in ihrer Bedingtheit für das Leben und Überleben des Ichs einen ‚Raum der Relation', der einen Raum des Zusammenlebens erst ermöglicht. Im Unterschied zu dem Raum, den die Erkenntnis öffnet und in dem das subjektiv erkannte Objekt in das System des Wissens assimiliert wird, ist der Raum des Zusammenlebens durch die Offenheit des Seins gekennzeichnet: „Die Sozialität ist eine Art des Heraustretens, die anders verläuft als über die Erkenntnis." (Levinas 1986, 47 zit. nach: Borsò 2012a: 23). Levinas hat dieses Nähe-Verhältnis im Begriff des Antlitzes gefasst. Das Antlitz ist unbestimmt, was zum einen Nähe ermöglicht, es zum anderen aber potentiell der Gewalt ausliefert. Die unbestimmten Antlitze im Cottolengo drücken genau das aus und rufen aus eben diesem Grund, Abgrenzungsfragen hervor, die letztlich exkludierende Gewalt ausüben. Anders ausgedrückt: Das Subjekt, das in der Nähe-Beziehung zum Anderen an seine eigenen Grenzen stößt, kann als ‚schwache' Kategorie gedacht werden. Sobald es aber um die Festlegung und Wahrung von Grenzen zwischen dem, was als menschlich gilt, geht, und dem, was noch nicht oder nicht mehr als menschlich gilt, wird eine dritte Instanz angerufen, die zwar auch dazu in der Lage ist, den schutzlosen Anderen durch Strafandrohung vor Gewalt zu bewahren, aber im gleichen Zug eine andere Form von Gewalt durch die eben genannten Unterteilungen einführt. Die Distanz,[56] in der sich das Ich befindet, wenn es die „dichotomische und exkludierende Ordnung des Dritten als einer auf der Opposition von Identität und Alterität basierenden Ordnung" (Borsò 2012a: 25) einfach übernimmt, anstatt sich in der sozialen Beziehung zum Anderen zu konstituieren, macht wahrhaftes Zusammenleben unmöglich, das für die Ansprache des Anderen offen sein muss (vgl. Borsò 2012a: 25). Die Frage nach dem Menschen darf also nicht etwas sein, das ein für alle Mal entschieden werden kann, sondern muss aus einer ständigen Verhandlung und Auseinandersetzung zwischen Eigenem und Fremden hervorgehen. Die Unterscheidung zwischen krank und gesund, menschlich und nicht-menschlich, wertvoll und ‚unwert' darf keinem fernen Diskurs überlassen werden, sondern ist immer eine Antwort, die aus der

---

[56] Auf das Motiv des ‚Pathos der Distanz' bei Calvino hat Cases prominent hingewiesen (vgl. [1958] 1970: 53–58).

Nähe kommt: „l'umano arriva dove arriva l'amore; non ha confini se non quelli che gli diamo" (GS, 69).

Die Szene zwischen Vater und Sohn spiegelt die gesellschaftliche Notwendigkeit wider, mit den als abjekt oder monströs stigmatisierten Cottolengo-Insassen nicht-objektivierte Beziehungen zu unterhalten. Selbst-Erkenntnis und Selbsterfahrung sind dabei ebenso zentral wie persönliches Engagement. Die Nonne der Krankenstation kümmert es nicht, ob sie erkannt wird, wie es der Text explizit sagt, denn sie hat ihr Selbst bereits für etwas Höheres hinter sich gelassen. Doch diese Art der Professionalisierung im Umgang mit dem Leben entwertet es letztlich und lässt es sogar potentiell monströs werden, denn es fehlt darin die menschliche, auf liebevolle (und schmerzhafte) Notwendigkeit gegründete Beziehung. Der sozialen Beziehung droht im Biopolitischen eine Verdinglichung.[57] Statt die dichotomische und exkludierende Ordnung eines ‚Dritten' einfach für sich zu übernehmen (vgl. Borsò 2012a: 25), macht Ormea in Kapitel XII eine ‚leibgebundene' Erfahrung von Nähe, die in ihm einen Impuls individueller Verantwortung auslöst:

> Dal momento in cui s'era sentito meno estraneo a quegli infelici, anche il rigore della sua mansione politica gli era divenuto meno estraneo. Si sarebbe detto che in quella prima corsia la ragnatela delle contraddizioni oggettive che lo teneva avviluppato in una specie di rassegnazione al peggio si fosse rotta, e adesso si sentiva lucido, come se ormai tutto gli fosse chiaro, e comprendesse cosa si doveva esigere dalla società e cosa invece non era dalla società che si poteva esigere, ma bisognava arrivarci di persona, se no niente. (GS, 70)

Der doppelte Chiasmus, in dem Calvinos Figur steckt, als Subjekt in der Welt und Leibkörper, befähigt den Menschen, Merleau-Ponty folgend, dazu, Bindungen einzugehen (vgl. Borsò 2012a: 21). Intime Bindungen basieren darauf, einander die subjektive Verletzlichkeit durch Tod und Krankheit offen zu legen. Eine Verletzbarkeit, die allen Körpern gleichermaßen eigen ist, was Ormea im Frauen-Krankensaal in Kap. XIII ein weiteres Mal vor Augen geführt wird, und ihn an seine intime Beziehung zu seiner Freundin Lia denken lässt, in der die Liebe einem ständigen Kampf gleicht, „questo genere d'amore [...] non gli pareva più in contrasto con la presenza di quelle ombre ospedaliere: erano lacci dello stesso nodo o garbuglio in cui sono legate tra loro – dolorosamente, spesso (o sempre) – le persone" (GS, 71–72). Doch während Lia sowohl eine verletzliche als auch eine ‚unverwundbare' Seite von sich zeigen kann, scheinen

---

57 Freilich ist diese Gefahr einer verdinglichten Beziehung bei auch noch so spirituell entwickelten Nonnen ungleich kleiner als die Gefahr, die von der Technologisierung im Bereich der Pflege heute ausgeht.

die ans Bett gefesselten Cottolengo-Insassen vollkommen wehrlos und schutzbedürftig. Aus diesem Grund wird Ormeas Nähe-Erfahrung in diesem Fall zur Voraussetzung für politisches Handeln. War Amerigo Ormeas politisches Engagement bislang vor allem durch eine pragmatische Einstellung und die Parteimitgliedschaft motiviert, erfährt dieses in Kapitel XII einen entscheidenden Umschlag. Er erkennt, dass diese Erfahrung der Nähe nur eine persönlich-individuelle sein kann, die nicht von der Gesellschaft vermittelt werden kann. An dieser Stelle lässt sich auch nachvollziehen, warum Calvino den *Scrutatore* mit John Bunyans *Pilgrim's Progress* in die Nähe eines spirituellen Textes gerückt hat (vgl. *Note* RR II, 1312):[58] Statt den offiziellen Positionen der Autorität zu folgen, geht es um die eigene Erfahrung, das persönliche Abenteuer.[59]

Die Frage des *impegno* erweitert sich um einen neuen Bereich:[60] In der Erfahrung des antwortenden, responsiven Individuums vor dem Hintergrund einer unhintergehbaren Relationalität mit der Welt, entdeckt Calvino das relationale Subjekt, das der Differenz, aus dem die körperliche Alterität hervorgeht, auf dem Standpunkt der Diversität statt der Inferiorität begegnet (vgl. Piana 2014: 58). Dieses relationale Subjekt besitzt des Weiteren die Möglichkeit, Widerstand gegen den biopolitischen Zugriff zu leisten, indem es die Unbestimmtheit hütet, die das Leben in Beziehung zum ‚Anderen' hält. Dass diese Ethik der unhintergehbaren Relationalität zunehmend an die Ästhetik, verstanden als *Aisthesis*, delegiert wird, hat dabei zu einigen Missverständnissen geführt. Doch anstatt sich wie Vertreter des *Gruppo 63* in postmodernen „Diskurslabyrinthen" einzurichten oder wie Vertreter des *Nouveau roman* in Abstraktionen zu verfangen, die anschlie-

---

[58] Hier der Wortlaut: „[...] soprattutto, è una meditazione su se stesso del protagonista (un intellettuale comunista), una specie di ‚Pilgrim's Progress' d'uno storicista che vede a un tratto il mondo trasformato in un immenso ‚Cottolengo' e che vuole salvare le ragioni dell'operare storico insieme ad altre ragioni, appena intuite in quella sua giornata, del fondo segreto della persona umana ..." (*Note* RR II, 1312, *Il 7 giugno al Cottolengo*, erschienen in „L'Espresso", 10.03.1963, vgl. auch Barbato 2012).
[59] Vgl. Calvinos Vorliebe für Abenteuergeschichten à la Stevenson, Kipling, Conrad (Barenghi 2007: 25–31).
[60] Der Begriff *impegno* bezeichnet die nach dem Ende des Zweiten Weltkriegs 1945 bis zur Niederschlagung des Ungarn-Aufstands 1956 populäre Aufforderung an die intellektuelle Elite Italiens, durch ihre kulturelle Produktion an der Arbeiteremanzipation und an einem Neuaufbau der Gesellschaft mitzuwirken. Die Aufforderung zu politischem Engagement verband sich mit der vehementen Ablehnung jenes Teils der Kultur, die sich mit dem Faschismus verbündet hatte, sowie den kulturellen Strömungen des Crocianismus und des Hermetismus der Vorkriegszeit. Neben Elio Vittorini und Franco Fortini gehörte Italo Calvino zu den wichtigsten Vertretern einer engagierten Literatur in Italien, die sich an das vor allem von Jean-Paul Sartre entwickelte Konzept einer *Littérature engagée* anlehnte (vgl. u. a. Bobbio 1997; Spriano 1986; Asor Rosa 2013: 261–280).

ßend mystisch aufgeladen werden, hat Calvino „die Herausforderung der Materialität des Seienden" (Borsò 2020: 635) nach der Erfahrung des *Scrutatore* voll und ganz angenommen.

## 3.3 Potentialität und Relationalität in den *Cosmicomiche*

> *Als unterschiedliche sind die Körper alle ein wenig deformiert. Ein perfekt geformter Körper ist ein störender Körper, indiskret in der Welt der Körper, inakzeptabel. Er ist ein Entwurf, kein Körper.*
> Jean-Luc Nancy (2010: 11)

An den ‚Monstern', die keine sind, zeigt sich im *Scrutatore* so deutlich wie an keiner anderen Stelle die radikale Transformation der Poetik Calvinos, die die gesamte zweite Hälfte seiner Schaffensphase bestimmen wird: der Übergang von einer modernen Auffassung von Natur und Kultur, Subjekt und Objekt, Mensch und Welt als sich gegenüberstehende Bereiche, die begrifflich gefasst werden, hin zu einer postmodernen, partikularen Sicht auf Dispositive, die Zusammenleben und Wahrnehmungen steuern und in ständiger Veränderung begriffen sind. Um die Rolle, die diese metaphorischen Grenz- und Schwellenfiguren in einer neuen Sicht auf das Leben einnehmen, nochmals zu verdeutlichen, werden in diesem Kapitel die wichtigsten Punkte knapp zusammengefasst und ergänzt.

Das Formlose-Informe Batailles taucht im Kontext der Figur des Monsters wieder auf als das, was aus dem Subjekt als Abjektes ausgeschlossen wurde. In der Struktur der ‚Ausnahme' (Foucault 2013: 79) begründet es sowohl die moderne Rechtsordnung als auch die moderne Medizin. Als die staatliche Macht an der Foucaultschen ‚Modernitätsschwelle' (vgl. Foucault 1995: 170) begann, sich durch seine Macht- und Wissenstechniken auf alle Bereiche des Lebens auszubreiten, wurden die nicht kontrollierbaren Reste mehr und mehr an den Rand und in die Unsichtbarkeit gedrängt. Doch diesem Ausklammern der Angst vor dem als abjekt Empfundenem wohnt als Konsequenz die Obsession inne: Das Ausgeschlossene kehrt wieder in Bereichen der kulturellen Produktion und der menschlichen Psyche und setzt die kulturkonstitutiven Differenzen aufs Spiel, dank derer sich Leben als ‚menschliches' qualifizieren lässt. Das moderne Monster ist weder Mensch noch Tier noch Pflanze, weder Mann noch Frau, weder lebendig noch tot.[61] Die Diskursmacht, die „dasjenige orchestriert, abgrenzt und

---

[61] Siehe zu den *modern monster* auch Lykke (1996).

trägt, was als ‚das Menschliche' qualifiziert" (Butler 1995: 29), produziert eine ganze Armada an verworfenen Figuren:

> die Konstruktion des Menschlichen ist ein differentieller Vorgang, der das mehr und das weniger ‚Menschliche', das Unmenschliche und das menschlich Undenkbare erzeugt. Diesen ausgeschlossenen Orten fällt die Rolle zu, das ‚Menschliche' als dessen konstitutives Außen zu begrenzen und diese Grenze als andauernde Möglichkeit ihrer Durchbrechung und Reartikulation heimzusuchen. (Butler 1995: 29–30)[62]

Zum konstitutiven Außen des ‚Menschlichen' gehören zwar auch alle ‚kleinen Abweichungen', die im Cottolengo beheimatet sind, sie kreisen jedoch um ‚das große Modell', das notwendigerweise unsichtbar bleiben muss, um das Recht nicht außer Kraft zu setzen und die sich performativ wiederholenden Ausschließungen zu garantieren. Es ist wichtig klarzustellen, dass nicht davon ausgegangen wird, Calvino habe diese Zusammenhänge bereits vollständig durchschaut. Es kann hier nur sehr vorsichtig von einer Sensibilität für gewisse Zusammenhänge gesprochen werden, die vor allem Foucault etwa zehn Jahre später interessieren werden: die Bedrohung der Macht durch das Ausgeschlossene, dessen Instrumentalisierung, Grenzziehungen, die nicht-essentialistische Bestimmung des Menschen, die Ausbreitung des Normalisierungsdiskurs. Der Ausschluss aus dem Sozialen produziert am Ende die Monster, die versteckt werden müssen, um die Funktionsweise der biopolitischen Maschine zu verdecken, die dem Biopolitischen als Strukturprinzip dient. Auf dem Spiel steht aber noch mehr, wie die Auseinandersetzung mit Bataille gezeigt hat. Die menschliche Figur als Abbild des Gleichen, die Idee des Humanismus und der Aufklärung, des Menschen als sein eigener Schöpfer, als selbst-referentieller *homo faber*.[63] Dessen Mythos, der im letzten Kapitel aufgerufen wird, steht in eindeutigem Kontrast zum Leben der monströsen Kreaturen, auf die Calvinos Hauptfigur trifft. Letztlich bezeugen diese den Zufall, der dem singulären Leben vorausgeht, und der gleichsam zu einem Unfall werden kann (vgl. GS, 20–21). Sie sind Zeugen einer immanenten Potenz des Lebendigen, die als Möglichkeitsbedingung individuellen Lebens fungiert.

Die Grundpfeiler der Literatur des 19. und 20. Jahrhunderts, die trotz aller Unterschiede bislang eine Kontinuität im Diskurs garantierten (vgl. *Natura e storia*, 30), – Individuum, Natur und Geschichte – sind an diesem Punkt der literarischen Produktion Calvinos endgültig durcheinandergeraten. Auch diese

---

**62** Am Beispiel der Performativität des geschlechtlichen Imperativs verdeutlicht Butler (1995: hier 250), dass das, was sich als ‚Sein' qualifiziert, notwendigerweise instabil sein muss, da es ein ‚konstitutives Außen' benötigt, das die Signifikation im Falle von Körpern als deren verwerfliche Grenze heimsucht: „das Nichtlebbare, das Nichterzählbare, das Traumatische".
**63** So auch Haraway (vgl. 2019: insb. 46–48).

scheint inzwischen an den Nullpunkt zu rühren, wie es Calvino zuvor für Pasolini und Gadda belegte (vgl. *Mare*, 59). Die realistischen und neorealistischen Versuche, den Riss zu überbrücken, den die Moderne zwischen Mensch und Welt verursacht hatte, erweisen sich als kraftlos. Statt weiter daran zu arbeiten und die Hoffnungen auf eine soziale und kulturelle Neuordnung Italiens nach der Katastrophe des Zweiten Weltkriegs zu setzen, wendet sich Calvino inmitten einer gesellschaftlichen und persönlichen kulturellen Krise dem Ausgeschlossenen zu. Und damit noch bevor Franco Basaglia eine breite öffentliche Diskussion über die Verhältnisse in den geschlossenen Anstalten Italiens lostrat, die in der Schließung der *manicomi* durch die sogenannte *legge Basaglia* (180/ 1978) kulminierte.[64] Doch Calvino wird nicht zum politischen Vorkämpfer des Selbstbestimmungsrechts der von der Gesellschaft als ‚behindert' klassifizierten Menschen. Die Auseinandersetzung mit dem Monströsen ist vielmehr im Kontext seiner ‚Arbeit an den Formen' zu lesen, welche es Calvino ermöglicht, neue literarische Wege zu beschreiten. Das Deforme und Informe zeigt eine Qualität des Realen an, die die (neo-)realistischen Strategien nicht in ihrer ganzen Kraft zum Vorschein kommen ließen:

> Il deforme che, per definizione dello stesso scrittore, fuoriesce dal moto volutamente ondoso, crespo, che attraversa le storie realistiche, si impadronisce degli spazi disegnati, ne determina una qualità „iperrealistica", rivolta ad accentuare il lato crudo della realtà, visto, non di rado, nel suo trascolorare in grottesco, tramutando così lo spazio narrato in esposizione dello sgomento – investendo in senso morale il piano della diegesi. (Iacoli 2005: 9)

Indem Iacoli auf den Zusammenhang zwischen der ‚hyperrealistischen' Kraft des Deformen und der singulären Empfindung der Bestürzung hinweist, trifft er m. E. einen poetologischen Kern für die Thematisierung des Monströsen bei Calvino. Während der Neorealismus eine „Neubewertung des Kompromisses der Kunst mit der Wirklichkeit" (Borsò 2014c: 261) gesucht hat, weil das Reale in der Moderne zwar unumkehrbar fremd geworden war, aber der Wille, sich diesem Realen wieder zu nähern, in den existentiellen Erfahrungen des Zweiten Weltkriegs dennoch erstarkt ist, stellt sich die Situation 15 Jahre nach Kriegsende grundlegend anders dar. In der *Postfazione ai Nostri antenati* (*Nota* 1960, hier 1209) schreibt Calvino: „La realtà entrava in binari diversi, esteriormente più normali, diventava istituzionale". Als der Klassenkonflikt eingeebnet und in institutionalisierte Bahnen geleitet wurde, sucht die engagiert-realistische

---

[64] Die Zustände in den italienischen Irrenanstalten wurden in dem 1969 bei Einaudi erschienenen und vom Ehepaar Basaglia herausgegebenen Fotoband *Morire di classe* (vgl. Basaglia & Basaglia Ongaro 2008) eindrücklich dokumentiert und kommentiert.

Schreibweise einen anderen Zugang zum Realen, den Bazzicalupo (vgl. 2014: 297) in der Ästhetik der Leere und der anamorphen Ästhetik identifiziert. Wenn Form zur Konfiguration einer Ordnung beiträgt, bedeutet ihre Einsetzung notwendigerweise „eine Reduzierung von Potentialitäten und Diversität" (Borsò 2012b: 166; vgl. auch Borsò 2012a: 17–19). Das Deforme, Informe hingegen stellt sich als der Rest dar, der nicht institutionalisiert werden kann (vgl. Falaschi 1988b: 132). Daraus folgt bei Calvino jedoch keine Überhöhung dieses ‚vitalistischen' Rests: Es ist nicht nur das bürokratische Grau der Institutionen, das den *sgomento* auslöst, sondern auch das fleischige Rosa menschlicher Haut.

Mit der Empfindung der Bestürzung, die aus Gaddas *Pasticciaccio* erwächst, lässt Calvino zwei seiner poetologischen Essays enden. In *Il mare dell'oggettività* (vgl. *Mare*, hier 59, Herv. von mir) heißt es:[65]

> Roma, vischioso calderone di popoli, dialetti, gerghi, lingue scritte, civiltà, sozzure, magnificenze, non è mai stata così totalmente Roma come nel *Pasticciaccio* di Gadda, dove la coscienza razionalizzatrice e discriminante si sente assorbire come una mosca sui petali di una pianta carnivora. Ma da questo sprofondamento dell'autore e del lettore nel ribollire della materia narrata nasce un senso di **sgomento**: e questo sgomento è il punto di partenza di un giudizio, il lettore può in grazia d'esso fare un passo in là, riacquistare il distacco storico, dichiararsi diverso e distinto dalla materia in ebollizione. (*Mare*, 59, Herv. von mir)

Anders als bei Gadda ist es im *Scrutatore* nicht so sehr die sprachlich ‚hochkochende' Erzählmaterie, die einen versinken lässt, sondern es geht vielmehr um die Falten und Risse, die die Dynamik des Deformen und Grotesken in der abstrakten narrativen Oberfläche bewirkt und damit lebendige Intensitäten zum Vorschein bringt. Das Deforme ist dabei, wie bei Iacoli (vgl. 2005: 9), als Qualität des Realen zu verstehen, das zwar Widerstand gegen den biopolitischen Zugriff leistet, dem aber auch eine das individuelle Leben vernichtende Kraft eigen ist. Ganz ohne Form ist singuläres Leben undenkbar. Das Bild des Meeres scheint für den Titel des bekannten Essays alles andere als zufällig gewählt: Es erinnert stark an Leopardis *L'infinito* (vgl. Leopardi 2007: 120–121).

Dank der Auseinandersetzung mit dem Monströsen und seinen Qualitäten des Chaotischen, Zufälligen und Formlosen (vgl. insb. Kap. IV; Kap. V; Kap. XII)[66] und der in der Erzählung als Gegengewicht dazu entfalteten Empfindung von *sgomento*, entdeckt Calvino die Potentialität, die als Vermögen im Deformen

---

[65] Vgl. analog dazu den Schluss von *Natura e storia nel romanzo* (*Natura e storia*, 28–51).
[66] Auch die mögliche Vaterschaft der Hauptfigur steht mit diesem Thema in Verbindung, das Ormea als unerwünschtes Ereignis trifft (vgl. Deidier 2012: 119).

liegt.⁶⁷ Bazzocchi schreibt: „Calvino può accettare il mostruoso e il deforme, ciò che biologicamente è deviante, ma non vuole lasciarlo interamente fuori dalla Storia. Apre quindi lo spazio del possibile." (Bazzocchi 2005: 65).

Dieser Möglichkeitsraum, der in der Schlussszene des *Scrutatore* bereits angedeutet wird (vgl. GS, 78), entfaltet sich in den *Cosmicomiche* auf eine ganz neue Weise.⁶⁸ Mein Interesse beschränkt sich jedoch nicht auf die Integration der natürlichen Dimension in die Geschichte als Evolutionsbiologie, was die Originalität von Calvinos Schreiben hinsichtlich des Lebendigen verdeckt, sondern weist vielmehr in Richtung eines offeneren Posthumanismus, der einen Horizont eröffnet, in dem sich die Kategorien Individuum-Natur-Geschichte vollständig auflösen (vgl. Iovino 2014a: 131–136). In den 1960er Jahren und spätestens in Folge der Begegnung mit Queneau und seinem Oulipo-Kreis sowie der strukturalistischen Anthropologie Lévi-Strauss' geht der Begriff der Geschichte bei Calvino ganz in den der ‚Mikrogeschichte' über (vgl. Scarpa 1999: 170–174), eine Bewegung, die der *Scrutatore* vorbereitet. Calvino hat den Begriff ‚microstoria' in seiner Übersetzung von Queneaus *Les fleurs bleues* (1965) selbst verwendet. Die Mikrogeschichte ordne die Komplexität der Welt dabei nicht einem ursprünglichen Prinzip unter, sondern gehe von einem Netz an Verbindungen und Analogien aus, das sich über das Universum erstrecke (vgl. Scarpa 1999: 172). Die Thematik verbindet Calvino darüber hinaus mit seinem Freund Roland Barthes, der in *La chambre claire* (erstveröffentlicht 1980) über die Möglichkeit einer *Mathesis singularis* reflektiert (vgl. Barthes 2016: 9–10).

Was die Kategorien Individuum und Natur angeht, identifiziert Iovino in den *Cosmicomiche* eine „vasta narratività a-soggettiva e a-individuale delle cose considerate nel loro divenire evolutivo, dagli atomi alle forze planetarie."

---

**67** Vgl. hinsichtlich dieser Potentialität beispielsweise GS, 26–27: „Di una diversa possibilità d'essere dell'umanità ci si ricorderebbe come nelle favole, d'un mondo di giganti, un Olimpo … Come capita a noi: che forse siamo, senza rendercene conto, deformi, minorati, rispetto a una diversa possibilità d'essere, dimenticata …" Bazzocchi (vgl. 2005: 59–89) kommt zu ganz ähnlichen Schlüssen, die jedoch in Gedanken um die Frage nach dem Ursprung wurzeln. Ohne seiner überzeugenden Argumentation im Ganzen widersprechen zu wollen, soll es in der vorliegenden Arbeit jedoch gerade nicht um den Nachweis *eines* alternativen Ursprungs gehen, für die das Monströse in Calvino als Zeugnis gelten kann, sondern vielmehr wird dargelegt, dass das Andere eine immerwährende Alternative für das Eigene ist und als solches zum Vermögen des Lebendigen gehört, das sich mehr und mehr als Charakteristikum von Calvinos *scrittura* herausbildet.

**68** Das gilt im Besonderen auch für die stilistische Seite, denn die Erzählungen von Qfwfq, die zuvor in den Zeitschriften *Il Caffè politico e letterario* und *Il Giorno* erschienen waren (vgl. *Note* RR II, 1321), wurden in ihrer „scrittura cosmicomica" (*Note* RR II, 1322) zum privilegierten Ort des Ausprobierens.

(Iovino 2014a: 131). Hybridität ist hier nicht nur von thematischer Bedeutung, sondern auch wesentlicher Bestandteil der Erzählstrategie. Denn im Zentrum dieser ‚kosmisch-komischen' Erzählungen stehen nicht-menschliche Körper, die sich zueinander in Beziehung setzen, ihre eigenen Grenzen überschreiten, sich öffnen oder schließen, formen oder umgestalten, Lust oder Schmerz empfinden. Ein entscheidender Punkt für einen neuen Begriff des Lebens, der sich auch in posthumanistischer Weise lesen lässt (vgl. Iovino 2014a: 131), ist die Betonung des relationalen Aspekts, der auch in den *Cosmicomiche* dominant ist. Der Protagonist mit dem unaussprechlichen Namen Qfwfq ist „un incontenibile flusso di stadi materiali-semiotici che parla, gioca e si evolve prendendo l'umano come modello di una mimesi ironica" (Iovino 2014a: 131). Daneben gibt es beispielsweise die Figur der *nonna*, die ihr Sitzkissen sucht (*Sul far del giorno*, CS, 97–107), die attraktive Ph(i)Nk₀, die selbstgemachte Tagliatelle zubereitet (*Tutto in un punto*, CS, 118–123), die kleine Xlthlx, die von der Mondanziehungskraft überwältigt wird (*La distanza della luna*, CS, 81–96), der Bruder Rfwfs, der das Spiel erfindet (*Sul far del giorno*, CS, 97–107): man streitet, grenzt sich ab, teilt Erinnerungen, lästert, begehrt. Die großen erdgeschichtlichen Umwälzungen haben immer auch Auswirkungen auf das singuläre Leben der Figuren, dabei erzeugt der Abstand zwischen den Ereignissen auf Makroebene und denen auf Mikroebene jene Komik, auf die der Titel verweist. Das relationale Element, das im *Scrutatore* seinen höchsten Ausdruck im Ideal der Liebesbeziehung hat, wird hier auf komische Weise hervorgehoben: es bleibt ein Kennzeichen des Lebendigen, dessen Spezifität gerade darin besteht, sich in Beziehungen zu befinden (vgl. Cammozzo 2016: 38–40).

Die Art und Weise des Miteinander-Seins von lebendigen Körpern sowie die Beziehung zur Welt, die sie einnehmen, spiegelt ihr Handlungsvermögen wider.[69] Im *Scrutatore* verdeutlicht diesen Ansatz, der hier noch einer traditionellen Auffassung des Menschen verhaftet ist, die Passage, in der der Protagonist Ormea in den *Ökonomisch-philosophischen Manuskripten* von Karl Marx liest (vgl. GS, 49–50).[70] Stellvertretend für das kulturwissenschaftliche ‚Netzwerk Körper' schreiben König, Perelli & Stieglitz: „Dem Körper ist immer ein Vermögen, eine Potenzialität eigen, ein Nachdenken über den Körper muss sich folglich mit der Frage beschäftigen, was Körper tun beziehungsweise welches Handlungsvermögen, welche *agency* sie

---

[69] Darüber hinaus hat die Suche nach verantwortlichen Formen von Bindung ethischen Charakter, was Borsò (vgl. 2012a: 19–20) für Calvinos Schreiben betont.
[70] Ormea liest an der Stelle in der dritten Bestimmung der entfremdeten Arbeit, in welcher Marx den Menschen als Gattungswesen definiert, indem dieser sowohl seine eigene Gattung als die der übrigen Dinge zu seinem Gegenstand macht, und zwar in theoretischer (Kunst, Naturwissenschaft) wie in praktischer Hinsicht (Nahrung etc.), vgl. Marx (2015: hier 89–90).

beherbergen." (König, Perelli & Stieglitz 2012: 11, Herv. im Orig.). Indem Calvino seinen Protagonisten Qfwfq als ‚potenzialità' (*Note* RR II, 1321) bezeichnet, weist er einerseits auf seine Möglichkeit hin, eine bestimmte körperliche Form anzunehmen, andererseits das spezifische Handlungsvermögen, das diesem Körper eigen ist, zu aktivieren (vgl. *Note* RR II, 1321).[71] Schon im *Scrutatore* wird das gemeinschaftliche Handeln als die Art und Weise betont, die Körper miteinander in Verbindung bringt: die Zusammenarbeit der Mitglieder des Wahlvorstands untereinander, aber auch die Erweiterung des Kreises um die Nonne und andere Cottolengo-Bewohnerinnen bei der Errichtung des Wahllokals (vgl. GS, 17). Bewegung und Interdependenz der Körper leisten als lebendiges, irreduzibles Prinzip Widerstand gegenüber einem rein konzeptuellen Denken („Però qualcosa in lui faceva resistenza. Cioè: non in lui, nel suo modo di pensare, ma lì intorno, proprio nelle stesse cose e persone del ‚Cottolengo'." GS, 42). Die Abweichung zeugt in dieser vernetzten Perspektive von der inhärenten Potentialität des Lebendigen und erlaubt es Calvino, das Deforme und die biologische Devianz endgültig jenseits eines irrationalen oder unbewussten Referenzrahmens zu denken (vgl. Bazzocchi 2005: 66). Vor diesem Hintergrund verblasste die alte Frage der Spaltung und Entfremdung des modernen Menschen schließlich, die in den *antenati* noch so dringlich schien (vgl. *Nota* 1960).

Im Gegensatz zum *Scrutatore* betrifft das Monströse in den *Cosmicomiche* nicht mehr die menschliche Form, wird jedoch nach dem gleichen Prinzip von Einschluss und Ausschluss diskutiert. Die erste Begegnung mit einem Wesen, das Protagonist Qfwfq als ‚monströs' bezeichnet, findet in *Lo zio acquatico* (CS, 142–153) statt,[72] in der die Hauptfigur von einem starrsinnigen Großonkel berichtet, der sich dagegen sperrt, von der aquatischen zur terrestrischen Lebensweise überzugehen. Qfwfq schämt sich seiner agilen Freundin Lll den altmodischen Onkel vorzustellen. „– Be': sono io, che c'è? – disse il prozio, fissando Lll con occhi tondi e inespressivi come pietre e facendo pulsare le branchie ai lati dell'enorme gola. Mai il prozio m'era parso così diverso da noi: un vero e proprio mostro." (CS, 147). Erst vor dem Hintergrund der Beziehungskonstellation von Qfwfq zu Lll, die er bewundert und zu beeindrucken versucht, erscheint der Großonkel als ‚wahres Monster'. Lll hingegen stellt für Qfwfq die vollkommene, definitive Form dar, „nata dalla conquista dei territori emersi, la somma delle nuove illimitate capacità che si aprivano." (CS, 150). Doch statt seine Ansicht

---

[71] Siehe beispielsw. die in *La Spirale* (CS, 207–221) zur Schau gestellte *agency* des Mollusken Qfwfq.
[72] Notizen zu dieser Erzählung finden sich bereits 1963 (vgl. *Note* RR II, 1341).

über den Onkel zu teilen, zeigt sich Lll an der Lebensweise des konservativen Wasserbewohners interessiert. Lll entfernt sich mehr und mehr vom ratlosen Qfwfq, bis sie ihm schließlich unterbreitet, mit dem Großonkel unter Wasser leben und Fischnachkommen zeugen zu wollen. Für Qfwfq bedeutet der evolutionäre Rückschritt einen klaren Tabubruch: „Ma sei matta! Non si può mica tornare indietro!" (CS, 153).

Das Monströse ist in dieser Hinsicht das Fremde als ursprünglich Eigenes, „das, was man selbst einmal war" (Egen 2020: 124). Qfwfq ist die Stimme eines ‚Selbst', das sich zwar als unvollkommen begreift: „Eppure non mi sarei cambiato con nessuno di loro." (CS, 153).[73] So heißt es am Schluss der Erzählung, wo Qfwfq von den vielen Lebensformen berichtet, die eine vollkommene, klar definierte Form erreicht haben, die sie aus ihrer Umwelt herausragen lässt. Im Gegensatz zum Großonkel, der eine antiquierte, aber dennoch entfaltete Form erreicht zu haben scheint, befürchtet Qfwfq als einer wahrgenommen zu werden „a metà strada, uno che non era nel suo né in un mondo né nell'altro" (CS, 152).[74] Wie im *Scrutatore* geht es auch in *Lo zio acquatico* um die Frage der Form, doch während im ersten Fall ihre Überschreitung als monströs galt, ist es im zweiten genau umgekehrt, da als Referenz nicht mehr eine als stabil betrachtete menschliche Gestalt dient, sondern der evolutionäre Gedanke im Sinne Darwins. Monströs ist in der Perspektive von Qfwfq die geschlossene Form, die sich nicht selbst überschreitet, was vom Verhalten der evolutionär ‚weiterentwickelten' Frauenfigur scharf kontrastiert wird.[75]

Noch weiter entfaltet hat Calvino den experimentellen Erzählraum in *Ti con zero* (1967), wo die Frage nach der Entstehung der Lebensformen und ihren Abweichungen in der zweiten Erzählung des Zyklus *Altri Qfwfq* explizit thematisiert wird. In *L'origine degli Uccelli* (TZ, 236–247), deren Ursprünge laut Calvinos Eigenaussage mindestens bis ins Jahr 1964 zurückreichen (vgl. *Note* RR II, 1349), wird die evolutionäre Entwicklung zunächst als abgeschlossenen Vorgang dargestellt: „Chi c'era c'era" (TZ, 236), kommentiert die Erzählstimme gewohnt lakonisch. Dann aber taucht ein unbekanntes Wesen auf, das nie vernommene Töne von sich gibt. Die herrschende Ordnung, verkörpert von der Figur des ‚weisen' alten U(h), reagiert auf das Ereignis mit Verbot („Non guardatelo!" TZ, 237),

---

[73] Mit seiner eigensinnigen Aussage erinnert Qfwfq an dieser Stelle stark an seinen Vorgänger Amerigo Ormea: „si dice si dice ma a un certo punto uno com'è è" (GS, 71).
[74] Die Analogie zum Fotografie-Kapitel im *Scrutatore* ist hier unverkennbar (vgl. GS, 33–35).
[75] Rushing geht in seiner psychoanalytischen Analyse davon aus, dass die Erzählungen der *Cosmicomiche*, die beinahe ausschließlich vom Verlust einer weiblich konnotierten Figur berichten, seitens des Protagonisten eine Art hysterisches Vermeiden darstellen: „woman must be lost in order to protect the protagonist's narcisstic shell." (Rushing 2006: 46).

Leugnung („È un errore!" TZ, 237) und schließlich dem Versuch, sein Symptom auszulöschen („Adesso lo cancello!" TZ, 237).[76] Die Ordnung selbst steht auf dem Spiel, die über die Setzung kulturkonstitutiver Differenzen funktioniert. In diesem Fall sind es die Strukturen der evolutionären Ordnung, die durch das Auftauchen des Monsters/Vogels außer Kraft gesetzt werden:

> Su questo eravamo tutti d'accordo: le specie rimaste erano le sole meritevoli, destinate a dar vita a progenie sempre più selezionate e adatte all'ambiente. Ci aveva tormentato a lungo il dubbio su chi era un mostro e chi non lo era, ma da un pezzo poteva dirsi risolto: non-mostri siamo tutti noi che ci siamo e mostri invece sono tutti quelli che potevano esserci e invece non ci sono, perché la successione delle cause e degli effetti ha favorito chiaramente noi, i non-mostri, anziché loro. (TZ, 238)

Darwins Evolutionstheorie, nach der sich Tier- und Pflanzenarten durch natürliche Selektion verändern und an ihre Umwelt anpassen, wie er es in seinem Hauptwerk *On the origin of Species* (1859) dargelegt hat, fungiert hier als Beweisgrundlage. Dank der Theorie, die an dieser Stelle als natürliches Ursache-Wirkung-Gesetz erscheint und ihre Evidenz aus der chronologischen Betrachtung zieht, schien der Bereich des Monströsen der Definition und Kontrolle zu unterliegen: Alles, was existiert, kann als nicht-Monströs gelten, während das, was nur potentiell möglich wäre, zum Bereich des Monströsen gehört.[77] Das Auftauchen eines in dieser Logik unmöglichen Wesens sprengt folglich die klare Unterscheidung zwischen Monster und Nicht-Monster wieder auf, „e tutto ritornava possibile" (TZ, 239).

Neugier und Wissensdurst treiben den Protagonisten bis an den Rand des ihm bekannten Territoriums, wo ihn die Verschiebung der Erdplatten auf einen fremden Kontinent aufsetzen lässt. Dort trifft er auf ein Reich, das von Lebensformen bevölkert wird, die aus seiner Sicht „le forme scartate, irrecuperabili, perdute" (TZ, 240) sind: mögliche Formen von Leben, die sich an seinem Herkunftsort aus unterschiedlichen Gründen nicht entwickelt haben. Calvino schreibt seinem Protagonisten im Angesicht des Deformen die gewohnte Reaktion zu: „Lo sgomento mi gelava le ossa" (TZ, 240). Wie schon im *Scrutatore* versucht der Protagonist, dem Monströsen einen Begriff von Schönheit entgegenzusetzen. Auch hier geht es um das vernichtende Potenzial der formlosen Maße gegenüber dem individuellen Bewusstsein, das sich durch das Erkennen einer Struktur über Wasser zu halten versucht. Und tatsächlich wird Qfwfq von den vogelartigen Wesen zu einem großen

---

[76] Die gesamte Erzählung verweist in ihrer erzählerischen Darstellung auf die Pop-Art-Technik und auf Comic-Techniken, die anders als bei den *Cosmicomiche* nicht im Titel aufscheinen (vgl. Bonetti 2012).
[77] Vgl. die Nähe des Poststrukturalismus im Sinne Derridas zu Darwin in Milburn (vgl. 2003) und zur Verwandtschaft des Denkens von Foucault und Darwin (vgl. Sarasin 2009).

Ei geführt, das sich wie eine Muschel öffnet und aus der eine nie gesehene Schönheit geboren wird, die den Protagonisten zu Tränen rührt. Die Schönheit der Org-Onir-Ornit-Or ist ihm zugleich radikal fremd und vertraut (vgl. TZ, 241).[78] Nach einer misslungenen gemeinsamen Flucht kehrt Qfwfq allein an seinen Heimatort zurück. Dort hat sich die Ordnung inzwischen verkehrt, folgt jedoch noch immer einer ausschließenden Logik: die Vögel gelten nun nicht mehr als Fehler, sondern als einzige Wahrheit; erwartet wird nur noch das Unerwartete (vgl. TZ, 243). Durch eine List in Odysseus-Manier kehrt Qfwfq in das fremde Land zurück und heiratet die Vogel-Königin Or. Im Moment ihrer Vereinigung hat Qfwfq einen Geistesblitz und erkennt Einheit und Nicht-Dualität als grundlegendes Lebensprinzip:

> Per una frazione di un secondo, tra la perdita di tutto quello che sapevo prima e l'acquisto di tutto quello che avrei saputo dopo, riuscii ad abbracciare in un solo pensiero il mondo delle cose come erano e quello delle cose come avrebbero potuto essere, e m'accorsi che un solo sistema comprendeva tutto. Il mondo degli uccelli, dei mostri, della bellezza d'Or era lo stesso di quello in cui ero sempre vissuto e nessuno di noi aveva capito fino in fondo. (TZ, 246)

Doch als Qfwfq gerade dabei ist, seine Einsicht zu verbreiten, dass es keine Differenzen gibt und sich das eine nicht ohne das andere erklären lässt, verstößt ihn die Vogel-Königin und lässt ihre Untertanen die beiden Welten wieder trennen, die Qfwfqs Erkenntnis zuvor vereint hatte. Qfwfqs Erzählung schließt mit dem Zweifel an dem, was er damals zu verstehen geglaubt hatte, und der Frage, ob die Vögel heute noch die gleichen sind, die sie damals waren.

Die Erzählung hat in erster Linie gezeigt, dass sich im evolutionsbiologischen Diskurs eine fundamentale Leerstelle ergibt, wenn das potentiell Monströse, wie im Text zunächst geschehen, aus der Ordnung ausgeklammert wird. Darauf hat Derrida prominent hingewiesen, ohne dabei die theoretische Verwandtschaft zu Darwins Evolutionsbiologie offenzulegen, die Milburn (vgl. 2003) konstatiert. Dabei gilt, wie Calvinos Erzählung belegt, „the monstruos birth is a speciation event" (Milburn 2003: 604). Denn die Monster bezeugen, dass die Artengrenzen wesentlich instabil sind. Radikale Variationen können sogar zur Hervorbringung neuer Arten führen. Milburn (vgl. 2003: 607) räumt zwar ein, dass es Darwin bei der Darlegung seiner Theorie eher um kleine, graduelle Differenzen, die sich über Generationen hinweg ereigneten, ging, statt um die radikalen Variationen von Monstern, dennoch verstand dieser Monstrosität als einen Schlüssel, dank der er die Verwandtschaft von Tier und Mensch einsehen konnte. In der dekon-

---

[78] Auch hier kann man sich dem Text psychologisch und psychoanalytisch nähern und das Fremde als ursprünglich Eigenes verstehen, das im Prozess der Zivilisation bzw. Sozialisation verdrängt wurde (vgl. Egen 2020: 123).

struktivistischen Lesart wird der Essentialismus des Spezies-Denkens von Darwin durch das Verfahren der *différance* untergraben (vgl. Derrida 1972: 422–442). Statt im eigentlichen Sinn ein Buch über den *Ursprung der Arten* zu schreiben, legt Darwin vielmehr ihre Konstruiertheit offen. Lässt sich für Calvinos *Ursprung der Vögel* das gleiche behaupten?

Auch in Calvinos Text geht es nicht um die Frage nach einem Ursprung im Sinne eines absoluten Nullpunkts, sondern vielmehr um ein plötzliches Auftauchen, ein Ereignis, das vorhandene Sinnzusammenhänge erschüttert.[79] Im Laufe des Textes wird deutlich, dass der Vogel nicht einfach ‚aus dem Nichts' erschienen ist, sondern von einem anderen Kontinent stammt, auf dem sich das Leben (aus Perspektive des Protagonisten und seines Lebensumfeld) in anderen Formen entwickelt hat. Das evolutionsbiologische Narrativ zeigt seine Grenzen in dem Moment auf, als die monströse Form erscheint. Der Vogel wird zum *supplément* des Narrativs, indem er als evolutionäres Außen auftritt und zugleich das Innen, die menschlich entwickelte Form mit seiner eigenen Ursprungsgeschichte, ersetzt. Im Zentrum des Textes steht der Kontakt und die Infizierung der ‚normalen' mit der ‚anormalen' Form, die sich im Moment der Vereinigung gegenseitig auslöschen. Im Moment der Berührung verlieren die Konzepte von Schönheit und Monstrosität ihren Sinn. Wieder wird die menschliche, ‚normale' Form als wesentlich konstruiert dargestellt. Es geht also weniger um die Thematik des Auftauchens einer neuen Art, sondern um den Hinweis auf die Prekarität der menschlichen Form.

Das ist es auch, was die beiden späteren Erzählungen mit dem *Scrutatore* gemeinsam haben: Kontakt (*contatto*) und Ansteckung (*contagio*) des ‚normalen' Körpers mit dem, was als ‚anormal' oder ‚monströs' definiert wird. Bazzocchi folgert daraus: „Il corpo cosidetto normale e il corpo cosidetto anormale non possono restare separati." (Bazzocchi 2005: 69). Die Nähe-Erfahrung mit dem Anderen sprengt die Grenzen des eigenen Denkens und Handelns, es stürzt scheinbare Gewissheiten in die Krise und öffnet das Subjekt für das, was es im Zuge seiner Subjektwerdung verworfen hatte. Nähe bedeutet auch körperliche Nähe und Berührung, diesen Zusammenhang, der im *Scrutatore* noch verborgen ist, macht *L'origine degli Uccelli* explizit. Damit ist Calvino nicht nur mit dem, was als der monströse Ursprung der sichtbaren Formen des Lebens bezeichnet werden kann, auf Höhe der intellektuellen, wissenschaftlichen Diskurse, sondern auch in seiner (freilich sehr zurückhaltenden) Thematisierung des Körpers als Alterität und Exteriorität (vgl. Nancy 2014: 17–22; Borsò 2009).

---

[79] Zum Problem des Ursprungs als Kernpunkt, um den sich alle *Cosmicomiche* drehen, vgl. Rushing (2006).

Kontakt und Ansteckung tragen aber immer auch das Risiko der Auflösung der individuellen Form mit sich, darauf weist Calvino durch die singuläre Empfindung der Bestürzung immer wieder hin.[80] Es ist der Moment, in dem sich der Schriftsteller in den „ribollente cratere dell'alterità" (*Mare*, 55) stürzt und darin unterzugehen droht. Dieses Szenario entwirft Calvino 1960 im *Mare dell'oggettività*:

> Da una cultura basata sul rapporto e contrasto tra due termini, da una parte la coscienza la volontà il giudizio individuali e dall'altra il mondo oggettivo, stiamo passando o siamo passati a una cultura in cui quel primo termine è sommerso dal mare dell'oggettività, dal flusso ininterrotto di ciò che esiste. (*Mare*, 52)

Im *Scrutatore,* vor allem aber in den *Cosmicomiche,* wird die veränderte Konzeption deutlich, die sich aus der traditionellen Konstellation Innen vs. Außen, vernunftbegabtes Individuum vs. Objektwelt, Identität vs. Alterität ergeben hat: „l'identità di Qfwfq è a-soggettiva, aperta e relazionale. È un identità ecologica e ibrida, basata sullo scambio osmotico-semiotico di forme e di segni tra il sé e l'altro, tra il dentro e il fuori." (Iovino 2014a: 132). Die Thesen Iovinos zu Qfwfq dürfen allerdings nicht absolut genommen werden, sie betreffen vielmehr die aprioristischen Zwischenräume der Erzählungen, in denen Calvino die Figur zum Nullpunkt zurückführt, zum Ort seiner Potentialität. Sobald Qfwfq in ein Narrativ eingebunden wird, verändert sich der Grad an Subjektivität, oftmals wird er eben gerade nicht als besonders offen dem Anderen gegenüber dargestellt, wie die beiden Beispiele oben zeigen. Mit Canguilhem (vgl. 2018: 311) gesprochen liegt das daran, dass Qfwfq als Lebewesen beschrieben wird, wenn auch in seiner niedrigsten Entwicklungsstufe bzw. einer Vorstufe, und um den daraus folgenden „Kampf um die Integrität der Form" (Canguilhem 2018: 311) als wesentliche Bedingung des Lebendigen.

Um epistemologische Fragen hinsichtlich des Lebens geht es im letzten Abschnitt dieses Kapitels, in dem die gedankliche Nähe Calvinos zum französischen Epistemologen Georges Canguilhem diskutiert wird. Dabei wird sich an der Idee von der Literatur als elaborierter Interdiskurs orientiert, indem sich diese einem Netz interdiskursiver Elemente bedient, das in allen modernen Kulturen bereits vorhanden ist (vgl. Link-Heer 1990; Kaute 2006: 52–55). Zu den „Spezialdiskursen" (Link-Heer 1990: 92), die dieses Netz interdiskursiver Elemente speisen, gehören in der Moderne in besonderem Maße die Naturwissenschaften. Diese können dem Literarischen somit einen epistemologischen

---

**80** Im Moment seiner drohenden Auflösung wird das Subjekt durch den Körper an seine singuläre Existenz zurückgebunden und das individuelle Bewusstsein entzündet sich neu. Vgl. den Begriff der singulären, vitalen und unbestimmten Empfindung bei Thüring (2012: 172–175).

Referenzrahmen bereitstellen, der eine mögliche Welterklärung sowie ein kohärentes mythographisches Bild liefert, das sich auf die Poetik, Ästhetik und Ethik des Textes auswirkt (vgl. Antonello 2005: 5).[81] Mit dem epistemologischen Referenzrahmen, den die Naturwissenschaften hinsichtlich des Wissens über das Leben generieren, hat sich der Wissenschaftsphilosoph Georges Canguilhem beschäftigt. In seiner Vorgehensweise das Lebendige im Leben gerade auch in der Auseinandersetzung mit dem Monströsen zu befragen, ergeben sich erstaunliche Parallelen zu Calvinos Konzept des Lebens, das durch die Begegnung mit dem Monströsen entschieden weiterentwickelt wurde.

In seiner Aufsatzsammlung *La Connaissance de la vie*[82] und seiner medizinischen Dissertation *Le normal et le pathologique* von 1943 kehrt Canguilhem den wissenschaftsgeschichtlichen Ansatz um, nach dem sich für die philosophische Beschäftigung mit Fragen von Wissen und Erkenntnis eher formalistische Disziplinen eignen, indem er von der Biologie und Medizin ausging und sich hierüber Fragen der wissenschaftlichen Wahrheitssuche näherte. Sein Vorgehen lässt sich als epistemologisch-historisch bezeichnen, insofern als er zwar in historischer Perspektive das Auftauchen neuer Ideen und ihrer Bedingungen im Bereich der Lebenswissenschaften registriert, diese Aussagen jedoch in den Kontext eines Wahrheitsdiskurses stellt, der sich nicht um die schrittweise Entfaltung einer Wahrheit dreht, sondern in dem darum gerungen wird, die jeweilige Aktualisierung in einem Diskurs vorzunehmen, der durch diskontinuierliche Wissenssprünge gekennzeichnet ist. Dies hat zur Folge, dass Canguilhem die Norm, die hinter den Äußerungen liegt, ins Zentrum seines Interesses stellt. Indem er in der Wissenschaft vom Leben bestimmte Wertepositionen registriere, die in Richtung von Erhaltung, Fortpflanzung und Anpassung zeigen, berühre er darüber hinaus biopolitische Fragestellungen (vgl. Borsò 2014c: 142).[83]

---

**81** Unter den Autoren seiner *ménage a quattro* (Gadda, Primo Levi, Sinisgalli, Calvino) nimmt Calvino eine klar bevorzugte Stellung ein, denn es sind Zitate aus seinen Aufsätzen, von denen ausgehend Antonello die meisten seiner Hypothesen entwickelt. Zudem widmet er ihm das längste Kapitel und er hat sich auch beim Titel seiner Studie an Calvino orientiert, der in *Filosofia e letteratura* (1967, vgl. Calvino 2007h) eine intellektuelle *ménage à trois* zwischen Naturwissenschaft, Philosophie und Literatur fordert. Antonello hat diese schließlich um einen weiteren ‚Mitspieler' ergänzt, der in Calvinos Œuvre eher sporadisch auftaucht: die Technik.
**82** Erstmals erschienen 1952, 1965 um den Aufsatz *Die Monstrosität und das Monströse* erweitert. Dieser Aufsatz, auf den sich hier vorzugsweise bezogen wird, ist eine Überarbeitung eines Vortrags, den Canguilhem Anfang 1962 in Brüssel hielt.
**83** Borsò (vgl. 2014c: 142) fordert aus diesem Grund auch eine Kooperation von *biosciences* und Kulturwissenschaften.

## 3.3 Potentialität und Relationalität in den *Cosmicomiche* — 153

Diese Wertepositionen setzen jedoch eine Normalität voraus, welche nur vom Pathologischen her bestimmt werden konnte. Letztlich verweisen sie damit auf das Paradox der Lebenswissenschaften (vgl. Borsò 2014c: 141). Denn um eine Wissenschaft vom Leben konstituieren zu können, musste ihrem Gegenstand wesentlich die „Möglichkeit der Krankheit, des Todes, der Monstrosität, der Anomalie, des Irrtums" (Foucault 2005: 954) zugerechnet werden. Die Biowissenschaften bauen auf physikalisch-chemischen Mechanismen auf, die für Phänomene des Lebens verantwortlich sind, konnten das Leben allerdings nicht allein über diese Phänomene bestimmen. Aus diesem Grund griffen sie auf die Schwellenkonstellation der Krankheit zurück (vgl. Foucault 2005: 955). Die Originalität (*originalité*) des Lebens bestehe für Canguilhem darin, mit dem Irrtum oder dem Fehler, den die Krankheit darstellt, umgehen zu können: „Letztlich ist das Leben – daher sein radikaler Charakter – das, was zum Irrtum fähig ist." (Foucault 2005: 957).

Bei der Beschäftigung mit der Frage, was den Irrtum hervorruft, stieß er auf Probleme, die er durch Begriffe aus der Informationstheorie illustrieren konnte:

> Im Zentrum dieser Probleme steht das des Irrtums. Denn auf dem fundamentalsten Niveau des Lebens geben die Spiele des Codes und der Decodierung einem Zufall Raum, der, bevor er Krankheit, Mangel oder Missbildung ist, so etwas wie eine Störung im Informationssystem ist, etwas wie ein ‚Versehen'. (Foucault 2005: 957)

Canguilhem (2018: 309) bezeichnet die morphologische Abweichung auch als „Fehlschlag des Lebens". Dieser treffe die Menschen zweifach, einmal aufgrund der Möglichkeit, selbst einen solchen zu ‚erleiden' oder aber diesen zu verursachen.[84] Wie Bataille erkennt auch Canguilhem, dass der erkenntnistheoretische Wert monströser Formen darin liegt, die prekäre Stabilität des Lebens zu offenbaren:

> Sobald das Bewusstsein beginnt, das Leben unter den Verdacht der Exzentrik zu stellen und die Begriffe von Fortpflanzung und Wiederholung voneinander zu trennen: Wer könnte es davon abhalten, das Leben für etwas weit Lebendigeres zu halten, das zu noch größeren Freiheiten in seinen Vollzügen fähig wäre, und mithin anzunehmenm dass das Leben nicht nur zu provozierten Ausnahmen imstande sei, sondern auch zu spontanen Übertretungen seiner eigenen Gewohnheiten? (Canguilhem 2018: 313)

Canguilhem erklärt das Band zwischen Fortpflanzung und notwendiger Wiederholung als aufgekündigt, indem er klarstellt, dass das Leben weder Ausnahmen noch Zufälle kennt und auch nichts Monströses an den ‚Monstrositäten' ist, die das Leben hervorbringt. Dabei räumt er jedoch auch ein, dass es gerade der „Wi-

---

[84] Im *scrutatore* überfällt den Protagonisten genau diese „radikale Furcht" (Canguilhem 2018: 309), als er über die eigene Vaterschaft reflektiert (vgl. GS, 57–58).

derstand gegen die Fehlbildung" und der „Kampf um die Integrität der Form" ist, die den Wert der Lebewesen als solche bestimmen und im Verhältnis zur Seinsweise ihres physischen Milieus aufwerten (Canguilhem 2018: 311). In der Naturalisierung der Monstrosität, wie sie die positiven Wissenschaften vornehmen, verschwindet diese Wertung oder wird hinter anderen Maximen verborgen, statt die Möglichkeit des Scheiterns des Lebens als Bezugsrahmen gelten zu lassen. Denn nach Canguilhem ist die Monstrosität „die zufällige und bedingte Gefahr der Unfertigkeit oder Verzerrung bei der Herausbildung der Form, sie ist die Beschränkung durch das Innere, die Negation des Lebendigen durch das Nichtlebensfähige." (Canguilhem 2018: 312).

Für Canguilhem ruft die Aufhebung des Monströsen durch den Positivismus zwei Effekte hervor, nämlich zum einen die ungebremste Wucherung des Monströsen im Imaginären und zum anderen die Tatsache, dass die positiven Wissenschaften zwar eine Welt als ein System von Gesetzen definieren, dabei aber nicht berücksichtigen, dass diese ihre Bedeutung erst durch den Bezug auf ein ihr dialektisch Entgegengesetztes, eine Antiwelt, bekommt, die von der Wissenschaft ausgeschlossen und an das Phantastische delegiert wird. Die Regel von Einschluss und Ausschluss besagt also auch in diesem Fall, dass sich ein geordnetes Leben erst dann zeigt, wenn sein ungeordneter Teil ausgegrenzt ist, was letztlich der Funktionsweise der biopolitischen Maschine entspricht. Die Kontingenz des Lebens, *alea*, macht aber gerade die Besonderheit dieses Gegenstands aus, mit dem sich Politik und Medizin auseinandersetzen, um das inhärente Risiko präventiv auszuschließen (vgl. Borsò 2014c: 142). Um die Spezifität des Lebens zu erhalten, fordert Canguilhem: „Der Verstand darf sich auf das Leben nur beziehen, wenn er die Originalität des Lebens anerkennt. Das Denken des Lebendigen muss die Idee des Lebendigen dem Lebendigen selbst entnehmen." (Canguilhem 2018: 22).

Während die Phänomenologie den ursprünglichen Sinn jedes Erkenntnisakts im Erlebten suchte, schlägt Canguilhem vor, die Suche beim Lebenden selbst zu beginnen. Es geht ihm um ein Wissen *des* Lebens, das die Lebewesen ihrer konzeptuell strukturierten Umwelt in der Form von Informationen entnehmen. Für den Menschen, der in einer begrifflich strukturierten Umwelt lebt, bedeutet das, dass er in ständigem Austausch mit seiner Umwelt steht, ohne dabei auf einen Blickwinkel festgelegt zu sein, sondern dass er die Dinge immer wieder neu anordnen muss, um neue Erkenntnisse aus ihnen zu ziehen.

> Dass der Mensch in einer begrifflich strukturierten Umwelt lebt, beweist nicht, dass er sich durch irgendein Vergessen vom Leben abgekehrt hätte oder dass ein historisches Drama ihn davon getrennt hätte, sondern nur, dass er auf eine bestimmte Weise lebt,

## 3.3 Potentialität und Relationalität in den *Cosmicomiche* — 155

dass er zu seiner Umwelt ein Verhältnis hat, das keinen festgelegten Blickwinkel aufweist, dass er auf einem unbegrenzten oder nicht scharf abgegrenzten Territorium beweglich ist, dass er sich fortbewegen muss, um Informationen zu sammeln, dass er die Dinge gegeneinander zu bewegen hat, um sie nutzbar zu machen. Begriffe bilden ist eine Art zu leben und nicht, das Leben zu töten. (Foucault 2005: 956)

Die Lebendigkeit wird in dieser Perspektive selbst zur Bedingung, um Wissen über das Leben erhalten zu können. Ein Vorteil dieser Konzeption des Wissensgewinns im Leben über das Leben ist, dass das Leben als Gegenstand der Lebenswissenschaften in seiner Spezifität bewahrt bleibt, statt unter dem leblosen Blick der Biologie mortifiziert zu werden. Canguilhem nennt es einen ‚vernünftigen Rationalismus', der seine Grenzen anerkennt und die Bedingungen seiner Ausübung miteinbezieht (Canguilhem 2018: 22). Statt das Leben als Gegenstand mit einem originären Sinn zu betrachten, für das eine einzige Disziplin Hoheitsrechte beanspruchen könnte, identifiziert Borsò (2014c: 143) ein ‚situiertes Wissen',[85] das sich durch seinen lebensweltlichen, materiellen Kontext über das Lebende in-formiert, in Form setzt. Dieser Zusammenhang hat aber auch zur Konsequenz, dass sich die Kontingenz als Potenz oder als Fehler zeigen kann: „als Potenz zur Innovation im Wissen; oder als Fehler in Bezug auf normative Wissensschemata." (Borsò 2014c: 143).

---

[85] Zum situierten Wissen bei Haraway, das sie von Canguilhem her entwickelt hat, siehe den von Deuber-Mankowsky & Holzhey (2013) herausgegebenen Sammelband.

## 4 Leben als bio-poetisches Wissen

Die Neuverhandlung zwischen Macht und Wissen, die die Idee des Lebens als situiertes Wissen, das die Lebewesen in Form setzt, mit sich bringt, kristallisiert sich bei Calvino im Zuge seiner Beschäftigung mit der Kybernetik und der Informationstheorie heraus.[1] Davon zeugt der Vortrag *Cibernetica e fantasmi*, den Calvino Ende November 1967 in mehreren italienischen Städten hielt und der 1968 in gekürzter Fassung auch unter dem Namen *Appunti sulla narrativa come processo combinatorio* in der Zeitschrift *Nuova Corrente* erschien (vgl. *Fantasmi*,).[2] Die Bedeutung der Kybernetik liege für Calvino in der Möglichkeit begründet, dass sie theoretische Stichwörter liefere, ihm aber auch als Utopie, Atmosphäre und Lebensgefühl diene (vgl. Krause 2018: 97). In der Gleichsetzung von Mensch und Maschine dekonstruiert Calvino zuvorderst die Rolle des Schriftstellers in ihrem metaphysischen Gehalt: Der Autor wird zur schreibenden Maschine, der sich der Sprache als Maschine bedient (vgl. *Fantasmi*, insb. 209–216). Das Maschinenhafte der Sprache findet er in der literarischen Tradition der mittelalterlichen Kombinationskunst, wo mit präexistenten Sprachsystemen experimentiert wird, um neue Sprachmöglichkeiten zu erzeugen. In den 1960er Jahren wurden die sprachlogischen Verfahren, vorbereitet durch den russischen Formalismus und den Strukturalismus, von den literaturkritischen und experimentellen Gruppen Tel Quel und Oulipo aktualisiert, wobei Calvino selbst der von Raimond Queneau mitgegründeten Gruppe beitrat.[3]

Analog zur Definition des Begründers der Kybernetik, Norbert Wiener, nach der diese ein Kontroll- und Kommunikationssystem für Tiere und Maschinen darstellt, überträgt Calvino kombinatorische Prozesse aus der Biologie auf den Bereich der Literatur (vgl. Piacentini 2016: 105). Als entscheidenden Moment „della vita letteraria" (*Fantasmi*, 215) identifiziert Calvino von nun an den Prozess der Lektüre als dynamischen Prozess, der dem menschlichen Bewusstsein vorbehalten bleibt, was er später auch auf inhaltlicher Ebene reflektiert

---

[1] Antonello (vgl. 2005: 194) vermutet, dass Calvino zunächst vordergründig über die Vermittlung Ecos in *Opera aperta* (1962) mit der Informationstheorie nach Wiener & Shannon und der Funktion von Entropie im Bereich des Künstlerischen in Berührung gekommen ist.
[2] Das gemeinsame Interessenfeld von Kybernetik und Literatur ist Krause folgend „zwischen Fragen nach der Adressierung von Kontingenz, nach der Verarbeitung von Komplexität, der Problematisierung des Verhältnisses von Wahrnehmung und Wirklichkeit sowie des selbstreferentiellen Bezugs auf die eigene Schreib- bzw. Beobachtungsposition" (Krause 2018: 90) zu verorten.
[3] Was den Einfluss angeht, den der französische Poststrukturalismus von etwa Mitte der 1960er Jahre auf Calvinos Schreiben hatte, vgl. Patrizi (2012).

(vgl. u. a. *Se una notte d'inverno un viaggiatore*, RR II, 611–870). Dabei falle der Literatur die Rolle zu, auf die unendlichen Kombinationsmöglichkeiten, aber auch die Grenze der Sprache hinzuweisen:

> La battaglia della letteratura è appunto uno sforzo per uscire fuori dai confini del linguaggio; è all'orlo estremo del dicibile che essa si protende; è il richiamo di ciò che è fuori dal vocabolario che muove la letteratura. (*Fantasmi*, 217)

Die Literatur ist einerseits kombinatorisches Spiel, dessen Regeln durch die des Sprachmaterials diktiert werden, ruft aber andererseits erst in dem Moment einen poetischen Effekt hervor, in dem „una di queste permutazioni sull'uomo dotato d'una coscienza e d'un inconscio" (*Fantasmi*, 221) in besonderer Weise einwirkt: „il risultato poetico [...] sarà lo shock che si verifica solo in quanto attorno alla macchina scrivente esistono i fantasmi nascosti dell'individuo e della società." (*Fantasmi*, 221). In diesem speziellen Moment „kehrt neben dem zuvor von der Maschine verdrängten Pathos auch das verabschiedete Individuum wieder und tritt aus der Umwelt des Systems Literatur wieder in dieses selbst ein" (Krause 2018: 98). Wie aber verhält sich das ‚System Literatur' in dieser Perspektive zum Lebendigen, also zu dem, was noch nicht in Form gesetzt wurde?[4]

In der Erzählung *La memoria del mondo* (MdM, 1248–1255), erstveröffentlicht 1967,[5] lässt sich nicht nur die Auseinandersetzung mit den grundsätzlichen Prämissen von Kybernetik und Informationstheorie ablesen, sondern sie handelt auch von einem ‚versteckten Gespenst' (vgl. *Fantasmi*, 221), denn die Hauptfigur hat eine sprichwörtliche Leiche im Keller. Der Protagonist der kurzen Erzählung ist der Direktor eines obskuren Unternehmens, das eine vollständige Datensammlung über das menschliche Leben anlegen soll. Seinem Nachfolger Müller offenbart er in dem monologisch gestalteten Text allem Anschein nach das Geheimnis des menschlichen Lebens, das sich der Konzeption Canguilhems erstaunlich annähert. Die Erzählstimme des Direktors stellt das Kontinuum des Lebens als Informationsfluss dar, der sich in der menschlichen Form reflektiert:[6]

---

4 Vgl. dahingehend auch die Ausführungen zum *Al di là del testo* bei Fiorentino (2011b: insb. 15–24).
5 Die titelgebende Erzählung, die am 2.07.1967 in „Il Giorno" erschien (vgl. Note RR II, 1468), ist Teil des kaum bekannten *La memoria del mondo e altre storie Cosmicomiche*, das in zwei Ausgaben 1968 und 1975 veröffentlicht wurde (vgl. Note RR II, 1455–1468).
6 Zu diesem Thema siehe auch die Beschreibung der beiden Codes in *Mitosi* (RR II, 274–288), des biologischen der DNA und des symbolischen der Sprache, in der der Mensch nur intermediär auftritt (vgl. Antonello 2005: 200–201).

> Cosa sarà il genere umano al momento dell'estinzione? Una certa quantità d'informazione su se stesso e sul mondo, una quantità finita, dato che non potrà più rinnovarsi e aumentare. Per un certo tempo, l'universo ha avuto una particolare occasione di raccogliere ed elaborare informazione; e di crearla, di far saltare fuori informazione là dove non ci sarebbe stato niente da informare di niente: questo è stata la vita sulla Terra e soprattutto il genere umano, la sua memoria, le sue invenzioni per comunicare e ricordare. (MdM, 1250–1251)

Menschliches Leben sei also nichts anderes als eine gewisse Informationsmenge über sich selbst und die Welt, die sich im Moment der Auslöschung der Menschheit und der allgemeinen Zerstörung des Lebens auf der Erde in einer endlichen Zahl kristallisieren werde, da die Menge an Informationen von diesem Zeitpunkt an nicht mehr anwachsen könne. Leben und Form bedingen sich in dieser Konzeption wechselseitig, keines geht dem anderen substantiell voraus: Erst in dem Moment, als sich das terrestrische Leben ausgeformt hatte, setzte der lebendige Informationsfluss ein. Der Mensch ist kybernetischer Beobachter insofern, als dass er die selbstreferentiellen Informationen kommuniziert und bewahrt. Auch für Canguilhem ist die reflexive Implikation entscheidend: Leben bedeutet für ihn nicht nur die Herausbildung von Formen (vgl. Canguilhem 2018: 19), sondern diese sind auch Ganzheiten, „deren Sinn in dem Streben liegt, sich als solche im Laufe der Konfrontation mit ihrem Milieu zu verwirklichen" (Canguilhem 2018: 19). Die Beschreibung dieser Relationen folgte ebenfalls durch die Übernahme von Begriffen aus der Informationstheorie (vgl. Foucault 2005: 956).

Entsprechend des kybernetischen Modells werden die Welt und das Denken nicht mehr als geschichtlich und biologisches Kontinuum erlebt:

> Il pensiero, che fino a ieri ci appariva come qualcosa di fluido, […] oggi tendiamo a vederlo come una serie di stati discontinui, di combinazioni di impulsi su un numero finito (un numero enorme ma finito) di organi sensori e di controllo. (*Fantasmi*, 209)

In diesem Verständnis von diskontinuierlichen Prozessen gründet die Idee für ein allumfassendes Archiv, das Moment für Moment all das katalogisiert, was sich ereignet (vgl. MdM, 1248). Doch die Utopie eines allgemeinen Katalogs bringt einige Schwierigkeiten mit sich. Da ist zunächst das Problem des Aussortierens von alledem, was den Informationswert mindern könnte und in der Informationstheorie *noise* genannt wird: „tutto quello che anziché aumentare l'informazione creerebbe un inutile disordine e frastuono" (MdM, 1251). Daraus ergibt sich die problematische Frage, ob nicht gerade diese *noise*, „uno sbadiglio, una mosca che vola, un prurito" (MdM, 1251), das eigentlich Wichtige sei, während dasjenige, das in den Akten verzeichnet ist, nur der leere, unbedeutende Teil ist:

> Chi può escludere che l'universo consista nella rete discontinua degli attimi non registrabili, e che la nostra organizzazione non ne controlli altro che lo stampo negativo, la cornice di vuoto e d'insignificanza? (MdM, 1251–1252)

Um dieser schwierigen Frage zu entgehen, bedient sich der Direktor eines Kunstgriffs: Um der kalten, objektiven Masse von Informationen wieder Leben einzuhauchen, nutzt der Direktor seine eigene Lebendigkeit und verleiht den reinen Fakten eine persönliche Note, eine „lieve impronta soggettiva, quel tanto d'opinabile, d'arrischiato, di cui hanno bisogno per essere veri" (MdM, 1252). Er schreibt gerade so viel an Unbestimmtem darin ein, dass die Fakten wahr scheinen können. Die natürlich-zufällige Reproduktion, in der Informationen genetisch weitergegeben werden, wird durch die Speicherung und Weitergabe von Informationen im Archiv ersetzt, wodurch sich die Möglichkeit zu ihrer Manipulation öffnet.[7] In dieser subjektiven Note versteckt sich das eigentliche ‚Gespenst' der Geschichte, denn der Monolog des Direktors entpuppt sich als Geständnis eines Wahnsinnigen, der seine Frau und zahlreiche Mitarbeiter umgebracht hat, um die Realität dem anzupassen, was er für die Nachwelt bewahren will: die Fiktion einer glücklichen Ehe.

In der angeblichen Unterweisung seines Nachfolgers, den er schließlich ebenfalls als möglichen Liebhaber seiner Ehefrau ermordet (zumindest endet die Erzählung mit einer entsprechenden performativen Aussage), eröffnet der Direktor Einblicke in seine Vorgehensweise, in der Prozesse der anbrechenden digitalen Ära reflektiert werden (vgl. Cammozzo 2016: 36). Um eine „memoria centralizzata del genere umano" (MdM, 1249) in möglichst komprimierter Form zu konzipieren, muss das lebendige Kontinuum diskretisiert und so weit abstrahiert werden, bis es in ein binäres Schema passt: relevante/irrelevante Information. Dies bedeutet die Teilung der lebendigen Welt in zwei Ebenen: einerseits die Ebene der Existenz, auf der sich das Leben abspielt und andererseits die Ebene der Information, die das Maß und die Erinnerung des Lebens ist.[8] Cammozzo schreibt:

> Il valore crescente che il direttore attribuisce al secondo piano, proprio perché vero, eterno, cristallino, immutabile, coerente, unito all'esperienza di delusione provata nella vita per il tradimento della moglie porta a un rovesciamento: per lui la verità giace nella memoria, e l'errore (da correggere) nella vita. (Cammozzo 2016: 39)

---

[7] Zur von den Biotechnologien eröffneten Möglichkeit, über die menschliche Natur zu verfügen, siehe den von Weiß (2009) herausgegebenen interdisziplinären Sammelband.
[8] Das Verhältnis lässt sich auch als die gewichtige Konsistenz des Seienden auf der einen Seite und der Leichtigkeit der Abstraktion auf der anderen beschreiben (vgl. Borsò 2009).

Statt die Möglichkeit des Irrtums als epistemologische Bedingung des Lebendigen anzuerkennen, versucht er ein stabiles, kohärentes und ewig gültiges Wissen über das Leben zu generieren. Doch indem der Direktor die eine Seite von der anderen löst, demontiert er im Sinne Canguilhems auch die ‚lebendige Ganzheit':

> Da die lebendigen Formen Ganzheiten sind, deren Sinn in dem Streben liegt, sich als solche im Laufe der Konfrontation mit ihrem Milieu zu verwirklichen, können sie nur in einer Vision, einer Zusammenschau, niemals durch Division, durch Zerteilung, erfasst werden. (Canguilhem 2018: 19)

Die Einordnung von lebendigen Formen in ein binäres Schema und ihre damit verbundene Zerteilung muss also zwangsweise scheitern. Aus diesem Grund wird die Figur des Direktors zum Mörder: „il direttore non può che abitare nella memoria organizzata, semplificata, adulterata, di una vita che rifiuta di essere segmentata e messa in forma, perché quando si tenta di farlo, la vita smette di essere viva" (Cammozzo 2016: 39). Diesem Wissen, das über das Leben in Form diskretisierter Information generiert wird, fehlt es an Lebendigkeit, welches der Direktor ihm nachträglich einzuschreiben versucht. Doch die Einschreibung der Spur eines singulären Lebens erweist sich als Simulakrum (vgl. Baudrillard 1994). Cammozzo erklärt das Scheitern des Vorgehens damit, dass es das wesentliche Element des Lebens nicht wiederherzustellen vermag: „la vita è ormai persa perché perse sono le fitte reti di relazioni." (Cammozzo 2016: 39). Das Wissen, das in dieser Weise über das Leben gewonnen wurde, kann nicht Lebenswissen genannt werden, denn das Leben lässt sich nicht auf sein Maß reduzieren, mag die Menge an Informationen darüber auch noch so groß sein. Die biopolitische Macht, die das Leben in die binäre Form presst, schlägt somit in negative Biopolitik um.

## 4.1 Literatur und Leben: Bio-Poetik

Wie könnte nun aber ein Lebenswissen aussehen, das dieses Problem umgeht? Die oben diskutierte Erzählung illustriert besonders gut die „metareflexive Technik" (Borsò 2010: 239) künstlerischer Repräsentation, die spezielles Wissen hervorbringen kann. Im vorliegenden Fall beispielsweise das Wissen um die Relationalität als wesentliche Bedingung des Lebendigen. Mit der Konstellation der ‚Bio-Poetik' hat Borsò (vgl. 2010: 223–246) eine Möglichkeit eröffnet, die Widerstandskraft und Selbstständigkeit der lebendigen Phänomene gegenüber ihren diskursiven Zugriffen zu stärken und zudem ein Lebenswissen im Sinne Canguilhems (vgl. 2018: 22) zum Vorschein zu bringen. Da gilt „Leben und Form schließen sich wechselseitig aus, aber ziehen sich auch an" (Borsò 2010: 239), nutzt Borsò den Bindestrich, um die Differenz von *bíos* und Poetik hervorzuheben, statt von einer Synthese der beiden Gegenstände durch Übernahme evolutionsbiologischer Theorien durch die Literaturwissenschaft auszugehen (vgl. Borsò 2014d).[9] Sie beruft sich dabei auf Agambens Formel der ‚forme-di-vita',[10] in der ebenfalls die konstitutive Verbindung sowie die notwendige Trennung von Form und Leben angezeigt wird. Indem sie auf der Notwendigkeit des Abstands zwischen *bíos* und Poetik (oder Ästhetik) beharrt, erteilt Borsò jeglichen Assimilationsversuchen biowissenschaftlicher Ansätze eine Absage.

Eine ebenso deutliche Kritik äußert Bachmann-Medick (2016: 285–288, insb. 286) in ihrer Studie zu den *Cultural Turns*, wenn sie vor der Gefahr der Verdrängung des deskriptiven Systems der Kulturwissenschaften durch naturalistische und reduktionistische Erklärungsansätze in den Neurowissenschaften warnt, welche sich aufgrund des Machtgefälles zwischen Geistes-/Kulturwissenschaften und Naturwissenschaften ereignen könnte. Auf der anderen Seite weist sie aber auch auf die Möglichkeiten interdisziplinärer Zusammenarbeit und gegenseitiger Übersetzungsprozesse hin, die sich zwischen selbstkritischen Neuro- und Kulturwissenschaften ergeben können. Für die Literatur- und Kulturwissenschaften könnten diese beispielsweise in Richtung von Studien zu ‚Embodiment' und dem Phänomen der Neuroplastizität fruchtbar gemacht werden und damit einen wichtigen Beitrag zur Entwicklung der Kulturwissenschaften leisten (vgl. Bachmann-Medick 2016: 287).

---

**9** Pirro (vgl. 2014: 5–14) stellt fest, dass es bislang in den Literaturstudien an eminent biopoetischen Modellen mangele. Der Großteil der in dieser Richtung orientierten Analysen sei vielmehr bio-ästhetisch zu nennen, da sie die Mechanismen untersuchen, die die Wahrnehmung biologisch determinieren, anstatt die gleichen Bedingungen auf der produktiven Seite ins Zentrum der Aufmerksamkeit zu setzen, d. h. die Frage, wie Wahrnehmung literarisch in Form gesetzt werde (Pirro 2014: 10).

**10** Geulen (2017: 137) bestimmt Lebensform als multifunktionalen Begriff, ohne „angestammten disziplinären Ort im Wissenssystem der Moderne", der von Agamben als „Alternative zur fatalen Verstrickung von Souveränitätsmacht und Biopolitik" (Geulen 2017: 137) in Stellung gebracht worden sei. Als Gegenteil zur Biopolitik, aus der sie herausführen soll, verstehe Agamben unter ‚Lebensform' „ein Leben, in dem sich kein nacktes Leben mehr absondern lässt, das in diese oder jene Beziehung zu einer besonderen Form der politischen oder philosophischen Existenz treten würde. Der Begriff der Lebensform konzipiert also als vorgängige Einheit, was immer wieder in (Gesetzes-)Form und formloses (nacktes) Leben zerteilt wurde." (Geulen 2009: 118). Ikonisch verknüpft mit dieser Formel ist Melvilles' Figur des Schreibers Bartleby, der sich mit dem Satz *I would prefer not to* immer wieder dem Entscheidungszwang verweigert und damit die Potenz des Sagens markiert (vgl. Borsò 2010: 236). Zur Lebensform als Potenz siehe auch Stimilli (2016).

Cometa (vgl. 2013) hingegen betont in erster Linie die Notwendigkeit des transdisziplinären Dialogs und sucht in seinem Entwurf einer Biopoetik nach Begrifflichkeiten, die Literaturtheorie und Biologie verbinden, da sie gemeinsame, wenn auch verschüttete Wurzeln aufweisen würden.[11] Als zentrale Herausforderung betrachtet er die Neuverhandlung des vom biopolitischen Paradigma in Frage gestellten Verhältnisses zwischen *bíos* und *zoé* (vgl. Cometa 2013: 171), im Gegensatz zu Borsò (vgl. 2010; 2014b: 16–17) fehlt in seinem Ansatz allerdings eine konkrete Auseinandersetzung mit der Spezifität des *bíos*. Cometa (2013: 183) bemüht sich vielmehr, im Rückgriff auf antike Poetiken (Aristoteles, Horaz), deren Aussagen er mit Konzepten zeitgenössischer Evolutions- und Lebenswissenschaften vergleicht, eine „familiäre Atmosphäre" (Cometa 2013: 178) zwischen den Disziplinen zu belegen, wobei er auch auf die ‚unbequemen Verwandten' in der Familie, „dem Reduktionismus der Evolutionspsychologie, dem Kryptorassismus und der Metaphysik an den Ursprüngen des literarischen Darwinismus, der Homophobie und der Frauenfeindlichkeit" (Cometa 2013: 178), zu sprechen kommt.

Auch diese sind Teil der sogenannten *biopoetics*, welche im Zuge der 1990er Jahre in Folge eines gestiegenen Interesses an den anthropologischen Grundlagen kulturellen Handelns und der Wiederentdeckung des Evolutionismus in den USA aufkamen (vgl. u. a. Cooke 2001; Cooke & Turner 1999; Carroll 1995).[12] Borsò (2014d: 15) führt die Fokussierung auf den *bíos* als Reaktion auf die Distanzierung zu zwei Denkbewegungen zurück, die als Abkehr vom Realen gelesen werden konnten und das 20. Jahrhundert entschieden mitprägten: den Konstruktivismus und die Dekonstruktion. Diese begleiteten die Bewegung, welche die Anthropologie als Leitparadigma der Humanwissenschaften von ihrem Thron stieß, um an ihrer statt verschiedene Einzeldisziplinen (Biologie, Medizin, Psychologie, Semiotik, postkoloniale Studien, Gender Studies etc.) zu implementieren. Während sich die *biopoetics* eine Stärkung der *humanities* durch die Rückführung literarischer Theorien auf die biologische Entwicklung des Menschen erhoffen und dabei dem Paradigma der Optimierung des Menschen in Bezug auf seine Umwelt verhaftet bleiben (vgl. u. a. Cooke & Turner 1999), führt die Auseinandersetzung mit aktuellen biologischen Theorien dazu, den humanistischen Mythos zurückzuweisen

---

**11** Borsò (vgl. 2013b: 28) pflichtet Cometa bei, dass ein erster Schritt in Richtung eines *biocultural turn* der Literaturwissenschaft die Rekonstruktion einer gemeinsamen Sprache sein müsse, die den unterschiedlichen Wissensformen gleichermaßen Rechnung zu tragen habe.
**12** Ein Großteil der Beiträge muss reduktionistisch genannt werden, da in ihnen der Ansatz eines literarischen Darwinismus verfolgt wird. Beispielsweise wird die Kulturproduktion als Anpassungsstrategie dargestellt, die Wettbewerbsvorteile bei der Partnersuche bietet (vgl. Borsò 2014d: 17–19).

(vgl. Borsò 2014d: 16). Die Tendenz heute gehe in Richtung von Theorien des Lebens, die ‚arm' an humanistischen Konzepten seien (vgl. Borsò 2014d: 16). Ein Vorteil dieser Entwicklung der Ausdifferenzierung von Wissenschaften, die sich um das Leben drehen, liege in der Möglichkeit, die Differenz besser wahrzunehmen, die zwischen *bíos* und wissenschaftlichen und kulturellen Praktiken bestehe (vgl. Borsò 2014d: 16–17). Wenn das Leben als Systemäußerlichkeit gedacht werde, als Exteriorität im Sinne Levinas, bleibe dabei sowohl seine Widerstandskraft als auch seine ‚an-archische' Kraft erhalten, was eine produktive Spannung garantiere (vgl. Borsò 2010: insb. 226–228). Entscheidend dabei ist, dass die Fremdheit des „epistemischen Objekts" (Borsò 2010: 228)[13] gewahrt bleibt:

> Die Exteriorität oder auch Andersheit des epistemischen Objekts ist also die Bedingung dafür, dass trotz Zuwachs an Wissen die Grenze zum Leben wieder hergestellt wird, damit die Komplexität von Bíos nicht auf *ein* wissenschaftliches Verständnis reduziert wird. (Borsò 2010: 228, Herv. im Orig.)

In der vorliegenden Studie wurden verschiedene Diskurse, die Wissen über das Lebendige produzieren, aufgerufen und auf die jeweiligen Grenzen aufmerksam gemacht, die den Wissenszuwachs in Calvinos Schreiben beschränken. Mit Foucault kann Literatur als Element historischer oder ontologischer Erkenntnis betrachtet werden:

> Literatur beinhaltet ein Diskurspotential. Sie öffnet einen an der Grenze zu den Wissensformationen liegenden Raum, wo die Existenzfunktion von Aussagen sichtbar gemacht werden kann. Außerdem erschließt sie den Raum eines nicht-dialektischen Denkens und sie indiziert das vergessene Sein der Sprache. (Klawitter 2012: 223)

In der Literatur lässt sich aus diesem Grund ein spezifisches, interdiskursives Wissen über das Leben ausmachen, das gerade im Realismus des 19. Jahrhunderts als biopolitisches Wissen generiert wurde, indem es die sozialpolitischen, juristischen, ökonomischen, kulturellen und wissenschaftlichen Formen betraf, die zur Verwaltung des Lebens entwickelt wurden (vgl. Borsò 2010: 229). Mit Borsò (vgl. 2010: 230) wird ‚Leben' darin als Schnittpunkt verschiedener Formen verstanden, die zwar den Menschen und die Kultur bestimmen, aber auch als ein Prinzip, das diese Formen übersteigt. Dieses wird bei Calvino vor allem auf ästhetischer Ebene wirksam, wobei er, so die These, auf der wechselseitigen Fremdheit zwischen Poesie und Leben beharrt. Dabei wird sowohl die Autonomie des *bíos* gewahrt, die mit der *alea*, mit dem Unvorhergesehenen, dem Irrtum zu tun haben und das Leben epistemologisch als Potentialität ausweisen (vgl. Foucault

---

**13** Nach Rheinberger (vgl. 2018) haben epistemische Dinge im alltäglichen Sinn des Wortes keine Referenz, in sie müsse erst „Bedeutung investiert" (Rheinberger 2018: 571) werden.

2005: 943–959; Borsò 2014c), als auch die der Poetik, deren eigens hervorgebrachtes Wissen ernst genommen wird. Da der *bíos* zum einen auf die Mediation bestimmter künstlerischer Techniken angewiesen ist, um sich zu manifestieren, während zum anderen auch der Modus der Literatur, sich ins Verhältnis zum *bíos* zu setzen, eine bestimmte epistemologische Entscheidung impliziert, sind verschiedene Ansätze denkbar. Doch statt von einem Analogie-Verhältnis zwischen der Evolutionstheorie und der Literatur bzw. der Ästhetik auszugehen, wie es die US-amerikanischen *biopoetics* vorschlagen, oder ein Konkurrenzverhältnis zwischen Evolutionismus und Ästhetik mit der Dekonstruktion der jeweiligen Apriori zu beschreiben (wie Menninghaus, vgl. Borsò 2014d: 18–19), schlägt Borsò vor, den Fokus auf die fiktionale Nachahmung der Dynamik des *bíos* durch „bio-poetische Friktionen" (Borsò 2014d: 17) zu legen.[14]

Das bedeutet primär das Ereignishafte, das aus der ontologischen Kontingenz des Lebens erwächst, in die Ästhetik einfließen zu lassen. Zentral ist dabei das Konzept der Biomaterialität, das Borsò (vgl. 2014c: 150) in Espositos politischer Philosophie identifiziert. Dank eines an Canguilhem und Haraway angelehnten, neuen Immunitätsbegriff, nach dem die Norm der Materie selbst eingeschrieben ist, an der sie sich ausübt, konnte Esposito (vgl. 2004) Immunitätskonzepte überwinden, die die Geschlossenheit biopolitischer Dispositive voraussetzen, welche das Leben letztlich gefangen nehmen:

> die Immunität, die zur Erhaltung des individuellen und kollektiven Lebens notwendig ist – niemand von uns würde ohne das körperliche Immunsystem am Leben bleiben –, [bremst] letztlich die Entwicklung des Lebens […], wenn wir sie als exklusiv und exkludierend gegenüber jedweder umweltmäßigen oder menschlichen Alterität verstehen und verwenden. (Esposito 2014: 67)

Die Lebenskraft aktualisiert sich in der „permanenten Selbstdekonstruktion" (Borsò 2014c: 150): „oder anders gesagt, der normalste Organismus ist derjenige der am häufigsten seine Normen übertreten kann und transformieren kann" (Borsò 2014c: 150). Was den Bereich des Ästhetischen angeht, zeigt sich diese Macht *des* Lebens in „Strategien des Entzugs eines essentialistischen und überdeterminierenden Zentrums – etwa Unterbrechung, Risse, Subtraktion – und der Verschiebung" (Borsò 2014c: 164).

> Wenn also das Lebendige in epistemologischen Konfigurationen verschwindet, die das Leben objektivieren, so wird es doch im Ästhetischen durch Intensitäten erfahrbar, die Raum für die Spuren des Überschusses vom Lebenden zulassen. (Borsò 2014c: 164)

---

14 Zu den ‚Friktionen' bei Barthes siehe Ette (2011: 13).

Calvinos Œuvre ist von der zunehmenden Auseinandersetzung mit der sinnlichen Wahrnehmung geprägt, die nach Waldenfels (2006: 92) „Einfallstore" für das Fremde bietet und damit den Überschuss und die Dynamik des *bíos* erfahrbar macht. Es ist diese Linie, entlang der sich Calvinos Bio-Poetik ausprägt. Calvinos literarische Produktion ist zwar von Anfang an stark durch die Effekte sinnlicher Wahrnehmung gekennzeichnet, man denke nur an den Beginn von *Il sentiero dei nidi di ragno*, wo der fiktionale Blick die Hauswände wie ein Kameraauge geradezu abtastet (vgl. SNR, 5), seine Ästhetik orientiert sich aber noch stark an literarischen Vorbildern (bspw. Montale)[15] und wirkt dem Anspruch der neorealistisch-engagierten Autorinnen und Autoren entsprechend dem politisch-moralischen Diskurs untergeordnet. Erst ab Mitte der 1950er Jahre beginnt Calvino, die epistemologische und ethische Funktion der Ästhetik ihrer ursprünglichen Wortbedeutung nach als *aisthesis* zu betonen.[16] Dies wird insbesondere in seinen bekannten poetologischen Essays deutlich, beispielsweise wenn er in *Il midollo del leone* (vgl. *Midollo*) eine literarische Sprache fordert, die es mit der Komplexität der Welt aufnehmen kann: „Lo scrittore deve poter dire più cose di quelle che normalmente dicono gli uomini del suo tempo: deve costruirsi una lingua la più complessa e funzionale possibile per il proprio tempo" (*Midollo*, 18).

Barthes (2010: 316) ging von zwei „gleichermaßen exzessive[n] Methoden" für die Epoche an der Schwelle zu den 1960er Jahren aus: „Entweder nehmen wir ein Reales an, das für die Geschichte völlig durchlässig ist, und ideologisieren es; oder wir setzen umgekehrt ein Reales, das *letztlich* undurchdringlich, irreduzibel ist, und poetisieren es." (Barthes 2010: 316, Herv. im Orig.) Calvino hat sich letztgenanntem Vorgehen angeschlossen, er integriert das undurchdringliche Reale, das den Überschuss des Lebendigen bezeugt, affirmativ in seine Poetik. Denn der engagiert-politische Akt, das hat Barthes schon in *Am Nullpunkt des Schreibens* (vgl. Barthes 1982) betont, kann sich allein in der *écriture* ausdrücken, also auf der Form-Ebene. In der begrifflichen Trias von Sprache (*langue*), Stil (*style*) und Schreibweise (*écriture*) ist letztere nach Barthes der einzige Ort, an dem sich ein Spielraum eröffnet und an dem eine echte Wahl jenseits des Zwangscharakters der Sprache stattfindet, welcher *langue* und *style* charakterisiert (vgl. Ette 2011: 43). Während die Sprache dem Schriftsteller auferlegt sei, also weniger zu sagen erlaube als zu sagen zwinge, sei der Stil so eng mit dem Körper des Autors verbunden, dass er keine eigene Ausdrucksform erlaube (vgl. Ette 2011: 43).

---

15 Zum Einfluss Montales auf Calvinos Schreiben siehe Bellini (2012).
16 Das heißt als allgemeine (Sinnes-)Wahrnehmung und Empfindung, vgl. Majetschak (2007: 10); Welsch (2010: 10–11).

Wenn Calvino in *La sfida al labirinto* von seiner ersten stilistischen Entscheidung als „scelta formal-morale" (*Labirinto*, 114) spricht und sich davon überzeugt zeigt, „che non ci siano soluzioni valide esteticamente e moralmente e storicamente se non si attuano *nella fondazione di uno stile*" (*Labirinto*, 114, Herv. im Orig.), geht es ihm eben nicht um den Stil im Sinne Barthes, sondern um das, was dieser die *écriture* nennt.

In der *écriture* werden die realen Zeichen des Lebens ästhetisch wahrnehmbar gemacht, sie drückt die „ständigen Friktionen zwischen Gefundenem, Erfundenem und Erlebten" (Ette 2011: 13) aus, welche wiederum als lebendige „Funken" (Ette 2011: 13) auf die Subjekte überspringen. Nur darin kann die Versöhnung liegen, die Barthes (vgl. 2010: 316) am Ende seiner *Mythologies* fordert, und die in ihrem post-ideologischen Gehalt vor allem an den späteren Calvino erinnert: „eine Versöhnung zwischen dem Wirklichen und den Menschen, zwischen Beschreibung und Erklärung, zwischen Gegenstand und Wissen" (Barthes 2010: 316). Ähnlich äußert sich Borsò (2014b: 270), nach der der „bisher kaum beachtete rote Faden in den so unterschiedlichen Phasen des Schreibens und Formen des politischen Engagements bzw. der Distanzierung Calvinos von der Politik" im Verhältnis von Mensch und Welt zu suchen sei.

Im Essay *Il midollo del leone,* der erstmals am 17. Februar 1955 beim PEN club Florenz gehalten und anschließend in der Zeitschrift *Paragone* veröffentlicht wurde, fragt Calvino explizit nach der „presenza morale" (*Midollo*, 9) in der zeitgenössischen Literatur. Enttäuscht über die fehlende Integration von intellektuellen Standpunkten und aktuellen historischen und politischen Bewegungen in der italienischen Literatur geht es Calvino um die in einem lebendigen Sinne *nährenden* Qualitäten von Literatur, dabei betont er zunächst vor allem ihre pädagogische Funktion:

> Le cose che la letteratura può ricercare e insegnare sono poche ma insostituibili: il modo di guardare il prossimo e se stessi, di porre in relazione fatti personali e fatti generali, di attribuire valore a piccole cose o a grandi, di considerare i propri limiti e vizi e gli altrui, di trovare le proporzioni della vita, e il posto dell'amore in essa, e la sua forza e il suo ritmo, e il posto della morte, il modo di pensarci o non pensarci; la letteratura può insegnare la durezza, la pietà, la tristezza, l'ironia, l'umorismo, e tante altre di queste cose necessarie e difficili. (*Midollo*, 21–22)

Diese Idee, dass allein die Literatur bestimmte Dinge lehren kann, taucht in den ausformulierten Harvard-Vorlesungen, die posthum unter dem Titel *Lezioni americane* veröffentlicht wurden, wieder auf. In ihnen geht es um ein spezifisches Wissen der Literatur, das Calvino für das nächste Jahrtausend bewahren möchte. Als Überthema der ‚Norton Lectures' wählte Calvino jene „valori o qualità o specificità della letteratura" (Calvino 2007n: 630), die auch die künftige Literatur kennzeichnen sollten. Das Wissen, das die ästhetischen Qualitäten vermitteln, wurzelt in der wechselseitigen Fremdheit zwischen Poesie und Leben, die Voraussetzung für das bio-poetische Modell. Einen Zusammenhang, den Calvino zu Beginn seiner ersten Vorlesung über die *Lightness* mit folgenden Worten verdeutlicht:

> Presto mi sono accorto che tra i fatti della vita che avrebbero dovuto essere la mia materia prima e l'agilità scattante e tagliente che volevo animasse la mia scrittura c'era un divario che mi costava sempre più sforzo superare. (Calvino 2007n: 632)

Das einzige, was der Opazität der Welt, dem „peso di vivere" (Calvino 2007n: 635) möglicherweise die Stirn bieten könne, sei die lebhafte und lebendige Intelligenz, stellt er in der Auseinandersetzung mit Milan Kunderas *Die unerträgliche Leichtigkeit des Seins* fest: „Forse solo la vivacità e la mobilità dell'intelligenza sfuggono a questa condanna: le qualità con cui è scritto il romanzo, che appartengono a un altro universo da quello del vivere." (Calvino 2007n: 635). Den engen Formen, in denen sich das Leben im Roman Kunderas bewegt, setzt Calvino eine Poesie entgegen, die lebendiger zu sein scheint als das in dieser Weise verstandene Leben. Auch die zweite ästhetische Qualität, *Quickness*, hat mit diesem Aspekt der Poetik zu tun. „Il tema che qui ci interessa non è la velocità fisica, ma il rapporto tra velocità fisica e velocità mentale." (Calvino 2007n: 665). Hier zitiert Calvino einen Passus aus Leopardis *Zibaldone*, in dem dieser das Vergnügen beschreibt, den Galopp eines Pferdes zu erleben. Das sinnliche Erfahren der Energie und Lebendigkeit werde in der Poesie in einen Stil übersetzt, das den gleichen Effekt hervorruft (vgl. Calvino 2007n: 665).

Bezüglich der *Exactitude* beruft sich Calvino ebenfalls auf Leopardi, der zwar ein großer Verfechter des Unbestimmten, *Indefinito*, ist (vgl. Leopardi 2016: 114–115, Zib. [169]–[170]), das Vage und Unbestimmte der Poesie jedoch in der Präzision verwurzelt sieht:

> È una attenzione estremamente precisa e meticolosa che egli esige nella composizione d'ogni immagine, nella definizione minuziosa dei dettagli, nella scelta degli oggetti, dell'illuminazione, dell'atmosfera, per raggiungere la vaghezza desiderata. (Calvino 2007n, 680)

Hier steht also ebenso auf der einen Seite das lebendige Empfinden, das notwendigerweise unbestimmt ist, und auf der anderen die mathematische Präzision, durch die sich der poetische Stil dieser Unbestimmtheit anzunähern vermag. An die *Exactitude* schließt sich die *Visibility* an, in der Calvino die poetische Imagination verhandelt. Auf den Aspekt der *Visibility* wird weiter unten noch eingegangen, da das Wissen, das in der Imagination liegt, in besonderer Weise auch im *Scrutatore*-Text aufgerufen wird. In der letzten von Calvino noch ausformulierten Vorlesung *Multiplicity*, steht das Wissen um die Potentialität von *bíos* im Mittelpunkt. Die Vorlesung endet bezeichnenderweise mit dem Wunsch, der

Mannigfaltigkeit des Lebendigen durch die Überwindung der Beschränkung des eigenen Selbst beizukommen:

> magari fosse possibile un'opera concepita al di fuori del self, un'opera che ci permettesse d'uscire dalla prospettiva limitata d'un io individuale, non solo per entrare in altri io simili al nostro, ma per far parlare ciò che non ha parola, l'uccello che si posa sulla grondaia, l'albero in primavera e l'albero in autunno, la pietra, il cemento, la plastica ... (Calvino 2007n: 733)

Calvino geht es um die Fähigkeit von Poesie und *bíos*, immer neue Formen hervorzubringen, sich nicht auf eine Perspektive festzulegen, sondern darüber hinaus zu zielen.

Die Literatur hält also ein bestimmtes Wissen vor, diese Überzeugung hat Calvino mehrfach und an ganz verschiedenen Punkten seines Schaffens unterstrichen. Es lohnt sich jedoch, einen genaueren Blick auf die Rolle zu werfen, die die körperlich-sinnlich gebundene Wahrnehmung dabei spielt. Nur durch sie lässt sich schließlich nachvollziehen, warum dieses spezielle Wissen nicht mehr biopolitisch reduzierbar ist. Was für den *Scrutatore*-Text bereits paradigmatisch nachgezeichnet wurde, die ästhetische Störung des Zugriffs der Wissensdispositive auf das Leben, wird deshalb in diesem letzten Teil positiv gewendet und als ‚Lebenswissen' bzw. als Wissen *des* Lebens innerhalb des Horizonts einer Bio-Poetik sichtbar gemacht.

Um die spezifisch sinnliche Dimension zu klären, die diesem Prozess, aus literarischen Texten ein Lebenswissen zu generieren, eigen ist, wird nochmal auf den *Midollo*-Essay zurückgegriffen. Die bekannte Hauptthese des Essays lautet: „In ogni poesia vera esiste un midollo di leone, un nutrimento per una morale rigorosa, per una padronanza della storia." (*Midollo*, 25). Das ungewöhnliche Bild stammt von Rabelais, der im Prolog zu *Gargantua e Pantagruel* den Leseakt damit vergleicht, wie ein Hund einen Knochen aufzubrechen und das kostbare Innere, das Knochenmark, auszusaugen (vgl. Borsò 2014b: 270.).[17] Die Idee von der Literatur als ‚Lebensmittel' (vgl. Ette 2011: 41), wie es im Bild des Knochenmark aussaugenden Hundes indiziert wird, zeigt, dass die Litera-

---

**17** Bei Borsò heißt es weiter: „Rabelais verknüpft die christliche Hermeneutik der vier Schriftsinne (buchstäblich, allegorisch, moralisch, anagogisch) mit der Medizin, die im 16. Jh. die Substanz des Knochenmarks ähnlich dem Gehirn einschätzte. Diese Verknüpfung und die Metapher des Saugens profaniert den theologischen Bezug, denn bei der Suche eines ‚höheren Sinns' spielen in subversiver Weise die sinnliche und körperliche Dimension eine wichtige Rolle. In seinem Bezug auf Rabelais übernimmt Calvino die subversive Geste und betont, die Oberfläche formaler Experimente sei der Träger einer Ethik des Subjektes." (Borsò 2014b: 270).

tur mit elementaren Bedürfnissen des Lebens in intimer Weise verbunden ist.[18] Diesen Zusammenhang macht auch der *Scrutatore*-Text deutlich, als der Wahlhelfer in Kapitel XI (vgl. GS, 48–59) die Mittagspause zu Hause verbringt: „più che mangiare voleva due cose: fare una doccia e stare un momento con un libro davanti agli occhi" (GS, 48). Wenn die Dusche als auch metaphorische Reinigung vom ‚Schmutz' des Cottolengo verstanden wird, ersetzt die Lektüre wiederum das Essen und wirkt ihrerseits als Lebensmittel. Doch wie funktioniert diese immaterielle Stärkung?

Einen ersten Hinweis liefern die Reflexionen des Protagonisten in *La giornata d'uno scrutatore*, während er sein Bücherregal durchsucht:

> Ormai nei libri cercava altro: la sapienza delle epoche o semplicemente qualcosa che servisse a capire qualcosa. Ma siccome era abituato a ragionare per immagini continuava a scegliere nei libri dei pensatori il nocciolo immaginoso, cioè a scambiarli per poeti, oppure a cavar fuori la scienza o la filosofia o la storia ragionando di come Abramo va per sacrificare Isacco, e come Edipo s'accieca, e Re Lear nella bufera perde il senno. (GS, 48)[19]

An dieser Stelle scheint genau das historische bzw. ontologische Diskurspotenzial der Literatur auf, das Foucault später formuliert hat (vgl. Klawitter 2012: 223). Protagonist Amerigo Ormea sucht in Büchern nach einem spezifischen Lebenswissen. Doch es gibt noch einen anderen Grund, der ihn zum Buch greifen lässt: Nach den erschütternden Erlebnissen der ersten Tageshälfte im Cottolengo sucht er Ordnung und Sammlung. Während ihn der Gedanke an seine Freundin Lia den ganzen Tag über begleitet hatte, ist er ihm jetzt, wo er sie zurückrufen sollte, unerträglich: „parlare con lei in quel momento gli avrebbe mandato all'aria la rete di pensieri che stava lentamente tessendo." (GS, 48). Die Lektüre bietet ihm einen Schutzschirm für seine Reflexionen (vgl. GS, 49).

---

**18** In seiner komparatistischen Studie versteht Biasin (1991) mit Blumenberg die ‚Lektüre' von Speisen als heuristisches Instrument zur Lektüre der Welt. Indem die Literatur vom Essen und den damit verbundenen Ritualen, Gepflogenheiten, von der Lust, dem Eros, von Hunger und Durst berichte, spreche sie auch von sich selbst als System sprachlicher Zeichen, von ihrem Literatur-sein (vgl. Biasin 1991: 36). Sie lade dazu ein über ihre eigene doppelte Natur zu reflektieren: „coinvolta nel mondo e nella vita, odorosa di salse e di sughi, fragrante di pane appena sfornato; e, autonoma, autoreferenziale, nutrimento dello spirito e della mente." (Biasin 1991: 37).

**19** Frappierende Ähnlichkeiten mit dieser Stelle des *Scrutatore* finden sich in dem zwanzig Jahre später in dem an der New York University gehaltenen Vortrag *Mondo scritto e mondo non scritto* (30.03.1983, vgl. *Mondo*), als Calvino seine eigene Beziehung zum Lesen erläutert: „Mentre attendo che il mondo non scritto si chiarisca ai miei occhi, c'è sempre una pagina scritta a portata di mano, in cui posso tornare a tuffarmi; m'affretto a farlo, con la più grande soddisfazione: là almeno, anche se riesco a capire solo una piccola parte dell'insieme, posso coltivare l'illusione di star tenendo tutto sotto controllo." (*Mondo*,1866).

Das Buch ist an dieser Stelle als Dispositiv der Distanz zu lesen, das ein ‚Pharmakon'[20] für das Leben darstellt: Es ist darin dosiert und vorsortiert, es wird in Häppchen dargeboten, die gut ‚verdaulich' und kategorisierend sind. So lässt sich dann auch in den tragischen, vor Gewalt strotzenden Geschichten, in denen Abraham sich bereit dazu zeigt, seinen Sohn zu töten, Ödipus sich vor Schmerz die Augen aussticht und König Lear den Verstand verliert, historisches, naturwissenschaftliches oder philosophisches Wissen finden. Damit ist er im Bereich der Diskursanalyse nach Foucault, in der angenommen wird, dass verschiedene Wissensformationen die Literatur durchkreuzen (vgl. Kaute 2006: 45). Auf der anderen Seite müssen aber auch die theoretischen Schriften einen ‚imaginativen Kern' (GS, 48) aufweisen und damit ein Stück weit literarisch sein, um sich als ‚Lebensmittel' (vgl. Ette 2011: 41) zu eignen. In den ‚Norton-Lectures', die Calvino aufgrund seines Todes nicht mehr halten konnte, aber posthum als *Lezioni americane* (Calvino 2007n: 627–758) veröffentlicht wurden, legt Calvino unter dem Stichwort *Visibility* die Funktionsweise visueller Inspiration dar, die von jeglichem geschriebenen Text ausgehen könne:

> Anche leggendo il più tecnico libro scientifico o il più astratto libro di filosofia si può incontrare una frase che inaspettamente fa da stimolo alla fantasia figurale. Siamo dunque in uno dei casi in cui l'immagine è determinata da un testo scritto preesistente [...] e ne può scaturire uno sviluppo fantastico tanto nello spirito del testo di partenza quanto in una direzione completamente autonoma. (Calvino 2007n: 705)

In diesen Texten kann die Imaginationsfähigkeit greifen, die für die sogenannte fiktionale Immersion verantwortlich ist, in „das imaginative ‚Eintauchen' des Rezipienten in die vom Autor imaginierte Welt" (Hempfer 2018: 84). Denn die Fiktionalität ist es, was die Literatur letztlich von den wahrheitsfähigen Diskursen unterscheidet (vgl. Kaute 2006: 45), der Glaube, „dass das vom Autor produktiv und vom Leser reaktiv Imaginierte der Fall ist oder doch sein könnte, und des gleichzeitigen Wissens, dass dies nicht der Fall ist." (Hempfer 2018: 84).

---

**20** Bekannt wurde der griechische Begriff des *pharmakon,* der im Altgriechischen eine ambivalente Semantik von Heilmittel bis Gift bzw. Zaubermittel aufweist, durch die Lektüre von Platos *Phaidros* durch Derrida, der seinen Text zunächst 1972 bei Tel Quel veröffentlichte. Herlinghaus (2012: 128, Herv. im Orig.) zufolge „begleitet der griechische Begriff des *pharmakon* vielfältig die literarisch und kulturell konnotierten Erfahrungen menschlichen Zusammenlebens." In Derridas Lektüre geht es bekannterweise um eine „Habilitierung der Schrift [...] Schrift im Sinne von Intention und Präsenz, nicht von Repräsentation" (Herlinghaus 2012: 134). Dem dynamischen Spiel der Schrift, dem immer eine gewisse Ambivalenz eigen ist, entspricht hier eine dynamische Idee von Literatur als *pharmakon* für das Leben.

Es ist die Betonung dieses imaginativen Kerns (vgl. Calvino 2007n: 704–710), der Calvino als ‚ästhetischen Denker' im Sinne Welsch (vgl. 2010: 42–56) ausweist. Den komplexen Prozess imaginativen Denkens führt er in den ‚Norton Lectures' anschließend weiter aus:

> Diciamo che diversi elementi concorrono a formare la parte visuale dell'immaginazione letteraria: l'osservazione diretta del mondo reale, la trasfigurazione fantasmatica e onirica, il mondo figurativo trasmesso dalla cultura ai suoi vari livelli, e un processo d'astrazione condensazione e interiorizzazione dell'esperienza sensibile, d'importanza decisiva tanto nella visualizzazione quanto nella verbalizzazione del pensiero. (Calvino 2007n: 710)

Für Welsch bilden die sinnlichen wie unsinnlichen ‚Wahr-nehmungen', die sich allesamt im Kern um imaginative Momente drehen, den Grundbaustein eines Denkens, das „in besonderer Weise mit Wahrnehmung – *aisthesis* – im Bunde" (Welsch 2010: 46, Herv. im Orig.) ist.

> ‚Wahrnehmung' ist hier vielmehr in dem zugleich fundamentaleren und weitreichenderen Sinn von ‚Gewahrwerden' zu verstehen. Dieser bezieht sich auf ein Erfassen von Sachverhalten, das zugleich mit Wahrheitsansprüchen verbunden ist. Derlei Wahrnehmung ist wörtlich als Wahr-nehmung aufzufassen, hat den Charakter von Einsicht. (Welsch 2010: 48)

Den Prozess, nach dem sich ästhetisches Denken vollzieht, beschreibt Welsch (vgl. 2010: 46–56) dadurch, dass zunächst etwas „vor Sinn und Gemüt" (Welsch 2010: 53) tritt, das sich in einem imaginativen Kern abstrahieren lässt und sich schließlich als aufschlussreich für ein Ganzes erweist, indem es Einsicht bietet. Wahrnehmen und Imaginieren sind dabei ebenso wichtig wie Reflektieren. Im ästhetischen Denken stehen sich die sinnlich-körperliche und die formal-abstrakte Ebene also nicht gegenüber, sondern ergänzen sich. Wenn Calvino die visuelle Wurzel der literarischen Imagination erklärt, geht auch er von der direkten Beobachtung der Umwelt aus, die in der „astrazione condensazione e interiorizzazione dell'esperienza sensibile" (Calvino 2007n: 710) gipfelt.

Der Wahrnehmung werden jedoch einige Fallstricke gespannt, die zum Teil aus ihrer inneren Verfasstheit herrühren. Welsch (2010: 31) argumentiert, „daß die Anästhetik der Ästhetik nicht von außen zustößt, sondern aus ihrem Inneren kommt."[21] Der Ausschlussmechanismus erweist sich für Wahrnehmungsphänomene als konstitutiv, indem „wir sehen, weil wir für das meiste blind sind; entsprechend heißt, etwas sichtbar zu machen, im gleichen Akt etwas anderes

---

[21] Welsch (vgl. 2010: 30–31) zufolge kann das Anästhetische nicht auf einen einheitlichen Begriff gebracht werden, sondern muss situativ jeweils verschieden gedacht werden, was seine Konzeption von der Lyotards unterscheidet.

unsichtbar zu machen" (Welsch 2010: 31–32).²² Auch das Verhältnis zwischen den Sinnen kann mit der Formel keine *aisthesis* ohne *anaisthesis* gefasst werden, da die Wahrnehmungsfelder der einzelnen Sinne unterschiedlich strukturiert sind. Die Bevorzugung eines Sinnestyps bedeutet, die jeweils andere Struktur in die Latenz zu drängen, was sich im westlichen Visualprimat in besonderer Weise äußert (vgl. Welsch 2010). Während das Betrachten, das sich in das Ideal der Theorie übersetzt hat, die Möglichkeit der Distanzierung bereithält, ist dem Hören ein ungleich stärkeres Involviertsein eigen. Welsch (2010: 32) schließt sich an dieser Stelle der von Foucault in der Studie *Überwachen und Strafen* hervorgebrachten Kritik an,

> [d]enn wo das optische Weltverhältnis regiert, da gerät die Welt zu einer gigantischen Überwachungsanstalt vor dem großen Auge des Geistes (idealistisch dem Auge der Urania), und diese Gesetzlichkeit reicht von den Strafanstalten bis zu den Weltszenarien der Wissenschaft. (Welsch 2010: 32)

Neben der Gefahr, in ein Allmachtstreben zu verfallen, verdeckt die Wahrnehmung ihre eigenen Voraussetzungen und ihre Spezifität: „Man sieht sichtbare Gegenstände, nicht das Sehen oder die Sichtbarkeit." (Welsch 2010: 33). Da dem jeweiligen Wahrnehmen seine eigenen Voraussetzungen nicht bewusst sind und es damit objektiv und richtig zu sein scheint, wird dazu tendiert, andere und abweichende Wahrnehmungsformen auszuschließen. Ein Zusammenhang, den Welsch (vgl. 2010: 34–35) auch für komplexere Wahrnehmungsformen feststellt, die unseren Wirklichkeitszugang leiten und daher als kulturelle Grundbilder gelten können, nach denen wir uns orientieren. Entsprechend heißt es bei Waldenfels: „Rätselhaft ist nicht erst das Unsichtbare, sondern schon das Sichtbare." (Waldenfels 1999: 102). Welsch (vgl. 2010: 38–39) plädiert dafür, dem modernen Mythos einer total-ästhetischen Kultur eine „anästhetisch akzentuierte Ästhetik" (Welsch 2010: 39) gegenüberzustellen, die auf Kategorien der Störung, Sprengung und Fremdheit aufbaut. Auf Ebene einer „Ethik der Ästhetik" (Borsò 2009: 130) begrenzt die irritierende Optik wiederum das autonome und souveräne Selbst. So wird im Blick ein Ereignis des Zum-Vorschein-Kommens markiert, es setzt aber auch eine bestimmte Beteiligung des Sehenden voraus (vgl. Waldenfels 1999: 124–125, hier 125): „Der Blick verleiht dem Sehen die Dichte eines leibhaftigen Sehens." Diese Rückbindung an das körperliche Sehen, das an das Hier und

---

**22** In diesem Sinne attestiert Welsch (vgl. 2010: 39–40) Paul Klee, für den die Kunst, das Sichtbare nicht wiedergibt, sondern eben erst sichtbar macht, unter der Schwelle der neuen Anästhetik zu bleiben. Waldenfels formuliert es positiv: „Der Künstler macht offensichtlich nicht nur sichtbar, sondern er macht auch sehend, und zwar andere und zunächst sich selbst." (Waldenfels 1999: 102).

Jetzt gebunden ist, und eine bestimmte Perspektive einnimmt, die andere, räumlich und zeitlich gedacht, ausschließt, heißt den überblicksartigen, theoretischen Blickpunkt zu verlassen. Durch exzentrische „Rahmenverschiebungen" (Borsò 2009: 130) entwickelt Calvino eine andere Wahrnehmung, die Basis seiner literarischen Ethik wird. Diese als Exteriorität konzipierte und das Erkenntnissubjekt begrenzende „Nicht-Sichtbarkeit im Sichtbaren" (Borsò 2009: 139), für die paradigmatisch die Erzählungen um die Figur *Palomar* (1983) stehen, theoretisierte Calvino bereits im programmatischen Aufsatz *Il midollo del leone* (vgl. *Midollo*).

Darin fordert er dazu auf, die eigene Zeit nicht aus der Vogelperspektive zu betrachten („*au dessus de la mêlée*", *Midollo*, 20, Herv. im Orig.), sondern man müsse sich schon selbst so weit wie möglich nach vorne „sulla linea del fuoco" (*Midollo*, 20) stellen. Es geht um eine verkörperte Erkenntnis und einen Nähe-Blick, wie ihn Bachelard theoretisiert hat (vgl. Borsò 2014b: 284). Die phänomenologische Forderung ‚zu den Sachen selbst' zurückzukehren, bereitet die „Arbeit an der Visualität" (Borsò 2014b: 265) vor, auf der sowohl Neorealismus als auch *Noveau Roman* aufbauen und mit der sich Calvino in seinen programmatischen Schriften ab Mitte der 1950er Jahre auseinandersetzt. In ihnen beginnt Calvino, die Konsistenz der Welt und die Undurchdringlichkeit des Realen zu bearbeiten, die in die realistische Darstellung als Rest und Überschuss einfließen und den Blick schließlich verhindern können (vgl. Borsò 2014b: 277).[23] Seine gesamte Schaffenszeit über hat Calvino zahlreiche ästhetische Strategien entwickelt, die verschiedene Blickpositionen und ihre jeweiligen Begrenzungen ausdrücken (vgl. Musarra-Schrøder 2010: 13–14; Borsò 2009). Strategien, die ein ums andere Mal zum Scheitern verurteilt sind, denn die optischen Dispositive und Technologien produzieren zwar ein Wissen über die Welt und über das Leben, doch sind letztlich blind gegenüber dem Ort, an dem sich Leben tatsächlich ereignet (vgl. Borsò 2010: 235). Denn Leben ist wie das Reale der totalen Sichtbarkeit entzogen, es ist „das Gespenst, das von der Darstellung ausgeschlossen ist, sie aber im Geheimen ermöglicht und ihre Ordnung bewahrt" (Bazzicalupo 2014: 296).

Der Blick stört sich am Widerstand, der dem Leben eigen ist.[24] Bazzicalupo (vgl. 2014: 297) nennt anamorphe Ästhetik, jene Modalität, nach der die traditionelle Konstellation eines Subjekts, das ein Objekt betrachtet, umgedreht wird. Dieses Phänomen ist Waldenfels (1999: 128) zufolge dem Blick eingeschrieben,

---

**23** Zur Unterscheidung von geordneter Realität und Realem in Anschluss an Lacan siehe Bazzicalupo (2014: 296). *Consistency* sollte außerdem als programmatischer Begriff in den *Lezione americane* behandelt werden (vgl. Piacentini 2016).
**24** Vgl. Waldenfels (1999: 131, Herv. im Orig.): „Was unseren Blick beunruhigt, ist nicht etwas, das wir nach Belieben sehen können, sondern etwas, das uns *zu sehen* gibt."

der sich nur deswegen im Spiegel erblicken kann, weil er sich selbst entgeht, was dazu führen kann, sich angeblickt zu fühlen. Von dieser Erfahrung spricht der *Scrutatore*-Text in Kapitel VII (vgl. GS, 33–35), als sich Protagonist Ormea bei der Kontrolle der Ausweisdokumente der Nonnen daran erinnert, dass er sich vor der Kameralinse zum Objekt gemacht fühlt. Barthes (vgl. 2016: 28) nennt *punctum* das Moment, in dem die Exteriorität das Subjekt unvermittelt, wie ein Pfeil trifft, verwundet. Es ist die unheimliche Erfahrung, Objekt zu sein, in der sich der *bíos*, die soziale Lebensform, aufgelöst hat, um nacktes Leben, bloße *zoé* zurückzulassen (vgl. Bazzicalupo 2014: 298). Das Reale ist hier „Treffpunkt, *tyche*, unvorhersehbares, unerwartetes Ereignis [...] Es ist das, was versteckt bleiben sollte" (Bazzicalupo 2014: 298). Den *Scrutatore* trifft dieses lebendige Reale, er gelangt zu einer Einsicht in den „Horror des Todes" (Bazzicalupo 2014: 298), der jeder lebendigen Form innewohnt.

Das Sehvermögen ist also nicht zwingend der rationale Sinn, der Distanz, Übersicht und damit Beherrschung zulässt, wie vielfach gerade in Übereinstimmung mit einer einseitigen Sichtweise auf Calvinos Poetik behauptet wird (vgl. Musarra-Schrøder 2010: 189). Im Gegensatz dazu liegt in der unbestimmten visuellen Wahrnehmung ein Widerstandspotenzial, indem die automatische Integration des Gesehenen in bestehende kognitive Muster unterbrochen und die Anwendung vorgegebener perzeptiver Rahmen verhindert wird, was wiederum die Kreativität in Gang setzt (vgl. Borsò 2010: 234–235). Der Spalt zwischen Sehen und Wissen bleibt geöffnet. Im Zusammentreffen mit den ‚informen Figuren' in Kapitel XII. des *Scrutatore* (vgl. GS, 60–73) wird dieser Zusammenhang explizit gemacht.

> L'occhio, uscendo dall'ombra della scala, provava un senso di abbagliamento, doloroso, che forse era soltanto una difesa, quasi un rifiuto di percepire in mezzo al bianco d'ogni monte di lenzuola e guanciali la forme di colore umano che ne affiorava; oppure una prima traduzione, dall'udito nella vista, dell'impressione di un grido acuto, animale, continuo: ghiii ... ghiii ... ghi ... che si levava da un qualche punto della corsia, a cui rispondeva a tratti da un altro punto un sussultare come di risata o latrato: gaa! gaa! gaa! gaa! (GS, 60–61)

Das Auge wird zwar nach dem dunklen Flur vom grellen Weiß der Bettlaken schmerzhaft geblendet, der Blick wird aber darüber hinaus noch gestört: von der Farbe menschlichen Fleisches und von spitzen Schreien. Die Widerstandskraft gegen jeden Zugriff eines homogenisierenden Wissens, die an dieser Stelle in der unbestimmten Wahrnehmung liegt, ist beinahe körperlich spürbar. Ebenso deutlich kennzeichnet diese Stelle, die Auftakt für profunde Reflexionen über das Humane ist, Calvino als genuin ästhetisch denkenden Autor. Nach Welsch (2010: 46) kennzeichnet ästhetisches Denken, dass Ästhetisches darin nicht nur Gegenstand der Reflexion ist, sondern dessen Kern selbst betrifft: „Ästhetisches Denken ist eines, für das Wahrnehmungen ausschlaggebend sind.". Dabei, das ist entscheidend, wird „der traditionelle Vorrang des Sehens" (Welsch 2010: 46) in Frage gestellt:

> Ein ästhetischer Denker sieht und hört nicht bloß in umweltlicher Orientierung, sondern er wittert eine Einsicht, ist einem schal schmeckenden Einfall gegenüber skeptisch, tastet das Gewebe eines Gedankens ab. (Welsch 2010: 47)

Die vielfachen Blickstörungen, die in Calvinos Œuvre auftauchen (Nebel, Smog, der groteske, verzerrende Blick, die Kurzsichtigkeit Palomars etc.), sowie das nicht mehr fertig gestellte Projekt *I cinque sensi* (vgl. RR III, 113–173) weisen auf die Relevanz hin, die Calvino den Sinneswahrnehmungen zukommen ließ, ohne dem Visuellen dabei eine unbestreitbare Vorherrschaft einzuräumen. Von der *aisthesis* auszugehen, bedeutet immer auch, ein gewisses Maß an Unbestimmtheit einzukalkulieren. Das ästhetische Denken kann nicht von der körperlich-sinnlichen Wurzel und der damit verbundenen Unbestimmtheit und Partialität getrennt werden, sondern kehrt unweigerlich immer wieder zu ihr zurück. *Bíos* und *zoé* lassen sich nicht voneinander abspalten, dadurch gerät die biopolitische Maschine ins Stocken.

## 4.2 Weisheit der Literatur: *Sapore Sapere*

Die komplexen Fragen zum menschlichen Leben und die Einsicht in die Relevanz, eine partielle, körperlich-sinnliche epistemologische Perspektive einzunehmen, die dieser Komplexität Rechnung tragen kann, erreichen ihren Höhepunkt mit der 1982 in der Zeitschrift *FMR* publizierten Erzählung *Sapore Sapere*, die 1986 posthum titelgebend für das Projekt *I cinque sensi*, das nicht mehr zur Fertigstellung kam, unter dem Namen *Sotto il sole giaguaro* veröffentlicht wurde.[25] Calvino entwirft darin ein epistemologisches Feld, das sich um geschmackliche Wahrnehmungen herum strukturiert und beweist damit einmal mehr die Zentralität ästhetischen Denkens für seine *scrittura*. Biasin folgend liegt der Kern von *Sapore sapere* in einer zutiefst menschlichen Weisheit („una saggezza tutta

---

[25] Der Text wird zu den ‚mexikanischen Schriften' gezählt, die neben einigen Erzählungen von *Palomar*, die zeitgleich entstanden sind (vgl. Musarra-Schrøder 2010: 224; FN 44) auch Texte aus *Collezione di Sabbia*, den Dialog *Montezuma* sowie zwei Rezensionen umfassen (vgl. Barenghi 2007: 229–252, hier 244). Die Niederschrift der Erzählung lässt sich auf den 17.–19. Juli 1981 datieren (vgl. *Note* RR III, 1218). Thematische Verbindungslinien zu Calvinos früheren Texten, zu Paveses Œuvre und Frazers *Der goldene Zweig* zeigt Barenghi (2007: 229–252) im Kapitel „Calvino e i sacrifici umani" auf.

umana", Biasin 1991: 177). Die Erzählung setze bei einer konkreten Sinnesempfindung an und zeige anschließend die Vielfalt der Phänomene auf, die mit ihr in Zusammenhang stehen:

> partendo dal gusto [...] ha individuato le condizioni più remote, di natura e di cultura, che hanno reso possibile il nascere e il rinnovarsi del desiderio, cioè della vita, cioè della scrittura. (Biasin 1991: 177)

Das Thema des Begehrens wird zunächst durch die beiden Hauptfiguren eingeführt, ein italienisches, heterosexuelles Touristenpaar, das sich auf einer Reise durch Mexiko befindet. Es entfaltet seine entgrenzende Kraft schließlich über die vielschichtigen Ebenen der Erzählung hinweg, indem es tabuisierte Bereiche menschlichen Zusammenlebens berührt und die Verwandtschaft von körperlichem und kognitivem Begehren bezeugt. Im Zentrum der Erzählung steht das Verhältnis von Weisheit und Geschmack, Leben und Schreiben.

Der Ursprung des Buchprojekts zu den fünf Sinnen geht auf Anfang der 1970er Jahre zurück (vgl. *Note* RR III, 1214), zwischen 1971–1972 konzipiert Calvino die Erzählung über den Geruchssinn, *Il nome, il naso* (vgl. Musarra-Schrøder 2010: 219). Zur Erzählung über den Sehsinn existieren nur Stichpunkte, zu Aufzeichnungen über den Tastsinn scheint es nicht mehr gekommen zu sein (vgl. *Note* RR III, 1214). Im Vortrag *Mondo scritto e mondo non scritto*, den Calvino 1983 an der New York University hielt, erläutert er die Beweggründe für das Projekt damit, dass der Mensch seine Sinne heute nicht mehr zu gebrauchen wisse, was auch daran liege, dass die Welt, in der er lebe, beinahe vollständig versprachlicht sei (vgl. *Mondo*). Ein Verhältnis, für das er drastische Worte wählt, denn die Welt präsentiere sich seinen Augen als

> già conquistato, colonizzato dalle parole, un mondo che porta su di sé una pesante crosta di discorsi. I fatti della nostra vita sono già classificati, giudicati, commentati, prima ancora che accadano. Viviamo in un mondo dove tutto è già letto prima ancora di cominciare a esistere. (*Mondo*, 1869)[26]

Dem zeitgenössischen Menschen attestiert er eine Sinn-Atrophie und stellt ihm den analphabetischen Menschen gegenüber, der noch eine schärfere Wahrneh-

---

[26] Musarra-Schrøder (vgl. 2010: 219) verweist auf eindeutige Analogien zu Michel Serres' Arbeit über die fünf Sinne, in der dieser die Verminderung der Wahrnehmungsfähigkeiten durch eine Abschirmung erkläre, die die Sprache zwischen Mensch und Welt einrichte (vgl. Serres 1998). Calvino war Serres' Denken durch den persönlichen Austausch während seiner Zeit in Paris vertraut. Des Weiteren zitiert er ihn in der Rezension der wissenschaftsgeschichtlichen Arbeit von Ilya Prigogine und Isabelle Stengers, *La Nouvelle Alliance*, die am 3. Mai 1980 in *La Republica* erschien (vgl. Calvino 2007r). Auf die intellektuelle Nähe von Serres und Calvino verweisen u. a. Biasin 1991; Antonello 2005; Pilz 2005; Rignani 2012.

mung besessen habe. Dabei geht es ihm nicht um eine primitivistische Lobrede, „[q]uello che sto cercando di capire è quel che possiamo fare oggi." (*Mondo*, 1870). Unter dieser Prämisse wird die Erzählung *Sotto il sole giaguaro* gelesen.

Vorangestellt ist der Erzählung ein Epigraph des Lexikographen Niccolò Tommaseo, in dem auf die Verbindung zwischen lateinisch *sapio* und *sapere* hingewiesen wird (vgl. SSG, 127). Während sich *gustare* auf die einfache Sinnesempfindung beschränke, trügen *assaggiare* oder *assaporare* bereits ein reflexives Moment in sich: „Il sapore, a differenza del semplice gusto, è dunque un mezzo per sapere, per conoscere ciò che ancora non si sa, che ancora non si conosce." (vgl. Musarra-Schrøder 2010: 224). Der Text beginnt mit einer weiteren metasprachlichen Aussage, in der auf die Aussprache von Oaxaca hingewiesen wird, der späteren Selbstcharakterisierung der Erzählerstimme als sprachlich-konzeptuell entsprechend (vgl. SSG, 127). Denn die Erzählstimme definiert sich als „più portato a definire verbalmente e concettualmente le esperienze" (SSG, 134), während Partnerin Olivia als sinnlichen Empfindungen gegenüber empfindlicher dargestellt wird.

Der zweite Satz der Erzählung führt mit dem Verweis auf die frühere Nutzung des Hotelgebäudes als Kloster den Bereich des ‚Heiligen' als zweiten thematischen Pol der kurzen Erzählung ein. Es geht dabei aber weniger um das Heilige im Sinne der christlichen Missionare und Kolonialherren, wie es auf einem Bild aus dem 18. Jahrhundert in einem Vorzimmer des Hotels dargestellt wird. Die steife Szene zwischen einer jungen Nonne und einem alten Priester vermittelt dem Erzähler das Gefühl eines Mangels, „d'un vuoto divorante" (SSG, 128). Das Gefühl der Leere weist auf etwas hin, was verschwiegen wird, auf eine sprachliche Leerstelle. „Ma cos'è un vuoto di linguaggio se non la traccia d'un tabù, d'una proibizione di parlare di qualcosa" (*Fantasmi*, 218), fragt Calvino bereits 1967 im Aufsatz *Cibernetica e fantasmi* und nimmt damit ein wichtiges Thema der Erzählung vorweg. In *Sapore sapere* wird das unangenehme Schweigen schließlich von Olivia unterbrochen: „Vorrei mangiare *chiles en nogada*." (SSG, 128, Herv. im Orig.). An diesem Punkt taucht das zentrale Motiv des gemeinsamen Essens auf, das die Erzählung strukturiert und sich mit Szenen von Besuchen touristischer Sehenswürdigkeiten abwechselt. Es steht für die Erfahrung der Inkorporation und Assimilation von einem Außen. Der Erzähler genießt es vor allem, seiner Freundin mit dem sprechenden Namen Olivia dabei zuzusehen, wie sie sich dem Sinngenuss beim Essen hingibt. Eine Hingabe, die in der Intimität des Paares zu fehlen scheint:

> non potevo fare a meno di notare che certe manifestazioni della carica vitale d'Olivia, certi suoi scatti o indugi o struggimenti o palpiti, continuassero a dispiegarsi sotto i miei

occhi senz'aver perso nulla della loro intensità, con una sola variante di rilievo: l'aver per teatro non più il letto dei nostri abbracci ma una tavola apparecchiata. (SSG, 133)

Entgegen der Erwartung des Erzählers entlädt sich die erotische Kraft, die an der gedeckten Tafel anwächst, jedoch nicht im Sexuellen, sondern verweist vielmehr auf eine bestimmte Form der Selbstbezüglichkeit, die jedem symbolischen System als Risiko innewohnt.[27] Das Begehren ist ein selbst-identisches. Es hat keine Richtung, sondern kehrt immer wieder an seinen Ausgangspunkt zurück.

Dieser Zustand verändert sich erst, als die Situation des Paares um eine Ebene erweitert wird. Beim Besuch der ehemaligen Kultstätte Monte Albán, einem Komplex aus Tempelresten, Treppen und Plattformen, die zu Menschenopferungen dienten, wird die Ahnung von Schrecken, Heiligem und Mysterium den Banalitäten des Tourismus gegenüber gestellt (vgl. SSG, 135).[28] Darüber hinaus beschränkt sich der Tourguide nicht darauf, Informationen zu den Halbreliefs ‚Los Danzantes' zu liefern, sondern tanzt diese auf mimetische Weise vor, so dass für den Erzähler letztlich jeglicher Ausdruck menschlichen Lebens in Funktion des Systems der Opferung erscheint (vgl. SSG, 135–137). Es ist die weibliche Hauptfigur Olivia, die sich mit seinen Erklärungen nicht zufriedengibt: „Ma del corpo delle vittime, dopo, cosa ne facevano?" (SSG, 137). Der Tourguide weicht der Frage aus, er antwortet, dass sich Aasgeier um die fleischlichen Überreste gekümmert hätten,[29] was Olivia jedoch anzweifelt. Der nicht gestillte Wissensdurst scheint sich anschließend in Olivias Mimik auszudrücken, als der Erzähler auf der Rückfahrt nach Oaxaca ihre aufeinander gebissenen Zähne beobachtet und sie ihm zum ersten Mal in dem Licht ihrer ‚passendsten', d. h. animalischen Funktion erscheinen: „non come il lampo luminoso del sorriso ma come gli strumenti più adatti alla propria funzione: l'affondare nella carne, lo sbranare, il recidere." (SSG, 138).

Eine hinreichende Antwort auf ihre Frage bekommt Olivia erst von Salustiano Velazco, einem Experten der Kultur und Geschichte Mexikos und dem Paar freundschaftlich verbunden. Sie treffen in ihrem Hotel auf ihn, wo er an einer informellen Wahlkampfveranstaltung teilnimmt, zu der die Frau des

---

**27** Hier ist an alle Systeme zu denken, die dazu neigen, sich zu schließen, wenn keine Translationsprozesse stattfinden (vgl. Borsò 2010: 224–226). Calvino prangert die Selbstbezüglichkeit der Literatur beispielsweise in *Mondo scritto e mondo non scritto* an (vgl. *Mondo*).
**28** Das Thema der Menschenopferung mag ein randständiges in Calvinos Œuvre sein, es taucht jedoch ab Mitte der 1960er Jahre immer wieder auf, vgl. u. a. *Pavese e i sacrifici umani* von 1966 (vgl. Calvino 2007o); *La Decapitazione dei capi* von 1969 (vgl. RR III, 242–256).
**29** Die *avvoltoi* kommen in Calvinos Œuvre in Verbindung mit Kriegsgeschehnissen vor, vgl. u. a. *Ultimo viene il corvo* (vgl. RR I, 266–271); *Dove vola l'avvoltoio* (vgl. RR III, 638–640).

Präsidentschaftskandidaten die Damen der höheren Gesellschaft geladen hat.[30] Wie so oft, wenn es um das die Sprache übersteigende in Calvinos Œuvre geht,[31] ist der Dialog zwischen den beiden Hauptfiguren und Salustiano durch die Überlagerung von Sinneseindrücken gekennzeichnet,[32] die die textlichen Auslassungen auf narrativer Ebene erklären sollen. Musarra-Schrøder (2010: 230) weist auf die andere Seite der Sinneseindrücke hin, die bei Calvino zwar der Kraftstoff für kreative Schreibprozesse und erkenntnistheoretische Grundlage sind, aber immer auch eine grundsätzliche Unbestimmtheit und den Hinweis auf die ‚nicht geschriebene Welt' in sich tragen (vgl. *Mondo*):[33]

> Come il rumore (che proprio in questa fase del racconto non è incidentale) si sovrappone alle parole di Salustiano, coprendo una voce che cerca di esprimere l'inesprimibile, di rompere il silenzio intorno a un tabù alimentare, così anche nella preparazione dei pasto rituale i condimenti forti erano destinati a sovrapporsi e nascondere ‚quel sapore'. (Musarra-Schrøder 2010: 230)

Jener Geschmack, das ist inzwischen auch der Erzählerstimme klar (vgl. SSG, 140), ist der von Menschenfleisch. Der Dialog, der durch den Lärm des Frauen-Banketts immer stärker gestört wird, handelt von der Frage nach der Zubereitung des ‚heiligen Mahls', wobei sich Olivia von der Ungeheuerlichkeit des Gegenstands ihres Interesses nicht stören lässt.[34] Im Gegenteil, auch später spricht sie das Thema an, als der Erzähler beim Anblick einer einheimischen Musikgruppe, die für die Touristen spielen, auf die gestörte kosmische Harmonie anspielt:

---

**30** Musarra-Schrøder (2010: 230) liest im Bankett der dreihundert Frauen ironisch-groteske Anklänge auf die rituellen Bankette der aztekischen Zeit: der Lärm, den die Frauen verursachen, „come d'uno stormo d'uccelli" (SSG, 138); ihre frühlingshaften Hüte, die auf die Verbindung von Frühling und Fruchtbarkeitsritualen hinweisen könnten; das ausschweifende Kuchenessen, das nicht zur Nahrungsaufnahme dient: „coltelli che trinciavano fette di torta" (SSG, 138); das riesige Frauenporträt, das wie eine Sonnengottheit die Versammlung überstrahlt (vgl. SSG, 138).
**31** Vgl. den mit „Dubbio" überschriebenen Lektüreweg für Calvinos Œuvre mit den drei Etappen „Nebbia", „Dubitare", „Cancellazione" im *Atlante Calvino* (Université de Genève 2017–2020).
**32** Musarra-Schrøder (vgl. 2010: 230) führt zum Vergleich *Il nome, il naso* an und *Villeggiatura in panchina* aus *Marcovaldo*.
**33** Vgl. zum Unbestimmten, *Indefinito*, Leopardi 2016: 114–115, *Zib.* [169]–[170].
**34** Für die These einer Analogie zwischen Olivia und der Literatur spricht die aufklärende Rolle, die Calvino der Literatur in *Cibernetica e fantasmi* zuschreibt: „La linea di forza della letteratura moderna è nella sua coscienza di dare la parola a tutto ciò che nell'inconscio sociale o individuale è rimasto non detto: questa è la sfida che continuamente essa rilancia." (*Fantasmi*, 219).

> „Forse i tempi sono giunti alla fine, il sole s'è stancato di sorgere, Cronos senza vittime da divorare muore d'estenuazione, le età e le stagioni sono sconvolte." „Forse la morte del tempo riguarda solo noi", rispose Olivia, „noi che ci sbraniamo facendo finta di non saperlo, facendo finta di non sentire più i sapori ..." (SSG, 142)

Diese Stelle erinnert an stark an die Motivation, mit der Calvino das Projekt der *Cinque Sensi* im Vortrag *Mondo scritto e mondo non scritto* (vgl. *Mondo*, hier 1874) erläutert: „Un altro libro che sto scrivendo parla dei cinque sensi, per dimostrare che l'uomo contemporaneo ne ha perso l'uso." Die Verbindung von *aisthesis* und kognitiver Dimension wird an keiner anderen Stelle so drastisch dargestellt wie in *Sapore sapere (Sotto il sole giaguaro)*. Olivia kommt zu dem Schluss:

> Forse non si poteva, non si *doveva* nasconderlo ... Altrimenti era come non mangiare quel che si mangiava ... Forse gli altri sapori avevano la funzione d'esaltare quel sapore, di dargli uno sfondo degno, di fargli onore ... (SSG, 143, Herv. im Orig.)

In der darauf folgenden Szene fließen die obskuren anthropologischen und erotischen Komponenten ineinander, wobei Biasin (1991: 170) daran erinnert, dass das Verschlungenwerden, das der Erzähler imaginiert (vgl. SSG, 143–144), einen antiken literarischen Topos darstellt. Doch die passive Position, die die Erzählerfigur in der Beziehungsdynamik wie auch in seiner eigenen Phantasie einnimmt, ist ein Konfliktpunkt in der Beziehung des Paares, den Olivia zur Sprache bringt: „nell'inventario dei miei difetti stavolta aggiunse un agettivo nuovo, o tale da caricarsi ai miei orecchi d'un nuovo significato: ,insipido'!" (SSG, 145).

Das Beziehungsgleichgewicht wird erst durch eine Einsicht erreicht, die der Erzähler beim anschließenden Besuch archäologischer Ausgrabungsstätten erlangt. Dort interessiert er sich für die Funktion einer halbliegenden Steinfigur mit dem Namen *chac-mool*, die ein Gefäß auf dem Bauch trägt, in das die Herzen der Geopferten als Opfergaben an die Gottheit gelegt wurden. Salustiano, der das Paar begleitet, erklärt auf Nachfrage mit geheimnisumwobener Aura, dass dieser sowohl Opferpriester als auch Geopferten darstellen könne, denn

> Senza questa reversibilità il sacrificio umano sarebbe impensabile ... tutti erano potenzialmente sacrificatori e vittime ... la vittima accettava d'essere vittima perché aveva lottato per catturare gli altri come vittime ... (SSG, 146)[35]

---

[35] In der Lektüre Durkheims bestimmte Bataille ein ‚Mehr' des Heiligen, das das Ganze der Gesellschaft von der Summe der Individuen unterscheide und sich durch das Opfer, die Souveränität und die Feste ausdrücke (vgl. Mattheus 1988: 338).

Die Erzählerfigur versteht die reflexive Implikation als Basis jeder sozialen Beziehung sowohl in persönlicher als auch in gesellschaftlicher Hinsicht in ihrer ganzen Tragweite:[36] „La carne umana di sapore più attraente è quella chi mangia carne umana. Solo nutrendomi voracemente d'Olivia non sarei più riuscito insipido al suo palato." (SSG, 146). Um die neu gewonnene Einsicht symbolisch umzusetzen, stellt er sich beim Abendessen vor, dass er vampirhaft-wollüstig Olivias lebendige Essenz aus den Fleischbällchen, den *gorditas pellizacadas con manteca* aussaugt. Dabei bemerkt er, dass es nicht allein der Zusammenhang „io-polpetta-Olivia" (SSG, 146) ist, der ihm Genuss verschafft. Hinzu kommt die sprachliche Form als dominanter Faktor: „Era il nome ,*gorditas pellizacadas con manteca*' che io gustavo soprattutto e assimilavo e possedevo." (SSG, 146).

Da der Name bereits sprachlich geformt ist, kann er assimiliert und in Besitz genommen werden. Er ist nicht das, was primär gekostet wird im Sinne von *assaporare*, er kann aber durchaus Genuss verschaffen, an ihm haftet eine gewisse Magie (vgl. SSG, 146). Sie basiert auf der notwendigen Verbindung zwischen *sapore* und *sapere*, die jedes Kleinkind kennt, wenn es die Dinge mit dem Mund zu begreifen versucht. Auch das Französische markiert den etymologischen Zusammenhang zwischen *savoir* und *saveur*, worauf Barthes in seiner Antrittsvorlesung am Collège de France 1977 hingewiesen hat, als er ein Wissen der Schrift hervorhob, das nicht zwischen wissenschaftlichem und literarischem Schreiben unterscheidet, sondern im Geschmack der Wörter gründet (vgl. Barthes 1978).[37] Es ist der „unentfremdbare[ ] Sinn der Dinge" (Barthes 2010: 316), den Barthes als Wesen des Poetischen definiert hat. Wenn die funktionelle Unterscheidung der Sprache aufgehoben ist und sich die Schreibweisen nur noch in ihrer jeweiligen sinnlichen Qualität unterscheiden, kann die biopolitische Maschine keine getrennten Kategorien mehr hervorbringen.

Es gibt keine Rückkehr in einen vorsprachlichen Zustand, das hat Calvino klar gemacht (vgl. *Mondo*), doch ein anderer Gebrauch der Sinne, also eine Neuaufteilung im Sinne Rancières (vgl. 2008), kann das Wissen in der Sprache

---

36 Der soziale Zusammenhang lässt sich mit Espositos Rekonstruktion der Kategorie von Gemeinschaft (*communitas*) erklären, in der sich nicht auf eine bestimmte, geteilte Identität berufen wird, sondern die reziproke Gabe (*munus*) als gemeinschaftsstiftend fungiert, die Esposito aus dem etymologischen Ursprung von lateinisch *munus* ableitet und die bivalente Bedeutung ‚Gesetz' und ‚Gabe' in sich vereint (vgl. Esposito 2014; Esposito 2002).

37 Als plausible Quelle für die Erzählung Calvinos zitiert Musarra-Schröder (2010: 232) auch dessen Definition von Weisheit: „*Sapientia*: nul pouvoir, un peu de savoir, un peu de sagesse, et le plus de saveur possible." (Barthes 1978: 46, Herv. im Orig.).

freilegen, das als Lebenswissen nicht biopolitisch vereinnahmbar ist.[38] In der Erzählung führt die Sinn-Übung dazu, das entfachte Begehren über das Essen hinaus am Brennen zu halten. Die Harmonie des Paares, die auch eine Harmonie der ‚geschriebenen', sprachlich geformten, mit der einer anderen, nicht geschriebenen Welt ist, ist wieder hergestellt. Olivia ist in dieser Perspektive nicht nur als Begehren der Literatur nach Wissen und Erkenntnis zu lesen (vgl. Biasin 1991: 176), sondern auch als das, was dem konzeptuell Gefassten lebendig gegenübersteht und sich ihm entzieht (vgl. *Mondo*).

Am Ende der Erzählung besucht das Paar die Maya-Tempel von Palenque inmitten des Dschungels, wo der Erzähler in einer *discesa agli inferi* Auf- und Abstieg, Dunkelheit und Licht, Fressen und Gefressen in ihrer metaphorischen Bedeutung von Leben und Tod teils körperlich erfährt, teils imaginiert:

> Discesi, risalii alla luce del sole-giaguaro, nel mare di linfa verde delle foglie. Il mondo vorticò, precipitavo sgozzato dal coltello del re-sacerdote giù dagli alti gradini sulla selva di turisti con le cineprese e gli usurpati sombreros a larghe tese, l'energia solare scorreva per retti fittissime di sangue e clorofilla, io vivevo e morivo in tutte le fibre di ciò che viene masticato e digerito e in tutte le fibre che s'appropriano del sole mangiando e digerendo. (SSG, 148)

Der Erzähler stellt sich an dieser Stelle vor, wie er für die Ordnung der Welt, für die „civiltà della permanenza e dell'equilibrio" (Calvino 2010c: 196), wie es Calvino an anderer Stelle nennt, geopfert wird. Auch die finale Szene der Erzählung artikuliert dieses Gleichgewicht, das nur mit der Prägung eines „cannibalismo universale" (SSG, 148) denkbar ist. Das Paar sitzt erneut im Restaurant beim Essen, wobei sich Rhythmus und Perspektive von Beobachter und Beobachtetes, Essen und Gegessenwerden, untrennbar miteinander vermengen, sodass schließlich auch kein Unterschied mehr besteht „tra i nostri corpi e la *sopa de frijoles,* lo *huacinango a la veracruzana,* le *enchiladas* ..." (SSG, 148, Herv. im Orig.). Daneben taucht dreimal das Wort *serpente* in dem kurzen Absatz auf. Das Paar fixiert sich mit einer „intensità di serpenti" (SSG, 148). Der folgende Satz beginnt mit demselben Wort, „Serpenti immedesimati nello spasimo d'inghiottirci a vicenda" (SSG, 148), welches zwei Zeilen darunter im Singular wiederkehrt. Das Symbol der Schlange, die in der Bibel für den Bruch der paradiesischen Ordnung verantwortlich gemacht wird, steht für Tod und Verführung, aber auch für das Leben,

---

**38** Musarra-Schrøder (2010: 225–226) stellt in *Sapore sapere* einen neuen Umgang mit den Wörtern fest, die das Neue und Fremde an der Erfahrung unterstreichen sollen. Die Erzählstimme verhalte sich den fremdartigen Gerichten gegenüber ähnlich wie Palomar beim Einkaufen. Die Vorliebe Calvinos für präzise Eigennamen von landestypischen Pflanzen und Gerichten rührt als Botaniker-Sohn möglicherweise auch aus seiner eigenen Kindheit her.

die Sexualität und die Wiedergeburt (vgl. Rösch 2012). Bei Pascal symbolisiert sie darüber hinaus auch die Sinne (vgl. Rösch 2012: 373). Als synkretistische Gottheit sowohl der Mayas als auch der Azteken wird die gefiederte Schlange mit Schöpfung und Zerstörung verbunden (vgl. Calvino 2010c: 187). Die Kontinuität, die die sich rundende Schlange darstellt, wird an anderer Stelle auch in Calvinos Erzählung betont: „Salustiano sta [...] parlando del serpente come simbolo di continuità della vita e del cosmo." (SSG, 146).

Neben mythischen Weltbildern, die auf der Zyklizität beruhen und sich dadurch an die moderne Kybernetik anschließen lassen, klingt in diesem Ende auch das Denken Michel Serres' an, Interpret von Lukrez und Leibniz und Verfasser einer Kommunikationstheorie des Boten, die ebenfalls aus kybernetischen Ansätzen hervorgegangen ist.[39] Es ist eng mit Entwicklungen verbunden, die, wie Calvino in der Rezension von *La nouvelle alliance* (vgl. Calvino 2007r) schreibt, ein Ende der zwei Kulturen (Naturwissenschaften auf der einen, Geisteswissenschaften auf der anderen Seite) einläuten. Bei Serres heißt es dazu:

> It is no longer necessary to maintain the distinction between introspective knowledge, or „deep" knowledge, and objective knowledge. There is only one type of knowledge and it is always linked to an observer, an observer submerged in a system or in its proximity. And this observer is structured exactly like what he observes. His position changes only the relationship between noise and information, but he himself never effaces these two stable presences. There is no more separation between the subject, on the one hand, and the object, on the other (an instance of clarity and an instance of shadow). This separation makes everything inexplicable and unreal. Instead, each term of the traditional subject-object dichotomy is itself split by something like a geographical divide (in the same way as am I, who speak and write today): noise, disorder, and chaos on one side; complexity, arrangement, and distribution on the other. (Serres 1982: 83)

Die Beziehung *Io-Olivia-mondo* erscheint im letzten Absatz bereits aufgelöst in einem multiplen Wir, das sich von den sich (metaphorisch) gegenseitig verschlingenden Körpern ausbreitet. Wie Biasin (1991: 173) schreibt, ist der universelle Kannibalismus die ‚geographische Wasserscheide', die die Beobachter-Subjekte sowohl ermöglicht als auch, im Verhältnis zu den Objekten ihrer Beobachtung, wieder auflöst.

---

**39** Rignani (vgl. 2012) stellt fest, dass sowohl bei Calvino als auch bei Michel Serres ein Umdenken bezüglich einer Vorstellung vom Menschen stattgefunden habe, das in Richtung einer „ri-codificazione delle relazioni umano-altri esseri viventi-natura, delle relazioni culturali, della questione dell'antropocentrismo" (Rignani 2012: 12) gegangen sei, welches Serres nach Calvinos Tod in der Perspektive der sinnlichen und körperlichen Erkenntnis weiterentwickelt habe.

Dieses Verhältnis, an das Calvinos ästhetisches Denken und Schreiben spätestens Ende der 1980er Jahre gerührt hat und das durch die kontinuierliche Auseinandersetzung mit dem erreicht wurde, was das Nicht-Sagbare, das Nicht-Repräsentierbare, das originär Widerständige zu sein scheint, lässt sich nicht mehr in Subjekt-Objekt-Beziehungen spalten. Wie gezeigt wurde, liegt dieser Zusammenhang nicht in rein abstrakten Denkbewegungen begründet, sondern wurzelt im lebendigen Körper mit seinen Sinnen und Empfindungen. Die Literatur beschreibt einen Raum, der durch das Schreiben, die *écriture*, introspektives und objektives Wissen verbindet. Sie weiß deshalb zwar mehr als andere Disziplinen (vgl. *Mondo*, 1867; Asholt & Ette 2010b: 9–10), gibt aber nicht vor, die Wahrheit zu kennen, sondern zeugt lediglich von der Potentialität, aus dem Lärm, dem Nebel und dem Chaos, das die Wirklichkeit kennzeichnet, lebendige Formen zu schöpfen. Diese Dynamik, die Literatur und Leben gleichermaßen kennzeichnet, ist in der Position des Betrachters begründet, die weder stabil noch bestimmbar ist. Für Calvino ist die nicht geschriebene Welt die Quelle, aus der er den Treibstoff fördert, um seine „Wortfabrik" in Gang zu bringen (vgl. *Mondo*, 1867). Lebendiges Schreiben zeugt vom Begehren, die Form immer wieder zu überschreiten; ein Begehren, das durch die Informationen, die die Sinne dem lebendigen Organismus unaufhörlich liefern, angetrieben wird. Denn Leben ist Borsò (vgl. 2010: 230) folgend ein Schnittpunkt verschiedener Formen, die Mensch und Kultur bestimmen, aber eben auch ein diese übersteigendes Prinzip. Auch die streng nach geometrischen Prinzipien aufgebauten Erzählungen Calvinos schöpfen aus „noise, disorder and chaos on one side" (Serres 1982: 83). Um der Lebendigkeit von Calvinos Schreiben gerecht zu werden, müssen die beiden Pole, die sich um das diskursive und das nicht-diskursive Wissen des Lebens drehen, gleichermaßen beachtet werden:

> In un certo senso, credo, che sempre scriviamo di qualcosa che non sappiamo: scriviamo per rendere possibile al mondo non scritto di esprimersi attraverso di noi. Nel momento in cui la mia attenzione si sposta dall'ordine regolare delle righe scritte e segue la mobile complessità che nessuna frase può contenere o esaurire, mi sento vicino a capire che dall'altro lato delle parole c'è qualcosa che cerca d'uscire dal silenzio, di significare attraverso il linguaggio, come battendo colpi su un muro di prigione. (*Mondo*, 1875)

# 5 Fazit

Ziel dieser Arbeit war es, die Spannung nachzuweisen, die an der Wurzel von Calvinos Œuvre steht und durch eine spezifische Einstellung zum Verhältnis zwischen Literatur und Leben gekennzeichnet ist. War dieses Verhältnis zunächst noch stark an literarischen Vorbildern und Konventionen ausgerichtet, übersetzt es sich Anfang der 1960er Jahre in eine doppelte Strategie, in der die Repräsentation des Nexus von Macht und Wissen die biopolitische Verfasstheit von Lebensformen ausstellt und damit in gewisser Weise eine Macht über das Leben bezeugt. Calvino wird im gleichen Zug jedoch auf die Autonomie, Dynamik und Potentialität eines diese Formen übersteigende Prinzip und somit eine dem Leben inhärente Kraft aufmerksam, die sich der biopolitischen Macht immer wieder entzieht. Katalysator dieser Macht des Lebens ist in Calvinos Œuvre in erster Linie das biopolitisch Ausgeschlossene, das in Calvinos Schreiben die dunkle Zone der Alterität (vgl. Ferretti 1989: 90) konstituiert und erst in *La giornata d'uno scrutatore* ins Licht gerückt wird. Der vielfach missverstandene, noch realistische und schon experimentelle Text offenbart die prekäre Stabilität lebendiger Formen und deutet auf all jenes hin, was das moderne Subjekt im Zuge seiner Subjektwerdung verworfen hat.

In seinem Schwellentext zeigt Calvino, durch welche Einflüsse von Bio-Macht und Biopolitik das Lebendige geformt wird. Es ließe sich sagen, anhand des Cottolengo-Instituts kartographiere er die Oberfläche des Sichtbaren, indem er die Linien der biopolitischen Dispositive dergestalt nachzeichnet, dass er ihre Konturen mal verstärkt, mal ausfransen lässt, um das zu befreien, was darin nicht fassbar ist und zugleich den Motor seines Schreibens darstellt: das Leben in all seiner Potenz und Vielheit. Die Annäherung an Calvinos Œuvre durch die Frage nach dem Leben, konnte das Potenzial freilegen, das seine Poetik ab den 1960er Jahren kennzeichnet, nämlich die Bewahrung der Autonomie und Vitalität des Lebendigen gegenüber jeglicher Form von diskursiver Vereinnahmung. Als Ort des Widerstands gegen die zugreifende Macht wurde die Ästhetik identifiziert, die aus einem ethischen Impuls erwächst; demjenigen offen für die Ansprache des Lebendigen zu sein. In dieser Arbeit wurde der Fokus auf Texte gelegt, die sich in gewisser Weise an den Rändern von Calvinos Œuvre befinden. Durch die Entwicklung eines innovativen Ansatzes aus denjenigen Texten, die nicht im Mittelpunkt der kritischen Forschung stehen, wurde wertvolle Vorarbeit für anschließende Forschung geleistet, in der die doppelte Perspektive der biopolitischen Kritik und der bio-poetischen Annäherung auf andere Texte aus Calvinos späterer Schaffenszeit ausgeweitet werden könnte. Wenn die Erkenntnismöglichkeit durch die Literatur dabei so ernst genommen würde, wie Calvino sie nahm, würde das den Dialog zwischen den sogenannten Lebenswissenschaften und den Geistes- und Kulturwissenschaften befeuern und die Selbstbezüglichkeit der Disziplinen produktiv herausfordern. Calvinos Begriff des Lebens bietet sich für einen interdisziplinären Dialog insofern an, als dass darin die diskursive Macht über das Leben und die affirmative dem Leben inhärente Macht gleichermaßen berücksichtigt wird.

Die biopolitische Lektüre des *Scrutatore* konnte die Funktionsweise einiger spezifischer Dispositive nachweisen, durch die die Bio-Macht auf die lebendigen Körper zugreift. Als erstes, fundamentales Dispositiv hat sich die Sprache erwiesen, die im *Scrutatore* an die realistische Schreibweise angelehnt ist, welche ihre Fiktionalität durch referenzillusionistische Gesten zu verdecken sucht. Statt damit jedoch einen sinnhaften Diskurs zu produzieren, der biopolitisch nutzbar gemacht werden kann, legt der Text nur den krampfhaften Versuch der sprachlichen Darstellung einer undarstellbaren, opaken Realität durch ein rational-aufgeklärtes Bewusstsein offen. Dieses deckt den ideologischen Gehalt einiger sprachlicher Mythen auf, die um die Wahl im Cottolengo kreisen, scheitert dabei aber daran, seine eigenen Voraussetzungen radikal zu befragen. Sie werden im Dispositiv der Person als separatistische Maschine im Sinne Agambens (vgl. 2002) deutlich, auf deren Ausschlussmechanismen Espositos genealogische Analyse (vgl. 2007; 2010b) hingewiesen hat. Denn der Begriff der Person bestimmt gerade nicht den lebendigen Menschen in seiner Ganzheit, sondern hebt die Differenz hervor, die den Menschen von seiner animalischen Wurzel trennt, wie das bereits in der kanonischen Definition des Menschen durch Aristoteles angelegt ist. Die Unterscheidung zwischen einer politisch ‚qualifizierten' Lebensform und dem bloßen oder nackten Leben führt dazu, eine Grenz- und Wertlinie zu ziehen und dadurch einem Teil der Menschen ihr Mensch-Sein abzusprechen. Somit ist die Wahl im Cottolengo zwar die formelle Inklusion der Insassen als gleichberechtigte Rechtspersonen, das Dispositiv der Person aktualisiert jedoch die biopolitische Trennung, welche dafür verantwortlich ist, dass singuläres Leben der machttechnischen Willkür überlassen werden kann, weil es als minderwertig gilt. Der Protagonist des *Scrutatore* stößt somit zwar auf die Form von Wahlbetrug, die er erwartet hatte, seine Gedanken kreisen aber primär um die Frage nach dem Wesen des Menschlichen, auf die er letztlich eine anti-essentialistische, ethische Antwort gibt.

Die topologischen Konfigurationen des Cottolengo-Raums weisen diesen als Heterotopie im Sinne Foucaults aus, indem er das ‚abweichende' Leben in einer an der Providenz ausgerichteten Ordnung kontrolliert und verwaltet. Daneben implizieren die Konzeptualisierungen der ‚Schwelle' und der ‚Stadt in der Stadt' weitere Kreuzungspunkte von Macht und Wissen, die für eine Analyse der Bio-Macht entscheidend sind. Es hat sich gezeigt, dass die Schwellensituation, in der sich der Protagonist im Cottolengo befindet, Voraussetzung für die Begegnung mit ‚dem Anderen' ist. Die Infragestellung von scheinbar feststehenden Ordnungen und das Hin- und Herschwanken zwischen einem Selbst und einem Anderen sind für die Ausbildung eines neuen, dynamisch-offenen Lebensbegriffs verantwortlich. Dieser steht konträr zu den Grenzschließungen des biopolitischen Mechanismus von Einschluss und Ausschluss, wie er in der Konzeption der Stadt deutlich wird. Die Geste der Internierung, durch die sich ein konkreter gesellschaftlicher Raum erst herausbilden konnte, schließt aus, um den ausgeschlossenen Teil in einem zweiten Schritt wieder einzuschließen und somit die Andersartigkeit zu reduzieren, die andernfalls zur Bedrohung des Eigenen werden könnte. Dabei kommen die biopolitischen Dispositive der Disziplinierung und der Sicherheit zum Tragen, die über Normalisierungseffekte ablaufen. Im Cottolengo geht der spirituelle Einschluss der Insassen dem formell bürokratischen voraus, welcher sich im Dispositiv der Wahl reflektiert.

Am Kippbild der beiden untrennbar miteinander verbundenen Italien, dem produktiven und dem verborgenen, wird im Text die Spaltung deutlich, die durch das vollständig entfaltete Sicherheitsdispositiv vollzogen wurde. Dabei legt Calvino den auf Kontingenz basierenden Mechanismus der biopolitischen Trennung offen. Für seine Konzeption des Cottolengo konnten darüber hinaus die verschiedenen Machttypen und ihre Interferenzen nachgewiesen werden, die Foucault in Verbindung mit der normalisierenden Bio-Macht gesetzt hat (vgl. Foucault 1995). Die normalisierende Wirkungsweise ist dabei beispielhaft an der Errichtung des Wahllokals im Besuchszimmer der Angehörigen ablesbar, wo die Rechtsordnung durch die Struktur der Ausnahme bedroht erscheint. Die Schwellensituation, die das Aufeinandertreffen der Cottolengo-Insassen mit einer neuen Ordnung hervorruft, führt zu einem Spannungsverhältnis, das bei den Insassen unterschiedliche Verhaltensweisen auslöst: Während sich die einen ‚diesseits' der Schwelle positionieren und an der neuen Sichtbarkeit aktiv Anteil nehmen, grenzen sich die anderen gegenüber der neuen Ordnung ab und stellen sich auf Seiten des biopolitisch Ausgeschlossenen. Das konkrete Beispiel der Wahl der Frau ohne Beine markiert ein Ereignis im Text, auf das auch die materielle Seite der Schrift hinweist. Wo der Text sonst durch hypotaktischen Satzbau gekennzeichnet ist, dominieren an dieser Stelle kurze stakkatoartige Sätze, die den Einbruch in das Sinngefüge verdeutlichen und eine Macht des Lebens aufscheinen lassen. Diese vitale Kraft bindet Calvino hier auch zurück an die Zeit der Resistenza, in der die Hoffnung auf eine radikal neue Ordnung, einen Raum für das Leben jenseits der biopolitischen Spaltung aufscheinen ließ, der sich zwar nicht verwirklicht hat, aber als uneingelöstes Versprechen in der Gegenwart weiterwirkt.

Die Diskussion von Rancières Theorie der Aufteilung des Sinnlichen (vgl. Rancière 2008; 2018) konnte den spezifischen politischen Gehalt von Calvinos Erzählung darlegen. Denn es wird zum einen die normalisierende

Art und Weise thematisiert, durch die eine Instanz bürokratischer Macht den Raum aufteilt, über den sie verfügt. Zum anderen geht es um die politische Subjektwerdung im Prozess einer Neuordnung von Körpern, die aus dem Bereich des Unzugänglichen, Unsichtbaren und Unhörbaren geholt werden. Auf Ebene der Ästhetik zeigt sich somit der Gegensatz von formeller Gleichheit und faktischem gesellschaftlichen Ausschluss, weswegen die Ereignisse, die rund um die Wahl im Cottolengo stattfinden, von der herrschenden Ordnung, zu der auch der bürgerliche Protagonist gehört, als Störungen registriert werden, die die Norm in Frage stellen. Die Störungen werden im Text primär als Wahrnehmungsstörungen reflektiert, die den Blick, die Formen und die Körper betreffen. Denn anders als die gedanklich-reflexive Ebene entzieht sich die Wahrnehmung der bewussten Kontrolle. Durch die offenen Tore der Wahrnehmung kann das „Widerfahrnis" (Waldenfels 2006: 53) als Ereignis eindringen und auf den Spalt zwischen Sehen und Wissen aufmerksam machen. Die lebendige Macht der Wahrnehmung liegt im Anspruch des Fremden und im Auseinandertreten von Widerfahrnis und Response begründet, in der das Eigene zunächst gestört wird, bevor es zu einer neuen Antwort gelangen kann. Es hat sich gezeigt, dass dieses Verfahren der responsiven Ethik für eine Lektüre des *Scrutatore* fruchtbar gemacht werden kann, indem der Blick darin zur Schwellenerfahrung wird und somit einen anderen als den biopolitisch zugreifenden Blick ermöglicht, einen ethischen Blick, der für die Ansprache des Lebendigen offen ist.

Ästhetisch reflektiert sich dieser Zusammenhang in einer indefiniten und daher ‚formlosen Form', die ihre eigene Überschreitung bezeugt, wie es für den *ragazzo-pianta-pesce* gilt. Diesem Vermögen des Formlosen ist ein Widerstandspotenzial zu eigen, das sich sowohl in der Beunruhigung als auch in der Beruhigung des Blickes ausdrücken kann, vorausgesetzt, dass dabei das Sinngewebe zerrissen und das wahrnehmende Subjekt in Frage gestellt wird, wobei sich beide Fälle im *Scrutatore* nachweisen ließen. Als besonderen Fall provokanter Formlosigkeit wurden die Körper im Cottolengo identifiziert, die in die Nähe des Monströsen gestellt wurden. In der Figur des Monsters verbindet sich der pseudo-wissenschaftliche Diskurs der Teratologie mit der Struktur der Ausnahme, in der das Monster als Schwellenfigur auftritt. Es ist das „große Modell" (Foucault 2013: 78), das aus dem Zusammentreffen eines doppelten Verstoßes hervorgeht, weil es sowohl eine Überschreitung des Naturgesetzes als auch des zivilen oder göttlichen Rechts darstellt. Da sein Auftreten die Rechtsordnung außer Kraft setzen würde, muss es notwendigerweise unsichtbar bleiben, was sich in den „creature nascoste" (GS, 7) im Text reflektiert, die im Cottolengo verwahrt werden. In der Figur des Monsters stehen die kulturkonstitutiven Differenzen auf dem Spiel, die das gesellschaftliche Fundament bilden, wozu auch die binäre Logik gehört, die eindeutige Unterscheidungen zulässt. Mit der sprachlichen Neuschöpfung des *ragazzo-pianta-pesce* bildet Calvino die Problematisierung der Form ab, für die es einen neuen Umgang zu finden gilt. Aus diesem Grund liegt der Schlüssel der Erzählung auch in ihrem ethischen Kern und der unhintergehbaren Relationalität des Lebendigen, wie die Szene zwischen Vater und Sohn belegt hat. Erst als der *scrutatore* bis ins Innere des Cottolengo vorgedrungen war und sich mit den abjekten und hybriden Figuren konfrontiert hatte, die diesen innersten Kreis bewohnen, zeigt er sich bereit, die Voraussetzungen seiner eigenen Subjektwerdung radikal zu hinterfragen und sich in der Nähe zum Anderen und vom Anderen her zu konstituieren.

Die eingehende Analyse des *Scrutatore* als Schwellentext erwies sich als notwendig, um die Verschiebungen vollständig zu erfassen, die sich auf Ebene von Calvinos Poetik und Ästhetik zu Beginn der 1960er Jahre ergeben hatten. Darunter kam ein veränderter Lebensbegriff zum Vorschein, der die Eigenlogik des Körpers und die Kontingenz des Lebendigen anerkennt. Die Prozesshaftigkeit des Lebens ließ sich auch in der Ästhetik des Grotesken nachweisen, die auf eine biologisch und kulturell unbestimmte Materialität des Körpers verweist. Statt in der Narration aufzugehen, bleibt darin die wesenhafte Widerständigkeit des Körpers gegenüber dem diskursiven Zugriff erhalten. Der materiellen Unbestimmtheit ist darüber hinaus eine Potentialität zu eigen, die sich einerseits in der Potenz Form zu werden ausdrückt, andererseits darin, sich in Verbindung zu anderen Körpern zu setzen. Dieses Verhältnis steht im Zentrum der *Cosmicomiche* und von *Ti con zero*, die in Calvinos kombinatorische Phase überleiten und ebenfalls das Motiv des Monströsen bedienen. Es wurde deutlich, dass sich hier eine epistemologische Schwelle geöffnet hatte, in der der Irrtum die Wurzel des lebendigen Erkenntnisprozesses bildete. Denn die Spezifität des Lebendigen ist seine Kontingenz. Es ist zwar zur Überschreitung der eigenen Normen fähig, die Möglichkeit des Scheiterns bildet jedoch seinen Bezugsrahmen. Die Kontingenz ist aus dieser Perspektive betrachtet, Voraussetzung für einen kreativen Umgang mit den aus dem lebensweltlichen Kontext gewonnenen Informationen, kann sich in Bezug auf normative Wissensschemata aber auch als Fehler zeigen.

Als Berührungspunkte eines im Leben situierten Wissens bei Calvino und Canguilhem erwiesen sich Kybernetik und Informationstheorie, was Calvinos Text *La memoria del mondo* illustriert. In der wenig bekannten Erzählung wird, den kybernetischen Prozessen entsprechend, zunächst davon ausgegangen, dass sich Denken als diskontinuierlicher Informationsfluss darstellen lässt und man somit ein allumfassendes Archiv der menschlichen Welt anlegen könne. Indem das lebendige Kontinuum binär geteilt wird, geht jedoch der entscheidende, kontingente Teil, der das Lebendige auszeichnet, verloren, der informationstechnisch als *noise* bezeichnet wird. Der Versuch, die lebendige Welt in zwei Ebenen, die der Existenz und die der Information, zu teilen, ist zum Scheitern verurteilt, da das Lebendige nach Canguilhem (vgl. 2018: 19) nur als Ganzheit von Beziehungen zu erfassen ist. Aus diesem Grund ist diesem Text, der mehr als ein halbes Jahrhundert nach seinem Erscheinen noch eine erstaunliche Relevanz besitzt, die radikale Geste der negativen Biopolitik eingeschrieben, in der das ausgelöscht werden muss, was die Ordnung bedroht.

Ausgehend von den Aporien eines biopolitischen Lebenswissens, die in *La memoria del mondo* veranschaulicht wurden, wurde im letzten Teil ein literarisches Modell diskutiert, das die Autonomie des *bíos* respektiert. Dieses wurde in der Konzeption einer Bio-Poetik gefunden, die sich von den reduktionistischen Ansätzen der *biopoetics* scharf abgrenzt. Lebenswissen aus einer begrifflich strukturierten Umwelt zu generieren, bedeutet auch, durch die als *aisthesis* aufgefasste Wahrnehmung die Potenz des Lebendigen in der Imaginationsfähigkeit zu entwickeln. Calvinos ästhetisches Denken nach Welsch (vgl. 2010) vereint die sinnlich-körperliche und die formal-abstrakte Ebene, wodurch sich ein Lebenswissen gewinnen lässt, das die Welt in ihrer Lebendigkeit auszudrücken vermag. Dafür ist eine der Ästhetik als Unbestimmtheit eingeschriebene Ethik Voraussetzung, in der die Grenzen jeglichen sprachlichen Handelns eingeschrieben sind. Somit ist die in Calvinos Œuvre ab Mitte der 1950er Jahre vorherrschende Auseinandersetzung mit dem Sehsinn nicht als Ausdruck von Distanzierung und totalisierendem Überblick zu verstehen, sondern reflektiert sich vielfach in Momenten unbestimmter Wahrnehmung, in der der Spalt zwischen Sehen und Wissen geöffnet bleibt.

Das theoretisch entwickelte Modell der Bio-Poetik wurde abschließend anhand der Erzählung *Sapore sapere* diskutiert, die Calvino als Teil eines unvollständig gebliebenen Projekts zu den fünf Sinnen konzipierte. Zentrales Motiv darin ist die Verschränkung von kognitivem Begehren als Erkenntnisinteresse und körperlich-sinnlichem Begehren. In einer als vollständig versprachlicht erscheinenden Welt attestiert Calvino dem modernen Menschen eine Sinn-Atrophie, die sich auf seine Erkenntnisfähigkeit und Vitalität niederschlage. Während sich die Figur Olivia nicht mit den Erklärungen des Tourguides bezüglich der Menschenopferungen der Zapoteken zufriedengibt, sondern ein tieferes kulturelles Verstehen anstrebt, bleibt die männliche Hauptfigur zunächst passiv der konzeptuellen Ebene verhaftet, bis sie durch eine Einsicht in die Dynamik von Opferritualen die eigene Subjektposition aufzugeben lernt. Die Aufgabe der Literatur, die sich im Text in der Figur Olivia widerspiegelt, liegt darin, durch einen anderen, neuen Gebrauch der Sinne eine ästhetische Erfahrung zu generieren, in der ein Wissen der Schrift freigelegt wird, das sich der biopolitischen Vereinnahmung entzieht. Denn dieses Lebenswissen ist der sinnlich unerschöpflichen Oberfläche der Dinge verhaftet, dem Kreislauf von Werden und Vergehen, und stellt somit eine „zutiefst menschliche Weisheit" (Biasin 1991: 177) dar. Calvinos lebendiges Schreiben zeugt von einem Begehren, das durch sinnliche Empfindungen in Gang gehalten wird. Es wächst aus einer unbestimmten Empfindung empor, die der Schriftsteller in dem Moment verspürt, in dem er sich von der versprachlichten Welt abwendet und die Aufmerksamkeit auf die Dynamik des Lebendigen hin richtet. Erst dann kann er wahrnehmen, dass jenseits der Sprache etwas liegt, das das Potenzial hat, Form zu werden. Dieser Offenheit für die Ansprache des Lebendigen wohnt eine ethische Dimension inne, die sich im Ästhetischen ausdrückt.

Die Frage nach dem singulären Leben in seiner ganzen Fragilität und unhintergehbaren Relationalität, seinem Schutz, seinem Wert und seiner Politik erhielt im Entstehungszeitraum dieser Arbeit vor dem Hintergrund der Covid-19-Pandemie unerwartete Relevanz. Einer aktuellen Anregung Roberto Espositos (vgl. 2020) folgend scheint es darum zu gehen, das Leben auch im Angesicht seiner Bedrohung immer wieder neu einzurichten, es als Vermögen zu begreifen, neue Bedeutungen zu schaffen. Es ist diese Lektion, die uns Calvinos Texte und Erzählungen bis heute lehren.

# Siglenverzeichnis

| | |
|---|---|
| RR I | Italo Calvino. 1991a. *Romanzi e Racconti. Vol. 1*. I Meridiani. Herausgegeben von Claudio Milanini, Mario Barenghi & Bruno Falcetto. Mailand: Mondadori. |
| RR II | Italo Calvino. 1992a. *Romanzi e Racconti. Vol. 2*. I Meridiani. Herausgegeben von Claudio Milanini, Mario Barenghi & Bruno Falcetto. Mailand: Mondadori. |
| RR III | Italo Calvino. 2010a. *Romanzi e Racconti. Vol. 3. Racconti sparsi e altri scritti d'invenzione*. 5., I Meridiani. Herausgegeben von Claudio Milanini, Mario Barenghi & Bruno Falcetto. Mailand: Mondadori. |
| CI | *Le città invisibili* |
| CS | *Le Cosmicomiche* |
| *Fantasmi* | *Cibernetica e fantasmi (1967)* |
| GS | *La giornata d'uno scrutatore* |
| ICI | *Il cavaliere inesistente* |
| *Labirinto* | *La sfida al labirinto (1962)* |
| *Mare* | *Il mare dell'oggettività (1959)* |
| MdM | *La memoria del mondo* |
| *Midollo* | *Il midollo del leone (1955)* |
| *Mondo* | *Mondo scritto e mondo non scritto (1985)* |
| *Natura e storia* | *Natura e storia nel romanzo (1958)* |
| *Nota* 1960 | Postfazione ai *Nostri antenati* |
| *Note* R I | *Note e notizie sui testi. Vol. 1* |
| *Note* RR II | *Note e notizie sui testi. Vol. 2* |
| *Note* RR III | *Note e notizie sui testi. Vol. 3* |
| *Pref.* 64 | Prefazione 1964 al *Sentiero dei nidi di ragno* |
| SNR | *Il sentiero dei nidi di ragno* |
| SSG | *Sapore Sapere (Sotto il sole giaguaro)* |
| TZ | *Ti con zero* |

# Literaturverzeichnis

## Primärliteratur

Calvino, Italo. 1991a. *Romanzi e Racconti. Vol. 1.* I Meridiani. Herausgegeben von Claudio Milanini, Mario Barenghi & Bruno Falcetto. Mailand: Mondadori.
Calvino, Italo. 1991b. „Il sentiero dei nidi di ragno." In: Italo Calvino. *Romanzi e Racconti. Vol. 1.* I Meridiani. Herausgegeben von Claudio Milanini, Mario Barenghi & Bruno Falcetto. Mailand: Mondadori, 3–148.
Calvino, Italo. 1991c. „Il cavaliere inesistente." In: Italo Calvino. *Romanzi e Racconti. Vol. 1.* I Meridiani. Herausgegeben von Claudio Milanini, Mario Barenghi & Bruno Falcetto. Mailand: Mondadori, 953–1064.
Calvino, Italo. 1991d. „*Prefazione* 1964 al *Sentiero dei nidi di ragno.*" In: Italo Calvino. *Romanzi e Racconti. Vol. 1.* I Meridiani. Herausgegeben von Claudio Milanini, Mario Barenghi & Bruno Falcetto. Mailand: Mondadori, 1185–1204.
Calvino, Italo. 1991e. „Postfazione ai *Nostri antenati* (Nota 1960)." In: Italo Calvino. *Romanzi e Racconti. Vol. 1.* I Meridiani. Herausgegeben von Claudio Milanini, Mario Barenghi & Bruno Falcetto. Mailand: Mondadori, 1208–1219.
Calvino, Italo. 1991f. „Note e notizie sui testi. " In: Italo Calvino. *Romanzi e Racconti. Vol. 1.* I Meridiani. Herausgegeben von Claudio Milanini, Mario Barenghi & Bruno Falcetto. Mailand: Mondadori, 1241–1393.
Calvino, Italo. 1992a. *Romanzi e Racconti. Vol. 2.* I Meridiani. Herausgegeben von Claudio Milanini, Mario Barenghi & Bruno Falcetto. Mailand: Mondadori.
Calvino, Italo. 1992b. „La giornata d'uno Scrutatore." In: Italo Calvino. *Romanzi e Racconti. Vol. 2.* I Meridiani. Herausgegeben von Claudio Milanini, Mario Barenghi & Bruno Falcetto. Mailand: Mondadori, 3–78.
Calvino, Italo. 1992c. „Le Cosmicomiche." In: Italo Calvino. *Romanzi e Racconti. Vol. 2.* I Meridiani. Herausgegeben von Claudio Milanini, Mario Barenghi & Bruno Falcetto. Mailand: Mondadori, 79–222.
Calvino, Italo. 1992d. „Ti con zero." In: Italo Calvino. *Romanzi e Racconti. Vol. 2.* I Meridiani. Herausgegeben von Claudio Milanini, Mario Barenghi & Bruno Falcetto. Mailand: Mondadori, 223–356.
Calvino, Italo. 1992e. „Le città invisibili." In: Italo Calvino. *Romanzi e Racconti. Vol. 2.* I Meridiani. Herausgegeben von Claudio Milanini, Mario Barenghi & Bruno Falcetto. Mailand: Mondadori, 357–498.
Calvino, Italo. 1992f. „La memoria del mondo." In: Italo Calvino. *Romanzi e Racconti. Vol. 2.* I Meridiani. Herausgegeben von Claudio Milanini, Mario Barenghi & Bruno Falcetto. Mailand: Mondadori, 1248–1256.
Calvino, Italo. 1992g. „*Note e notizie sui testi.*" In: Italo Calvino. *Romanzi e Racconti. Vol. 2.* I Meridiani. Herausgegeben von Claudio Milanini, Mario Barenghi & Bruno Falcetto. Mailand: Mondadori, 1309–1478.
Calvino, Italo. 2007a. *Saggi. 1945–1985. Vol. 1.* 4., I Meridiani. Herausgegeben von Mario Barenghi. Mailand: Mondadori.
Calvino, Italo. 2007b. *Saggi. 1945–1985. Vol. 2.,* 4., I Meridiani. Herausgegeben von Mario Barenghi. Mailand: Mondadori.

Calvino, Italo. 2007c. „Il midollo del leone (1955)." In: Italo Calvino. *Saggi. 1945–1985. Vol. 1.* 4., I Meridiani. Herausgegeben von Mario Barenghi. Mailand: Mondadori, 9–27.

Calvino, Italo. 2007d. „Natura e storia nel romanzo (1958)." In: Italo Calvino. *Saggi. 1945–1985. Vol. 1.* 4., I Meridiani. Herausgegeben von Mario Barenghi. Mailand: Mondadori, 28–51.

Calvino, Italo. 2007e. „Il mare dell'oggettività (1959)." In: Italo Calvino. *Saggi. 1945–1985. Vol. 1.* 4., I Meridiani. Herausgegeben von Mario Barenghi. Mailand: Mondadori, 52–60.

Calvino, Italo. 2007f. „Tre correnti del romanzo italiano d'oggi (1959)." In: Italo Calvino. *Saggi. 1945–1985. Vol. 1.* 4., I Meridiani. Herausgegeben von Mario Barenghi. Mailand: Mondadori, 61–75.

Calvino, Italo. 2007g. „Dialogo di due scrittori in crisi (1961)." In: Italo Calvino. *Saggi. 1945–1985. Vol. 1.* 4., I Meridiani. Herausgegeben von Mario Barenghi. Mailand: Mondadori, 83–89.

Calvino, Italo. 2007h. „La ‚belle époque' inaspettata (1961)." In: Italo Calvino. *Saggi. 1945–1985. Vol. 1.* 4., I Meridiani. Herausgegeben von Mario Barenghi. Mailand: Mondadori, 90–95.

Calvino, Italo. 2007i. „La sfida al labirinto (1962)." In: Italo Calvino. *Saggi. 1945–1985. Vol. 1.* 4., I Meridiani. Herausgegeben von Mario Barenghi. Mailand: Mondadori, 105–123.

Calvino, Italo. 2007j. „Filosofia e letteratura (1967)." In: Italo Calvino. *Saggi. 1945–1985. Vol. 1.* 4., I Meridiani. Herausgegeben von Mario Barenghi. Mailand: Mondadori, 188–196.

Calvino, Italo. 2007k. „Cibernetica e fantasmi (Appunti sulla narrativa come processo combinatorio) (1967)." In: Italo Calvino. *Saggi. 1945–1985. Vol. 1.* 4., I Meridiani. Herausgegeben von Mario Barenghi. Mailand: Mondadori, 205–225.

Calvino, Italo. 2007l. „Il mondo alla rovescia (1970)." In: Italo Calvino. *Saggi. 1945–1985. Vol. 1.* 4., I Meridiani. Herausgegeben von Mario Barenghi. Mailand: Mondadori, 256–260.

Calvino, Italo. 2007m. „Definizioni di territorio: l'erotico (Il sesso e il riso) (1969)." In: Italo Calvino. *Saggi. 1945–1985. Vol. 1.* 4., I Meridiani. Herausgegeben von Mario Barenghi. Mailand: Mondadori, 261–265.

Calvino, Italo. 2007n. „Lezioni americane." In: Italo Calvino. *Saggi. 1945–1985. Vol. 1.* 4., I Meridiani. Herausgegeben von Mario Barenghi. Mailand: Mondadori, 627–758.

Calvino, Italo. 2007o. „Pavese e i sacrifici umani (1966)." In: Italo Calvino. *Saggi. 1945–1985. Vol. 1.* 4., I Meridiani. Herausgegeben von Mario Barenghi. Mailand: Mondadori, 1230–1233.

Calvino, Italo. 2007p. „Pasternak e la rivoluzione (1958)." In: Italo Calvino. *Saggi. 1945–1985. Vol. 1.* 4., I Meridiani. Herausgegeben von Mario Barenghi. Mailand: Mondadori, 1361–1382.

Calvino, Italo. 2007q. „Mondo scritto e mondo non scritto (1985)." In: Italo Calvino. *Saggi. 1945–1985. Vol. 2.* 4., I Meridiani. Herausgegeben von Mario Barenghi. Mailand: Mondadori, 1865–1875.

Calvino, Italo. 2007r. „Ilya Prigogine e Isabelle Stengers, La nuova alleanza (1980)." In: Italo Calvino. *Saggi. 1945–1985. Vol. 2.* 4., I Meridiani. Herausgegeben von Mario Barenghi. Mailand: Mondadori, 2038–2044.

Calvino, Italo. 2007s. „Le capre ci guardano, Soggezione di un cane, Il marxismo spiegato ai gatti, Da Esopo a Disney." In: Italo Calvino. *Saggi. 1945–1985. Vol. 2.* 4., I Meridiani. Herausgegeben von Mario Barenghi. Mailand: Mondadori, 2131–2136.

Calvino, Italo. 2007t. „Lettera di dimissioni dal P.C.I. (1957)." In: Italo Calvino. *Saggi. 1945–1985. Vol. 2.* 4., I Meridiani. Herausgegeben von Mario Barenghi. Mailand: Mondadori, 2188–2191.

Calvino, Italo. 2007u. „Colloquio con Carlo Bo (1960)." In: Italo Calvino. *Saggi. 1945–1985. Vol. 2.* 4., I Meridiani. Herausgegeben von Mario Barenghi. Mailand: Mondadori, 2724–2732.

Calvino, Italo. 2007v. „Intervista di Alberto Arbasino (1963)." In: Italo Calvino. *Saggi. 1945–1985. Vol. 2.* 4., I Meridiani. Herausgegeben von Mario Barenghi. Mailand: Mondadori, 2760–2768.

Calvino, Italo. 2007w. „Corrispondenza con Angelo Guglielmi a proposito della *Sfida al labirinto*." In: Italo Calvino. *Saggi. 1945–1985. Vol. 2.* 4., I Meridiani. Herausgegeben von Mario Barenghi. Mailand: Mondadori, 1770–1775.

Calvino, Italo. 2010a. *Romanzi e Racconti. Vol. 3. Racconti sparsi e altri scritti d'invenzione.* 5., I Meridiani. Herausgegeben von Claudio Milanini, Mario Barenghi & Bruno Falcetto. Mailand: Mondadori.

Calvino, Italo. 2010b. „Sapore Sapere (Sotto il sole giaguaro)." In: Italo Calvino. *Romanzi e Racconti. Vol. 3. Racconti sparsi e altri scritti d'invenzione.* 5., I Meridiani. Herausgegeben von Claudio Milanini, Mario Barenghi & Bruno Falcetto. Mailand: Mondadori, 127–148.

Calvino, Italo. 2010c. „Montezuma." In: Italo Calvino. *Romanzi e Racconti. Vol. 3. Racconti sparsi e altri scritti d'invenzione.* 5., I Meridiani. Herausgegeben von Claudio Milanini, Mario Barenghi & Bruno Falcetto. Mailand: Mondadori, 186–197.

Calvino, Italo. 2010d. „I giovani del Po." In: Italo Calvino. *Romanzi e Racconti. Vol. 3. Racconti sparsi e altri scritti d'invenzione.* 5., I Meridiani. Herausgegeben von Claudio Milanini, Mario Barenghi & Bruno Falcetto. Mailand: Mondadori, 1011–1126.

Calvino, Italo. 2010e. „Note e notizie sui testi." In: Italo Calvino. *Romanzi e Racconti. Vol. 3. Racconti sparsi e altri scritti d'invenzione.* 5., I Meridiani. Herausgegeben von Claudio Milanini, Mario Barenghi & Bruno Falcetto. Mailand: Mondadori, 1195–1350.

Calvino, Italo. 2012a. *Sono nato in America …: interviste 1951–1985.* Herausgegeben von Luca Baranelli. Mit einer Einführung von Mario Barenghi. Mailand: Mondadori.

Calvino, Italo. 2012b. „A metà del secolo." In: Italo Calvino. *Sono nato in America …: interviste 1951–1985.* Herausgegeben von Luca Baranelli. Mit einer Einführung von Mario Barenghi. Mailand: Mondadori, 93–94.

Calvino, Italo. 2012c. „Autoritratto 1956." In: Italo Calvino. *Sono nato in America …: interviste 1951–1985.* Herausgegeben von Luca Baranelli. Mit einer Einführung von Mario Barenghi. Mailand: Mondadori, 17–23.

Calvino, Italo. 2012d. „Pavese, Carlo Levi, Robbe-Grillet, Butor, Vittorini …" In: Italo Calvino. *Sono nato in America …: interviste 1951–1985.* Herausgegeben von Luca Baranelli. Mit einer Einführung von Mario Barenghi. Mailand: Mondadori, 39–46.

Calvino, Italo. 2013. *Album Calvino.* Herausgegeben von Luca Baranelli & Ernesto Ferrero. Frankfurt am Main: Fischer-Taschenbuch-Verlag.

## Sekundärliteratur

Adelung, Johann Christoph. 1798. „Schwelle, die." *Grammatisch-kritisches Wörterbuch der Hochdeutschen Mundart.* Bd. 3., 1740–1741. Online verfügbar unter: http://www.zeno.org/Adelung-1793/A/Schwelle,+die [03.06.2020].

Agamben, Giorgio. 2002. *L'aperto. L'uomo e l'animale.* Turin: Bollati Boringhieri.

Agamben, Giorgio. 2005. *Homo sacer. Il potere sovrano e la nuda vita.* Turin: Einaudi.

Agamben, Giorgio. 2006. *Che cos'è un dispositivo?* Rom: nottetempo.
Agamben, Giorgio. 2015. *Homo Sacer. Die souveräne Macht und das nackte Leben*. 10., Frankfurt am Main: Suhrkamp.
Agamben, Giorgio. 2019. „Porta e soglia." In: Lucia Dell'Aia & Jacopo D'Alonzo (Hg.). *Lo scrigno delle segnature. lingua e poesia in Giorgio Agamben. Con un inedito di Giorgio Agamben*. Amsterdam: Istituto Italiano di Cultura, 3–8.
Agamben, Giorgio u. a. 2012. *Demokratie? Eine Debatte*. Berlin: Suhrkamp Verlag.
Ajello, Nello. 1979. *Intellettuali e PCI 1944–1958*. Rom u. a.: Laterza.
Amberson, Deborah & Elena Past (Hg.). 2014. *Thinking Italian Animals. Human and Posthuman in Modern Italian Literature and Film*. New York: Palgrave Macmillan.
Antonello, Pierpaolo. 2005. *Il ménage a quattro. scienza, filosofia, tecnica nella letteratura italiana del Novecento*. Florenz: Le Monnier.
Arendt, Hannah. 1994. *Vita activa oder vom tätigen Leben*. 8., München u. a.: Piper.
Aristoteles. 1991. *Politik. Buch I. Über die Hausverwaltung und Herrschaft des Herrn über Sklaven*. Übersetzt und erläutert von Eckart Schütrumpf. Berlin: Akademie-Verlag.
Asholt, Wolfgang & Ottmar Ette (Hg.). 2010a. *Literatur als Lebenswissenschaft. Programm – Projekte – Perspektiven*. Tübingen: Narr/ Franke.
Asholt, Wolfgang & Ottmar Ette. 2010b. „Einleitung." In: Wolfgang Asholt & Ottmar Ette (Hg.). *Literatur als Lebenswissenschaft. Programm – Projekte – Perspektiven*. Tübingen: Narr/ Franke, 9–10.
Asor Rosa, Alberto. 1985. „Il cuore duro di Calvino." *La Repubblica. Archivio*. (01.12.1985). Online verfügbar unter: https://ricerca.repubblica.it/repubblica/archivio/repubblica/1985/12/01/il-cuore-duro-di-calvino.html. [09.09.2021].
Asor Rosa, Alberto. 1988. „Il ‚punto di vista' di Calvino." In: Giovanni Falaschi (Hg.). *Italo Calvino. Atti del convegno internazionale. (Firenze, Palazzo Medici-Riccardi 26–28 febbraio 1987)*. Mailand: Garzanti, 261–276.
Asor Rosa, Alberto. 2001a. *Stile Calvino. cinque studi*. Turin: Einaudi.
Asor Rosa, Alberto. 2001b. „Il carciofo della dialettica." In: Alberto Asor Rosa. *Stile Calvino: cinque studi*. Turin: Einaudi, 31–40.
Asor Rosa, Alberto. 2013. *L' Italia della nazione*. Turin: Einaudi.
Bachmann-Medick, Doris. 2016. *Cultural turns. New Orientations in the Study of Culture*. Übersetzt von Adam Blauhut. Berlin u. a.: De Gruyter.
Bachtin, Michail. 1995. *Rabelais und seine Welt. Volkskultur als Gegenkultur*. Frankfurt am Main: Suhrkamp.
Baier, Christof u. a. (Hg.). 2020. *„Absolutely Free?" – Invention und Gelegenheit in der Kunst*. Bielefeld: transcript.
Baldi, Elio Attilio. 2012. „La sfida al labirinto sessuale. L'eros nell'opera di Italo Calvino." *Incontri* 27/2, 60–68.
Baldi, Elio Attilio. 2015. „Citare Calvino. Le città invisibili e gli architetti." In: *Doppiozero. Calvino Trent'anni dopo*. Online verfügbar unter: https://www.doppiozero.com/materiali/calvino-trentanni-dopo/cit-t-re-calvino-le-citta-invisibili-e-gli-architetti [09.09.21].
Baldi, Elio Attilio. 2020. *The Author in Criticism. Italo Calvino's Authorial Image in Italy, the United States, and the United Kingdom*. London: Fairleigh Dickinson University Press.
Balice, Michele. 1986. „La città di Calvino." *Paragone* 37/432, 73–88.
Balocco, Piergiorgio. 2009. *Borgo Dora, Balon e Valdocco. Storia, mito e immagini di un operoso quartiere*. Turin: Graphot.

Barbato, Andrea. 2012. „Il 7 giugno al Cottolengo." In: Walter Pedullà (Hg.). „Italo Calvino negli Anni Sessanta." *L'illuminista* 34-35-36/12. Rom: Ponte Sisto, 441–446.
Barenghi, Mario. 2007. *Italo Calvino, le linee e i margini*. Bologna: Il mulino.
Barenghi, Mario. 2009. *Calvino*. Bologna: Il mulino.
Barilli, Renato. 1980. *La barriera del naturalismo. Studi sulla narrativa italiana contemporanea*. Terza edizione aumentata. Mailand: Mursia.
Baroni, Giorgio. 1990. *Italo Calvino. Introduzione e guida allo studio dell'opera calviniana. Storia e antologia della critica*. 2., Florenz: Le Monnier.
Barthes, Roland. 1978. *Leçon. Leçon inaugurale de la Chaire de sémiologie littéraire du Collège de France, prononcée le 7 janvier 1977*. Paris: Seuil.
Barthes, Roland. 1982. *Am Nullpunkt der Literatur*. Frankfurt am Main: Suhrkamp.
Barthes, Roland. 2005. *Das Rauschen der Sprache. Kritische Essays IV*. Frankfurt am Main: Suhrkamp.
Barthes, Roland. 2010. *Mythen des Alltags*. Vollständig erweiterte Ausgabe. Berlin: Suhrkamp.
Barthes, Roland. 2016. *La camera chiara. Nota sulla fotografia*. 17., Turin: Einaudi.
Basaglia, Franco & Franca Basaglia Ongaro. 2008. „Morire di classe. La condiziona manicomiale fotografata da Carla Cerati e Gianni Berengo Gardin." *Sconfinamenti* 14. Serie politica 10. Ristampa anastatica. Con interventi introduttivi di Maria Grazia Giannichedda e Claudio Ernè. Online verfügbar unter: www.2001agsoc.it/materiale/sconfi namenti/Sconfinamenti.N14.pdf [18.08.2021].
Bassignana, Pier Luigi & Giuliana Galli. 2010. *Il „Cottolengo". La Piccola casa della Divina Provvidenza*. Turin u. a.: U. Allemandi.
Bataille, Georges. 1994. „Die Abweichungen der Natur." In: Hubertus Gaßner (Hg.). *Elan vital oder Das Auge des Eros*. München: Haus der Kunst München, 504–505.
Bataille, Georges. 2005. *Kritisches Wörterbuch*. Herausgegeben und übersetzt von Rainer Maria Kiesow. Berlin: Merve Verlag.
Baudrillard, Jean. 1994. *Simulacra and Simulation*. Ann Arbor: University of Michigan Press.
Bazzicalupo, Laura. 2014. „Realismus und Biopolitik. Von der pädagogischen Funktion der Darstellung bis hin zu ihrer bioökonomischen Auflösung." In: Claudia Öhlschläger, Lucia Perrone Capano & Vittoria Borsò (Hg.). *Realismus nach den europäischen Avantgarden*. Bielefeld: transcript, 291–302.
Bazzocchi, Marco Antonio. 2005. *Corpi che parlano. Il nudo nella letteratura italiana del Novecento. Testi e pretesti*. Mailand: Mondadori.
Behrens, Rudolf & Jörn Steigerwald. 2015. „Imagination." In: Thoma, Heinz (Hg.). *Handbuch europäische Aufklärung: Begriffe, Konzepte, Wirkung*. Stuttgart: Metzler, 277–288.
Bellini, Eraldo. 2012. „Calvino e Montale." *Aevum* 3/86, 1173–1214. Online verfügbar unter: www.jstor.org/stable/23414280 [05.02.20].
Belpoliti, Marco. 2006. *L'occhio di Calvino*. 2., aktualisierte und erweiterte Auflage. Turin: Einaudi.
Bencivenga, Ermanno. 2002. „Philosophy and Literature in Calvino's Tales." In: Jorge J. E. Gracia, Carolyn Korsmeyer & Rodolphe Gasché (Hg.). *Literary philosophers? Borges, Calvino, Eco*. New York: Routledge, 205–222.
Benedetti, Carla. 1998. *Pasolini contro Calvino. Per una letteratura impura*. Turin: Bollati Boringhieri.
Benussi, Cristina. 1989. *Introduzione a Calvino*. Rom: Laterza.

Bertoni, Federico. 2014. „Geschichte, Fiktion, Wahrheit. Die Erzählung vom Partisanenkrieg." In: Claudia Öhlschläger, Lucia Perrone Capano & Vittoria Borsò (Hg.). *Realismus nach den europäischen Avantgarden*. Bielefeld: transcript, 303–324.
Biasin, Gian Paolo. 1991. *I sapori della modernità. Cibo e romanzo*. Bologna: il Mulino.
Blanchard, Pascal & Bruno Victor-Pujebet (Rg.). 2017. *„Die Wilden" in den Menschenzoos*. ARTE. Online verfügbar unter: https://www.arte.tv/de/videos/067797-000-A/die-wilden-in-den-menschenzoos [15.08.2020].
Bobbio, Norberto. 1997. „L'impegno intellettuale ieri e oggi." *Rivista di filosofia* 1/88: 11–23.
Bodei, Remo. 2003. *Destini personali. L'età della colonizzazione delle coscienze*. 3., Mailand: Feltrinelli.
Bolongaro, Eugenio. 2016. *Italo Calvino and the Compass of Literature*. Toronto: University of Toronto Press. Online verfügbar unter: https://doi.org/10.3138/9781442676343 [01.08.2021].
Bonetti, Leonardo. 2012. „Su ‚L'origine degli Uccelli' ovvero dell'unione dei due mondi." In: Walter Pedullà (Hg.). „Italo Calvino negli Anni Sessanta." *L'illuminista* 34-35-36/12. Rom: Ponte Sisto, 75–84.
Bonura, Giuseppe. 1995. *Invito alla lettura di Italo Calvino*. 11., Mailand: Mursia.
Borsò, Vittoria. 2008. *Das andere denken, schreiben, sehen. Schriften zur romanistischen Kulturwissenschaft*. Herausgegeben von Heike Brohm, Vera Elisabeth Gerling, Björn Goldammer & Beatrice Schuchardt. Bielefeld: transcript.
Borsò, Vittoria. 2009. „Die Exteriorität des Blickes oder die Ethik der Rahmenverschiebungen (Calvino, Lévinas)." In: Claudia Öhlschläger (Hg.). *Narration und Ethik*. München: Fink, 127–144.
Borsò, Vittoria. 2010. „‚Bio-Poetik'. Das ‚Wissen für das Leben' in der Literatur und den Künsten". In: Wolfgang Asholt & Ottmar Ette (Hg.). *Literatur als Lebenswissenschaft. Programm – Projekte – Perspektiven*. Tübingen: , Narr/ Franke, 223–246.
Borsò, Vittoria. 2012a. „Jenseits der Vernunft des Dritten oder ZusammenLeben als affirmative Lebenspolitik. Überlegungen zu einer Theorie des Zusammenlebens aus Sicht von Literatur und Kunst." In: Ottmar Ette (Hg.): *Wissensformen und Wissensnormen des ZusammenLebens. Literatur – Kultur*. Berlin u. a.: De Gruyter, 14–34.
Borsò, Vittoria. 2012b. „Audiovisionen der Schrift an der Grenze des Sagbaren und Sichtbaren. Zur Ethik der Materialität. " In: Sebastian Donat u. a. (Hg.) *Poetische Gerechtigkeit*. Düsseldorf: dup, 163–188.
Borsò, Vittoria & Michele Cometa (Hg.). 2013. *Die Kunst das Leben zu ‚bewirtschaften'. Biós zwischen Politik, Ökonomie und Ästhetik*. Bielefeld: transcript.
Borsò, Vittoria. 2013a. „Vorwort." In: Vittoria Borsò & Michele Cometa (Hg.). *Die Kunst das Leben zu ‚bewirtschaften'. Biós zwischen Politik, Ökonomie und Ästhetik*. Bielefeld: transcript, 9–12.
Borsò, Vittoria. 2013b. „Biopolitik, Bioökonomie, Bio-Poetik im Zeichen der Krisis. Über die Kunst, das Leben zu ‚bewirtschaften'." In: Vittoria Borsò & Michele Cometa (Hg.). *Die Kunst das Leben zu ‚bewirtschaften'. Biós zwischen Politik, Ökonomie und Ästhetik*. Bielefeld: transcript, 13–38.
Borsò, Vittoria. 2013c. „Biopolitisch. Andere Blicke." In: Beate Ochsner & Anna Grebe (Hg.). *Andere Bilder. Zur Produktion von Behinderung in der visuellen Kultur*. Berlin u. a.: De Gruyter.

Borsò, Vittoria (Hg.). 2014a. *Wissen und Leben – Wissen für das Leben. Herausforderungen einer affirmativen Biopolitik*. In Zusammenarbeit mit: Sieglinde Borvitz, Aurora Rodonò und Sainab Sandra Omar. Bielefeld: transcript.

Borsò, Vittoria. 2014b. „Materialität und Unbestimmtheit(en) im Neorealismo. Offenheit zum Leben." In: Claudia Öhlschläger, Lucia Perrone Capano & Vittoria Borsò (Hg.). *Realismus nach den europäischen Avantgarden*. Bielefeld: transcript, 261–290.

Borsò, Vittoria. 2014c. „Jenseits von Vitalismus und Dasein. Roberto Espositos epistemologischer Ort in der Philosophie des Lebens." In: Vittoria Borsò (Hg.). *Wissen und Leben – Wissen für das Leben. Herausforderungen einer affirmativen Biopolitik*. Bielefeld: transcript, 141–169.

Borsò, Vittoria. 2014d. „Bio-Poetica. Frizioni e interazioni tra ‚concetti nella vita' e produzione finzionale della dinamica del bios." *Prospero – Rivista di letterature e culture straniere* 19/12, 15–48. Online verfügbar unter: http://www.openstarts.units.it/dspace/handle/10077/10617 [21.08.21].

Borsò, Vittoria. 2015. „Topologie als literaturwissenschaftliche Methode. Die Schrift des Raums und der Raum der Schrift." In: Stephan Günzel (Hg.). *Topologie. Zur Raumbeschreibung in den Kultur- und Medienwissenschaften*. Bielefeld: transcript, 279–296. Online verfügbar unter: www.degruyter.com/document/doi/10.14361/9783839407103/html [01.08.21].

Borsò, Vittoria. 2020. „The dark side of the moon. Freiheit und Raum in Calvinos Blick auf unsichtbare Städte". In: Christof Baier u. a. (Hg.). *„Absolutely Free?" – Invention und Gelegenheit in der Kunst*. Bielefeld: transcript, 633–652.

Borvitz, Sieglinde & Mauro Ponzi (Hg.). 2014a. *Schwellen. Ansätze für eine neue Theorie des Raums*. Düsseldorf: dup.

Borvitz, Sieglinde & Mauro Ponzi. 2014b. „Vorwort." In: Sieglinde Borvitz & Mauro Ponzi (Hg.). *Schwellen. Ansätze für eine neue Theorie des Raums*. Düsseldorf: dup, 7–10.

Braidotti, Rosi. 1996. „Signs of Wonder and Traces of Doubt. On Teratology and Embodied Differences." In: Nina Lykke & Rosi Braidotti (Hg.). *Between Monsters, Goddesses, and Cyborgs. Feminist Confrontations with Science, Medicine, and Cyberspace*. London u. a.: Zed Book, 135–152.

Braidotti, Rosi. 2018. „La molteplicità. Un' etica per la nostra epoca, oppure meglio cyborg che dea." In: Donna Haraway (Hg.). *Manifesto cyborg. Donne, tecnologie e biopolitiche del corpo*. Mailand: Feltrinelli, 9–38.

Breton, André. 1968. „Erstes Manifest des Surrealismus, 1924." In: *Die Manifeste des Surrealismus*. Deutsch von Ruth Henry. Reinbek bei Hamburg: Rowohlt, 11–29. Online verfügbar unter: http://gams.uni-graz.at/o:reko.bret.1924 [02.09.21].

Brückner, Benjamin, Judith Preiß & Peter Schnyder (Hg.). 2016. *Lebenswissen. Poetologien des Lebendigen im langen 19. Jahrhundert*. Freiburg u. a.: Rombach.

Brunner, Otto, Werner Conze & Reinhart Koselleck (Hg.). 1979. *Geschichtliche Grundbegriffe. Historisches Lexikon zur politisch-sozialen Sprache in Deutschland. Band 1 A-D*. Nachdruck. Stuttgart: Klett-Cotta.

Bucciantini, Massimo. 2007. *Italo Calvino e la scienza. Gli alfabeti del mondo*. Rom: Donzelli.

Burdorf, Dieter, Christoph Fasbender & Burkhard Moennighoff (Hg.). 2007. *Metzler Lexikon Literatur. Begriffe und Definitionen*. 3., Stuttgart u. a.: Metzler.

Butler, Judith. 1995. *Körper von Gewicht. Die diskursiven Grenzen des Geschlechts*. Berlin: Berlin-Verlag.

Butzer, Günter & Joachim Jacob. 2012. *Metzler Lexikon literarischer Symbole*. Stuttgart: Metzler.

Calcaterra, Domenico. 2014. *Il secondo Calvino. Un discorso sul metodo*. Prefazione di Alessandro Zaccuri. Mailand u. a.: Mimesis.

Calligaris, Contardo. 1973. *Italo Calvino*. Mailand: Mursia.

Cammozzo, Alberto. 2016. „La memoria del mondo di Italo Calvino e la terza rivoluzione industriale. Siamo vivi o informazione?" *Revue Internationale de l'histoire des Sciences, de la Médecine, de la Pharmacie, et de la Technique*, 7, 27–46.

Canguilhem, Georges. 2017. *Das Normale und das Pathologische*. 2., herausgegeben von Maria Muhle. Berlin: August Verlag.

Canguilhem, Georges. 2018. *Die Erkenntnis des Lebens*. 2., aus dem Französischen von Till Badoux, Maria Muhle und Francesca Raimondi. Berlin: August Verlag.

Carroll, Joseph. 1995. *Evolution and Literary Theory*. Columbia: University of Missouri Press.

Cases, Cesare. 1970. „Calvino e il ‚Pathos della distanza'", *Città aperta* 7–8, 1958; jetzt in: Maria Corti & Cesare Segre (Hg.). *I metodi attuali della critica in Italia*. Turin: Eri Edizioni, 53–58.

Cavalletti, Andrea. 2005. *La città biopolitica. Mitologie della sicurezza*. Mailand: Mondadori.

Cecchi, Emilio & Natalino Sapegno (Hg.). 1987. *Storia della letteratura italiana. Il Novecento 2*. Bd. 2. Nuova ed. Mailand: Garzanti.

Cohen, Jeffrey Jerome (Hg.). 1996a. *Monster theory. Reading culture*. Minneapolis: University of Minnesota Press.

Cohen, Jeffrey Jerome. 1996b. „Monster Culture (Seven Theses)." In: Jeffrey Jerome Cohen (Hg.). *Monster theory. Reading culture*. Minneapolis: University of Minnesota Press, 3–25.

Cometa, Michele. 2013. „Die notwendige Literatur. Skizze einer Biopoetik." In: Vittoria Borsò & Michele Cometa (Hg.). *Die Kunst das Leben zu‚bewirtschaften'. Biós zwischen Politik, Ökonomie und Ästhetik*. Bielefeld: transcript, 171–194.

Conrad von Heydendorff, Christiane. 2018. *Zurück zum Realen. Tendenzen in der italienischen Gegenwartsliteratur*. Göttingen: V&R unipress.

Cooke, Brett & Frederick Turner (Hg.). 1999. *Biopoetics. Evolutionary explorations in the arts*. Lexington: ICUS.

Cooke, Brett. 2001. „Literary Biopoetics. An Introduction." *Interdisciplinary Literary Studies* 2/2, 1–8. Online verfügbar unter: https://www.jstor.org/stable/41209069 [21.08.21].

Corti, Maria & Cesare Segre (Hg.). 1970. *I metodi attuali della critica in Italia*. Turin: Eri Edizioni.

De Federicis, Lidia. 1989. *La giornata d'uno scrutatore di Italo Calvino*. Turin: Loescher.

Deidier, Roberto. 2012. „Calvino agli inferi. Una giornata di Amerigo Ormea." In: Walter Pedullà (Hg.). 2012. „Italo Calvino negli Anni Sessanta." *L'illuminista* 34-35-36/12. Rom: Ponte Sisto, 113–122.

Deleuze, Gilles. 1991. „Was ist ein Dispositiv?" In: François Ewald & Bernhard Waldenfels (Hg.). *Spiele der Wahrheit. Michel Foucaults Denken*. Frankfurt am Main: Suhrkamp, 153–162.

Deleuze, Gilles. 1992. *Foucault*. Übersetzt von Hermann Kocyba. Frankfurt am Main: Suhrkamp.

Deleuze, Gilles. 2000. *Kritik und Klinik*. Aus dem Französischen von Joseph Vogl. Frankfurt am Main: Suhrkamp.

Dell'Aia, Lucia & Jacopo D'Alonzo (Hg.). 2019. *Lo scrigno delle segnature. Lingua e poesia in Giorgio Agamben. Con un inedito di Giorgio Agamben*. Amsterdam: Istituto Italiano di Cultura.
Derrida, Jacques. 1972. *Die Schrift und die Differenz*. Frankfurt am Main: Suhrkamp.
Derrida, Jacques. 1974. *Grammatologie*. Frankfurt am Main: Suhrkamp.
Derrida, Jacques. 1995. *Points ... Interviews, 1974–1994*. Herausgegeben von Elisabeth Weber. Stanford: Stanford University Press.
Deuber-Mankowsky, Astrid & Christoph F. E. Holzhey (Hg.). 2013. *Situiertes Wissen und regionale Epistemologie. Zur Aktualität Georges Canguilhems und Donna J. Haraways*. Wien: Verlag Turia + Kant.
Didi-Huberman, Georges. 2010. *Formlose Ähnlichkeit oder die Fröhliche Wissenschaft des Visuellen nach Georges Bataille*. München: Fink.
Dini, Andrea. 2002. „Calvino e Walt Disney. Iconografia della bestia." *Quaderni del'900*, 2, 35–50.
Dirks, Ulrich & Astrid Wagner (Hg.). 2018. *Abel im Dialog. Perspektiven der Zeichen- und Interpretationsphilosophie*. Berlin u. a.: De Gruyter.
Domenach, Jean-Marie. 1980. „Personalismo." In: *Treccani. Enciclopedia del Novecento*. Online verfügbar unter: https://www.treccani.it/enciclopedia/personalismo_%28Enciclopedia-del-Novecento%29/. [09.09.21].
Donat, Sebastian u. a. (Hg.). 2012. *Poetische Gerechtigkeit*. Düsseldorf: dup.
Dünne, Jörg & Andreas Mahler (Hg.). 2015. *Handbuch Literatur & Raum*. Berlin: De Gruyter.
Eco, Umberto (Hg). 2016. *Die Geschichte der Hässlichkeit*. 2., München: Carl Hanser Verlag.
Egen, Christoph. 2020. *Was ist Behinderung? Abwertung und Ausgrenzung von Menschen mit Funktionseinschränkungen vom Mittelalter bis zur Postmoderne*. Bielefeld: transcript.
Esposito, Roberto. 2002. *Immunitas. Protezione e negazione della vita*. Turin: Einaudi.
Esposito, Roberto. 2004. *Bíos. Biopolitica e filosofia*. Turin: Einaudi.
Esposito, Roberto. 2007. *Terza Persona. Politica della vita e filosofia dell'impersonale*. Turin: Einaudi.
Esposito, Roberto. 2010a. *Pensiero vivente. Origine e attualità della filosofia italiana*. Torino: Einaudi.
Esposito, Roberto. 2010b. *Person und menschliches Leben*. Zürich u. a.: diaphanes.
Esposito, Roberto. 2014. „Communitas, Immunitas, Biopolitik". In: Vittoria Borsò (Hg.). *Wissen und Leben – Wissen für das Leben. Herausforderungen einer affirmativen Biopolitik*. Bielefeld: transcript, 63–72.
Esposito, Roberto. 2020. „Biopolitik wird nie aktueller sein als heute: Was uns die neue Idee zur Corona-Gegenwart zu sagen hat." *NZZ*, 16. Mai 2020. Online verfügbar unter: https://www.nzz.ch/feuilleton/coronavirus-roberto-esposito-ueber-moderne-biopolitik-ld.1556128 [28.09.21].
Ette, Ottmar. 2011. *Roland Barthes zur Einführung*. Hamburg: Junius.
Ette, Ottmar (Hg.). 2012. *Wissensformen und Wissensnormen des ZusammenLebens. Literatur – Kultur – Geschichte – Medien*. Berlin u.a.: De Gruyter.
Eversmann, Susanne. 1979. *Poetik und Erzählstruktur in den Romanen Italo Calvinos. Zum Verhältnis von literarischer Theorie und narrativer Praxis*. München: Fink.
Ewald, François & Bernhard Waldenfels (Hg.). 1991. *Spiele der Wahrheit. Michel Foucaults Denken*. Frankfurt am Main: Suhrkamp.
Falaschi, Giovanni (Hg.). 1988a. *Italo Calvino. Atti del convegno internazionale. (Firenze, Palazzo Medici-Riccardi 26–28 febbraio 1987)*. Mailand: Garzanti.

Falaschi, Giovanni. 1988b. „Negli anni del neorealismo." In: Giovanni Falaschi (Hg.). *Italo Calvino. Atti del convegno internazionale. (Firenze, Palazzo Medici-Riccardi 26–28 febbraio 1987)*. Mailand: Garzanti, 113–140.
Feger, Hans (Hg.). 2012. *Handbuch Literatur und Philosophie*. Stuttgart: Metzler.
Ferretti, Gian Carlo. 1989. *Le capre di Bikini. Calvino giornalista e saggista. 1945 – 1985*. Rom: Ed. Riuniti.
Fiorentino, Francesco (Hg.). 2011a. *Al di là del testo. Critica letteraria e studio della cultura*. Macerata: Quodlibet.
Fiorentino, Francesco. 2011b. „Introduzione. Infinite reti. La letteratura nell'ipertesto della cultura." In: Francesco Fiorentino (Hg.). *Al di là del testo. Critica letteraria e studio della cultura*. Macerata: Quodlibet, 9–59.
Folkers, Andreas & Thomas Lemke (Hg.). 2014. *Biopolitik. Ein Reader*. Berlin: Suhrkamp.
Foucault, Michel. 1969. *Wahnsinn und Gesellschaft. Eine Geschichte des Wahns im Zeitalter der Vernunft*. Frankfurt am Main: Suhrkamp.
Foucault, Michel. 1973. *Die Geburt der Klinik. Eine Archäologie des ärztlichen Blicks*. München: Carl Hanser Verlag.
Foucault, Michel. 1974. *Die Ordnung der Dinge. Eine Archäologie der Humanwissenschaften*. Frankfurt am Main: Suhrkamp.
Foucault, Michel. 1976. *Überwachen und Strafen. Die Geburt des Gefängnisses*. Frankfurt am Main: Suhrkamp.
Foucault, Michel. 1995. *Der Wille zum Wissen. Sexualität und Wahrheit 1*, 8., Frankfurt am Main: Suhrkamp.
Foucault, Michel. 2003. *Schriften in vier Bänden. Dits et Ecrits. Band III 1976–1979*. Herausgegeben von Daniel Defert und François Ewald. Frankfurt am Main: Suhrkamp.
Foucault, Michel. 2005. *Schriften in vier Bänden. Dits et Ecrits. Band IV 1980-1988*. Herausgegeben von Daniel Defert und François Ewald. Frankfurt am Main: Suhrkamp.
Foucault, Michel. 2006a. *Sicherheit, Territorium, Bevölkerung. Geschichte der Gouvernementalität I. Vorlesungen am Collège de France 1977/1978*. Frankfurt am Main: Suhrkamp.
Foucault, Michel. 2006b. *Die Geburt der Biopolitik. Geschichte der Gouvernementalität II. Vorlesungen am Collège de France 1978/1979*. Frankfurt am Main: Suhrkamp.
Foucault, Michel. 2013. *Die Anormalen. Vorlesungen am Collège de France (1974–1975)*, 3., Frankfurt am Main: Suhrkamp.
Foucault, Michel. 2014. „In Verteidigung der Gesellschaft. Vorlesung vom 17. März 1976." In: Andreas Folkers & Thomas Lemke (Hg.). *Biopolitik. Ein Reader*. Berlin: Suhrkamp, 88–114.
Foucault, Michel. 2018. *Storia della follia nell'età classica. Con l'aggiunta di La follia, l'assenza d'opera e Il mio corpo, questo foglio, questo fuoco*. Nuova edizione a cura di Mario Galzigna. 8., Mailand: BUR Rizzoli.
Foucault, Michel & Maurice Blanchot. 1987. *Maurice Blanchot. The Thought from Outside./ Michel Foucault as I Imagine Him*. New York: Zone Books.
Frasson-Marin, Aurore. 1986. *Italo Calvino et l'imaginaire*. Genf u. a.: Éditions Slatkine.
Fromm, Erich. 2018. *Das Menschenbild bei Marx. Mit den wichtigsten Teilen der Frühschriften von Karl Marx*. Aus dem Amerikanischen von Renate Müller-Isenburg und C. Barry Hyams, überarbeitet von Rainer Funk. Gießen: Psychosozial-Verlag.
Fusi, Valdo. 1976. *Torino. Un po'*. Mailand: Mursia.
Gaßner, Hubertus (Hg.). 1994. *Elan vital oder Das Auge des Eros*. München: Haus der Kunst München.

Gebhard, Gunther, Oliver Geisler & Steffen Schröter (Hg.). 2009. *Von Monstern und Menschen. Begegnungen der anderen Art in kulturwissenschaftlicher Perspektive*. Bielefeld: transcript.

Gehring, Petra. 2008. „Bio-Politik/Bio-Macht." In: Clemens Kammler, Rolf Parr & Ulrich Johannes Schneider (Hg.). *Foucault Handbuch. Leben, Werk, Wirkung*. Unter Mitarbeit von Elke Reinhardt-Becker. Stuttgart: Metzler, 230–231.

Gentili, Dario. 2010. „Città e natura. Urbs, metropoli, territorio." *Lettera internazionale* 103/1, 48–50.

Gentili, Dario. 2020a. *Krise als Regierungskunst*. Leipzig: Merve Verlag.

Gentili, Dario. 2020b. „*Hic sunt leones*. Confine/Frontiera. Genealogia politica di un dispositivo spaziale." *Teoria politica* 10, 235–246.

Geulen, Eva. 2009. *Giorgio Agamben zur Einführung*. 2., Hamburg: Junius.

Geulen, Eva. 2017. „Form-Wissen bei Lukács und Benjamin." In: Maria Muhle & Christiane Voss (Hg.). *Black Box Leben*. Berlin: August Verlag, 137–151.

Ghidini, Alberto & Marco Dotti. 2013. „Un pensiero vivente. Dialogo con Roberto Esposito." Online verfügbar unter: https://tysm.org/un-pensiero-vivente-dialogo-con-roberto-esposito [02.09.21].

Gottwald, Claudia. 2013. „Behinderung in der Karikatur. Zum Verhältnis von Hässlichkeit, Komik und Behinderung in der Geschichte der Karikatur." In: Beate Ochsner & Anna Grebe (Hg.). *Andere Bilder. Zur Produktion von Behinderung in der visuellen Kultur*. Berlin u. a.: De Gruyter, 117–132.

Gracia, Jorge J. E., Carolyn Korsmeyer & Rodolphe Gasché (Hg.). 2002. *Literary philosophers? Borges, Calvino, Eco*. New York: Routledge.

Guglielmi, Angelo. 2012. „Giornata d'uno scrutatore." *Corriere della sera*, 28. April 1963; jetzt in: Walter Pedullà (Hg.). „Italo Calvino negli Anni Sessanta." *L'illuminista* 34-35-36/12. Rom: Ponte Sisto, 475–476.

Günzel, Stephan (Hg.). 2015. *Topologie. Zur Raumbeschreibung in den Kultur- und Medienwissenschaften*. Bielefeld: transcript. Online verfügbar unter: https://doi.org/10.1515/9783839407103 [01.08.21].

Gutmann, Thomas. 2010. „Würde und Autonomie. Überlegungen zur Kantischen Tradition." *Jahrbuch für Wissenschaft und Ethik* 15/1, 3–34.

Han, Byung-Chul. 2020. *Palliativgesellschaft. Schmerz heute*. Berlin: Matthes & Seitz Verlag.

Haraway, Donna. 2018. *Manifesto cyborg. Donne, tecnologie e biopolitiche del corpo*. Mailand: Feltrinelli.

Haraway, Donna. 2019. *Le promesse dei mostri*. Rom: habitus environmental humanities.

Hempfer, Klaus W. 2018. *Literaturwissenschaft – Grundlagen einer systematischen Theorie*. Stuttgart: Metzler.

Herlinghaus, Hermann. 2012. „*Pharmakon* und *pharmakos* – Annäherung an ein literarisches Feld epistemischer Grenzerweiterung." In: Ottmar Ette (Hg.). *Wissensformen und Wissensnormen des ZusammenLebens. Literatur – Kultur – Geschichte – Medien*. Berlin u. a.: De Gruyter, 128–141.

Hermann, Iris. 2006. *Schmerzarten: Prolegomena einer Ästhetik des Schmerzes in Literatur, Musik und Psychoanalyse*. Heidelberg: Winter.

Horkheimer, Max & Theodor W. Adorno. 2011. *Dialektik der Aufklärung. Philosophische Fragmente*. 19., Frankfurt am Main: Fischer.

Horlacher, Stefan. 2013. „Merleau-Ponty, Maurice." In: Ansgar Nünning. (Hg.) *Metzler Lexikon Literatur- und Kulturtheorie. Ansätze – Personen – Grundbegriffe*. 5., Stuttgart: Metzler, 511–512.
Hübener, Andrea. 2012. „Feuer/Flamme." In: Günter Butzer & Joachim Jacob. 2012. *Metzler Lexikon literarischer Symbole*. Stuttgart: Metzler, 119–121.
Iacoli, Giulio. 2005. „*Hortus conclusus*, rupe. Modelli per un accerchiamento testuale nella ‚Giornata d'uno scrutatore' di Italo Calvino." *Bollettino '900*, 1–2, Online verfügbar unter: http://www3.unibo.it/boll900/numeri/2005-i [pdf] [24.02.2021].
Iovino, Serenella. 2011. „The Wilderness of the human Other. Italo Calvino's *The Watcher* and a Reflection on the Future of Ecocriticism." In: Serpil Oppermann u. a. (Hg.). *The Future of Ecocriticism. New Horizons*. Newcastle upon Tyne: Cambridge Scholar Publishing, 65–81.
Iovino, Serenella. 2014a. „Storie dell'altro mondo. Calvino post-umano." *MLN* 129/1, 118–138.
Iovino, Serenella. 2014b. „Hybriditales." In: Deborah Amberson & Elena Past (Hg.). *Thinking Italian Animals. Human and Posthuman in Modern Italian Literature and Film*. New York: Palgrave Macmillan, 215–232.
Isnenghi, Mario (Hg.) 2010. *I luoghi della memoria. Simboli e miti dell'Italia unita*. Neue erweiterte Ausgabe. Rom: Laterza.
Kaiser, Birgit M. 2011. „Literatur und Biopolitik. Rationalisierungen des Lebens in der Romantik." In: Maria Muhle & Kathrin Thiele (Hg.) *Biopolitische Konstellationen*. Berlin: August Verlag, 119–142.
Kammler, Clemens, Rolf Parr & Ulrich Johannes Schneider (Hg.). 2008. *Foucault Handbuch. Leben, Werk, Wirkung*. Unter Mitarbeit von Elke Reinhardt-Becker. Stuttgart: Metzler.
Kapp, Volker (Hg.). 2007. *Italienische Literaturgeschichte*. 3., Stuttgart: Metzler.
Kaute, Brigitte. 2006. *Die Ordnung der Fiktion. Eine Diskursanalytik der Literatur und exemplarische Studien*. Wiesbaden: Deutscher Universitäts-Verlag.
Kirchmayr, Raoul. 2004. „La violenza di uno sguardo. Scene da Sartre (e da Husserl)." In: Pier Aldo Rovatti (Hg.). *Scenari dell'alterità*. Mailand: Bompiani, 13–40.
Klass, Tobias. 2008. „Heterotopie." In: Clemens Kammler, Rolf Parr & Ulrich Johannes Schneider (Hg.). *Foucault Handbuch: Leben, Werk, Wirkung*. Unter Mitarbeit von Elke Reinhardt-Becker. Stuttgart: Metzler, 263–266.
Klawitter, Arne. 2012. „Philosophisches Denken und literarischer Diskurs". In: Hans Feger (Hg.). *Handbuch Literatur und Philosophie*. Stuttgart: Metzler, 216–240.
König, Christiane, Massimo Perelli & Olaf Stieglitz. 2012. „Einleitung Praktiken." In: Netzwerk Körper. *What can a body do? Praktiken und Figurationen des Körpers in den Kulturwissenschaften*. Frankfurt am Main: Campus-Verlag, 11–15.
Koselleck, Reinhart. 1979. „Einleitung." In: Otto Brunner, Werner Conze & Reinhart Koselleck (Hg.) 1979. *Geschichtliche Grundbegriffe. Historisches Lexikon zur politisch-sozialen Sprache in Deutschland. Band 1 A-D*. Nachdruck. Stuttgart: Klett-Cotta, XIII–XXVII.
Krause, Marcus. 2018. „Dichtungsmaschinen und Subjektprogramme. Literarische Regelkreisphantasien in den 1960ern." In: Jeannie Moser & Christina Vagt (Hg.). *Verhaltensdesign – Technologische und ästhetische Programme der 1960er und 1970er Jahre*. Bielefeld: transcript, 89–111.
Krauss, Rosalind. 1996. „,Informe' without Conclusion." *October* 78, 89–105. Online verfügbar unter: www.jstor.org/stable/778907. [24.02.2021].
Kristeva, Julia. 1982. *Powers of Horror. An Essay on Abjection*. New York: Columbia University Press.

Kroker, Arthur. 2012. *Body Drift. Butler, Hayles, Haraway*. Minneapolis u. a.: University of Minnesota Press.
Leopardi, Giacomo. 2007. *Tutte le poesie e tutte le prose*. Herausgegeben von Lucio Felici & Emanuele Trevi. Rom: Newton Compton.
Leopardi, Giacomo. 2016. *Zibaldone*. Herausgegeben von Lucio Felici. Rom: Newton Compton.
Levi, Carlo. 2014. *Cristo si è fermato a Eboli*. Con saggi di Italo Calvino e Jean-Paul Sartre. Turin: Einaudi.
Link, Jürgen. 1997. *Versuch über den Normalismus. Wie Normalität produziert wird*. Opladen: Westdeutscher Verlag.
Link, Jürgen. 2008. „Dispositiv." In: Clemens Kammler, Rolf Parr & Ulrich Johannes Schneider (Hg.). *Foucault Handbuch. Leben, Werk, Wirkung*. Unter Mitarbeit von Elke Reinhardt-Becker. Stuttgart: Metzler, 237–242.
Link, Jürgen & Ursula Link-Heer. 1990. „Diskurs/Interdiskurs und Literaturanalyse." *Zeitschrift für Literaturwissenschaft und Linguistik* 20/77, 88–99.
Lo Leggio, Salvatore. 2014. „Il Cottolengo e i clericali (di Antonio Gramsci)." Online verfügbar unter: http://salvatoreloleggio.blogspot.com/2014/02/il-cottolengo-e-i-clericali-di-antonio.html [02.09.21].
Lucci, Antonio & Luca Viglialoro (Hg.). 2016. *Giorgio Agamben. La vita delle forme*. Genua: il melangolo.
Lykke, Nina. 1996. „Between Monsters, Goddesses and Feminist Confrontations with Science." In: Nina Lykke & Rosi Braidotti (Hg.). *Between Monsters, Goddesses, and Cyborgs. Feminist Confrontations with Science, Medicine, and Cyberspace*. London u. a.: Zed Book, 13–19.
Lykke, Nina & Rosi Braidotti (Hg.). 1996. *Between Monsters, Goddesses, and Cyborgs. Feminist Confrontations with Science, Medicine, and Cyberspace*. London u. a.: Zed Book.
Majetschak, Stefan. 2007. *Ästhetik zur Einführung*. Hamburg: Junius.
Manicomio Modello. o. J. „Struttura." In: *Manicomio Modello. Dal Progetto di Cesare Lombroso*. Online verfügbar unter: http://manicomiomodello.altervista.org/struttura [06.09.21].
Marighetti, Luca. 1987. „Calvino difficile. saggio di estetica della recezione 1947–1985." *Italienische Studien* 10, 203–212.
Marx, Karl. 2015. *Ökonomisch-Philosophische Manuskripte*. Herausgegeben von Michael Quante. Frankfurt am Main: Suhrkamp.
Mattheus, Bernd. 1988. *Georges Bataille. Eine Thanatographie II. Chronik 1940–1951*. München: Matthes & Seitz Verlag.
Mayer, Ruth. 2013. „Race." In: Ansgar Nünning (Hg.). *Metzler Lexikon Literatur- und Kulturtheorie. Ansätze – Personen – Grundbegriffe*. 5., Stuttgart: Metzler, 632–633.
McLaughlin, Martin & Arianna Scicutella. 2002. „Calvino e Conrad. Dalla tesi di laurea alle Lezioni Americane." *Italian Studies*, 57/1, 113–132.
Menninghaus, Winfried. 1986. *Schwellenkunde – Walter Benjamins Passage des Mythos*. Frankfurt am Main: Suhrkamp.
Menninghaus, Winfried. 1999. *Ekel. Theorie und Geschichte einer starken Empfindung*. Frankfurt am Main: Suhrkamp.
Merleau-Ponty, Maurice. 2004. *Das Sichtbare und das Unsichtbare. Gefolgt von Arbeitsnotizen*. 3., herausgegeben von Claude Lefort, aus dem Französischen von Regula Giuliani und Bernhard Waldenfels. München: Fink.

Merriam-Webster. 1995. „Mauriac." In: *Merriam-Webster's Encyclopedia of Literature*. Springfield: Merriam Webster, Inc., Publishers, 740.
Meyer, Anne-Rose. 2011. *Homo dolorosus. Körper, Schmerz, Ästhetik*. München: Fink.
Meyer, Urs. 2007. „Grotesk." In: Dieter Burdorf, Christoph Fasbender & Burkhard Moennighoff (Hg.). *Metzler Lexikon Literatur. Begriffe und Definitionen*. 3., Stuttgart u. a.: Metzler, 296–297.
Milana, Roberto. 2012. „Italo Calvino e la carnevalizzazione." In: Walter Pedullà (Hg.) 2012. „Italo Calvino negli Anni Sessanta." *L'illuminista* 34-35-36/12. Rom: Ponte Sisto, 129–138.
Milanini, Claudio. 1989. „Italo Calvino la trilogia del realismo speculativo." *Belfagor* 44/3, 241–62.
Milanini, Claudio. 1991. „Introduzione." In: Italo Calvino. *Romanzi e Racconti*. Vol. 1. I Meridiani. Herausgegeben von Claudio Milanini, Mario Barenghi & Bruno Falcetto. Mailand: Mondadori, XXXVII–LIX.
Milanini, Claudio. 1992. „Introduzione." In: Italo Calvino. *Romanzi e Racconti*. Vol. 2. I Meridiani. Herausgegeben von Claudio Milanini, Mario Barenghi & Bruno Falcetto. Mailand: Mondadori, XI–XXXVI.
Milano, Paolo. 2012. „Italo Calvino e la perplessità." *L'Espresso*, 17. März 1963; jetzt in: Walter Pedullà (Hg.). „Italo Calvino negli Anni Sessanta." *L'illuminista* 34-35-36/12. Rom: Ponte Sisto, 451–454.
Milburn, Colin Nazhone. 2003. „Monsters in Eden. Darwin and Derrida." *MLN* 118/3, 603–621. Online verfügbar unter: https://www.jstor.org/stable/3251937 [18.08.2021].
Millán-Zaibert, Elizabeth. 2002. „A Method for the New Millenium. Calvino and Irony." In: Jorge J. E. Gracia, Carolyn Korsmeyer & Rodolphe Gasché (Hg.). 2002. *Literary philosophers? Borges, Calvino, Eco*. New York: Routledge, 129–148.
Moser, Jeannie & Christina Vagt (Hg.). 2018. *Verhaltensdesign – Technologische und ästhetische Programme der 1960er und 1970er Jahre*. Bielefeld: transcript.
Muhle, Maria. 2008. „Einleitung." In: Jacques Rancière. *Die Aufteilung des Sinnlichen. Politik der Kunst und ihre Paradoxien*. 2., Berlin: b_books Verlag, 7–19.
Muhle, Maria. 2013. *Eine Genealogie der Biopolitik. Zum Begriff des Lebens bei Foucault und Canguilhem*. München: Fink.
Muhle, Maria & Kathrin Thiele (Hg.). 2011. *Biopolitische Konstellationen*. Berlin: August Verlag.
Muhle, Maria & Christiane Voss (Hg.). 2017. *Black Box Leben*. Berlin: August Verlag.
Musarra-Schrøder, Ulla. 2010. *Italo Calvino tra i cinque sensi*. Florenz: F. Cesati.
Nancy, Jean-Luc. 2010. *Ausdehnung der Seele. Texte zu Körper, Kunst und Tanz*. Ausgewählt und übersetzt von Miriam Fischer. Zürich u. a.: diaphanes.
Nancy, Jean-Luc. 2014. *Corpus*. Zürich u. a.: diaphanes.
Nelting, David. 2016. „Im Nebel der Geschichte. Erfahrung und Referenz im italienischen Neorealismus (Italo Calvino, Beppe Fenoglio)." In: Axel Rüth & Michael Schwarze (Hg). *Erfahrung und Referenz. Erzählte Geschichte im 20. Jahrhundert*. Paderborn: Fink, 109–126.
Netzwerk Körper (Hg.). 2012. *What can a body do? Praktiken und Figurationen des Körpers in den Kulturwissenschaften*. Frankfurt am Main: Campus-Verlag.
Neumann, Birgit. 2015. „Raum und Erzählung." In: Jörg Dünne & Andreas Mahler (Hg). *Handbuch Literatur & Raum*. Berlin: De Gruyter, 96–104.
Nocentini, Claudia. 1996. „Fiat Pasta: Calvino and food." In: John Wilkins (Hg.). *Food in European Literature*. Exeter: Intellect books, 17–26.

Nünning, Ansgar (Hg.). 2013. *Metzler Lexikon Literatur- und Kulturtheorie. Ansätze – Personen – Grundbegriffe. 5.*, Stuttgart: Metzler.
Occhiocupo, Nicola. 2018. „Una intesa lungimirante. La centralità della persona." *Nuova Antologia* 619/3, 29–39.
Ochsner, Beate & Anna Grebe (Hg.). 2013. *Andere Bilder. Zur Produktion von Behinderung in der visuellen Kultur*, Berlin u. a.: De Gruyter.
Ochsner, Beate. 2010. *DeMONSTRAtion. Zur Repräsentation des Monsters und des Monströsen in Literatur, Fotografie und Film*, Heidelberg: Synchron.
Öhlschläger, Claudia (Hg.). 2009. *Narration und Ethik.* München: Fink.
Öhlschläger, Claudia, Lucia Perrone Capano & Vittoria Borsò (Hg.). 2014. *Realismus nach den europäischen Avantgarden.* Bielefeld: transcript.
Oppermann, Serpil u. a. (Hg.). 2011. *The Future of Ecocriticism. New Horizons.* Newcastle upon Tyne: Cambridge Scholar Publishing.
Paci, Enzo. 1962a. „Nuove richerche fenomenologiche." *aut aut* 68, 99–112.
Paci, Enzo. 1962b. „Nota su Robbe-Grillet, Butor e la fenomenologia." *aut aut* 69, 234–237.
Pampaloni, Geno. 1987. „Italo Calvino." In: Emilio Cecchi & Natalino Sapegno (Hg.). *Storia della letteratura italiana. Il Novecento 2.* Bd. 2. Nuova ed. Mailand: Garzanti, 554–559.
Patrizi, Giorgio. 2012. „Calvino e la cultura francese post-strutturalista." In: Walter Pedullà (Hg.). „Italo Calvino negli Anni Sessanta." *L'illuminista* 34-35-36/12. Rom: Ponte Sisto, 153–162.
Pedullà, Walter. (Hg.) 2012. „Italo Calvino negli Anni Sessanta." *L'illuminista* 34-35-36/12. Rom: Ponte Sisto.
Piacentini, Adriano. 2016. *Consistenza. L'inesplorata sesta lezione di Calvino.* Rom: Edizioni Progetto cultura.
Piana, Marco. 2014. „L'utopia corporea. Italo Calvino e il mondo alla rovescia. " *Carte italiane* 9/2, 53–71.
Pilz, Kerstin. 2005. *Mapping Complexity. Literature and Science in the Works of Italo Calvino.* Leicester: Troubador Publishing Ltd.
Pirro, Maurizio. 2014. „Biopoetiche/Bioestetiche." *Prospero – Rivista di letterature e culture straniere* 19/12, 5–14. Online verfügbar unter: http://www.openstarts.units.it/dspace/handle/10077/10617 [21.08.21].
Pöhlmann, Ferdinand (Hg.). 2016. *Kindler Klassiker Philosophie. Werke aus drei Jahrtausenden.* Stuttgart: Metzler.
Porro, Mario. 2009. *Letteratura come filosofia naturale.* Mailand: Medusa edizioni.
Pugliese, Isabella. 2010. „Ai margini del mondo. Il ‚Cottolengo' di Italo Calvino." *Critica Letteraria* 38/3, 510–533.
Rancière, Jacques. 2008. *Die Aufteilung des Sinnlichen. Politik der Kunst und ihre Paradoxien.* 2., Berlin: b_books Verlag.
Rancière, Jacques. 2018. *Das Unvernehmen. Politik und Philosophie.* 7., Frankfurt am Main: Suhrkamp.
Re, Lucia. 2014. „Pasolini vs. Calvino, One More Time. The Debate on the Role of Intellectuals and Postmodernism in Italy Today." *MLN* 129/1, 99–117.
Reichel, Kristin. 2006. *L'uomo completo. Anthropologie und Gesellschaft in Poetik und Praxis von Italo Calvino.* Würzburg: Königshausen & Neumann.
Rheinberger, Hans-Jörg. 2018. „Über epistemische Dinge." In: Ulrich Dirks & Astrid Wagner (Hg.). *Abel im Dialog. Perspektiven der Zeichen- und Interpretationsphilosophie.* Berlin u. a.: De Gruyter, 565–574.

Ridolfi, Maurizio. 2010. „Risorgimento." In: Mario Isenghi (Hg.). *I luoghi della memoria. Simboli e miti dell'Italia unita*. Neue erweiterte Ausgabe. Rom: Laterza, 3–48.
Rignani, Orsola. 2012. *Umano? Una domanda per Italo Calvino e Michel Serres*. Fidenza: Mattioli 1885.
Rölli, Marc & Roberto Nigro (Hg.). 2017. *Vierzig Jahre „Überwachen und Strafen". Zur Aktualität der Foucault'schen Machtanalyse*. Bielefeld: transcript.
Rösch, Gertrud Maria. 2012. „Schlange." In: Günter Butzer & Joachim Jacob. 2012. *Metzler Lexikon literarischer Symbole*. Stuttgart: Metzler, 373–374.
Rose, Nikolas. 2009. „Was ist Leben? – Versuch einer Wiederbelebung." In: Martin G. Weiß (Hg.). *Bios und Zoë. Die menschliche Natur im Zeitalter ihrer technischen Reproduzierbarkeit*. Frankfurt am Main: Suhrkamp, 152–178.
Rovatti, Pier Aldo (Hg.). 2004a. *Scenari dell'alterità*. Mailand: Bompiani.
Rovatti, Pier Aldo. 2004b. „Premessa." In: Pier Aldo Rovatti (Hg.). *Scenari dell'alterità*. Mailand: Bompiani, 7–12.
Rushing, Robert. 2006. „What We Desire, We Shall Never Have. Calvino, Žižek, and Ovid." *Comparative Literature* 58/1: 44–58. Online verfügbar unter: http://www.jstor.org/stable/4122340 [18.08.2021].
Rüth, Axel & Michael Schwarze (Hg). 2016. *Erfahrung und Referenz. Erzählte Geschichte im 20. Jahrhundert*. Paderborn: Fink.
Sarasin, Philipp. 2009. *Darwin und Foucault. Genealogie und Geschichte im Zeitalter der Biologie*. Frankfurt am Main: Suhrkamp.
Scarpa, Domenico. 1999. *Italo Calvino*. Mailand: Mondadori.
Schmitt, Carl. 1934. *Politische Theologie. Vier Kapitel zur Lehre von der Souveränität*. Zweite Ausgabe. München u. a.: Verlag von Duncker & Humblot.
Schubert, Klaus & Martina Klein. 2020a. *Das Politiklexikon*. 7., aktual. u. erw. Aufl. Bonn: Dietz. Lizenzausgabe Bonn: Bundeszentrale für politische Bildung. Online verfügbar unter: https://www.bpb.de/nachschlagen/lexika/politiklexikon [09.09.21].
Schubert, Klaus & Martina Klein. 2020b. „Wahlen." In: *Das Politiklexikon*. 7., aktual. u. erw. Aufl. Bonn: Dietz. Lizenzausgabe Bonn: Bundeszentrale für politische Bildung. Online verfügbar unter: https://www.bpb.de/nachschlagen/lexika/politiklexikon/18455/wahlen [09.09.21].
Schuhmann, Karl. 2016. „Edmund Husserl." In: Ferdinand Pöhlmann (Hg.). *Kindler Klassiker Philosophie. Werke aus drei Jahrtausenden*. Stuttgart: Metzler, 309–312.
Scrivano, Fabrizio. 2008. *Calvino e i corpi. Il peso dell'immateriale*. Perugia: Morlacchi.
Selbmann, Rolf. 2010. *Eine Kulturgeschichte des Fensters von der Antike bis zur Moderne*. Berlin: Reimer.
Senato della Repubblica. 2018. „La storia della nostra Costituzione." Online verfügbar unter: https://www.senato.it/application/xmanager/projects/leg18/file/storia_costituzione.pdf [21.07.2021].
Serra, Francesca. 2006. *Calvino*. Rom: Salerno Editrice.
Serres, Michel. 1982. *HERMES. Literature, Science, Philosophy*. Herausgegeben von Josué V. Harari & David F. Bell. Baltimore u.a.: The Johns Hopkins University Press.
Serres, Michel. 1998. *Die fünf Sinne. Eine Philosophie der Gemenge und Gemische*. Übersetzt von Michael Bischoff. Frankfurt am Main: Suhrkamp.
Spahn, Lea, Jasmin Scholle, Bettina Wuttig & Susanne Maurer. 2017a. *Verkörperte Heterotopien. Zur Materialität und [Un-]Ordnung ganz anderer Räume*. Bielefeld: transcript.

Spahn, Lea, Jasmin Scholle, Bettina Wuttig & Susanne Maurer (Hg.) 2017b. „Verkörperte Heterotopien. Zur Materialität und (Un-)Ordnung ganz anderer Räume. Einleitende Worte." In: Lea Spahn, Jasmin Scholle, Bettina Wuttig & Susanne Maurer (Hg.). *Verkörperte Heterotopien. Zur Materialität und [Un-]Ordnung ganz anderer Räume*. Bielefeld: transcript, 11–28.

Spriano, Paolo. 1986. *Le Passioni di un decennio. 1946–1956*. Mailand: Garzanti.

Stammberger, Birgit. 2011. *Monster und Freaks. Eine Wissensgeschichte außergewöhnlicher Körper im 19. Jahrhundert*. Bielefeld: transcript.

Stammberger, Birgit. 2013. *Monströse Körper. Kulturwissenschaftliche Perspektiven auf historische Deutungsmuster. APuZ*. bpb.de. 2. Januar 2021. Online verfügbar unter: https://www.bpb.de/apuz/175280/monstroese-koerper [02.01.2021].

Stimilli, Elettra. 2016. „L'uso del possibile." In: Antonio Lucci & Luca Viglialoro (Hg.) *Giorgio Agamben. La vita delle forme*. Genua: il melangolo, 17–34.

Thanner, Veronika, Joseph Vogl & Dorothea Walzer. (Hg.). 2018a. *Die Wirklichkeit des Realismus*. Paderborn: Fink.

Thanner, Veronika, Joseph Vogl & Dorothea Walzer. 2018b. „Die Wirklichkeit des Realismus. Einleitung." In: Veronika Thanner, Joseph Vogl & Dorothea Walzer (Hg.). *Die Wirklichkeit des Realismus*. Paderborn: Fink, 9–19.

Thoma, Heinz (Hg) 2015a. *Handbuch europäische Aufklärung. Begriffe, Konzepte, Wirkung*. Stuttgart: Metzler.

Thoma, Heinz. 2015b. „Lüge und Realismus. Italo Calvinos La giornata di uno scrutatore und Louis Aragons Le mentir vrai." *Cahiers d'Études Germaniques* 68/2, 63–75.

Thoma, Heinz & Hermann H. Wetzel. 2007. „Novecento." In: Volker Kapp (Hg.). *Italienische Literaturgeschichte*. 3., Stuttgart: Metzler, 300–402.

Tompkins, Bridget. 2015. *Calvino and the Pygmalion Paradigm. Fashioning the Feminine in I nostri antenati and Gli Amori Difficili*. Leicester: Troubador Publishing Ltd.

Tortora, Massimo. 2014. „Il racconto italiano del secondo Novecento." *Allegoria* 26/69–70, 9–40.

Treccani. o.J. „inoltrare". *Vocabolario on line*. Online verfügbar unter: https://www.treccani.it/vocabolario/inoltrare [01.08.2021].

Thüring, Hubert. 2012. *Das neue Leben. Studien zu Literatur und Biopolitik 1750–1938*. Paderborn: Fink.

Université de Genève. 2017–2020. *Atlante Calvino. Letteratura e visualizzazione*. Online verfügbar unter: https://atlantecalvino.unige.ch/ [01.09.21].

Unterthurner, Gerhard. 2017. „‚Die Welt ist eine große Anstalt.' Exklusionen in foucaultschen Geschichten des Strafens." In: Marc Rölli & Roberto Nigro (Hg.). *Vierzig Jahre „Überwachen und Strafen": zur Aktualität der Foucault'schen Machtanalyse*. Bielefeld: transcript, 63–94.

Vogl, Joseph. 2014. *Über das Zaudern*. Zürich u. a.: Diaphanes Verlag.

Waldenfels, Bernhard. 1990. *Der Stachel des Fremden*. Frankfurt am Main: Suhrkamp.

Waldenfels, Bernhard. 1999. *Sinnesschwellen. Studien zur Phänomenologie des Fremden 3*. Frankfurt am Main: Suhrkamp.

Waldenfels, Bernhard. 2006. *Grundmotive einer Phänomenologie des Fremden*. Frankfurt am Main: Suhrkamp.

Waldenfels, Bernhard. 2015. *Sozialität und Alterität: Modi sozialer Erfahrung*. Frankfurt am Main: Suhrkamp.

Warning, Rainer. 1999. *Die Phantasie der Realisten*. München: Fink.

Weiß, Martin G. (Hg.). 2009. *Bios und Zoë. Die menschliche Natur im Zeitalter ihrer technischen Reproduzierbarkeit*. Frankfurt am Main: Suhrkamp.
Welsch, Wolfgang. 2010. *Ästhetisches Denken*. 7., Stuttgart: Reclam.
Wetzel, Dietmar J. & Thomas Claviez. 2016. *Zur Aktualität von Jacques Rancière. Einleitung in sein Werk*. Herausgegeben von S. Moebius. Wiesbaden: Springer VS.
Wilkins, John (Hg.). 1996. *Food in European Literature*. Exeter: Intellect books.
Will, Anne. 2020. *Isabel Schayani über die Zustände auf Lesbos*. Ausgestrahlt am 13.09.2020, 21:45 Uhr. ARD. Online verfügbar unter: https://daserste.ndr.de/annewill/Isabel-Schayani-ueber-die-Zustaende-auf-Lesbos,annewill6636.html [21.07.2021].

# Danksagung

Für das langjährige Vertrauen und die Unterstützung bedanke ich mich herzlich bei meiner Betreuerin Sieglinde Borvitz, ohne deren Zuspruch ich diese intellektuelle Reise nicht gewagt hätte. Mein Dank gilt außerdem meinem zweiten Betreuer Francesco Fiorentino von der Università Roma Tre, der sich mit großem Engagement auf das Abenteuer eines Co-tutelle-Verfahrens eingelassen hat und mir dabei jederzeit zur Seite stand. Ich danke Dario Gentili, der mir in vielerlei Hinsicht ein Mentor war, für sein Wohlwollen und seine Freundschaft. Dank gebührt auch Vittoria Borsò, die ihre Leidenschaft für Leopardi und Calvino mit mir geteilt hat. Besonderer Dank gilt darüber hinaus Greta Giansanti für die Abdruckerlaubnis des Fotos von Italo Calvino.

 Den Aufenthalt in Rom konnte ich durch einen HeRa-Reisekostenzuschuss und ein DAAD-Auslandsstipendium finanzieren, wofür ich mich ebenfalls bedanken möchte.

 Diese Stelle bietet sich an, mich meiner eigenen ‚unhintergehbaren Relationalität' zu erinnern. Ich danke allen, die mich im Entstehungsprozess dieser Arbeit begleitet und unterstützt haben. Meinen ‚Reisegefährtinnen' Britta Köhler und Laura Strack, Veronica di Lascio und Martina Chiavetta danke ich für wertvolle Anregungen und Austausch. Für seine kritischen Anmerkungen danke ich Luca Viglialoro, für die Unterstützung bis zur letzten Minute bedanke ich mich bei Philipp Ritzen. Für unverhoffte und präzise Hilfestellung beim Lektorat danke ich Benedikt Wissing. Für ihre Geduld, Verbundenheit und Unterstützung danke ich außerdem Valeria und Joris Byzio, Coco, Pia Gruber, Madeleine Leythäuser, Marco Lucino, Luca Moretti, Elena Perilli, Marco Triulzi, Jakob Seidl und Katze Balù. Mein uneingeschränkter Dank gilt meiner Familie und meinen Eltern, die an guten wie an schweren Tagen zu mir stehen.

# Register

Abjekt (Abjektion) 77, 128–130, 135, 138, 140, 199
Abweichung 113, 115–119, 120–124, 217, 141, 146–147, 153
Ästhetik 2, 7, 8, 96–99, 101, 118, 139, 143, 152, 162, 165, 166, 172–174, 187, 190–192
*Aisthesis* 98, 139, 166, 172, 173, 176, 181, 192
Alterität 3, 18, 20–24, 32, 48, 64, 107, 137, 139, 150, 151, 165, 187
*Alterità siehe* Alterität
Animalität (animalisch) 3, 15, 20, 50, 54–61, 63–67, 82, 112, 113, 122, 179, 188
Anthropologie (anthropologisch) 4, 56, 68, 84, 116, 144, 163, 181
– anthropologische Maschine 9, 20, 59–61, 66
Aufklärung 24, 43, 44, 50–53, 119, 141
Autonomie (autonom) 2, 8, 53, 54, 69, 136, 164, 187, 192

Begehren 177, 179, 183, 185, 192, 193
Biologie (biologisch) 5, 12, 17, 22, 33, 51, 55–60, 64–66, 69, 75, 90, 95, 117, 122, 123, 144, 146, 149, 150–152, 155–159, 162, 163
Bio-Macht 1, 5, 6, 8, 11, 84, 85, 88, 91, 92, 95, 99, 187–189
Bio-Poetik (biopoetisch) 2, 8, 9, 78, 113, 161, 162, 166–169, 187, 192
Biopolitik (biopolitisch) 2, 4–9, 11, 18, 20, 24, 40, 45, 46, 53, 56–62, 78, 85–87, 94–96, 130, 132, 135, 152, 161, 162, 169, 176, 182, 183, 187–190, 192
– affirmative Biopolitik 2, 58
*bíos* 2, 8, 57, 58, 60, 62, 80, 85, 162–166, 168, 169, 175, 176
Blick 2, 20, 78, 90, 101–103, 106–108, 110–112, 135, 136, 166, 173–176, 190

Christentum (christlich) 4, 13, 48–50, 57, 178
*Cibernetica e fantasmi* 157–159, 178, 180

*Cosmicomiche* 9, 24, 71, 144–147, 151, 191
Demokratie (demokratisch) 4, 9, 34, 46, 47, 53, 93, 97
Devianz (deviant) *siehe* Abweichung
Dialektik (dialektisch) 15, 16, 20, 27, 28, 32, 33, 43, 45, 49, 57, 64, 68, 76, 85, 92, 94, 101, 106, 107, 109, 121, 125, 154, 164
Differenz 54, 56, 69, 80, 96, 103–106, 110, 119, 121–124, 129, 130, 139, 162, 164, 188
Diskurs (diskursiv) 7, 12, 26–28, 35, 44, 56, 57, 81, 82, 115–119, 121–123, 125, 133, 136, 137, 141, 149, 152, 161, 166, 185, 186–188, 190
Dispositiv 6, 9, 12–14, 24, 40, 46, 48, 55, 120, 171, 188, 189
Diversität 139, 143
Dynamik (dynamisch) 1, 6, 7, 13, 42, 43, 46, 55, 78, 96, 109, 119, 121, 132, 143, 157, 165, 166, 171, 185, 187, 189, 192, 193

Empfindung 127, 133, 142, 143, 151, 166, 178, 185, 193
Engagement (engagiert) 3, 14, 15, 18, 19, 22, 23, 25, 26, 31, 43, 108, 113, 138, 139, 142, 166, 167
Epistemologie (epistemologisch) 4, 16, 19, 72, 120, 151, 161, 165, 174, 176, 191
Erkenntnis 9, 109, 137, 138, 149, 152, 164, 174, 183, 184
Ethik (ethisch) 17, 25, 33, 51, 57, 66, 67, 79, 83, 101, 105, 139, 145, 152, 166, 169, 173, 174, 187–193

Fiktion (fiktiv) 30, 31, 89, 97, 160
Fiktionalität (fiktional) 19, 27, 31, 165, 166, 171, 188
Friktionen 165, 167

Geschichte 4, 15, 16, 18, 31, 33, 38, 39, 48, 51, 53, 56, 60, 68, 75, 81, 84, 95, 117, 141, 144, 160, 166, 179
Gleichheit 4, 46–53, 97–99, 126, 190

Heterogenität (heterogen) 12, 27, 42, 46, 78, 81, 100, 112, 121, 128, 131
Heterotopie (heterotopisch) 9, 72–75, 78, 91, 92, 115, 188
*homo siehe* Mensch

Identität 21, 24, 48, 103, 128, 137, 151, 182
*Il cavaliere inesistente* 78, 113–115, 130
*Il mare dell'oggettività* 17, 106, 127, 142, 143, 151
*Il midollo del leone* 19, 43, 51, 108, 126, 166, 167, 169, 174
*Il sentiero dei nidi di ragno* 20, 23, 25, 27, 166
*impegno siehe* Engagement
Information 35, 154, 159–161, 179, 184, 185, 191, 192
Informationstheorie 157–159, 191
Informe, das (*informe*) 128, 132, 140, 142, 143, 175
Ironie (ironisch) 34, 38, 44, 50, 70, 114, 180

Körper 2, 3, 11, 12, 46, 49, 50, 53, 57–67, 77, 85, 86, 97, 98, 101, 107, 110, 112–123, 127, 130–135, 140, 145, 146, 151, 166, 185, 188, 190
Kombinatorik (kombinatorisch) 119, 157, 158, 191
Kontingenz 3, 5, 9, 26, 53, 96, 98, 108, 126, 132, 135, 154, 155, 157, 165, 189, 191
Kultur 17, 68, 72, 80, 84, 117, 124, 132, 139, 140, 164, 173, 179, 185
Kulturwissenschaften 3, 5, 74, 152, 162, 188
Kybernetik (kybernetisch) 157–159, 184, 191

*La giornata d'uno Scrutatore* 3, 4, 9, 11–24, 29–45, 46–53, 62–71, 77–80, 86–100, 101–113, 115–118, 123–140, 143, 144–148, 150, 168–170, 175, 187–191
*La memoria del mondo* 158–160, 191, 192
*La sfida al labirinto* 13, 19, 64, 79, 167
Leben
– Lebendigkeit (lebendig) 1, 5–7, 12, 15, 16, 20, 23, 24, 44, 45, 54, 56, 59, 62, 66, 68, 70, 92, 95, 99, 102–106, 108, 113, 114, 121, 130–132, 135, 140–146, 151–161, 164–169, 175, 182, 183, 185–193
– Lebensform 5, 80, 94, 135, 137, 162, 175, 188
– Lebenswissen 5–7, 9, 161, 169, 170, 183, 192
– Lebenswissenschaften 55, 152–155, 163, 188
*Le città invisibili* 79, 80
*Lezioni americane* 167–172
Literatur 2, 5–7, 9, 13, 16, 22, 27–29, 33–36, 44, 45, 71, 78, 107, 127, 139, 141, 151, 152, 157, 158, 163–171, 179, 180, 183, 185, 187, 192
Literaturwissenschaft 3, 5, 74, 162, 163

Macht 1, 2, 4–9, 11–14, 18, 54, 61, 64, 71, 80–85, 88–92, 95, 97, 103, 107, 117, 127, 132, 140, 141, 157, 161, 187–190
– Macht des Lebens 1, 6, 7, 9, 11, 45, 80, 165, 187, 189
Materialität 132, 140, 191
Mensch (menschlich) 4, 5, 8, 9, 12–16, 19–23, 32, 44, 46–70, 73–76, 79–82, 87, 90, 98, 103, 105, 108, 110–115, 117, 120–122, 124–128, 132–138, 140–150, 154, 157–167, 175–177, 184, 185, 188, 191–193
*Mondo scritto e mondo non scritto* 170, 177–180, 182, 183, 185
Mythos 34, 36, 39–41, 43, 44, 72, 93, 141, 163, 173

Natur 15, 16, 21, 33, 38, 39, 48, 50–58, 63–70, 80–82, 87, 90, 98, 108, 111, 118–124, 132, 140, 141, 144, 160, 170
*Natura e storia nel romanzo* 127, 141, 143
Neorealismus (neorealistisch) 8, 22, 24–29, 32, 37, 96, 113, 142, 166, 174
*Neorealismo siehe* Neorealismus
Norm 5, 9, 58, 66, 73, 85, 91, 100, 115, 117, 121, 123, 124, 127, 132, 152, 165, 190, 191
Normalismus 119–121
Normalisierungseffekte 85, 189
Normativität 65, 72, 91

Person 9, 39, 46, 48–57, 90, 103, 104, 107, 188
Phänomenologie (phänomenologisch) 106, 132, 154, 174
Poetik (poetisch) 1, 2, 9, 13, 15, 16, 19, 20, 24, 26, 27, 35, 44, 53, 79, 113, 126, 140, 152, 158, 162, 163, 168, 175, 182, 187, 191
Politik (politisch) 2, 5, 18, 22, 27, 28, 46, 56, 58–60, 62, 75, 79, 80, 85, 88, 91, 97–99, 107, 137, 154, 166, 167, 188, 193
Posthumanismus 1, 15, 144
Postmoderne (postmodern) 2, 3, 15, 67, 139, 140
Potentialität 1, 20, 71, 94, 111, 113, 132, 143, 144, 146, 151, 164, 168, 185, 187, 191
Psychoanalyse (psychoanalytisch) 128, 147, 149

Rationalität (rational) 3, 4, 19–22, 37, 43, 50–53, 57, 61, 63, 66, 72, 82, 132, 175, 188
Reale, das 8, 28, 39, 45, 103, 133, 142, 166, 174, 175
Relationalität 68, 139, 161, 191, 193
Resistenza 23, 25, 34, 42, 70, 93, 94, 106, 189

*Sapore Sapere (Sotto il sole giaguaro)* 9, 176–184, 192
Schwelle 1, 4, 9, 14, 16, 42, 71–78, 82, 90, 102, 103, 106, 113, 123, 166, 173, 188, 189, 191
– Schwellenerfahrung 94, 103, 106, 135, 136, 190
– Schwellenraum 76, 77, 96, 135
– Schwellentext 3, 20, 187, 191
Spannung 1, 16, 42, 92, 95, 99, 164, 187
Störung 92, 96, 99, 101, 108–112, 153, 169, 173

Subjekt 9, 32, 37, 53–58, 68, 78, 85, 100, 103–106, 128, 133, 134, 137–140, 150, 151, 175, 185, 187, 190
– Subjektwerdung 99, 100, 187, 190, 191

*Ti con zero* 71, 147–150
Tod 1, 11, 54–56, 121, 123, 124, 128–132, 138, 183, 184
Topologie (topologisch) 9, 59, 71, 72, 74, 77–79, 89, 90, 188
Turin 18, 31, 32, 41, 74, 78, 79, 81, 86, 87, 91

Überschreitung 71, 75, 104, 109, 110, 122, 131, 132, 147, 190, 191
Unbestimmtheit (unbestimmt) 60, 62, 81, 109, 110, 126, 132, 133, 136, 137, 139, 151, 160, 168, 175, 176, 180, 191, 193

Vitalität 2, 8, 187, 192

Wahl 34, 39, 46, 52, 62, 91–93, 96–100, 102, 123, 127, 129, 134, 166, 188–190
Wahrnehmung 9, 29, 73, 83, 100, 108, 110, 119, 157, 162, 166, 169, 172–175, 190, 192
Widerstand (widerständig) 5, 6, 8, 9, 14, 19, 44, 55, 95, 113, 121, 139, 143, 146, 174
Widerfahrnis 101, 105, 111, 190
Wirklichkeit 13, 18, 19, 26–28, 30, 34, 36, 38, 44, 45, 52, 78, 107, 142, 157, 185
– Wirklichkeitseffekt 28, 29, 31, 37, 38, 44
Wissen 2, 7, 8, 23, 26, 27, 31, 44, 62, 71, 82, 100, 101, 105, 113, 136, 152, 154, 155, 157, 161, 164, 165–169, 171, 174, 175, 182–185, 187, 188, 190, 192

*zoé* 57, 58, 60, 80, 81, 163, 175, 176